한국사

37

서세동점과 문호개방

국사편찬위원회

자문위원

신 용 하　　유 영 익　　정 창 렬

편찬위원

권 태 억　　유 영 렬　　최 창 희

집필(서세 동점과 문호개방)

김 기 혁　　김 원 모　　성 대 경
송 병 기　　신 용 하　　우 철 구
최 덕 수

기획 · 편집

이 해 준　　강 영 철　　이 근 택
고 성 훈　　고 숙 화　　이 민 원

복간 간행 : 김 용 곤 · 장 득 진

한국사 간행취지

우리 겨레가 앞으로 어떻게 살아갈 것인가 하는 문제는 우리들은 물론 우리와 더불어 살아가는 세계인들의 관심사일 것이다. 이에 대한 해답은 과거에 어떻게 살아왔는가 하는 우리 역사에 대한 인식을 통해 찾을 수 있을 것이라고 생각된다.

본 위원회에서는 이미 1970년대에 『한국사』 25권을 간행하여 해방 이후 한국사의 연구성과를 집대성함으로써 한국사에 대한 인식을 새롭게 한 바 있다. 그 이후 한국사회는 놀라운 성장과 발전을 이루었고 역사학계도 상당한 연구성과를 축적하였다. 이러한 변화에 발맞추어 한국사학계는 새로운 『한국사』 편찬의 필요를 느끼게 되었다.

이에 본 위원회는 일차적으로 한국사 연구지원비를 마련하여 역사학계로 하여금 1980년대 중반까지 연구성과가 미진하다고 생각되는 분야를 연구할 수 있도록 하였다. 이어서 1989년부터 1990년까지의 준비를 거쳐 1991년에는 '신편 한국사 편찬위원회'를 따로 구성하고 총 60권에 달하는 새로운 『한국사』를 편찬하기로 하였다. 그리고 다음과 같은 『한국사』 편찬의 목표를 세웠다.

① 한국의 역사와 문화에 대한 객관적 인식의 토대를 제공할 수 있는 한국사를 편찬한다.

② 민족의 창조적 문화활동과 민족사의 내재적 발전을 드러내는 한국사를 편찬한다.

③ 최근까지의 연구성과를 체계화하고 새로운 영역을 개척함으로써 한국사 연구의 지평을 넓힌다.

④ 한국사 연구와 관련하여 고고학·인류학·사회학·경제학 등 인접학문의 연구성과를 수용하여 한국사 인식의 폭을 넓히는 데 기여한다.

새로운 『한국사』를 펴내면서 우리 모두가 바라는 바는, 민족의 통일에 대비해야 하고 급격히 변화하는 시대상황 속에서, 한국사 연구자의 깊이 있는 연구를 도와주고 독자들의 역사인식을 드높일 수 있는 길잡이 구실을 할 수 있었으면 하는 것이다.

국사편찬위원회 위원장

목 차

Ⅲ. 대원군의 내정개혁과 대외정책

Ⅳ. 개항과 대외관계의 변화

개 요

I

15세기 말 이른바 '지리상 발견'시대가 열리면서 유럽인들의 東漸은 시작되었다. 동점의 선편은 포르투갈인들이 잡았다. 그들은 16세기 초엽에 마레이반도의 말라카(Maraca)를 점령하였고(1514), 중엽에 중국 마카오(Macao, 澳門)에 식민지를 건설하였다(1557). 포르투갈인들에 이어 16세기 후반에 스페인인, 17세기로 들어서면서 네덜란드·영국·프랑스인들이 신항로를 따라 동양으로 진출하였다.

18세기 중엽 이후 산업혁명을 겪으면서 특히 영국과 프랑스는 상품시장 개척과 원료공급지 확보를 위하여 치열한 식민지 쟁탈전을 벌였다. 동양에 있어서 첫 무대는 인도였다. 그리고 마침내 영국은 이 노대국을 손아귀에 넣었고, 19세기 전반에는 그 세력을 동남아로 확장시켜 나갔다.

영국은 다시 北上하여 중국의 문호를 두드리기 시작하였다. 그리하여 아편전쟁(1840~1842)을 일으키고 南京條約(1842)을 체결하여 홍콩(香港)을 할양받고 廣州·上海·厦門·福州·寧波를 개항시키는데 성공하였다. 영국과 인도 쟁탈 경쟁에서 패배한 이후 인도지나반도 경영에 주력해 오던 프랑스도 곧 중국과 黃埔條約(1844)을 체결하여 영국과 동등한 통상상의 권리를 획득하였다. 그 뒤 애로우(Arrow)전쟁(1856~1860)을 계기로 영국과 프랑스는 중국에 天津條約(1858)·北京條約(1860)을 강요하여 開港場을 추가하고 공사관의 北京개설과 內地布敎·通商權을 획득하였다.

러시아인들은 16세기 중엽부터 육로를 따라 동진하기 시작하였다. 그리하여 18세기 초까지에는 시베리아 일대를 러시아화하는데 성공하였고, 다시 19

세기 중엽부터는 동부시베리아 총독 무라비에프(Muravyov)의 적극적인 남하 정책에 힘입어 중국과 아이훈(愛琿, Aigun)條約(1858)을 체결하여 黑龍江 이북 지방을, 북경조약(1860)을 체결하여서는 우수리(烏蘇里, Ussuri)江 이동을 러시아령으로 편입하였으며, 블라디보스톡(Vladivostok)항을 건설하여 극동진출의 근거지로 삼았다. 그리고 이처럼 러시아 세력이 연해주 일대로 진출한 결과 조선은 두만강을 사이에 두고 국경을 마주하게 되었다.

미국도 18세기 말엽부터 태평양을 횡단하여 극동으로 진출하였다. 그리하여 남경조약 성립 직후에 망하조약(1844)을 체결하여 중국 진출의 기틀을 마련하였고, 페리(Matthew C. perry)제독을 일본에 파견, 이른바 砲艦外交를 벌여 美日條約(神奈州條約, 1854)을 체결하여 일본을 개항시키는데 성공하였다. 그리고 애로우전쟁을 계기로 중국과 天津條約(1860)을 체결하여 영국·프랑스와 동등한 통상상의 권리를 획득하였다.

Ⅱ

구미 열강의 중국에서의 침략활동은 조선에 전해졌다. 주로 燕行使節(北京 파견사절), 특히 매년 정기적으로 파견되는 冬至使節의 보고를 통해서였다. 그러나 사절들의 보고는 신속하지 못하였고, 그 내용도 별로 보잘 것이 없는 피상적인 것이었다. 다만 애로우전쟁 때의 청제[咸豊]의 熱河 피난과 北京 함락(1860)만은 사안의 심각성 때문인 듯, 내용은 부실했지만 비교적 신속하게 서울로 전해 졌다.

이런 사절들의 보고를 통하여 조선측은 아편전쟁이나 애로우전쟁 뿐 아니라 그 밖의 중국에서의 洋夷의 움직임을 어설프게나마 짐작할 수 있었다. 그 가운데는 서양인들이 邪敎를 전파하여 인심을 陷溺시키고 있으며, 아편이 유입되어 그 해독이 클 뿐 아니라 막대한 은이 유출되고 있다던지, 러시아인들이 北京에 公館을 세웠고, 黑龍江 일대를 그들의 땅이라 주장하고 있다는 내용도 있었다.

조선은 연행사절들의 보고보다는 그들이 북경에서 수입하여 온 《海國圖志》(1884)나 《瀛環志略》(1850)과 같은 서책을 통하여 洋夷에 관한 비교적 정확한 정보를 얻을 수 있었다. 중국인들이 아편전쟁 등을 겪으면서 서양 여러 나라의 사정을 살피고 이에 대처하기 위하여 저술한 세계인문지리서들인데, 특히 《해국도지》에는 미국은 부강하되 영국과는 달리 공평한 나라라는 점을 강조하고, 서양세력의 침략을 막기 위해서는 서양의 기술을 채용해야 한다는 것도 설명하고 있었다.

이 《해국도지》나 《영환지략》은 수입되자 곧 위정자나 지식인들에게 읽혀졌다. 그리고 이것들을 참고한 崔漢綺(1803~1877)의 《地毬典要》(1857)와 같은 지리서가 편찬되었고, 《해국도지》의 경우 抄略本이 나오기까지 하였던 것 같다. 그리하여 이 지리서들이 수입되거나 편찬·간행된 1840~1850년대가 되면 적어도 당시의 위정자나 지식인들의 경우, 서양 정세에 대하여 어느 만큼의 知見을 갖게 되었던 것으로 보여 진다. 그리고 그런 지견 속에는 미국은 부강하고 공평한 나라라든지, 외침을 저지하기 위해서는 서양의 기술을 도입해야 한다는 《해국도지》의 지적도 함축되어 있었던 것 같다.

이런 것들을 배경으로 하면서 새로운 사상, 즉 조선이 장차 겪게 될 대외적 위기를 극복해 나가기 위하여는 서양에 대하여 문호를 개방하고 발달된 기술을 받아들여 실력을 양성해야 한다는 개화사상이 형성되어 갔다. 그 시기는 새로운 지리서들이 도입되고 편찬·간행되는 1840~1850년대, 늦어도 1850년대 후반으로 추정되며, 그 선구자는 일찍부터 《해국도지》를 탐독한 양반 신분의 朴珪壽(1807~1877), 이미 1850년대에 중국을 4 차례나 다녀온 역관 吳慶錫(1831~1879), 그리고 그의 친우인 같은 중인 신분의 劉鴻基(劉大致, 1831~ ?) 등이었다.

이들이 가지고 있던 사상의 구체적 내용은 잘 알 수가 없다. 그런데 박규수의 경우 조선이 대외적 위기를 극복하는 방법으로 미국과의 수교를 구상하고 있었다. 그에 의하면 미국은 공정하여 분쟁을 잘 조정하고 부강하여 영토의 야심이 없는 나라였다. 그러므로 조선은 그런 미국과 조약 내지 동맹관계를 맺어 고립을 면할 때 비로소 외침의 위험에서 벗어날 수 있다고 보았다.

이처럼 대외적 위기의식과 관련하여 서울의 몇몇 선각자를 중심으로 하여 개화사상이 대두되고 있었다. 한편 지방에서는 이와 관련하여 殘班出身이 주도하는 새로운 종교가 등장하였다. 1860년 경주의 崔濟愚(1824~1864)가 창도한 東學이 그것이다. 西學(천주교)에 대항한다는 뜻을 갖는 이 동학은 전통사회의 해체과정에 수반하는 '체제적 위기'의 상황들과 맞물려 가면서 급속도로 그 세력을 확장시켜 나갔다.

Ⅲ

구미 열강의 극동에서의 침략활동 무대는 중국과 일본, 특히 중국이었다. 그렇다고 조선이 서양인들의 관심에서 벗어나 있었던 것은 아니었다. 그들은 일찍이 18세기 말엽부터 계속 조선의 문호를 두드렸다. 그리고 그런 과정 속에서 조선측은 자주 구미인들과 조우하게 되었다

조선 연해에 출현한 최초의 구미 열강의 선박은 해군 대령 뻬루주(Jean Francois Galaupedela Pérouse)가 이끄는 부솔(Boussol)호 등 2 척의 프랑스군함이 아닌가 한다. 이 군함들은 1787년에 제주・울릉도 해역을 조사・측량하였다. 그러나 본토 연안에 출현하여 조선 관원의 問情까지 받은 서양 선박은 해군 대령 쁘로우톤(William Robert Broughton)이 이끄는 영국 탐험선 프로비덴스(Providence)호였다. 이 선박은 1797년에 동해안을 탐사하였었다.

프로비던스호 이후에도 서양 선박의 조선 연해 출몰은 계속되었다. 그리고 그 수는 중국이 문호를 개방한 뒤부터 더욱 불어났다. 그 대부분은 영국이나 프랑스 선박들이었다. 그런데 1850년대로 들어서면서 러시아와 미국 선박도 출몰하기 시작하였다. 러시아는 1850년대 초부터 대대적으로 조선 동해안조사사업을 벌였고, 미국은 1850년대에 北海道 근해에서 捕鯨業을 활발하게 전개하고 있었다.

이 서양 선박들은 조선의 선박과 완연하게 구별되었다. 船體는 마치 태산과 같았고 帆竹은 하늘 높이 치솟아 있었다. 또 빠르기가 나는 새와 같아 조

선 선박으로는 도저히 좇아갈 수가 없었다. 그리하여 조선에서는 이 서양 선박들을 '異樣船', 즉 '이상한 모습을 한 배'라고 불렀다.

이 이양선을 타고 온 "사람들의 모습은 한결같이 古怪(옛스럽고 괴상함)하였다." 붉거나 노란 머리칼, 푸르거나 노란 눈, 칼등과 같은 높은 코, '魍魎(도깨비)'와 같은 걸음거리, 몸에 보이는 문신 등이 그런 인상을 주었던 것이다. 그리하여 조선측에서는 이 '古怪'한 사람들을 '外夷'·'洋賊'·'匪類'·'洋魁者' 등으로 부르기도 하였다.

이들 外夷에 대한 조선측의 태도는 관대하였다. 우선 관원을 보내어 문정한 뒤 식량을 넉넉하게 지급하였다. 漂到人의 경우, 그 원하는 바에 따라 護送官을 붙여 육로로 義州를 거쳐 北京으로 송환하기도 하였고, 선박을 제공하여 해로로 귀환하게 하기도 하였다. 모두 遠地에서 온 사람을 편안하게 한다는 방침, 즉 '柔遠之義(意)'에서 나온 조처였다.

조선측과는 달리, 외이들의 태도는 관대하지만은 않았다. 난포한 행동을 하는 경우도 종종 있었던 것이다. 해로 탐험, 연안 측량 등의 목적을 띠고 온 외이들이 그러하였다. 영국 군함 사마랑(Samarang)호 승무원들은 濟州에서 가축을 약탈하였고(1845), 함경도 연안을 조사하던 러시아인들은 永興府에서 총을 쏘아 주민을 살해하였다(1854). 濟州牧 古代島 앞 바다에 내도한 프랑스 군함 승무원 수백 명은 부근 여러 섬에 상륙하여 가축을 약탈하고 부녀자를 겁탈하려 하였다.

외이들은 이처럼 난폭한 행동을 하기도 하였지만 공공연히 통상을 요청하여 조선측을 긴장시켰다. 그러나 조선측은, 영국 동인도회사 소속 상선 로오드 앰허스트(Lord Amhest)호의 통상요청(1832)에 대한 회답에서 보듯, 이를 단호히 거절하였다. 내세운 이유는 물산이 영성하다던지, 藩邦으로서는 사사로이 교역할 수 없다는 것이었다. 그러나 한편으로는 중국이 외이와 접촉하면서 자주 시달림을 받고 있는 사실을 어느 만큼 알고 있는 조선측으로서는 "그 의도하는 바를 헤아리기 어렵기" 때문이었다.

프랑스측의 앙베르(Laurent M.T. Imbert) 등 3 선교사 처형(己亥邪獄, 1939)에 대한 항의(1846)도 일축하였다. 그들은 밀입국, 선교활동 등 불법한 행동을 하였기 때문에 표도인의 경우와는 당연히 구별되어야 한다는 것이었다.

그리고 이와 같은 항의는 결국 국내의 내응세력과의 긴밀한 연락하에 이루어지는 것으로 보았다. 그리하여 이양선의 현지 주민과의 접촉을 금하고 내응세력인 천주교도에 대한 탄압을 감행하곤 하였다.

Ⅳ

고종의 즉위(1864)와 함께 정치의 실권을 장악한 興宣大院君 李昰應(1820~1898)은 통치의 지표를 전제왕권의 확립에 두고 있었다. 이 목적을 달성하기 위하여 우선 내정에 있어 安東金氏 세력의 축출과 노·소·남·북 4색의 인재 등용, 景福宮의 재건과 서원 철폐, 재정·군사제도의 개편 등 일련의 개혁정치를 단행하였다.

양이에 대한 정책도 이제까지의 그것을 계승하였을 뿐 아니라 오히려 강화하여 갔다. 그가 천주교에 대한 일대 박해를 단행한 것도(丙寅邪獄, 1866) '招冦'을 일삼는 천주교 세력의 더 이상의 만연을 막기 위해서였다. 그는 천주교도들을 일찌감치 懲治하지 않으면 조선은 마침내 중국과 같은 곤경에 빠지고야 말 것이라고 우려하였다.

천주교에 대한 대 탄압의 결과 조선은 프랑스 함대의 보복적인 침략을 받게 되었다(丙寅洋擾, 1866). 그 의도하는 바는 조선의 주권을 탈취하려는 데 있었다. 그러나 대원군은 양이와의 강화(조약체결, 통상)는 매국이요 망국이라는 확고한 결의 밑에 국론을 통일해 가면서 프랑스 함대와의 전쟁을 수행하였다. 그리고 국론을 통일함에 있어서는 유학자들의 斥邪(和)論이 크게 기여하였다.

이양선의 침략과 관련된 유학자들의 척사론은 프랑스 군함 그로와르호(La Gloire)가 내항하였을 때의 成近默의 상소(1847)에서 비롯되었다. 그러나 그것은 병인양요 때 奇正鎭(1797~1876)과 李恒老(1792~1868)의 상소, 특히 이항로의 상소에서 구체화되고 체계화되었다고 할 수 있다. 그 핵심은 華夷觀에 입각하여 외이와의 조약체결, 통상에 반대하고 침입한 적은 실력으로 물리쳐야 한다는 것이었다.

이러한 조선인들의 배외사상(감정)은 독일 상인 오페르트(Ernst Opert) 등의 南延君墓所盜掘事件(1868)으로 더욱 격화되었다. 병인사옥 때 조선을 탈출한 프랑스 신부 페롱(Stanisas Féron), 상해 미국 영사관 통역을 역임한 미국인 젠킨스(F.B. Jenkins) 등이 참여한 이 사건은 미수로 끝났다. 그러나 이미 프랑스 함대에게 각종의 무기, 많은 전적과 은괴 등을 약탈당한 경험을 가지고 있는 조선측으로서는 이제 양인은 모두 야만족이며 그들의 대부분은 강도나 절도에 지나지 않는다고 생각하게 되었다.

이처럼 배외감정이 격화된 가운데 조선은 다시 미국함대의 침략에 직면하게 되었다(辛未洋擾, 1871). 그 발단이 된 것은 제너럴 셔먼(General Sherman)호 사건(1866)이었다. 미국측은 셔먼호 승무원들이 모두 살해된 것은 그들이 성급하고 난포하게 행동한 데 있다고 판단하였다. 그러함에도 미국은 이 사건을 계기로 조선과 遭難船員救助協定 혹은 통상조약까지도 체결하고자 하여 이른바 포함외교를 시도하였던 것이다.

전세는 廣城堡가 함락되고 중군이 전사하는 등 조선측에 불리하게 전개되었다. 그런 중에도 대원군은 서울(鐘路) 등지에 斥和碑를 세워 이 양이와의 전쟁을 강조하였다. 청년기에 들어선 국왕 고종도 강화를 주장하는 자는 '賣國之律'로 다스릴 것을 다짐하였다. 그리하여 동요하는 민심을 수습하면서 지구전으로 대응하여 마침내 미국 함대를 물리칠 수 있었다.

미국 함대의 침입에 즈음하여, 자연 국왕과 대신들은 經筵에서 미국에 대하여 논의하게 되었다. 그 내용은 미국의 건국의 역사는 짧고 문화는 아직 미개한 상태에 놓여 있으며, 미국인들은 '犬羊' 즉 禽獸에 지나지 않는다는 것이었다. 그리고 이런 미국이나 미국인들과 강화하게 되면 邪學이 치성하여 '夫子之道', 즉 正學은 장차 침몰할 것이며, 마침내 조선과 조선인은 멸망하고야 말 것이라고 단정하였다. 그러므로 미국과의 강화는 용납될 수 없으며, 설사 중국이 그것을 종용하여도 결코 받아들일 수 없다는 것이었다.

이처럼 양요를 겪으면서 조선의 척사, 혹은 쇄국정책은 강화되어 갔다. 그러나 강화론자나 개국론자도 없지 않았다. 프랑스 함대가 침입하였을 때, 이항로의 상소에 의하면, 主和論이 대두하고 있었다. 이미 1850년 후반 이전부터 미국과의 수교를 구상하고 있던 박규수도 프랑스 함대의 침입 때 개국론을 구체화시켰고 미국 함대의 침입 때 그것을 문인 金允植(1835~1922)에게 피력하였다. 그리고 오경석도 이때 대원군에게 미국과의 수교를 권고하였다고 한다. 그러나 대미개국론은 척사론이나 주전론이 대세를 이루고 있는 상황 속에서 공론화 될 수가 없었다.

V

대원군이 정치의 실권을 잡고 있는 동안 조선의 대일정책은 對洋夷政策 못지 않게 강경하였다. 조선은 明治政府의 수립을 알리는 일본측 書契의 수리를 거절하였다(1868). 이어 對馬島主가 담당하여 왔던 交隣업무의 접수를 알리는 일본 외무성 서계의 수리도 거절하였다(1872). 이에 따라 1870년대 초(1872) 이후 양국간의 국교가 중단되는 사태를 빚게 되었다. 그 이면에는 메이지 유신(明治維新)을 단행하여 洋夷化를 서두르고 있는 일본을 경계하고 거부하려는 대원군의 의도가 작용하고 있었던 것으로 보인다.

그런데, 국왕 고종이 친정을 시작하면서(1873) 이러한 대일정책에 변화가 일기 시작하였다. 국왕이나 국왕의 친정에 협력하고 있는 戚族세력은 양국간의 국교중단사태를 바람직하게 생각하지 않았다. 그리하여 그들은 일본과 서계 수리 문제를 타협함으로써 전통적 교린관계를 회복 유지하려고 노력하였다.

이와는 달리 일본측은 정권교체에 따른 조선의 정치적 불안정을 틈타 외교적 교섭보다는 군사력, 즉 포함을 이용하여 양국간의 관계를 개선하려고 하였다. 그리하여 雲揚號事件을 일으켰으며(1875), 이를 구실로 사절을 江華島로 파견하여 협상을 강요하였다. 그 의도하는 바는 교린관계의 회복이 아니라 통상조약의 체결에 있었다.

이 日本측 요구에 대한 조야의 반대는 거세었다. 특히 대원군이 그러하였다. 그는 강화도에 가 있는 接見大官(申櫶, 1810~1888)이나 의정부 관원들에게 서함을 보내어 강화에 반대할 것을 종용하는 한편 정부의 연약한 외교를 통박하였다. 儒林에서도 척화를 주장하고 나섰다. 그 대표적 인물이 李恒老의 문인 崔益鉉(1833~1906)이었다. 그는 강화에 반대하는 疏章을 올려 "倭와 洋은 一體"임을 주장하고 그러한 일본과 강화하게 되면 국가는 멸망하고야 말 것이라고 경고하였다.

국왕이나 척족세력도 교린관계의 회복을 희망하였을 뿐 조약체결까지 고려하였던 것은 아니었다. 그러나 일본의 현실적인 군사적 위협하에서 그 요구하는 바를 수락하지 않을 수 없었다. 그리하여 일본과의 강화(수교)는 '舊好의 回復'이며, '制倭'와 '斥洋'은 구별되어야 한다는 논리를 내세워 척화론에 대처하면서 1876년 초에 부산 등 3개의 항구를 일본에 개방하는 것을 주요 내용으로 하는 朝日修好條規, 즉 江華島條約을 성립시켰다. 그 이면에는 개국 통상에 관심을 가져온 박규수의 건의와 함께 중국의 권유도 작용하고 있었다.

VI

중국의 일본과의 수교 권유는 스스로가 서양 열강의 침략에 시달리고 있는 처지였으므로 더 이상 조일 양국간의 분규가 확대되는 것을 원하지 않았기 때문이었지, 일본이 조선 진출을 환영해서였던 것은 아니었다. 오히려 중국은 일본의 조선 진출을 불안하게 바라보고 있었다. 그것은 일본이 중국의 안보와 직결되어 있는 조선을 침략할지 모른다는 우려 때문이었다.

중국의 이러한 우려는 일본이 琉球를 병합함으로써(1879) 현실적인 문제로 대두하였고, 이에 따른 시급한 대책이 요청되었다. 그리고 그 결과 北洋大臣 李鴻章(1823~1901)이 조선 원로대신 李裕元(1814~1888)에게 이른바 '密函'을 보내어 서양 여러 나라와의 수교를 권고하게 되었던 것이다(1879). 한반도에서 열강간의 세력균형을 이룩하여 일본이나 러시아의 침략까지도 견제하자는 것이었다.

조선은 이 중국의 수교 권고를 일단 거부하였지만 그 침략 여부를 살피기 위하여 1880년 여름에 제2차 修信使 金弘集(1842~1896)을 일본으로 파견하였다. 그리고 김홍집의 일본 도착을 기다려왔던 주일청국공사 何如璋(1838~1891), 參贊官 黃遵憲(1848~1905) 등은 그에게 조선은 미국과 수교하여 한반도에서 세력균형을 이룩함으로써 러시아의 남하 혹은 침략을 견제하여야 한다는 이른바 聯美論을 권고하였고 그것을 체계적으로 설명한 〈朝鮮策略〉을 작성하여 수교하였다.

김홍집의 복명(8월)과 그가 가지고온 〈조선책략〉 등은 국왕으로 하여금 미국과의 수교가 부득이 하다는 판단을 내리게 하였다. 그리하여 하여장에게 미국과 수교할 뜻을 밝히기 위하여 밀사 李東仁(1849?~1881?) 등을 일본으로 파견하였다(9월). 이런 결정을 내림에 있어서는 개화파의 지도자 劉鴻基 등과도 협의한 것으로 보인다. 러시아의 남하, 혹은 침략이라고 하는 국가적 위기에 직면하여 국왕은 이제까지 굳게 지켜오던 척사 내지 쇄국정책을 수정하기 시작하였던 것이다.

척사－쇄국정책의 수정을 위해서는 정부내의 공론 조정도 요청되었다. 그리하여 국왕은 이동인 등이 서울을 떠난 직후 묘당에 명하여 〈조선책략〉에 대하여 검토하게 하는 한편, 영의정과 정부 당상들을 인견하고 러시아의 남하에 따른 대책을 〈책략〉을 중심으로 논의하였다. 의정부(영의정)로부터 적극적인 지지가 있었다. 그러나 묘당의 지지는 석연치가 않았다. 하지만 시·원임대신들이 양이와의 강화는 매국이요, 망국이라는 종래의 주장을 다시 들고 일어나지는 않았다. 묘당에서도 대미수교를 양해하였던 것이다.

한편, 국왕은 북양대신 이홍장으로부터도 미국 등 서양 여러 나라와의 수교를 권고 받았다(10월). 이는 국왕의 결심을 더욱 굳히게 하였던 것으로 보인다. 마침내 국왕은 밀사 李容肅(1818~ ?)을 이홍장에게 보내어 미국은 물론 서양 여러 나라와도 수교할 뜻이 있음을 통고하였다(1881. 1).

이용숙을 중국에 파견(1880. 11)한 직후부터 조선은 統理機務衙門을 설치(12월)하는 등 일련의 개화정책, 이른바 '초기의 개화정책'을 추진해 나갔다. '연미'에 대비하기 위한 것이었다. 그리고 이 연미에 대한 朝臣들의 지지도 시일이 지날수록 불어 나갔다. 그러나 여론은 〈조선책략〉이나 연미론은 물론 개화정책에 반대하였다. 특히 각도 유생들의 거센 반발을 불러 일으켰고(辛巳斥邪運動, 1881), 그것은 다시 대원군 계열의 쿠데타모의(安驥泳事件, 1881. 8)로 이어져 나갔다.

Ⅶ

북양대신 李鴻章은 조선 국왕으로부터 대미수교방침을 통고받기 직전, 아마도 1881년 1월 초순에 막료를 시켜 조선측에 밀함을 보내어 유학생 인솔을 빙자한 隊員의 파견을 요청하였다. 조약 체결에 관하여 협의하자는 것이었다. 밀함에 접한 조선측에서는 領選使의 파견을 결정하고(2월 말), 이 사실을 통보하기 위하여 역관 李應浚을 天津으로 파견하였다.

한편 李容肅으로부터 대미수교방침을 통고받게 되자(1월 하순) 李鴻章은 곧(2월 초) 주天津미국부영사를 통하여, 이미 1880년 초에 조선측에 두 차례나 수교를 제의하고, 이를 위하여 북양아문을 방문한 바 있는 미국 해군 제독 슈펠트(Robert W. Shufeldt, 1822~1896)를 초청하였다. 슈펠트가 天津에 도착한 것은 5월 말, 그는 이홍장과 회담을 갖고 미국의 조약체결 의사를 조선측에 전달하여 줄 것을 요청하였다. 그리고 이응준도 6월 말 天津에 도착, 이홍장에게 영선사의 파견을 알렸다.

이처럼 조미조약 체결 기운이 성수되어 가자 이홍장은 주일공사 何如璋이 요청을 받아들여 그 자신이 직접 天津에서 미국전권과 협상하고 나아가 조약문상에 조선이 중국의 '속국'임을 명문화하고자 하였다. 하여장은 조선의 밀사 이동인 등과 접촉(1880. 10)한 이후 자주 총리아문과 이홍장에게 서함을 보내어 그러한 건의를 해 왔었다.

그리하여 이홍장은 막료를 시켜 다시 밀함을 작성하여 이응준 편에 조선으로 보내었다. 그 요지는 대원을 천진으로 파견하여 美使와 조약체결에 관하여 협상하되 그 결과를 기다려 중국이 파견하는 대원과 함께 조선으로 가서 조인하라는 것이었다. 조선측에 영선사의 파견을 촉구하는 한편, 천진에서, 그러니까 이홍장의 중재하에 협상할 것을 종용한 것이었다.

척사운동으로 영선사의 파견이 지연되는 가운데 이런 밀함에 접한 국왕은 일본 체류 중인 朝士視察團員 魚允中(1848~1896)을 급히 天津으로 파견하였다. 이홍장은 어윤중과 회담을 갖고(1881. 10) 조약문상에 조선이 중국의 '속국'임을 명시한다는 동의를 얻어냈다. 그리고 뒤이어 保定府를 방문한 영선사 金允植(1835~1922)과 회담을 갖고(11월말~12월말) 조약상에 '속국'임을 명문화 하며, 조약체결 협상을 天津에서 하되 이홍장이 직접 나선다는데, 즉 협상을 이홍장에게 위임한다는데 합의하였다. 조선측이 협상을 이홍장에게 위임한 것은 그의 강력한 요청이 있었을 뿐 아니라 국내의 척사 운동이나 분위기가 고려되었기 때문이었다.

조선측으로부터 조약 체결 협상을 위임받은 이홍장은 천진에서 가진 슈펠트와의 협상(1882년 2월초~3월초)에서 屬邦條款의 삽입을 강력히 희망하였다. 그리고 그것이 슈펠트에 의하여 거부되자 조선국왕의 "조선은 중국의 속국…"의 屬邦照會로 대체한다는 양해하에 가조약을 성립시켰다. 물론 불평등 조약이었지만, 치외법권의 잠정적 인정, 관세자주권과 고율의 관세, 거류지의 조선 영토 인정 등 강화도조약과 비교한다면 되도록 불평등성을 배제하고, 또 장차 배제할 여지를 남겨둔 내용이었다. 또 조선에 분쟁이 발생하였을 때 미국이 원조하고 중재한다는 '援護仲裁'條款도 이 조약이 갖는 긍정적인 측면이라고 할 수 있다.

슈펠트의 조선행에는 이홍장의 막료 馬建忠(1845~1899)이 동행하였다. 그는 조약 체결을 주관하여 1882년 4월 가조약본대로 조약을 성립시켰다. 그리고 속방조회도 관철시켰다. 조선 전권 申櫶과 김홍집은 조인하는 날 마건충이 초해준 대로의 속방조회문을 슈펠트에게 수교하였던 것이다. 그리고 국왕은 이홍장이나 마건충의 요청에 따라 속방조회문을 조약문과 함께 청국 禮部와 북양아문으로 보내었다. 중국은 조선의 내정에 간여할 수 있는 근거를 마련하였던 것이다.

조선측에서 조미조약 체결을 주도한 것은 국왕 고종과 김홍집·김윤식·어윤중 등 일부 소장 관원들이었다. 그들은, 이홍장과 하여장의 권고를 받아 들여, 일본이나 러시아, 특히 러시아의 침략을 견제하기 위하여는 전통적인 조청관계, 즉 조공체제하에서 청국의 비호를 받는 가운데 미국 등 우호적 국가를 선택 수교함으로써 한반도에서 세력균형을 이룩하는 것이 중요하다고 판단하였다. 그들은 중국 중심의 세계 질서인 이 조공체제가 구미세력의 침략을 받아 동요 붕괴되어 가고 있는 사실에 미처 충분히 주목하지 못하였던 것이다.

Ⅷ

조미조약상의 속방조관 삽입은 슈펠트의 거부로 좌절되었지만, 李鴻章은 곧 이어 조선과 체결한 朝鮮中國商民水陸貿易章程(1882. 8) 전문에 조선이 중국의 '속국'임을 반영시켰다. 그리하여 壬午軍亂(6월)을 계기로 淸軍이 진주하고(7월), 이어 수륙무역장정이 성립되면서 중국의 조선 내정간섭은 시작되었다. 그리고 그것은 시일이 지날수록 강화되어만 갔다. 그러나 이 예상 밖의 사태 진전에 직면하여, 실력으로 대항할 수 없었던 조선은 외세를 이용하여 이를 극복해 나가는 길을 택하지 않을 수 없었다. 報聘使의 미국 파견(1883)도 명망있는 군사교관을 초빙하여 중국의 위압에 맞서게 하려는데 그 목적이 있었던 것이다. 영국을 비롯한 유럽 여러 나라와의 수교도 오히려 이런 맥락과 관련지어 보아야 할 것이다.

조영조약(Willes조약, 1882. 4)과 朝獨조약(Brandt조약, 5월)이 체결된 것은 조미조약이 체결된 직후였다. 그러나 조미조약 내용을 본딴 고율의 관세와 애매한 치외법권 규정 등에 불만을 갖은 영국과 독일이 비준을 거부하였기 때문에 두 조약은 실효된 상태에 놓여 있었다. 그런데 국왕은 개화파 인사들의 견해를 받아 들여 중국을 배제한 가운데 영국측과 직접 협상하고, 영국을 끌어들여 중국의 횡포를 막고자 하였다. 그리하여 1883년 10월에 치외법권 규정의 삭제와 관세의 인하 등 영국측 주장을 크게 반영한 조영조약(Parkes조약)과 조독조약(Zappe조약)을 성립시켰다. 그러나 영국측은 주청공사로 하여금 주조선공사를 겸임시키고, 서울에는 대리총영사를 두어 北京에 예속시킴으로써, 중국의 조선에 대한 종주권 행사를 외교적으로 뒷받침해 주었다.

국왕은 개화당 인사들의 건의를 받아들여, 중국이 그토록 위험한 존재로 강조하여 온 러시아, 그리고 安南문제로 긴장이 고조되어 있는 프랑스와의 수교도 추진하였다. 이 두 세력을 끌어들여 중국의 내정간섭을 견제하자는 것이었다. 그리하여 朝伊조약이 체결된 직후인 1884년 윤5월에 朝露조약을 체결하였고, 중국이 淸佛전쟁(1884~1885)에 패배한 뒤인 1886년에 朝佛조약(5월)도 체결하였다. 특히 조러조약의 성립은 조선이 이제까지 추구하여 온 〈조선책략〉적 외교의 종언을 알리는 것으로 이후 조선은 급속히 러시아에 접근하여 갔다.

그러나 유럽 여러 나라와의 조약 체결로 국왕이나 개화파나 개화당 인사들이 기대한대로의 성과를 거두지 못하였다. 영국의 예에서 보듯 체약국들은 중국의 내정간섭을 배제하려는 조선측 노력에 협력해 주지 않았다. 뿐만 아니라 조선은 조약을 체결할 때마다 중국의 간섭을 받아 체약국에 예의 속방조회를 보내지 않으면 안되었다. 1890년대로 들어서 朝墺조약(1892)이 체결될 때도 그러하였다. 그것이 없어진 것은 朝白·朝丁조약(1902)체결 당시부터였다. 그것은 물론 중국 세력이 한반도에서 철수(1895)한 결과였다.

〈宋炳基〉

Ⅰ. 구미세력의 침투

1. 19세기 중반기의 동아시아 정세
2. 구미 열강의 통상요구

I. 구미세력의 침투

1. 19세기 중반기의 동아시아 정세

19세기 중엽의 동아시아 정세를 단적으로 표현한다면 이 지역에서 장구한 세월에 걸쳐 존속하여 온 농업경제에 의거한 전통적 세계질서가 이른바 서세동점의 거센 물결 앞에서 동요, 붕괴하기 시작하고 이 지역 내 각국이 서구 열강의 압력 앞에서 그 문호를 개방하고 그들이 주도하는 새로운 국제사회에 편입되는 시기였다. 이와 같은 세계역사상의 큰 변혁은 이때 갑자기 일어난 것이 아니었고 이미 근세 초기, 즉 16세기 초두에 시작한 서구제국의 東方進出 결과였다. 여기에서는 먼저 전통적인 동아시아 세계 안에 존재했던 이른바 중국적 세계질서와 그 속에서 한국이 차지하고 있었던 위치를 고찰해 본 다음, 서방 제국의 동방진출이 시작된 배경과 경위 및 그 과정을 살펴보고, 끝으로 19세기초부터 서세동점의 물결, 즉 '西洋의 衝擊'이 東아시아 제국에 어떠한 결과를 가져왔던가를 다루기로 한다.

1) 한·중·일의 정세

(1) 화이사상과 중국의 조공제도

19세기 초기의 東아시아는 극히 제한된 무역을 제외하고는 서방세계와 거의 교섭이나 접촉이 없는 폐쇄된 天地였다. 이 東아시아에는 中國을 중심으로 형성된 세계질서가 존재하고 있었는데 중국 사람들은 이를 華夷秩序라고 했다. 이 화이질서는 세계를 單一帝國으로 간주한 고대 中國人이 문명이 발달한 자기들을 '華' 또는 '中華'라 하고, 문명이 뒤떨어진 주변 異民族을 '夷' 또는 '四夷'(東夷·西戎·南蠻·北狄)로 구별한 사상과 인류사회에는 신분의 상하와 지위의 우열을 구분하는 위계질서가 있어야 한다는 유교사상에 기초한 것이었다. 화이질서는 중국을 宗主國으로 하고 모든 이민족 사회나 국가를 그 '藩屬' 또는 '屬邦'으로 하는 宗屬體制에 구현되어 있었으며 이 체제는 종주국인 중국과 속방 또는 번속과의 관계를 조직관리하는 중국의 朝貢제도에 의하여 운영되었다.1)

중국을 중심으로 한 東아시아 세계질서는 漢 王朝(前漢 : BC 206~AD 8 ; 後漢 : AD 25~221)시대에 그 原型이 형성되었다. 그후 천 수백 년에 걸쳐 중국 대륙에서 분열과 통일이 번복되고 여러 왕조가 교체되었으며 특히 여러 북방 이민족이 수립한 '征服王朝'가 등장하여 漢민족의 우월성에 관한 神話가 무너짐에 따라 화이질서도 동요와 혼돈에 빠지게 되었다. 이와 함께 중국의 조공제도도 우여곡절과 消長을 면치 못했다. 그러다가 14세기 후반에 漢민족에 의한 강력한 통일 왕조인 明(1368~1644)이 등장하자 중국에서는 화이질서가 회복되고 동아시아 천지에는 중국 중심의 세계질서가 다시 확립되었다. 이리하여 중화제국의 종속체제와 조공제도가 제도적으로 정비되었다. 이때 정비된 체제와 제도는 그후 19세기말에 가서 마지막으로 붕괴될 때까지 크게 변함없이 지속하였다.

(2) 조선왕조와 청조 : 청한 종속관계

17세기 전반에 중국에서는 明朝가 멸망하고 북방 胡族의 정복왕조인 淸朝가 등장하는 왕조교체가 일어났다. 조선도 불가피하게 이에 휩쓸려 들어가 丁卯胡亂(1627)과 丙子胡亂(1636)이라는 국난을 겪게 되었다. 특히 조선왕조는 그때까지 野人으로 멸시하여왔던 女眞(胡)族이 세운 청조를 종주국으로 섬기는 큰 굴욕을 겪게 되었다. 그러나 오랫동안 중국 주변에서 중국 문화를 받아들인 청조의 통치자들은 명조의 문물과 제도를 거의 그대로 계승하였다. 조선과의 관계에 있어서도 청조는 건국 초기의 강압과 대결이 끝나자 양국

1) 古代 中國의 天下思想에 관한 종합적인 연구는 많이 있는바 국내에서는 金翰奎, 《古代 中國的 世界秩序 硏究》(一潮閣, 1982). 그리고 국외에서는 John K. Fairbank, ed., *The Chinese World Order : Traditional China's Foreign Relations*(Cambridge, Mass. : Harvard University Press, 1968) 등이 있다.

간의 정상적인 종속관계를 회복하는데 노력하였다. 그 결과 淸韓 종속관계는 조선의 君臣들의 끈질긴 '崇明反淸' 감정에도 불구하고 19세기말까지 2백 수십 년간 대체로 평화롭고 원만하게 지속되었다.

청한 종속관계에는 의례적인 것과 실질적인 것이 있었다. 전자에는 중국황제와 조선국왕 간의 군신관계를 상징하는 사절과 예물의 교환 및 의례의 遵行이 있었고 후자에는 이에 수반한 교역이 있었다. 조선에서 새로운 군주가 왕위에 오르게 되면 청조에 奏請使를 파견하여 황제의 책봉을 청했다. 이에 황제는 그를 조선국왕으로 책봉한다는 誥書를 내리고 冊封使를 서울에 파견하여 이를 전달하였다. 이로써 양자간에 군신관계가 정식으로 성립되었다. 조선은 정기적으로 조공사를 청조에 파견하였는데 청조 초기를 제외하고는 매년 1차 冬至 때 파견하였기 때문에 이를 冬至使라고 통칭하였다. 동지사 외에도 수시로 필요에 따라 각종의 임무를 띤 사절을 파견하였다. 중국에서도 책봉사 이외에 각종 사신을 파견하였으나 이는 부정기적이었으며 그 회수도 많지 않았다. 조선국왕이 사절을 파견할 때는 반드시 方物, 즉 조선의 土産物을 貢物로 獻上하였으며 중국황제는 回賜品을 하사하는 예물교환이 수반하였다. 종주국에 대한 臣服의 상징으로 조선은 중국황제가 제정한 曆法을 사용하고 모든 공문서에는 皇帝 年號를 사용하였다.

이상과 같은 의례적 관계에 수반한 교역이 있었다. 조선의 朝貢使 일행이 북경 會同館에 머무는 동안 그들이 가지고 간 물품을 팔고 중국 물품을 사는 이른바 회동관 무역이 허용되었다. 반면 淸朝의 使行이 서울에 머무는 동안 교역에 종사하지 않았다. 이외에 邊方무역이라고 하여 매년 일정한 시기에 양국의 상인들이 양국간의 국경에 있는 中江·會寧·慶源에 모여서 물물교환 형식의 교역을 하였다. 이 외에 양국간에 어떠한 人的, 物的 교류도 없었다.[2]

청한 종속관계의 가장 중요한 원칙은 종주국인 중국의 서열상의 우위였다. 청한간의 초기에 있었던 갈등과 대립, 그리고 그 후에도 계속된 反淸감정에도 불구하고 조선이 정면으로 청조의 우위를 부정하거나 이와 대등한 지위

---

2) 淸韓朝貢제도에 관한 대표적 연구는 全海宗, 《韓中關係史硏究》(一潮閣, 1970), 59~112쪽.

를 주장한 적은 없었다. 韓中 관계는 인간관계에 있어서 父子나 兄弟 간에서 父兄의 지위가 절대적으로 우위한 것과 동일하다고 생각되었다. 둘째로 이와 같은 양자간의 서열상 구별과는 관계없이 양자간의 상호 불간섭의 원칙이었다. 이는 조선은 속방이나 '政敎禁令은 自主'라는 말로 분명히 표현되어 있었다. 이와 같이 중국은 종주국으로서 의례상 확고한 우위를 차지하였으나 속방에 대하여 함부로 간섭하거나 실제로 지배한 것은 절대로 아니었다. 종주국의 권한은 '字小以德'으로, 속방의 의무는 '事大以禮'로 표현된 것과 같이 도의적인 것이므로 양자간 관계의 근본 정신과 원칙은 결코 '힘에 의한 지배와 복종'의 관계는 아니었다.3)

(3) 조선왕조와 일본 : '교린'관계

한일관계도 장구한 역사를 갖고 있으나, 이 역시 제도적으로 정비된 것은 15세기 초였다. 14세기 후반에 明朝가 등장하였을 때 일본에서는 무로마치(室町)幕府의 지위와 권위가 점차 안정되고 있었다. 조선의 太宗 李芳遠이 명조로부터 조선국왕에 책봉된 다음 무로마치막부의 제3대 장군 아시카가 요시미츠(足利義滿)도 명조에 入貢하여 1403년에 중일관계 역사상 처음으로 '日本國王'에 책봉되었다. 조선과 일본이 동시에 明의 조공제도에 편입되어 명의 조공제도가 제도적으로 정비됨에 따라 1404년에는 조선과 일본은 기존관계를 정리하여 새로운 형식으로 국교를 맺었다.

이때 형성된 한일관계에는 크게 두 가지 특징이 있었다. 그 하나는 양국의 통치자, 즉 조선 국왕과 일본의 장군이 다 같이 명조의 책봉을 받는다는 것을 전제로 그 지위가 서로 동등하다는 원칙이 확립된 것이다. 또 하나는 중앙집권국가 조선은 국왕이 유일한 통치권자로 일원적으로 외교권을 행사하는 반면, 봉건체제하의 일본에서는 중앙정권의 장군 이외에 세습 領主들이 각각 지방분권적인 통치권을 행사하여 조선과 독자적인 관계를 가졌다는 사실이다. 즉 조선의 대일관계는 일원적으로 관리되었으나 일본의 對 조선관계

---

3) Key-Hiuk Kim, *The last Phase of the East Asian World Order : Korea, Japan, and the Chinese Empire, 1860~1882*(Berkeley and Los Angeles : the University of California Press, 1880), pp.4~15.

는 다원적으로 운영되었다. 여기서 주목할 것은 조선왕조와 교토(京都)에 있었던 일본 왕실과는 아무런 관계도 없었다는 사실이다. 이것은 당시 일본의 天皇은 통치권이 없는 단순한 명목상의 국가원수였으며 토속신앙인 신또(神道)의 敎祖的인 존재에 불과하였다는 것과, 중앙정권인 幕府의 힘과 권위가 약하여 일원적인 외교권을 행사하지 못했음을 말하여주는 것이다. 조선왕조가 이와 같이 일본과 다원적인 관계를 가졌던 것은 일본 서남지방의 영주나 호족들에 명목상의 官職 또는 印綬를 수여하여 이들에 외교와 무역상 일정한 특권을 주고 그 대가로 한반도 해역에서 그들의 침범과 약탈을 억제하자는 것이 목적이었다. 受職倭 또는 受圖書倭라고 불린 이들은 조선국왕에 대하여 단순한 陪臣이 아니라 '準 臣下'였다.[4)]

조선 초기 형성된 이와 같은 한일관계는 그 후 한반도 해역에서 倭寇활동이 꾸준히 계속되었음에도 불구하고 크게 변화없이 계속되다가 16세기 末에 일어난 壬辰倭亂으로 말미암아 중단되었다. 그러나 전란이 종식된 직후 일본에서 토쿠가와(德川)幕府가 등장한 후 1609년에 이른바 己酉約條가 체결되어 양국간의 정식 국교가 재개되었다. 기유약조는 1876년에 江華島條約이 체결될 때까지 약 260년 동안 한일관계의 기본적인 틀로 남아 있었다. 이 약조에 의하여 조선은 일본과 두 가지 차원의 관계를 유지하였는데 하나는 막부와의 관계였고 또 하나는 위에서 말한 수직왜와 수도서왜와의 관계였다.

막부와의 관계는 조선측에서 막부에 사절을 파견하여 書契와 예물을 교환하는 것이 전부였다. 이 사절을 通信使라 하였는데 통신사는 장군이 사망하고 새 장군이 承襲할 때 조의와 축하의 뜻을 전하는 국왕의 서한과 예물을 전달하기 위하여 막부의 소재지인 에도(江戶)에 파견되었다. 토쿠가와 시대 전 기간을 통하여 통신사는 12회에 걸쳐 파견되었다. 19세기초에 재정난으로 어렵게 된 막부가 비용을 절감하기 위하여 에도가 아닌 타처에서 통신사를 영접하자는 이른바 易地行聘을 제의했으나 조선측이 이를 거절한 결과 통신

4) 아시카가시대의 한일관계에 관하여는 田中健夫, 《中世對外關係史》(東京 : 東京大學 出版會, 1975), 95~152쪽과 中村榮孝, 《日鮮關係史の硏究》 上(東京 : 吉川弘文館, 1970), 141~221쪽, 受職倭와 受圖書倭에 관하여는 같은 책, 517~626쪽 참조.

사 파견은 폐지되었다.[5]

토쿠가와막부도 조선에 사절을 파견코자 했으나 임진왜란으로 극도로 증폭된 對日 불신감으로 조선 조정이 이를 거절하였다. 따라서 막부의 조선조정과의 연락은 對馬島 영주가 이를 대행하였다. 그 결과 토쿠가와시대에 일본인은 공적이나 사적을 막론하고 한 사람도 서울을 방문하지 못했다. 이와 같이 조선조정과 막부간의 관계는 의례외교에 불과하였으며 통신사는 청조에 파견된 조공사와는 달리 의무적이나 정기적인 것은 아니고 막부의 요청에 따라 수시로 파견되었을 뿐이었다.

한편 대마도와의 관계는 조선측에서는 필요에 따라 부정기로 譯官을 파견하였는데 이를 渡海역관 또는 問慰역관이라 했다. 이들의 사명은 새 영주의 승습을 축하하거나 島內 사정을 조사하는 것이었는데 그들은 단기간 체재하였으며 주어진 임무 이외의 활동은 일절 하지 않았다. 반면 대마도는 매년 年例使라고 불린 정기사절과 別差倭라고 불린 임시사절을 보냈다. 연례사는 島主가 장군을 대행하여 보내는 大差使와 그 자신이 영주자격으로 보내는 差使, 그리고 수직왜 및 수도서왜가 보내는 사신이 있었다. 별차왜는 양국간에 단순한 연락사항이 있을 때 파견되었다. 이들은 조선 禮曹參判과 東萊府使 또는 그들의 屬僚들에 보내는 書契와 조선조정에 헌상하는 명목적인 예물을 전달하고 이에 대한 후한 回賜品을 하사받았다. 모든 서계에는 조선의 종주국인 中國의 皇帝 年號와 조선왕국으로부터 하사된 官印(圖書)을 사용해야 했다. 대마도에서 도래하는 일본인들은 부산 草梁에 있었던 倭館에서 정해진 범위 내에서 물물교환 형식의 교역에 종사였다. 그러나 館外出入이나 여행은 일절 금지되어 있었다. 왜관은 조선정부가 설치한 것이었으나 그 관리는 대마도 영주가 임명하는 館守에 맡겼다. 왜관에 와서 체류하는 일본인은 매년 1,000명이 넘었으며 조선정부는 이들을 위하여 매년 쌀 3,000石을 제공했다. 여기서 볼 수 있는 바와 같이 대마도는 경제적으로는 일본 본토보다 조선에 거의 의존하고 있었다고 해도 무방하다.

토쿠가와 초기에는 조선조정과 이같은 관계를 맺고 있는 영주들이 일본

5) 通信使 易地行聘에 관하여는 田保橋 潔, 《近代日鮮關係》 下卷(朝鮮總督府 中樞院, 1940), 639~894쪽 참조.

서남지방에 여럿이 있었으나 도쿠가와 중기에 들어선 후 17세기 말까지 이들이 모두 그 관계를 청산하게 되어 이 때부터 대마도는 조선과의 외교와 무역을 독점하게 되었다.6)

(4) 화이질서하의 한국과 일본

동아시아 천지에서 중국 중심의 세계질서가 처음으로 형성된 것은 7세기 초 唐왕조(608~917) 초기였다. 이때 중국대륙에서 後漢이 멸망한 후 400여 년 가까이 계속된 분열과 혼란이 끝나고 다시 통일왕조인 隋와 唐이 차례로 흥기하자 고구려, 백제, 신라는 서둘러 그들과 封冊관계를 맺었다. 이때 일본도 이들에 사절을 파견하여 入貢했으나 정식으로 책봉관계는 맺지 아니했다. 한반도 삼국과 일본간의 중국에 대한 대응에 있어서의 이와 같은 차이는 동아시아 세계에서 각자가 차지하고 있었던 지리적·전략적 입지의 차이에서 유래한 것이었다. 즉 중국대륙에서 강대한 세력이 흥기하여 외교적·군사적으로 직접 그 영향과 압력을 받게 된 고구려, 백제, 신라 삼국은 재빨리 이와 외교적 관계를 확립하여 자신의 안전을 도모해야 했다. 그러나 중국대륙에서 거리가 먼 도서국가 일본은 외교상·전략상 훨씬 더 큰 선택의 폭과 자유를 갖고 있었다. 일본은 대륙에서 일어나고 있는 변동을 자국에 유리하게 이용하기 위하여 새 대륙세력과 외교관계는 맺었으나 구속적이며 의무적인 책봉관계까지 맺어야 할 필요는 없었다.

그후 唐이 직접 한반도에 개입하여 신라에 의한 삼국의 통일을 지원한 다음 이를 자기 판도에 편입하려 했으나 통일신라의 완강한 항거에 봉착하여 실패하였다. 그러나 이같은 적대관계는 일시적인 것에 불과하였고 양국간에는 곧 종속관계가 회복되었다. 그 후 신라는 계속 당과 밀접한 관계를 유지하고 그 선진문화를 도입하여 찬란한 민족문화를 꽃피게 하였다. 반면 일본은 한반도가 통일되자 그의 반도 진출 기도가 좌절되고 한 가닥의 희망을

6) 토쿠가와시대 한일관계에 관한 연구로는 孫承喆,《近世韓日關係史》(강원대학교 출판부, 1987) ; George M. McCune, "The Exchange of Envoys between Korea and Japan during the Tokugawa Period." *The Far Eastern Quarterly*, 5.3(May 1946), pp.308~324 등이 있다.

결었던 羅唐戰爭까지 끝나고 나당간에 우호관계가 회복되자 자신의 한반도에 대한 야심을 포기할 수밖에 없었다. 이와 함께 중국에 대한 일본의 관심은 급격히 냉각되었다. 당왕조 300년간을 통하여 신라는 나당전쟁 때의 수년을 제외하고는 매년 사절을 보냈다. 이에 비하여 일본은 같은 기간에 전후 15차례의 사절을 파견하는데 그쳤다. 이 중 초기의 6회는 630년부터 약 40년간에 집중되었는데 이 때는 바로 삼국 통일전쟁이 일어나고 당이 이에 개입한 시기였다. 나머지 9회는 그 후 약 170년 동안 20년만에 한번 꼴이었으며 그 마저 838년을 끝으로 완전히 폐지되었다.

일본이 당에 입공했던 것은 대륙의 선진문화를 도입하는 것이 그 목적이었다는 것이 일본학계의 통설이다. 그러나 위에서 지적한 사실은 그 목적이 주로 전략적인 것이었으며 문화도입은 2차적인 것이었음을 보여준다.[7] 이와 같이 한국과는 달리 일본은 동아시아 세계의 일원이면서도 항상 중국과는 일정한 거리를 유지하였는데 이와 같은 일본의 태도는 그 후 더욱 분명해진다. 당이 멸망한 후 중국에서는 宋王朝(960~1279)가 이를 이었다. 군사적으로 약했던 송은 북방민족의 국가인 遼와 金의 압력 하에 동아시아 세계의 종주국 역할을 제대로 하지 못했고 中原에서 남쪽으로 밀려나왔으며 이로 말미암아 화이질서는 크게 흔들리게 되었다. 이에도 불구하고 한반도에서 통일신라를 계승한 고려는 송과 꾸준히 종속관계를 유지하며 그 문화를 도입하는데 힘썼다. 특히 유학발달에서 새로운 국면을 개척하여 획기적인 발전을 가져온 程朱學을 도입하여 훗날 한국유학 발전의 터전을 마련하였다. 한편 일본은 9세기 중엽 이후 계속 중국과 공식적인 관계를 맺지 않았고 민간 차원의 문화적 교류는 어느 정도 유지했다.

13세기 중엽에 全 유라시아 대륙에 걸쳐 사상 未曾有의 대변동이 일어났으니 바로 蒙古에 의한 元제국의 창건이다. 이 과정에서 고려는 30년간에 걸친 치열한 항쟁 끝에 결국 몽고에 굴복하고 직접 그 지배를 받게 되었다. 뒤이어 일본도 역사상 처음으로 대륙으로부터 무력침공을 받았다. 그러나 1274년과 1281년 두 차례에 걸친 麗蒙 연합군의 일본 침공은 완전한 실패로 끝

7) 西嶋定生, 《日本歷史と國際環境》(東京 : 東京大學 出版會, 1895), 81~180쪽 참조.

났다. 몽고에 의한 중국정복과 통치는 漢민족의 화이사상과 덕치주의에 치명적인 타격을 주고 전통적 동아시아 세계질서를 무너뜨렸다. 한편 몽고의 일본 침공은 일본인의 민족 감정을 자극하고 단결을 강화시켰으며 이에 대한 일본의 '승리'는 일본인의 민족적 자부심을 북돋아 주었다.

15세기초에 일본의 아시카가 요시미쓰가 明朝로부터 책봉을 받았던 목적은 주로 자신의 권위를 강화하고 중국무역의 이윤을 추구하는 것이었고 중국 문물의 도입에는 그다지 관심이 크지 않았다. 그러나 그는 이로 말미암아 국내 王廷귀족들과 神道 神官들의 비난공격을 받게 되었다. 그래서 그 후의 아시카가 장군들은 명조와의 종속관계를 단속적으로 유지하였는데 16세기 중엽에 가서 그들의 정권은 유명무실하게 되고 明과의 종속관계도 자연 소멸했다. 그러나 토쿠가와 정권은 조선과 琉球 왕국을 통하여 비공식으로 중국과 관련되어 있었다. 따라서 일본도 분명히 동아시아 세계의 일원으로 남아 있었다.[8)]

위에서 본 바와 같이 한국은 고대 동아시아 세계질서가 형성된 후 언제나 그 테두리 안에서 중국과 불가분의 유대를 유지하였다. 특히 중국과 동질적인 문화를 발전시켜 '小中華'라고 자타가 인정하였다. 그러나 정치적으로는 언제나 의연한 태도로 완전히 자주를 고수하고 중국의 간섭을 거절하였다. 중국도 元(몽고)왕조를 제외하고는 한국을 통치하거나 그 내외정에 간섭하지 않았다. 한편 일본도 중국문화를 도입하여 자체의 문화를 발전시켜 왔으나 항상 중국과는 일정한 거리를 두고 공식적인 국교를 유지하려고 힘쓰지 않았다.

이러한 과정에서 한일 양국은 각각 상대방에 대한 고정된 견해 또는 편견이 굳어지게 되었다. 즉 중국과의 문화적 일체감을 갖고 대륙문화를 일본에 전도한 한국인은 일본에 대하여 문화적으로 선진국이라는 자부심과 우월감을 갖게 되었다. 한편 예로부터 단속적으로 일본인의 일방적인 침범과 약탈

---

8) 일본역사와 문화의 독립적 발전에 관한 대표적인 견해로는 토인비(Arnold J. Toynbee)와 케네디(Paul Kennedy)가 있다. Paul Kennedy, *The Rise and Fall of the Great Powers : Economic Change and Milltary Conflict from 1500 to 2000*(New York, N.Y. : Random House, 1987), pp.14~16 참조.

을 받아온 한국인은 일본인을 도덕적으로 야만으로 보게 되고 그에 대한 불신감이 굳어졌다. 특히 임진왜란은 일본에 대한 한국인의 불신감을 거의 절대적인 것으로 만들었다. 한편 일본인은 중국에 대해서는 그의 문화적 선진성과 우위를 인정하면서도 외교관계에 있어서는 중국과 동등한 지위를 주장하고 한국에 대하여는 우위를 주장하였다. 일본 고유의 신화와 일본왕실의 존재가 일본인의 이와 같은 견해와 태도를 지탱케 하였으며 일본의 島嶼國家로서의 지리적·전략적 위치가 이를 가능케 하였다.

예로부터 중국의 통치자는 이른바 '天命'을 받아 천하를 통치하고 인류에 군림하는 '天子'라 하여 '皇帝'라고 불렀다. 동아시아에서 중국을 제외한 어느 국가나 민족의 君主나 首長도 이 호칭을 사용할 수 없었다. 그러나 유독 일본만이 자국의 왕을 '天皇'이라고 불러왔다. 물론 타국은 이를 인정하지 아니했다. 그러나 이같은 慣用은 일본인의 대외관계에 대한 사고를 형성하는데 한 가지 중요한 요인이 되었다. 일본 고대 史書인 《日本書紀》에는 고구려, 백제, 신라왕이 일본의 야마도(大和)조정에 입공 하였다는 날조된 기사가 실려 있다. 이것이 사실이든 아니든 후세 일본인은 한반도가 고대 일본의 속국이었다고 믿게 되었다. 19세기 중엽 일본에서 武家통치가 끝나고 이른바 '天皇의 親政'이 '회복'되었을 때 바로 이 때문에 한일 양국간에서 각자의 君主에 대한 호칭을 둘러싸고 외교상 분쟁이 일어나게 되었다.[9)]

2) 서세 동점과 동아시아 제국

(1) 서방제국의 동방진출

이른바 西勢東漸은 근세 초두, 즉 15세기 말에서 16세기 초에 걸쳐 시작된 유럽제국의 동방진출로 출발했다. 그 배경에는 13~14세기에 걸쳐 유라시아 대륙을 지배한 蒙古帝國의 붕괴에 이어 15세기 중엽의 오스만 투르크의 흥기와 이로 인한 東로마제국의 멸망으로 비단길(the Silk Road)이라고 불려진 동방 교역로가 回敎徒와 아랍상인들 수중에 넘어갔다는 사실이 있었다. 이로 말

---

9) Kim, *The East Asian World Order*, pp.23~25.

미암아 13세기 중엽 이래 동방무역으로 번영하여온 地中海 연안 기독교국가 상인들은 인도와 중국, 즉 동방으로 가는 새로운 무역로를 개척해야만 했다. 바로 이를 위한 노력으로 인류 역사상 미증유의 '大航海 時代'이자 大發見 時代가 개막되었다. 그 시작이 1492년 콜럼버스(Christopher Columbus)의 美洲大陸 발견과 1498년 바스코 다 가마(Vasco da Gama)의 印度航路 발견이었다. 이를 가능케 한 것은 근세 초기에 시작된 과학혁명의 일환으로 천문학과 항해술의 획기적인 발달과, 이와 때를 같이하여 전개된 유럽 근대민족국가 간의 식민지 획득 경쟁이었다. 또 이 경쟁에 박차를 가한 것이 종교개혁과 이에 대응하여 일어난 가톨릭 교회 자체의 개혁운동, 즉 反改革운동(the Counter Reformation)이며 그 일환으로 전세계에 걸쳐 전개된 천주교의 포교활동이었다. 이와 같이 근세 유럽제국의 동방진출은 유럽상인들의 동방무역, 유럽국가들의 해외 식민지획득 경쟁과 가톨릭 교회의 포교운동이 합쳐서 이루어진 세계사상의 미증유의 대사건이었다.[10]

(2) 포르투갈과 스페인의 동방진출

이 동방진출에서 선두에 나선 것이 이베리아반도 국가 포르투갈과 스페인이었다. 1493년 12월 敎皇 알렉산더 6세가 새로 발견될 모든 지역을 유럽대륙 서쪽 대서양을 남북으로 종단하는 子午線을 경계로 하여 서쪽은 스페인이 동쪽은 포르투갈이 영유케 한다는 敎書를 발표하였다. 양국은 이 교서의 내용을 다음 해인 1494년에 조인한 톨더실래스(Tordesillas) 조약으로 확인하였다. 이에 따라 포트투갈은 아프리카대륙 서해안을 남하하여 希望峰을 동으로 돌아 印度洋에 진출, 다시 북상하여 아랍해를 거쳐 인도 서해안에 도달하였다. 1510년에는 인도의 고아(Goa)를 점령하여 이곳에 동남아의 香辛料무역기지를 건설하였다. 다시 南支那海를 북상하여 중국 남부해안 항구들을 占取하려고 여러 차례 시도했으나 그때마다 축출당했다. 그러다가 1557년에 중국해역에서 해적 소탕에 공을 세워 明朝로부터 마카오(Macao)에 무역기지 건설허가를 취득하였다.[11]

10) 榎 一雄, 〈西力東漸の展開〉(榎一雄 編, 《西歐文明と東アジア》, 東京 : 平凡社, 1971), 9~18쪽 참조.

한편 스페인은 대서양을 건너 신세계에 진출하여 1519~1520년에 멕시코(Mexico)를 점령하고 이를 본거지로 삼아 중남미대륙 정복을 활발히 추진하였다. 남미대륙 북부의 파나마 地峽을 횡단, 서해안으로 진출하여 1530년대 초에는 페루(Peru)를, 1540년대에는 칠레(Chili)를 정복하였다. 그후 1세기 동안 이 지역은 세계최대의 銀 산지가 되어 스페인의 번영에 크게 공헌하였다. 이에 앞서 1519~1521년 마젤란(Magellan)이 남미대륙 남단에서 태평양을 서쪽으로 횡단하여 比律賓을 발견하였는데 스페인은 이곳에 식민지를 건설하여 동남아시아, 중국, 일본무역의 기지로 하였다. 이와 같이 16세기 중엽까지 포르투갈과 스페인은 동남아시아, 동아시아에 진출하여 17세기 초까지 이 지역 전 해역에서 制海權을 장악하고 해상무역을 독점하다시피 했다.[12] 이와 같이 양국이 동아시아에서 쉽사리 해상 주도권을 장악할 수 있었던 것은 당시 중국·한국·일본 등 이 지역 국가들이 이른바 '海禁' 정책 하에서 '閉關自守'하고 해외교류와 내왕을 금하거나 극도로 제한하고 있었기 때문이었다. 16세기 초에 중국의 明朝는 宦官 鄭和가 이끄는 대 함대를 전후 7차에 걸쳐 인도양과 아프리카 동해안 지역에 파견하여 이를 중국 조공체제에 편입시켰다. 1405년의 제1회 원정은 60여 척의 함정과 28,000명의 병사가 동원된 世界史上 미증유의 규모였다. 만일 명조가 해상활동을 계속하였더라면 당시의 포르투갈이나 스페인은 그 적대가 되지 못했을 것이다. 그러나 1433년을 마지막으로 명조는 해외 대원정을 갑자기 중단하고 그 후에는 해안해역에 출몰하는 왜적소탕을 위한 해군력만을 유지하였다.[13]

원래 대륙국가인 중국은 수만 리의 해안선을 갖고 있음에도 불구하고 19세기 초까지 해상으로부터 군사적 협위를 받은 적이 없었다. 역사상 중국에 대한 군사적 압력이나 무력 침입은 항상 북방초원이나 서북사막 지대에서

---

11) 포르투갈의 동방진출에 대하여는 生田 滋, 〈大航海時代の東アジア〉(위의 책), 19~144쪽 참조.

12) 스페인의 해외진출을 다룬 것으로는 J. H. Parry, *The Spanish Seaborne Empire*(Berekely, Los Angeles, and Oxford : University of California Press, 1966).

13) 明朝초기의 大遠征에 관한 대표적인 연구로는 Jung-pang Lo, "The Emergence of China as a Seapower During the Late Sung and Early Ming Periods," *Far Eastern Quarterly*, 11 : 2(February, 1952) 참조.

왔다. 또 중국은 예로부터 탁월한 문화와 광대한 국토와 풍부한 자원, 그리고 다양한 물산을 자랑하는 자급자족의 농경사회였었다. 따라서 중국인들은 국방을 위한 해군력의 필요를 느끼지 못했고 외부로부터 들어오는 타국문화에 대한 관심이 없었으며 경제적 부를 획득하기 위한 해외무역이 필요하다고 생각지 못했다. 명조가 해외 대 원정을 갑자기 그만두고 해군력을 축소한 배후에는 이와 같은 중국인의 전통적인 국방전략과 문화적 中華思想이 있었다. 바로 이와 같은 명조의 결정이 포르투갈과 스페인에 용이하게 동아시아 해역에 진출하는 기회를 주게 된 것이다.

근세 초기 유럽국가의 동방진출의 또 하나의 동기는 천주교의 포교였다. 이를 위하여 유럽을 떠나는 포르투갈과 스페인 무장船團에는 온 세계를 기독교왕국으로 만들고야 말겠다는 정열에 불타는 선교사들이 타고 있었다. 이들은 포르투갈·스페인 또는 프랑스 왕실의 재정적 지원으로 조직된 교단에 소속하고 있었는데, 그 중 동아시아 지역에서 선도적 활동을 전개한 것이 耶蘇會(the Society of Jesus)였다. 야소회는 통칭 '제수위트'(the Jesuits)라고 불린 교단으로 포르투갈 왕실의 지원으로 유럽 각국의 귀족과 명문출신의 일류 학자와 지식인으로 구성되어 있었다. 그들 중에서도 특히 저명한 사람이 聖프랜시스 사비엘 신부와 마테오 릿치(Matteo ricci) 신부였다. 사비엘은 이태리 귀족 출신으로 1549년에 일본 땅을 밟았다. 그는 3년간 그곳에 머물면서 쿠슈(九州), 야마구치(山口), 교토 등지에서 포교활동을 벌여 큰 성과를 거두고 그후 반세기 동안에 수십만 명의 일본인이 천주교로 개종하게 되는 터전을 마련했다. 릿치 신부 역시 이태리의 명문 출신으로 1582년에 마카오에 도착하였다. 그는 그곳에서 중국의 언어, 풍속, 역사를 공부한 다음 廣州·南京 등지를 거쳐 1598년에 北京에 들어갔다. 1610년 그곳서 사망할 때까지 헌신적인 활동을 전개하여 천주교 포교뿐만 아니라 동서문화 교류에도 큰 공적을 남겼다.

이와 같이 천주교는 주로 야소회 선교사들에 의하여 중국과 일본에 전파되었는데 특히 일본에서는 빠른 속도로 퍼져나갔다. 당시 일본은 전국에 군웅이 할거하여 법과 질서가 무너지고 기성 종교인 神道와 불교는 혼란과 고난 속에 허덕이는 백성들을 구원하지 못하였다. 이때 천주교가 들어와서 그들에게 새로운 희망과 구원의 빛이 되었던 것이다.

한편 중국에서도 야소회 선교사들의 활동으로 明朝 말에서 淸朝 초기에 걸쳐 천주교는 북경 조정과 상류사회에까지 침투하여 착실하게 그 영향력이 커져가서 많은 名流들을 개종시켰다. 일부 선교사들은 황제의 신임을 얻어 청조의 높은 벼슬까지 했다. 청조가 선교사들의 포교활동을 묵인하고 그들을 관직에 등용한 것은 그들의 신앙을 수용한 것은 아니고 다만 天文學, 曆學에 관한 그들의 과학적 지식과 회화와 같은 예술분야에서의 기능을 중용한 것이었다. 한편 선교사들은 자기들의 신앙을 버리고 유교사상을 받아드린 것이 아니었고 중국사회에 기독교를 전파시키자면 모름지기 중국의 전통문화를 존중하고 그 지배계급의 존경과 신뢰를 획득해야 한다고 믿었기 때문이었다. 그러나 결과적으로 야소회 선교사들은 당시 중국과 서양문화의 교류에 지대한 공헌을 하였다.[14)]

이와 같이 포르투갈과 스페인 양국은 동방진출의 선두에서 눈부신 활동을 전개하였다. 그러나 17세기 중엽에 들어서자 그들의 활동에 제동이 걸렸다. 천주교 포교 활동에 있어서도 초기에는 명조와 청조의 관용으로 포교활동이 묵인되었으나 교단 상호간의 시기와 질투, 그리고 로마교회의 배타주의와 독선으로 말미암아 중국에서 축출당하고 말았다. 일본에서도 사정은 대동소이하였다. 초기에 포르투갈 상인들과 선교사들이 비교적 용이하게 일본에 들어갈 수 있었던 것은 주로 일본 국내사정의 혼란에 의한 것이었으나 일단 일본 국내가 다시 통일되고 질서가 회복되자 선교사들은 축출되고 상인들은 엄격한 통제하의 한곳에 모은 것이다. 다시 말한다면 근세 초기 유럽諸國의 중국과 일본 진출은 이들 국가의 용인과 필요에 따라서만 가능했던 것이다. 이와 같은 정세는 그후 약 200년 동안 크게 변함없이 19세기초까지 계속되었다.

---

14) 야소회의 중국 포교활동에 관하여는 George H. Dunne, S. J., *Generation of Giants : The Story of the Jesuits in China in the Last Decades of the Ming Dynasty* (Notre Dame, Indiana : University of Notre Dame Press, 1962)와 Jonathan Spence, *To Change China : Western Advisers in China, 1620～1960*(Boston : Little, Brown and Company, 1969)을, 일본에서의 활동에 관하여는 George Elison, *Deus Destroyed : The Image of Christianity in Early Modern Japan*(Cambridge, Mass. : Harvard University Press, 1973) 등을 참조.

근세 초기에 중국과 일본이 유럽인들과 새로운 접촉을 갖고 무역을 하게 된 시기에 조선은 그들과 아무런 접촉도 없이 '閉關自守'하고 있었다. 그 이유는 무엇이었을까. 가장 근본적인 것은 한반도의 지리적 위치였다고 생각된다. 당시 동아시아에 도래한 유럽인들의 목적지는 주로 중국이었으며 그것도 주로 남중국이었다. 따라서 한반도는 일본 남부지방과는 달리 국제항로에서 멀리 떨어진 곳에 있어서 유럽인들의 주의를 끌지 못했던 것이다. 비록 알고 있었다해도 보잘것 없는 중국대륙의 일부 정도로 생각했을 것이다. 그러나 더 중요한 것은 당시 한국인들 자신의 외부세계에 대한 무지와 무관심이었다. 16세기 전반은 바로 명과 조선의 초기로 동아시아 세계질서가 제도적으로 완성된 시기였다. 조선의 통치계급으로 등장한 士大夫들은 程朱學을 신봉하고 국내정치나 대외관계에서 '중국 일변도'였다. 그들은 일본에 대하여는 문화적으로 완전히 무관심하였으며 국내정치나 대외관계에서 이와 동조한다는 생각은 추호도 없었던 것이다. 만일 당시 명조가 해금정책을 포기하고 유럽문화에 관심을 보이고 서방과의 교역에 좀더 적극적이었다면 조선의 관심도 그쪽으로 기울어졌을 것이 아닌가 하는 아쉬움을 금할 수 없다.

(3) 일항 무역 : 전통적 동서무역 제도

16세기초에 유럽인들이 동아시아 해역에 진출했으나 중국이나 일본과의 정식교역은 미미한 것이었고 밀무역이나 해적행위가 주였다고 생각된다. 이는 이미 지적한 바와 같이 양국의 海禁정책이 그 주된 원인이었다. 그러나 그후 중국에서는 국내가 안정됨에 따라 생산이 증가되고 物資유통이 활발하게 되자 해외통상 요구가 필연적으로 일어나고 연해지역 주민간에는 해외밀무역에 종사하는 사람들이 많아졌다. 포르투갈인이 중국해역에 나타나서 浙江·福建·廣東近海에서 밀무역을 시작하자 중국인들도 이에 합류하여 해외로 밀항하는 자가 점차 증가하였다. 특히 한 동안 수그러졌던 왜구활동이 다시 증가하였는데 이때 왜구라고 불려진 해적의 태반이 중국인이었다. 그들은 일본 해적들과 함께 중국 연해지역뿐만 아니라 동남아 각지에까지 횡행하였다.

1644년 중국에서는 명조가 멸망하고 청조가 이를 이었다. 명청 교체기의 국내 전란에도 불구하고 중국 상인들에 의한 일본과 동남아 무역은 계속되었다. 한편 명조가 항복한 후에도 해적 출신인 鄭芝龍, 成功 부자는 강력한 船團을 이끌고 臺灣과 福建省 지역에서 계속 청조에 항거하였다. 청조는 이를 정복하기 위하여 1656년에 중국인의 해외도항과 무역을 금지하고 1661년에는 遷界令을 선포하여 중국 동남부 연해지역 주민을 내륙으로 강제 이주시키고 해상교통을 전면적으로 차단하였다. 이 大陸封鎖令이 성공하여 1683년에 정씨 집단이 항복하고 이에 따라 천계령도 철회되었다. 뒤이어 1685년에 康熙帝는 해금을 해제하여 중국 상인들의 해외도항과 외국 선박의 중국 來航을 허용하였다. 이 획기적인 일대 英斷으로 비로소 西方諸國과의 무역이 정식으로 인정되어 근세 중서무역 발전의 기틀이 구축되었다.

청조의 해금 해제와 함께 寧波·厦門·廣州 등 동남부 연안 各港에 유럽과 동남아시아 각지에서 상선이 내도했으나 점차 지리적으로 가장 가까운 광주에 집중하게 되었다. 그 결과 청조당국은 1757년에 유럽과 동남아시아 무역을 광주 一港에 한정하기로 결정하였다. 이리하여 1842년 南京조약에 의하여 5개 항이 개방될 때까지 광동 무역제도가 지속되었다. 광동 무역은 청조의 감독 하에 이루어진 중서간의 독점 민영무역이었다. 청조측에서는 兩廣總督과 廣東巡撫의 총괄적인 감독 하에 粵海關 監督이 이를 관장하였다. 이들의 감독 하에 직접 무역에 종사한 것은 廣東 十三行으로 불려진 민간 貿易商社인 洋行들이었다. 양행은 거액을 정부에 납부하고 광주에 내도하는 유럽상인들과의 무역의 독점권을 취득한 상인 조직이었다. 이를 통칭 십삼행이라고 하였으나 그 수는 반드시 일정한 것은 아니고 대충 十三社 전후였다.

한편 유럽상인들도 각자 정부에서 동방무역의 독점권을 취득하여 이른바 東印度會社를 조직하여 廣東貿易에 종사하였다. 이들은 광주에 상주한 것이 아니고 청조가 정한 데로 매년 10월부터 다음해 1월까지 광주에 있는 商館에 머물면서 양행들을 상대로 교역을 하였다. 교역기간이 끝나면 전원이 마카오로 철퇴하거나 본국으로 돌아가야 했다. 그리고 광주에는 가족을 데리고 올 수 없었으며 특히 여자들의 도래는 엄금했다. 또 광주에서는 상관을 떠날

수 없었으며 일상생활에서 철저한 통제를 받았다. 광동무역 체제가 정비된 18세기 후반에는 많은 유럽국가와 미국이 이에 참가하였는데 모든 면에서 영국이 주도적인 지위를 차지하고 있었다.15)

이에 앞서 일본의 토쿠가와막부는 이미 17세기 전반에 엄중한 쇄국정책을 시행하여 유럽과의 무역을 나가사키(長崎) 일항에 제한하고 교역상대는 네덜란드(和蘭) 일국에 한정하였다. 그 규모는 광동무역에 비하여 훨씬 적었다. 나가사키항 내에 人工 섬에 있는 상관에 화란 동인도회사 사원 수명이 상주하고 있었으나 이들 역시 가족을 동반할 수 없었으며 자유로운 외출이나 여행은 엄금되었다. 화란 상선의 도래는 일년에 1, 2차에 제한되었고 그 수는 매번 수 척에 불과했다. 따라서 무역량도 미미한 것이었다. 또 하나 주목할 점은 나가사키에 있던 화란 동인도회사의 商館長은 5년에 한차례 에도에 가서 將軍에 배알하고 貢物을 獻上하는 의무를 지고 있었다는 것이다. 이와 같이 나가사키 무역도 광동무역과 같이 동아시아적 '조공'무역 성격이 짙었다. 나가사키에는 막부의 묵인 하에 많은 중국 상인들이 도래하여 일부는 그곳에 상주까지 하였다. 또 매년 나가사키에 도래한 화란상선은 수 척에 불과했으나 중국상선은 그 수십 배가 되는 70~80척에 달하였다. 이로 보아 토쿠가와 정권의 쇄국정책은 주로 유럽 국가가 그 대상이었다는 것과 화란과의 무역이 일본을 위하여 경제적으로 그다지 큰 비중을 갖지 못했음을 알 수 있다.16)

(4) 화란과 영국의 진출

16세기 유럽의 동방진출을 주도한 것은 포르투갈과 스페인이었다. 17세기로 접어들면서 이들을 제치고 화란과 영국이 선두에 나섰다. 원래 화란은 스페인의 영토였으나 종교개혁의 결과 개신교도들이 연합하여 1581년에 스페인에서 독립한 국가이다. 영국의 동방진출은 초기에 포르투갈과 스페인의 해

---

15) 廣東무역제도에 관한 대표적 硏究는 梁嘉彬, 《廣東十三行考》(上海 : 商務印書館, 1937)가 있다.

16) 토쿠가와시대 초기 나가사키 貿易제도의 연혁에 관하여는 中田易直, 〈十七世紀初頭の對外交涉〉(沼田次郎 編, 《日本と西洋》, 東京 : 平凡社, 1971), 97~168쪽) 참조.

군력의 견제를 받아 활발하지 못했으나 1588년에 스페인의 무적함대를 격파하고 유럽에서 동방과 미주 대륙에 이르는 전 해역에서 제해권을 장악하였다. 이와 함께 포르투갈, 스페인 양국이 로마교황으로부터 받았던 해외영토와 무역의 독점권은 유명무실하게 되었다.

개신교 공화국으로 출발한 화란은 동방진출에서 기독교 포교나 식민지 획득에는 그다지 관심을 갖지 않았고 상업활동에 주력하였다. 왕실이나 정부가 아니라 상인들이 공동 출자하여 동방무역을 위한 항해를 조직하여 그때그때 이익을 분배하는 방식으로 시작하였으나 후에는 각자 고정적인 출자금을 내어 상설 무역기구를 조직하여 지속적인 활동을 전개했다. 이것이 근대 주식회사의 효시가 되었다. 이와 같이 화란상인들은 해외진출에서 당시 복잡한 유럽의 종교분쟁이나 왕실이나 국가간의 경쟁에 휩쓸려들지 않고 오로지 상업활동에만 전념했다. 또 화란은 이베리아반도와는 달리 좋은 船材가 많이 생산되는 발트海 연안에 가까운 곳에 위치하여 대양항해를 위한 조선업을 발달시킬 수 있었다. 이와 같은 유리한 조건하에 전개된 화란의 동방진출은 1602년에 창설된 동인도회사가 주도하였다.

화란 동인도회사는 해외식민지 획득은 원칙적으로 원치 않았으나 본국에서 멀리 떨어진 곳에 있는 광대한 지역의 원주민들을 통제하고 유럽인 경쟁자들의 침입을 막기 위해 불가피하게 전략적 요지에 기지를 건설하지 않을 수 없었다. 먼저 아프리카 남단 希望峰에 식민지를 건설한 다음 1619년에는 바타비아(Batavia)를 동방경영 본거지로 삼았다. 이리하여 본국을 떠난 화란 상선들은 희망봉 기지에서 보급을 받은 후 남 인도양을 동으로 횡단하여 바타비아로 직행하는 신항로를 개척하여 포르투갈과 스페인을 압도하고 광대한 인도네시아 열도를 지배하게 되었다. 이에 앞서 1609년에는 일본 쿠슈에 상관을 설치하였다. 1624년에는 명조 말기의 중국 정세가 불안한 틈을 타서 대만 북부를 점령하여 1661년에 축출될 때까지 이곳에서 중국 본토에서 건너오는 상인들과 교역하였다. 이와 같이 화란은 17세기 전 시기를 통하여 동방무역에서 우위를 유지하였다. 그후 영국에 주도권을 빼기게 되었으나 제2차 세계대전이 끝날 때까지 300년간 세계 유수의 식민지제국으로 남아 있었다.[17]

영국이 16세기초에 해외진출을 개시하였을 때는 주로 북미대륙 식민사업에 주력하였다. 그러나 화란이 동방무역에서 막대한 이윤을 얻는 것을 보자 이 분야에 진출하기로 결심하게 되었다. 스페인의 무적함대를 격파한 후 1600년에 동인도회사를 설립했으나 그 규모는 2년 후에 설립된 화란회사보다 적어서 동남아지역에서는 그 세력에 대항하지 못하였다. 1612년에 처음으로 인도 서해안의 스랫트(Surat)에 상관을 설치한 다음 이어 마드래스(Madras)와 봄베이(Bombay)에 항만을 구축하고 1633년에는 캘컷다(Calcutta)에 기지를 건설하여 벵갈(Bengal) 경영을 시작하였다. 이와 같이 초기에 영국은 주로 인도무역에 종사하였다. 영국 동인도회사가 중국무역을 시작한 것은 17세기 말엽이었는데 厦門·廣州 등지에서 중국산 견직물과 도자기를 수입했다.

18세기로 접어들면서 영국은 화란을 압도하기 시작했다. 이 배후에는 영국 국내경제의 발전이 있었다. 영국은 세계에서 산업혁명을 최초로 이룬 국가이다. 영국의 산업혁명은 18세기 후반에 시작하여 19세기초에는 모방직공업을 중심으로 본격적 단계에 들어갔다. 국내산업의 뒷받침 없이 단순한 중계무역에만 종사하는 화란과는 달리 국내에 산업기지를 갖게된 영국은 경제력과 군사력이 급속히 성장하여 해외 식민지획득에서 경쟁국들을 압도하기 시작했다. 18세기 중엽 오스트리아(Austria) 왕위계승문제로 영국과 프랑스가 전쟁관계에 들어가자 인도에서 양국간에 군사적 충돌이 일어났다. 1757년 푸렛시(Plassey) 대전에서 영국이 결정적인 승리를 거두게 되어 프랑스는 인도에서 축출되고 영국의 인도지배가 확립되었다. 인도를 동방경략의 본거지로 만든 영국은 19세기초에는 말레이(馬來) 半島를 장악하여 동방무역에서 모든 유럽국가를 주도하였으며 특히 중국무역에서는 이들을 완전히 압도하게 되었다.[18]

---

17) 17~18세기 和蘭의 동방진출에 관한 대표적 연구에는 C. R. Boxer, *The Dutch Seaborne Empire, 1600~1800*(London : Hutchinson, 1965)가 있다.

18) 영국 동인도회사와 그 동방진출 역사에 관한 근래의 연구로는 John Keay, *The Honorable Company : A History of the English East India Company*(New York, N. Y. : Macmillan Publishing Company, 1991) 참조.

(5) 중영 무역의 변천 : 차에서 아편으로

초기에 광주에서 유럽으로 수출된 중국 상품은 주로 견직물과 도자기였으나 17세기 후반부터 중국산 차가 수출되기 시작했다. 유럽 각국, 특히 영국의 상류사회에서 차를 애용하기 시작한 것은 17세기 중엽이었는데 이 때는 주로 화란을 통하여 수입한 것이었다. 그후 청조의 해금이 해제되고 광동무역제도가 확립되자 영국 동인도회사도 이에 참가하게 되었다. 이에 따라 영국 내 차의 판매가격이 대폭으로 인하되어 18세기초부터 국내 차 소비가 크게 증가하고 19세기에 접어들면서 차 수입이 견직물을 능가하게 되었으며 1830년대부터는 중국에서 수입되는 상품 중 大宗이 되었다. 이와 함께 차에 대한 관세는 정부의 중요한 재원이 되었다.

영국은 1688년의 名譽革命 이후 지속적인 해외팽창활동을 전개하여 세계 각처에서 막대한 군사비가 필요하게 되었다. 이를 조달하기 위하여 차 관세를 대폭 인상하게 되어 17세기 후반에는 세율이 100%에 가깝게 되고 그 총액은 매년 100만 파운드를 초과하였다. 이와 같은 高關稅는 불가피하게 국민의 反稅 감정을 증폭시켜 화란을 비롯한 유럽 각국으로부터 대규모의 차의 밀수입을 초래하였다. 결국 영국의 차 소비량 중 영국 동인도회사가 수입한 것은 30~40%에 불과하고 나머지는 유럽에서 밀수입한 것이었다. 영국에서는 차 밀수입을 위해 매년 약 200만 파운드의 銀貨가 유출되는 형편이었다. 한편 차에 대한 高 관세를 반대하여 일어난 北美 植民地의 反稅 운동은 독립운동으로 발전하여 급기야 1776년에 13개 植民領이 연합하여 독립을 선포하였다. 이리하여 동인도회사는 막대한 이윤을 상실하였으며 영국은 모든 식민지 중 가장 소중한 북미 식민지를 영원히 상실하였다.

이와 같은 전무후무의 역사적 실패에서 교훈을 얻은 영국은 1784년 과감한 減稅정책을 행하였다. 이해 8월 英國議會는 차 관세를 119%에서 12.5%로 대폭 인하하는 법안을 통과시켰다. 그 목적은 물론 동인도회사의 이윤을 확보하고 영국정부의 세입을 증대시키는 것이었으나 한 걸음 더 나아가서 중국 무역을 확대시켜 북미대륙에서 상실한 경제적 손실을 동방무역에서 만회하자는 것이었다. 영국의 감세정책은 놀라운 성과를 거두었다. 즉 1785년 감세법 시행을 계기로 유럽 각국의 영국에 대한 차의 밀수출은 완전히 근절되고 중국에서 유럽으로 수출되는 차의 30% 정도를 취급했던 영국 동인도회사는 그후 10년 내에 70%를 차지하게 되었다. 프랑스 혁명과 이로 인하여 야기된 유럽의 대 전란은 이 추세에 박차를 가하여 19세기 초두에는 중국에서 유럽으로 수출되는 차의 90% 이상을 영국이 취급하게 되었다. 이와 함께 광동무역에서 영국은 유럽제국을 결정적으로 압도하여 전 무역량의 80% 전후를 차지하게 되었다. 이 결과 1785년 감세법이 시행되기 전 10년간 동인도회사가 중국 차 수입에서 얻은 이익은 연 평균 18만 3천 파운드 정도였는데 그후 10년간에는 매년 58만 파운드를 넘었으며 1793년 이후에는 매년 70만 파운드를 초과하였다. 이와 함께 매년 약 17만 파운드로 예측되었던 영국정부 茶稅 수입은 30만 파운드를 초과하였다.

그러나 이 같은 성공은 증가하는 차 수입에 필요한 자금조달 문제를 초래하였다. 여기에는 두 가지 원인이 있었는데 하나는 중국무역의 일방성이고 또 하나는 당시 국제무역의 決濟慣行이었다. 이미 지적한 바와 같이 中西 무역은 무역 쌍방이 다같이 원해서 시작된 것이 아니고 주로 서방제국의 일방적인 요구에 따라 시작된 것이다. 광동무역에서 중국의 일방적인 수출초과는 매년 증가할 뿐이었다. 당시 국제무역은 모든 거래에서 은화에 의한 현금결제가 관행이었다. 따라서 매년 막대한 은화가 중국으로 흘러 들어갔고 서방무역국들은 이에 필요한 은화 조달에 고심하였다.

이와 같은 무역의 불균형을 시정하기 위해 영국은 자국 상품을 중국에 수출하기 위하여 노력하였다. 영국에서는 17세기부터 모방직 공업이 국가경제의 基軸을 이루게 되고 장차 다가올 산업혁명의 기반이 되었다. 자국산 모직물 시장을 개척하기 위하여 1693년에 영국의회는 동인도회사에 동방무역 독점권을 부여하는 대가로 매년 10만 파운드의 영국산 모직물을 동방제국에 수출할 의무를 부과하였다. 그러나 기후가 溫暖多濕한 인도, 중국남부, 일본 등지에서 모직물은 거의 팔리지 않았다. 그후 중국 洋商들로 하여금 차를 파는 대가로 일정량의 영국산 모직물을 사도록 하는 방법으로 어느 정도 성과를 거두었으나 영국의 연간 대 중국 수출총액은 중국의 대 영국 수출총액의 1/3에도 못 미쳤다. 1783년 미국 독립전쟁이 끝난 후 신대륙에서 은화조달이용이하게 되자 영국 동인도회사는 차를 위시한 중국상품 수입을 위하여 매년 200만 파운드의 은화를 중국으로 실어갔다. 이에 인도-중국간의 지방무역에 종사하는 상인들이 송금 목적으로 회사에 불입하는 150만 파운드를 합치면 실로 350만 파운드의 은화가 매년 영국에서 중국으로 유입되었던 것이다.

이때 영국의 산업혁명이 가속도로 진행되고 있어 국내 산업투자에 많은 자금이 필요했다. 국내 기업인들은 동인도회사가 매년 대량의 은화를 해외로 반출하는 것은 영국의 산품의 해외시장 개척을 소홀히 하고 국가이익보다 회사이익만을 추구하는 행위라고 비난 공격하였다. 이러한 상황에서 동인도회사는 중국무역의 내용 개선을 위하여 1787년에 육군중령 카트카트(Cathcart)를 단장으로 한 사절단을 중국에 파견하였다. 그러나 이 사절단은 중국으로 가는 도중 단장의 사망으로 중도에서 철수하였다. 다음에 파견된 것이 매카트니(Sir George Macartney) 사절단이었다.

외교와 식민지통치에서 요직을 역임한 죠지 매카트니卿이 대규모의 사절단을 이끌고 중국방문 길에 오른 것은 1792년 9월이었다. 이때 중영 간에는 광동무역뿐만 아니라 영국상인들에 대한 중국상인들의 부채, 청조 당국의 외국인에 대한 규제, 그리고 특히 광주에 거주하는 영국인에 대한 재판권 등 懸案이 산적해 있었다. 사절단에 주어진 訓令의 골자는 다음과 같다.

① 중국내에 차와 견사생산지와 모직물 소비지에 가까운 지역 한 두 곳을 영국에 割讓하고 그곳에서 영국인의 거주권과 치외법권을 인정할 것.
② 광주외에 수개 항을 개방할 것.
③ 북경에 영국 공사가 상주하는 것을 허용할 것.
④ 광주에서 영국인에 대한 부당한 규제를 폐지할 것.

이를 요약하면 영국과 대등하고 정상적인 외교관계를 맺고 영국과 그 식민지 산물에 대하여 중국시장을 개방하라는 것이었다. 이는 산업혁명이 본격적으로 진행되어 국력이 크게 성장한 영국의 자부심을 반영한 것이었다. 그러나 乾隆皇帝 치하에서 사상 미증유의 번영을 누리고 있던 중국이 이를 받아들인다는 것은 상상조차 할 수 없는 일이었다.

매카트니 일행이 天津의 外港인 大沽에 도착한 것은 1793년 7월이었다.

이때 건륭황제는 피서차 熱河離宮에 체재하고 있었기 때문에 매카트니는 그곳으로 가서 9월 14일 황제에 알현하였다. 청조는 관례에 따라 사절단을 '進貢使'로 간주하고 때마침 건륭황제 팔순탄신이었기 때문에 이를 경축하는 것이 그 사명이라고 생각했다. 그후 영국 왕의 서한을 상세히 검토한 결과 아연실색하여 그의 모든 요구를 거절하고 조속히 귀국시키도록 하였다. 매카트니는 교섭을 시도했으나 청조 당국은 이를 일축하고 10월 7일 북경을 떠나게 하였다.

이때 건륭황제가 영국왕 죠지 3세에 보낸 '勅書'는 당시 청조 통치계급의 중화사상과 해외무역에 대한 태도를 여실히 보여주는 흥미 있는 문서이다. 영국의 요구를 모두 거절한 다음 중국은 물산이 풍부하여 '外夷'의 物貨가 필요치 않으나 중국의 차와 자기와 견사는 서방인들의 필수품이니 특별히 은혜를 베풀어 이를 팔아주는 것이라고 설명하였다. 영국 사신이 定例에 없는 많은 것을 청하였는데 이는 遠人에 은혜를 加하고 四夷를 撫育하는 道에 크게 어긋나는 것이라고 꾸짖은 다음 '天朝가 萬國을 一視同仁'으로 다스리는 것이니 영국만의 청을 들어줄 수 없다고 잘라 말하였다. 이리하여 광동무역 제도를 개혁하고 중국과 대등한 외교관계를 수립하기 위한 영국의 첫 시도는 완전히 실패하였다.[19]

동인도회사의 광동무역에 필요한 은화조달 문제의 해결책으로 등장한 것이 아편무역이었다. 아편이 중국에서 처음으로 마약으로 사용되기 시작한 것은 17세기 초였다고 한다. 이때 화란인들에 의하여 臺灣, 福建省 등지에 유입되었는데 청조에 해금이 해제되자 연해지방에 아편 유입이 증가했으리라고 추측된다. 청조가 최초로 아편 禁令을 내린 것은 1729년이었는데 영국 동인도회사도 이 금령을 존중하여 회사원이 아편을 밀수하는 것을 여러 차례 경고한 적이 있다. 그러나 1757년 동인도회사가 인도, 벵갈 지방의 지배권을 장악하게 되자 사정이 일변하였다. 동방무역 독점권뿐만 아니라 벵갈 통치권까지 장악하게 되자 회사의 재정부담이 크게 증가하여 재원확보에 고심하게

19) 매카트니의 사절단에 관하여는 J. L. Crammer-Bying, "Lord Macartney's Embassy to Peking in 1693," *Journal of Oriental Studies*, Ⅳ : 1-2(1957~58), pp.117~158 참조

되었다. 그리하여 1773년에 이 지방의 중요한 물산인 아편의 專賣제도를 실시하고 1797년에는 그 생산관리까지 하게 되어 아편의 해외시장 개척에 나서게 되었다. 즉 아편무역에 의하여 벵갈 농민들의 수입을 보장하고 회사의 벵갈 통치자금을 확보하며 중국 상품 수입에 필요한 자금을 조달하는 문자 그대로 一石三鳥의 효과를 노린 것이었다. 처음에는 회사가 소량을 직접 중국에 반입하는 것을 시도한 적이 있었으나 청조의 금령을 고려하여 인도-동남아시아-중국무역에 종사하는 이른바 '地方貿易'업자들에 이를 일임키로 하였다. 그러나 회사는 계속 벵갈에서 아편전매권을 장악하고 있었을 뿐만 아니라 지방무역 업자가 중국에서 벌어들인 모든 은화는 이를 회사에 기탁하고 그에 해당하는 금액을 인도나 영국에서 영국 통화로 환불받도록 하여 은화 조달에 만전을 기하였다.

이와 함께 매년 1,000상자(1상자=100斤=133파운드) 전후였던 중국에 대한 인도의 아편 밀수출이 18세기말에는 일약 4,000여 상자로 증가하였다. 그후 1820년까지는 대략 이 수준에 머물다가 다시 상승하기 시작하여 1826년에는 10,000상자로 불어나고, 1830년대 초에는 20,000상자를 초과했으며, 1835년에는 35,000상자, 1838년에는 40,000상자로 눈덩이처럼 불어났다. 한편 아편 가격은 상자 당 평균 600~700달러로부터 약 3배로 상승하여 2,000달러를 넘게 되고 이를 위하여 지출하는 은화는 3배로 증가되었다. 청조의 禁烟令은 그대로 남아 있었으나 아편은 공공연하게 반입되었고 이에 따라 막대한 은화가 중국에서 유출되기 시작했다. 그 결과 근세 초기 서방무역이 시작된 후 200년에 걸쳐 지속되었던 중국의 수출초과가 19세기 초부터 줄기 시작하여 아편밀수가 급격히 증가한 1820년대 중엽에는 완전히 수입초과로 역전하였다. 이에 따라 매년 은화의 해외유출이 격증하고 중국경제는 크나큰 타격을 받게 되었다.

이리하여 아편무역은 영국의 해외무역과 인도통치를 위하여 중요한 수단이 되었다. 영국 식민지 통치 초기의 인도에서는 양질의 토산 면직물이 생산되고 그 일부는 영국에 수출되어 호평을 받았다. 그러나 영국산업의 발전과 함께 면방직 공업은 새로 개발된 기계방직 기술에 힘입어 눈부신 발달을 보게 되고 19세기 초두에는 과잉생산 문제까지 발생하였다. 이에 대한 대책으로 인도에 판로를 개척하여 값싼 면직물을 대량으로 수출하게 되었다. 이로 말미암아 전통적인 手紡織 기술에 의존하고 있던 인도 면방직 공업은 거의 전멸상태에 빠졌다. 이에 동인도회사는 인도 농민들에 아편재배를 권장하고 전 생산량을 매입하여 이를 중국에 수출하여 그들이 수입하는 영국산 면직물의 대금을 치를 수 있도록 하였다. 이리하여 아편무역은 인도농민의 수입보장, 인도 통치를 위한 재원확보, 중국 상품 수입을 위한 은화조달뿐만 아니라, 영국 면방직 공업의 판로 확보를 위해서 불가결하게 되었다.[20]

3) 동서 신국제관계의 성립 : 불평등조약 체제

(1) 중영 아편무역 분쟁

말한 나위도 없이 중국은 아편무역에서 막대한 경제적·사회적 타격을 입게 되었다. 아편 흡연자의 수는 날로 늘어가고 필연적으로 이에 수반하는 도덕기강의 퇴패, 풍속질서의 문란, 국민건강의 악화와 생산력의 감퇴 등 국가사회 전반에 걸친 해독이 급격히 만연하였다. 이에 청조가 당면한 초미의 문제는 증폭되는 서민들의 생활고였다. 당시 중국에서 백성들은 일상생활에서는 동전을 사용했으나 국가에 바치는 세금은 반드시 은화로 치러야 했다. 그런데 아편밀수로 인한 은의 해외유출이 증가됨에 따라 국내 은 보유량이 급격히 감소되자 은화와 동전간의 환율이 급등하여 은화 1냥 대 동전 1,000文이던 시장환율이 1,600문 이상으로 올랐다.

이에 청조는 1796년에 아편 흡연을 다시 엄금하고, 1800년에는 그 수입과 국내 재배를 전면적으로 금지하였다. 그러나 주로 관원, 과거수험생, 군인들의 흡연을 금지한 것이었고 일반 백성들에 대하여는 별로 관심이 없었다. 따라서 금지령은 유명무실하게 되고 아편무역은 광주 외항뿐만 아니라 중국 남부해역 일대에 걸쳐 성행하였고 영국 및 모든 서방 국가 상인들이 이에 참가하였다. 이때 아편밀수 단속이 북경 당국의 노력에도 불구하고 효과를

---

20) 17세기 초부터 아편전쟁 발발 직전까지 中英간이 아편무역 발전에 관하여는 佐佐木正哉, 〈英國と中國：アヘン戰爭への過程〉(榎一雄편, 앞의 책), 358~537쪽 참조.

거두지 못했던 배후에는 담당 관원과 군인들, 특히 廣東水師(海軍) 장병들이 아편 밀수상인들과 결탁하여 이들을 단속하기는커녕 오히려 보호해 주었다는 사실을 간과할 수 없다.

이와 같은 사태는 1830년대로 접어들면서 절정에 달하였고, 청조당국이 이에 대처하는데 고심하고 있을 때 1836년 5월에 太常寺 少卿 許乃濟 등이 아편 公認論을 제의하자 이를 둘러싸고 일대 논쟁이 벌어졌다. 공인론의 요지는 아편무역은 엄연한 현실이니 차라리 아편과 중국 산품과의 물물교환 형식으로 이를 합법화하여 관원과 군인을 제외한 일반 민간인의 흡연을 방임함으로써 은의 해외유출을 방지하고 관세 등 국가세입을 증가시키는 한편, 아편 수입을 줄이기 위하여 국내 아편 재배를 허용하자는 것이었다. 공인론자들은 주로 아편무역에서 직간접으로 이익을 보고 있었던 광동지방의 鄕紳들이었다. 한때 공인론이 유력하더니 이해 9월에 嚴禁論이 일어나자 대세는 반전했다. 엄금론자들 가운데서 가장 강경론자는 鴻臚寺卿 黃爵滋였는데 그는 흡연자를 사형에 처하자고 주장하였다. 道光황제는 전국 총독과 巡撫들에 黃의 上奏文에 대한 의견을 하문하였다. 이에 응하여 전부 27통의 회답 상주문이 북경에 도착하였는데 전부가 금지론이었고 그중 湖廣總督 林則徐를 비롯한 8명은 흡연자의 사형을 주장하였다. 이에 청조는 아편밀수와 흡연을 근절하기 위한 강경책을 취하게 되었다. 먼저 허내제 등을 降等하여 補職을 박탈하는 동시에 임칙서를 북경으로 불렀다. 도광황제는 8차에 걸쳐 그를 召見하여 아편문제에 대한 그의 의견을 소상히 들은 다음 1836년 12월 31일자로 그를 欽差大臣에 임명하여 즉각 광동으로 가서 아편문제를 처리하라고 명령하였다.[21]

한편 영국에서는 18~19세기 교체기에 자유무역 운동이 거세게 일어났다. 이 운동은 이론적으로는 18세기 후반에 아담 스미스(Adam Smith)가 〈國富論〉에서 제창한 '自由放任論'이었으며, 영국 산업혁명의 발전과 함께 형성된 국내 신흥 자본가들이 이를 주도하였고, 의회에서는 휘그(Whig)당이 이를 대변하였다. 이 운동의 일환으로 영국 동인도회사의 동방무역 독점권의 폐지와

21) 아편논쟁에 관하여는 Hsin-pao Chang, *Commissoner Lin and the Opium War*(Cambridge, Mass. : Harvard Universtiy Press, 1964), pp.85~119 참조.

이에 관련하여 중국시장의 개방 요구가 일어났다. 이 요구를 관철시키기 위하여 앞장선 것이 동인도회사의 감독 하에 인도-중국간의 '地方貿易'에 종사하는 영국 상인들이었다. 이들 중에는 아편밀무역에서 거대한 자본을 축적한 상인들이 많았다. 상술한 매카트니 사절단의 파견도 바로 이들의 요구에 응한 것이었다. 동인도회사는 물론 자신의 무역 독점권을 고수하려고 했다. 이와 같은 복잡한 국내 사정으로 말미암아 영국정부가 다시 중국에 사절단을 파견한 것은 1816년이었다. 윌리엄 엠허스트卿(Sir William Amherst)을 단장으로 한 제2차 사절단은 구성이나 목적에 있어서 매카트니 사절단과 대동소이하였다. 청조는 매카트니 사절단에 대한 것보다 더 고압적인 태도로 엠허스트에 대하여 황제 앞에서 전통적인 '三跪九叩'예를 치를 것을 요구하였으나 그가 이를 거절하자 즉각 북경에서 축출하였다.[22]

그러나 영국내의 자유무역 운동은 착착 성공을 거두고 있었다. 영국의회는 동인도회사의 무역 독점권을 단계적으로 1813년에는 英本國-印度 간에서 폐지하고, 1823년에는 인도-동남아시아간에서, 1833년에는 마지막으로 동남아시아-중국간에서 폐지하여 동방무역을 완전히 자유화하였다. 이와 함께 해외무역 확대에 적극적이었던 찰스 그레이(Charles Grey) 휘그당 내각은 中英 무역을 직접 정부 감독 아래 두고 현지에서 영국정부를 대표하고 상인들을 감독하기 위한 무역감독관 제도를 신설하고 초대 감독관에 윌리암 네이삐어(William Napier) 해군대령을 임명하였다.

네이삐어는 1834년 7월에 광주에 도착하여 영국상관에 들어갔다. 그는 兩廣總督에게 면회를 요구하는 서한을 직접 전달하려고 했으나 중국측은 이를 받지 않았다. 그 이유는 네이삐어가 당시 광주를 방문하는 모든 서방인들과 같이 먼저 마카오에 들어서 '紅牌'(入港許可)를 받지 않고 직접 광주로 왔으며, 서방상인들은 중국 관원에 서한을 직접 보내지 못하고 반드시 洋商을 통하여 '稟'(請願書)을 제출해야 한다는 규칙을 위반했다는 것이었다. 즉 청조당

22) 엠허스트 使節團은 그 사명을 달성하는데는 완전히 실패했으나 귀국 후 團員의 한 사람이었던 스타운튼卿(Sir George Staunton)이 집필한 *An Authentic Account of an Embassy from the King of Great Britain to the Emperor of China*(전 2권 1797)이라는 방대한 보고서를 제출하여 근세 유럽에서의 중국연구의 효시가 되었다.

국은 네이삐어를 영국정부를 대표하는 외교관으로 인정하지 않고 그를 동인도회사를 대표하는 상인으로 간주했던 것이다. 이리하여 발생한 양측간의 대립이 해결을 보지 못하고, 중국측은 네이삐어의 廣州退去를 요구했으나 응하지 않자 무역을 정지하고 무력으로 영국상관을 봉쇄하여 식량공급을 중단하였다. 네이삐어는 결국 9월 하순에 마카오로 퇴거한 다음 10월 11일 그곳에서 말라리아로 병사하였다.

네이삐어는 죽기 전에 마카오에서 보낸 보고서에서 중국에 대한 강력한 무력시위를 건의하였다. 그의 砲艦政策 건의는 물론 그 자신의 중국관에 근거한 것이었으나 동시에 중국시장을 개방하고야 말겠다는 현지 영국상인들의 기세를 반영한 것이었다. 그들은 이미 공공연히 廣東貿易제도에 도전하고 나섰으며 무장선을 동원하여 중국 중부 해역에까지 아편 밀무역을 확대하는 불법행위를 자행하고 있었다. 그러나 당시 로버트 필(Robert Peel) 保守黨 내각은 아편 밀무역 업자들의 이와 같은 태도와 행동에 동조하지 않았다.

네이삐어의 사후 죤 F. 데이비스(John F. Davis)와 죠지 로빈슨(George Robinson)이 차례로 무역감독관에 임명되었다. 데이비스는 자신이 현지 영국상인들 간에 인기가 없다는 것을 알고 얼마 되지 않아 사임하고 로빈슨이 그 뒤를 이었다. 두 사람은 모두 동인도회사 管貨人 출신이었는데 청조당국을 자극하여 사태를 악화시키지 않기 위하여 '절대적인 沈默' 정책으로 현상유지에 노력하였다. 그러나 이와 같은 '협조'정책은 현지 영국상인들의 불평을 샀다. 그들은 양인이 모두 과거의 관습에서 벗어나지 못하여 과감한 행동을 취할 수 없다고 주장하면서 영국정부는 광동무역의 경험이 없는 인물을 全權으로 임명하여 그로 하여금 군함을 이끌고 북상하여 직접 북경당국과 담판하여 광동무역 제도를 폐지시키고 북방 諸港을 개방시키라고 요구했다. 결국 로빈손도 파면되고 1836년 7월에 차석 감독관으로 있던 해군대령 촬스 엘리어트(Charles Elliot)가 감독관에 임명되었다.

바로 이와 때를 같이하여 북경에서는 아편문제를 둘러싼 대논쟁이 벌어졌으며 광동 현지에서는 아편 밀무역 단속이 강해졌다. 1837년 2월 엘리어트는 이와 같은 현지정세를 본국 정부에 보고하고 영국군함을 자주 광동해역에 파견해 줄 것을 건의했다. 엘리어트의 의도가 이와 같은 시위로 북경에서 대두하고 있는 아편 금지론을 억제하고 될 수 있으면 아편 공인론을 부활시키자는 것이었음이 분명하다. 이에 따라 영국정부는 이해 9월에 영국국민을 보호한다는 명분 아래 군함을 중국해역에 파견키로 결정하였다. 다음해 1838년 7월에는 영국 동인도함대 사령관이 군함 3척을 이끌고 2개월 이상 광동 해역에 머물다가 돌아갔는데 이때부터 영국 군함이 중국해역에 빈번히 나타나기 시작하였다. 바로 이해 말에 광동 欽差大臣에 임명된 林則徐가 북경을 떠나 이듬해 1839년 3월 10일 광주에 부임하였다. 같은 날 엘리어트는 광주에 있는 英國商館을 떠나 마카오로 갔다.

1785년 福建省 侯官 태생인 임칙서는 1811년에 進士試에 합격한 수재로 내외 요직을 골고루 역임한 후 1837년 湖廣總督으로 승진하였다. 그는 청렴결백하고 開明的인 사상의 소유자였으며 대표적인 유능한 經世學派 관료였다. 영국의 실력을 잘 알고 있었던 그는 영국에 압력은 가하되 무력대결은 피하면서 문제를 해결하자는 생각이었다.

임칙서가 도임하였을 때 광동성 일대는 삼엄한 상태에 있었다. 전년 10월말 아편 엄금으로 廷議가 결정된 후 현지에서는 아편 밀무역과 흡연 단속이 갈수록 엄해지고 12월초에는 이미 2,000명 이상이 투옥되어 매일 한 두 사람씩 처형되고 있었다. 그는 아편 밀매자와 흡연자를 모조리 투옥하였는데 이 일을 부패한 현지 관원이나 서리들에게 맡기지 않고 지방 鄕紳을 동원하여 담당시켰다. 뒤이어 3월 17일에 임칙서는 광주에 있는 모든 외국상인들에 대하여 그들이 소장하고 있는 아편 전량을 3일 내로 중국관헌에 제출하도록 명령하였다. 만일 이를 어기면 아편을 전부 몰수함은 물론 소장자는 사형에 처할 것이라고 선언했다. 동시에 모든 외국인에 대하여 앞으로는 중국에 아편을 반입하지 않겠다는 서약서를 제출하도록 명령하였다. 또 그는 중국에 있는 영국인에 대한 재판권은 마땅히 중국정부가 행사한다고 선언하였다.

이와 같이 임칙서의 견해와 주장은 확고부동했으나 그의 태도는 신중하였다. 그러나 그의 견해와 판단에는 중대한 오류가 있었으며 그의 계산에는 큰 오산이 있었다. 첫째, 그는 우유를 常食하는 서양인들은 변비를 방지하기 위하여 차를 마셔야 한다는 속설을 믿었다. 더 중요한 것은 아편무역이 당시 영국경제와 식민지 경영에서 얼마나 중요한 자리를 차지하고 있었던가를 이해하지 못했다. 따라서 그는 영국과의 분쟁에 있어서 아편문제만을 분리하여 해결할 수 있으며 그렇게 되면 中英 무역은 종전대로 계속될 수 있다고 믿었다. 또한 그는 영국 여왕이나 정부가 아편 밀수업자와 같은 '부도덕한' 장사꾼을 위해 중국과 전쟁까지 할 것이라고는 생각할 수가 없었다. 끝으로 그는 당시 淸朝의 거의 모든 관료들과 같이 서방무역이 중국에 반드시 필요한 것이라고 생각하지 않았으며 경우에 따라서는 이를 전면 폐지해도 무방하다고 확신하였다.23)

마카오로 철퇴하여 사태의 추이를 주시하고 있던 엘리어트는 3월 22일에 모든 英國商船에 홍콩에 집결하도록 명령하고 자신은 24일 마카오를 떠나 광주 英國商館으로 들어갔다. 같은 날 임칙서는 무역정지를 선포하여 영국상관을 무력으로 봉쇄하고 중국인 買辦과 雇傭人을 철퇴시켰다. 28일 엘리어트는 임칙서에게 아편을 인도하겠다고 통고하였다. 엘리어트는 후일 중국 정부와의 보상문제에 대비하여 영국 정부가 대가를 지불할 것을 약속하고 상인들로부터 공식으로 아편을 전량 인수한 다음 4월 4일부터 5월 18일까지 총 20,238상자의 아편을 중국측에 인도하였다. 즉 인도된 아편은 상인들의 개인 재산이 아니라 법적으로는 전부가 영국정부 재산이었던 것이며 가격은 총 240만 파운드로 평가되었다. 당시 청조의 엄중한 단속으로 말미암아 아편매매는 중단된 상태였는데 인도의 총 年産額의 반이나 되는 방대한 재고품이 광주에 있었으니 결과적으로 엘리어트는 이 재고품 전량을 시가로 팔아 넘긴 셈이다. 임칙서는 몰수한 아편에 소금과 生石灰를 섞어서 변질시킨 다음 바다에 버렸다.

아편 인도가 진행되는 동안 상관에 대한 봉쇄는 해제되었으나 엘리어트는 영국인 전원을 마카오로 철거시키고 자신도 5월 4일 그곳으로 갔다. 임칙서는 영국과의 무역재개를 희망하여 그들이 광주로 돌아오도록 권유했으나 엘리어트는 이에 응하지 않았다. 이와 같이 아편 인도 문제는 일단락 지워졌으나 영국측은 앞으로 아편을 중국에 반입하지 않겠다는 서약서 제출은 끝내 거절하였다.24)

---

23) 위의 책, Chang, *Commissioner Lin*, pp.120～160.

24) Peter Ward Fay, *The Opium War, 1840～1842*(Chapel Hill : The University

(2) 중영 개전과 남경조약의 체결

영국인들이 광주를 떠나 마카오로 철퇴한 직후인 1839년 7월 7일 九龍에서 술에 취한 영국 선원들이 林維喜라는 중국 농민을 살해한 사건이 일어났다. 임칙서는 가해자를 인도해 줄 것을 요구했으나 엘리어트는 이를 거절하였다. 이에 임칙서는 홍콩에 집결하여 있던 영국 선박에 대한 식량공급을 중단하고 인근 해안지대의 우물에 독물을 투입하여 사용할 수 없게 만들었다. 한편 엘리어트는 임유희 살해범들을 재판하여 금고와 벌금형에 처했다. 이는 당시 중국이나 영국 형벌에 비하여 너무나 가벼운 것이었다. 이에 분노한 임칙서는 8월에 무력으로 마카오를 봉쇄하고 식량과 연료 공급을 중단하며 그곳에 있던 모든 중국인들을 철퇴시켰다. 마카오에 있던 영국인은 8월말에 대거 홍콩으로 피난했다.

이미 언급한 바와 같이 임칙서는 중국에 있는 외국인에 대한 사법권은 중국이 행사한다는 입장을 견지하였다. 엘리어트 역시 기본적으로는 이에 반대하지는 않았다. 그래서 그는 영국민을 위해 연해지역에 중국 사법권이 미치지 못하는 곳을 설정하려고 한 것이다. 그러나 물론 이와 같은 그의 일방적인 계획이나 요구를 중국측이 쉽사리 받아들일 리는 만무했고 이 문제는 결국 아편문제와 함께 中英간에 무력대결을 초래하고야 말았다.

이와 같이 양측간에 험악한 대립이 계속되는 가운데 9월 4일 엘리어트가 식량을 구하기 위하여 구룡에 나타났다. 그러나 현지 관원들과의 교섭이 결렬되고 영국측에서 먼저 발포하여 해안 砲臺와 교전이 벌어졌다. 얼마 후 교역季節이 시작되었는데 엘리어트는 영국상인들은 이에 참가하는 것을 자제하라는 명령을 내렸다. 그러나 11월 3일 이 명령을 무시하고 영국상선 한 척이 광주를 향하여 珠江 河口에 들어서자 이를 제지하기 위하여 영국 포함이 威嚇사격을 가하였다. 이때 부근에 있던 중국 艦船들이 영국상선을 보호하기 위하여 대응 발포하여 양측간에 포격전이 벌어졌다. 영국군함은 순식간에 중국함선 3척을 격침하고 1척을 대파하였다. 임칙서는 다시 영국에 대하여 무역정지를 선포하였다.[25]

---

of North Carolina Press, 1975), pp.142~161.

이 전투가 일어나기 전에 이미 영국정부는 중국에 파병할 준비를 하고 있었다. 전투보고를 받고 다음해 1840년 4월초에 중국에 원정군을 파견하기 위한 법안을 의회에 상정하였다. 정부안은 4월 7일 下院에서 9표 차로 간신히 통과하였는데, 이때 野黨인 保守黨 의원으로 훗날의 名宰相 윌리엄 그래드스톤(William E. Gladstone)은 이를 반대하여 명연설을 하였는데, “그 원인에 있어서 이같이 부정하고 우리 나라에 이토록 영원한 불명예를 가져올 전쟁을 본인은 여태껏 들어본 적이 없고 읽어본 적도 없다. … 영국 국기는 바야흐로 불명예스러운 밀무역 보호를 위하여 게양되었다”고 했다. 정부안은 5월 12일 상원에서도 통과되었다. 이리하여 원정군은 이미 6월에 속속 현지에 도착하였는데 그 병력은 육군은 보병 3개 연대, 인도 지원병 1개 연대, 유럽인 포병 2개 중대, 공병 2개 중대였으며, 해군은 대포 약 400門을 탑재한 대소 군함 10척으로 구성되어 있었다. 이 외에도 선박 10척이 참가하였다.[26]

현지에 도착한 영국군은 먼저 광주항을 봉쇄한 다음 북상하여 7월 7일에 舟山列島의 定海를 점령하고, 이어 寧波와 揚子江 河口를 봉쇄하였다. 그리고 다시 북상하여 8월 11일부터 天津에 가까운 白河 河口에 있는 大沽에서 北京이 파견한 直隷총독 琦善과 담판을 벌였다. 이때 엘리어트는 英國外相 파머스톤(Henry John Palmerston)이 북경정부에 보내는 공식서한을 전달하였다. 이 長文의 서한에서 파머스톤은 임칙서에 대한 비난공격을 늘어놓은 다음 중국정부에 대한 영국정부의 요구를 열거하였는데 그 요점은 다음과 같다.

① 몰수된 아편의 대가를 보상할 것.
② 엘리어트를 모욕한 자들을 처벌할 것.
③ 영국에 대하여 군비를 배상할 것.
④ 홍콩을 영국에 할양할 것.
⑤ 중국상인들의 영국상인들에 대한 부채를 변제할 것.
⑥ 양국 관헌간의 대등한 교제를 인정할 것 등이었다.

---

25) 위의 책, 162~179쪽.
26) 坂野正高, 《近代中國政治外交史》(東京 : 東京大學出版會. 1973), 162~165쪽.

이와 같이 주로 임칙서 개인을 비난의 대상으로 한 이 서한은 중국의 강경책이 임칙서의 독자적인 결정과 행동에 기인한 것이라는 영국당국의 견해가 반영되어 있었는데, 이와 같은 견해는 연쇄적으로 영국정부의 의도에 대한 청조당국의 그릇된 판단을 초래하였다. 즉 그들은 임칙서만을 처벌하면 영국인들을 무마할 수 있다고 판단했던 것이다. 이같은 안이한 판단에 따라 琦善은 엘리어트를 甘言利說로 교묘하게 다루어 현지에서 교섭하자고 약속하고 우선 그를 광주로 철퇴시키는데 성공하였다. 청조는 임칙서를 파면하고 기선을 광동 흠차대신으로 임명하였다. 이때 영국함대에 대한 기선의 상세한 보고에 접하여 비로소 그 실력을 알게 된 북경정계에서는 和平論이 대두했는데 주로 漢人출신 관료들이 이를 주도하였다. 이들도 청조가 임칙서를 처벌하고 무역을 재개하고 아편 대가를 배상만 하면 영국은 만족할 것이라고 안이하게 생각했던 것 같다.

이 해(1840) 11월 말 광동 현지에서 기선과 엘리어트 간에 교섭이 재개되었으나 兩軍 간에 다시 전투가 벌어지고 1841년 1월말에 청조는 정식으로 영국에 대하여 선전포고를 하게 되었다. 이에 앞서 기선과 엘리어트는 양국간 화평을 위한 잠정협정에 합의를 보았는데, 〈川鼻草約〉으로 불리는 이 假協定에는 홍콩을 영국에 할양한다는 조항이 들어 있었다. 이 조항에 따라 영군은 1월 26일 홍콩을 점령하였다. 2월 26일 이 소식에 접한 북경 당국은 즉각 기선을 파직하고 그를 문초하기 위하여 북경으로 압송할 것을 명하고 그의 재산을 몰수하였다. 이와 같이 청조의 태도가 강경론으로 변한 것은 영국함대가 천진에서 남방으로 물러가고 화평교섭이 재개되어 영국의 군사적 압력이 완화되자 북경 정계 내에서 다시 주전론이 대두한 때문이었는데 滿人출신 고관들이 이를 주도하였다. 또 고조된 광동 지방의 排英 氣運도 이를 부추겼다. 기선이 실각한 후 1841년 8월 영국정부도 군사적으로 영국에 유리하게 된 정세를 적극적으로 이용하지 못하고 좋은 기회를 놓쳤다는 이유로 엘리어트를 해임하고 육군대령 헨리 포틴저(Sir Henry Pottinger)를 후임으로 임명하였다.

〈천비초약〉이 백지화되자 즉각 전투상태에 들어갔으나 때마침 진행중이던 무역을 끝내기 위해 쌍방이 3월 20일부터 일단 停戰한 다음 5월 21일에 다시 전투가 시작되었다. 그후 1주일이 못되어 廣州城이 함락 직전의 위기에 빠지게 되자 市 당국이 600만 달러의 대가를 지불하고 점령을 면하였다. 8월 중순에 포틴저가 부임하자 영국군의 활동은 더욱 활기를 띠게 되어 8월 26일에 厦門을 점령한 다음 10월에는 승승장구하여 定海, 鎭海, 寧波를 차례로 무찔렀다. 영국은 겨울을 지낸 다음 이듬해 1842년 봄에 다시 작전을 개시하여 5월에는 浙江省 해역을 휩쓸고 북상, 6월 하순에는 상해를 점령하였다. 여기서 長江을 溯航하여 7월 21일에는 大運河와 長江의 교차점인 鎭江을 탈취하였다. 이 교통과 전략의 요지를 수비하고 있던 八旗兵 1,600명은 그들 가족과 함께 거의 전멸하였다. 이로 인하여 대운하가 봉쇄되고 江南에서 북경으로 가는 漕米를 비롯한 중요물자 수송을 위한 대동맥이 절단되었다. 여기서 英軍은 남경공략의 준비를 시작하고 최후통첩을 발하였다. 그 기한이 끝나는 8월 14일 南京城頭에 白旗가 올라갔다. 이리하여 양국대표 간에 강화교섭이 시작되어 8월 29일 영국함대 기함 콘월리스(Cornwallis)號 艦上에서 근대 국제관계사에서 획기적인 의의를 가진 남경조약이 조인되었는데 헨리 포틴저가 영국을 대표하고 欽差大臣 耆英이 청조를 대표하여 이에 서명하였다.[27]

남경조약은 전문 13조로 된 비교적 간단한 조약인데 그 역사적 의의나 중요성을 이해하려면 후속조치로 중영 양국이 조인한 일련의 추가 협정과 함께 종합적으로 고찰해야 한다. 본 조약에는 다음과 같은 규정이 포함되어 있다.

① 廣州, 厦門, 福州, 寧波, 上海 5항을 개방한다.
② 公行(洋行)의 무역 독점을 폐지한다.
③ 공평하고 정규적인 수출입 관세를 설정 공포한다.
④ 개방되는 5항에 영국영사를 상주시킨다.
⑤ 중영 양국 관헌은 대등한 입장에서 문서를 교환한다.
⑥ 홍콩을 영구히 영국에 할양한다.

추가협정에는 다음과 같은 보충규정이 있다.

27) 아편전쟁의 開戰과 戰鬪의 全過程에 관한 상세한 서술은 Fay, *The Opium War*, pp.213~307 참조.

① 관세율은 쌍방의 협정에 의하여 결정하되 從價 5%를 원칙으로 한다.
② 개방되는 5항에 있는 영국인에 대하여는 영국 영사관이 재판권을 행사한다.
③ 중국은 영국에 대하여 最惠國待遇를 부여한다.
④ 영국은 개방되는 5항에 군함 1척을 상시로 정박시킬 수 있다.[28]

남경조약은 물론 승전국인 영국이 패배한 중국에 일방적으로 강요한 것이며, 이는 서방열강이 동아시아 제국에 강요한 '불평등조약'의 효시이다. 여기에는 協定關稅, 領事裁判權, 최혜국대우 등 그후 1세기 동안 중국을 비롯한 동아시아 국가의 주권을 침범하고 경제적으로 약탈하는데 사용된 모든 규정이 포함되어 있었으며, 이 규정의 준수를 강요하는 수단으로 '砲艦外交'가 보장되어 있었다. 여기서 한가지 놀라운 것은 아편 밀무역이 직접적인 원인이 된 전쟁을 종결시키는 조약에 이에 관한 일언반구의 언급도 없었다는 사실이다. 청조로서는 물론 도의적으로나 법적으로 아편 밀수를 허용할 수 없었던 것은 자명하다. 영국 역시 마찬가지다. 이와 같은 '不正하고 不名譽스러운' 일을 타국에 강요할지언정 이를 공공연하게 조약으로 합법화하고 정당화할 수는 없었던 것이다. 따라서 양국은 이를 '不禁之禁'으로 남겨 두었다. 사실 홍콩을 중국주권에서 분리하여 이를 아편무역을 포함한 동아시아 무역의 총 근거지로 장악하게 된 영국에는 아편무역의 합법화 여부는 현실적으로 문제가 되지 않았다.

아편전쟁은 결코 아편문제만으로 일어난 것은 아니었다. 첫째 19세기 중국인들은 중국은 세계만방의 종주국이고 여타 모든 국가나 민족은 屬邦이나 藩屬이며 이 같은 종속체제 하에서 종주국인 중국의 우위는 절대적이라고 믿고 妄自尊大하였다. 한편 영국인들은 모든 국가와 민족은 大小强弱을 막론하고 동등한 주권을 보유하고 있으며 그들 상호간의 관계는 대등하다고 믿었다. 아편전쟁은 중국인들이 주도하는 동아시아적 세계질서와 영국인들이 대표한 서구식 국제질서간의 충돌로 일어난 전쟁이었다. 둘째 농경사회에서

28) 아편전쟁의 종결에 관하여는 John K. Fairbank, ed., *The Cambridge History of China*(Cambridge, England : Cambridge University Press, 1978), vol. 10, part 1에 수록된 Frederic Wakeman, Jr., "The Canton Trade and the Opium War,"의 pp.203~208 참조.

자급자족적인 경제체제 아래 살고 있던 중국의 위정자들은 해외무역은 반드시 필요한 것은 아니고 '柔遠'의 정신으로 속방이나 '四夷'에 베풀어주는 恩典이라고 생각했다. 한편 이미 근대산업사회에 살고 있는 영국지도자들은 해외무역은 국가 경제발전에 반드시 필요한 것이며 정부는 국민들이 자유롭게 이에 종사할 수 있도록 보장해야 한다고 주장하는 자유무역 논자들이었다. 아편전쟁은 중국통치자들의 전통적인 '貿易恩典論'과 영국 지도자들의 근대적인 '自由貿易論'간의 차이에 기인한 충돌이었다. 또한 아편전쟁은 농경사회 중국의 전통적인 '商業輕視'와 '商人賤視'사상과 산업사회로 들어간 영국의 '重商主義'간의 충돌이었다.

그러나 여기서 반드시 분명히 해둬야 할 역사적 사실이 있다. 아편전쟁은 영국이 자국의 신흥 방직공업을 보호·발전시키기 위해 印度방직업을 몰락시킨 다음 인도농민들에 아편재배를 권장하여 그 판매권을 독점하고 이를 중국에 무력으로 강제로 수출하여 자국 식민지경제를 구제하는 동시에 더 중요하기로는 누적되는 자국의 중국무역적자를 해결하기 위한 전쟁이었다. 이는 근대문명사회에서는 어떠한 文化差異論이나 자유무역론으로도 정당화하거나 변명할 수 없는 것이다. 부도덕성이나 야만성에 있어서 이는 근세초기의 아프리카 奴隷무역과 크게 다른 바가 없다고 하겠다. 아편전쟁이야말로 약육강식을 정당화하는 社會進化論을 신봉한 서구 제국주의열강이 동아시아세계에서 자행한 침략과 약탈의 출발점이었다.

(3) 애로우전쟁과 천진조약 및 북경협정

영국이 아편전쟁에 승리하여 북경조약을 체결한 다음 다른 서방교역국도 뒤이어 청조와 유사한 내용의 통상조약을 맺었는데 그 최초가 1844년에 체결된 中美 望厦조약이다. 이 조약은 전문 34조로 되어 있었는데 남경조약과 부수 협정들을 단일 조약으로 종합, 정리한 것이다. 그 특징은 이미 남경조약에서 결정된 사항에 관하여 세부적인 규정을 추가하고 중국서적의 수출과 중국인 어학교사의 고용 등 이미 관행이 되어 있는 것을 명문화한 것이었다. 조인 후 12년이 지나면 '중요하지 않은 사항'은 이를 수정 또는 변경할 수 있다는 새 조항도 첨가하였다.

뒤이어 10월 24일 프랑스가 청조와 中佛 黃埔조약을 체결하였는데 그 내용은 中美 望厦조약과 크게 다른 바가 없었다. 다만 조약서명 후 프랑스 대표는 계속 현지 당국과 교섭하여 천주교에 대한 청조의 금령을 완화시키는데 성공하였다. 이것은 양국간의 명문화된 합의는 아니고 프랑스 측의 요청에 따라 廣東 欽差大臣 耆英이 천주교 금령을 풀어줄 것을 上奏하여 황제가 이를 허가하였으나 일반에 공포하지는 않고 기영이 그 내용을 전국의 總督과 巡撫에 전달만 하였다. 그후 이에 만족하지 않는 프랑스의 집요한 요구에 따라 1846년 2월에 道光황제의 上諭로 공포되었다. 그러나 선교사가 중국 내지에서 포교활동을 하는 것은 계속 금지되었다. 훗날 조선에서 천주교 탄압이 일어났을 때 駐중국 프랑스 대리공사가 이 상유를 항의의 법적 근거로 삼았다.

청조는 미국, 프랑스에 이어 1847년 3월에 스웨덴(Sweden)과 노르웨이(Norway)와도 통상조약을 맺었는데 그 내용은 망하조약과 완전히 동일한 것이었다. 이에 앞서 청조는 1845년 7월에 벨기에(Belgium)에 대하여 조약은 맺지 않고 최혜국대우만을 부여하였다. 그후 러시아가 1848년, 1850년, 1853년 세 차례에 걸쳐 해로를 통한 중국 개항장무역에 참가할 권리를 요구했으나 청조는 러시아에는 이미 육로를 통한 변경무역이 허용되어 있다는 이유로 그때마다 이를 거절하였다.

이와 같이 청조와 서방국가간에 남경조약을 비롯한 일련의 조약이 체결되고 1843~1844년에 걸쳐 廣東, 上海, 寧波, 福州, 厦門이 차례로 개방되었다. 이로서 중국의 서방무역에서는 朝貢체제하의 광동무역제도가 소멸되고 이를 대신하는 새 조약체제에 의거한 자유무역제도가 성립되었다. 이는 중국의 대외관계사상 미증유의 대변혁이었다. 이로써 서방국가들은 과거와 같이 청조로부터 朝貢國 대우를 받지 않고 중국과 정상적이고 대등한 외교관계를 맺게 되었다. 또 종전에는 무역이 '天朝의 은전'이었으나 이제는 국가간의 계약에 의한 '권리'로 보장된 것이다. 또 이 권리를 보호하기 위하여 협정관세 제도와 영사재판 제도가 확립되었으며 이를 특정 국가만이 아니고 국제법에 따라 보편적으로 보장하기 위해 최혜국대우 조항이 설정되었다. 청조가 최혜국대우 조항을 쉽사리 수용한 것은 '一視同仁'의 정신으로 모든 속방에 대한 은전을 베푼다는 전통이 있었기 때문이었다. 이 같은 근본적인 변혁에도 불구하고 청조는 조약제도를 당면의 위기를 모면하기 위한 일시적 편법으로 생각하고 이를 광동무역제도의 연장 또는 확대로 간주하여 전통적 조공체제 테두리 안에서 운영할 수 있다는 생각을 버리지 못했다.29)

이와 같은 양자간의 견해와 태도의 차이는 대립과 알력을 불가피하게 만들었다. 즉 청조는 항상 이른바 '天朝의 定制'를 회복·유지하려는 반면, 서방국가들은 조약의 준행을 요구하여 무력행사도 불사하였다. 모든 개항장에서 그러했지만 특히 광동지방에서 廣州入城문제를 둘러싸고 양측은 첨예하게 대립하였다. 원래 광동지방은 反유럽 풍조가 심했는데 그 밑바닥에는 가깝게는 아편전쟁 중 고조되었던 영국인에 대한 적개심이 있었으며 멀리로는 근세초기 포르투갈인들의 만행에 대한 반감이 깔려 있었다. 남경조약 제2조에는 영국인이 가족을 동반하고 개항장에 거주할 수 있다고 규정되어 있었는데 거주지역을 英文에는 '市와 邑(cities and towns)'으로 표기되어 있고 中文에는 '港口'로 표기되어 있었다. 따라서 중국측은 영국인은 '선착장' 부근의 '항구'에서만 거주할 수 있다고 주장하고 영국측은 廣州市內에도 거주할 수 있다고 주장하였다. 이에 관한 영국정부의 태도는 1846년 파머스톤卿이 다시 외상에 취임하자 더욱 강경하여 졌다. 그후 廣東 흠차대신 기영이 두 차례에 걸쳐 영국인의 광주 입성을 허가할 것을 약속했으나 주민들의 격렬한 반대로 그때마다 좌절되었다. 결국 1850년에 파머스톤 외상이 이 문제에 관하여 북경당국에 강경한 항의문을 보냈다.

이에 대하여 청조당국은 직접 파머스톤에 회답하는 것을 꺼려서 兩江총독을 시켜 회답 요지만을 그에게 전달하도록 했다. 그 내용은 이 문제는 광동 흠차대신의 소관사항이니 그와 교섭하라는 것이었다. 이에 홍콩총독 겸 영국공사 본햄(Sir George Bonham)이 大沽에 군함을 파견하여 영국외상의 항의문에 대한 정식 회답을 요구했으나 목적을 달성하지 못했다. 청조의 이와 같은 강경한 태도의 배후에는 이때 북경에서는 道光황제가 서거하고 咸豊황제가 등극함에 따라 온건파가 물러가고 아편전쟁 당시의 主戰파였던 강경파가 다

29) 坂野, 《近代中國政治外交史》, 180~187쪽.

시 주도권을 장악하게 된 사실이 있었다.30)

이와 같이 남경조약 체결 후 8년이 지났음에도 북경당국은 영국사절들과 직접적인 접촉을 피하고 과거와 다름없이 모든 교섭을 계속 지방관인 광동총독과 양강총독 관할 하에 두었다. 따라서 영국 정부로서는 북경 중앙정부 당국과 직접 접촉을 확립하는 것이 절실한 문제였다. 영국의 또 하나의 불만은 개방된 5항은 모두 양자강 이남에 편재하여 중국의 상업 중심지에서 멀리 떨어져 있어 중영무역이 순조롭게 발전, 확대할 수 없다는 것이었다. 끝으로 중국세관의 부정부패와 비능률적인 운영이 영국에 대하여 일방적인 부담이 되어 있었다는 사실이다. 결국 파머스톤은 이 문제들을 해결하기 위해 청조에 대해 다시 무력을 사용할 수밖에 없다고 생각하게 되었다. 때마침 중국에서는 사상 최대의 반란인 太平天國의 난이 일어나 청조가 存亡의 위기에 빠지게 되어 영국을 위해서는 절호의 기회가 되었다. 그러던 중 1851년 12월에 파머스톤이 프랑스에 대한 외교상의 실책으로 내각에서 물러나게 되어 중국에 대한 그의 전쟁계획은 일단 중단되었다. 그러나 1855년 1월에 그는 수상이 되어 정권을 잡게 되자 중국에 대하여 전쟁을 시작할 구실과 기회만 기다리고 있었다. 바로 이때 애로우(Arrow)號 사건이 일어났다.31)

1856년 10월 8일 중국관헌이 광주항에 정박하고 있는 홍콩선적의 중국 화물선 애로우호의 선원 12명을 해적혐의로 체포하였다. 홍콩 총독 죤 보우링(Sir John Bowring)과 광주영사 해리 파크스(Harry Parkes)는 즉각 兩廣총독 葉名琛에 엄중 항의하였다. 그들은 중국관헌이 영국선박에 무단히 登船하여 영국국기를 끌어내리고 선원을 체포한 것은 영국에 대한 모욕이며 불법행위니 이에 대하여 사과하고 체포된 선원을 인도하라고 요구했다. 이에 중국측은 당시 애로우호는 영국국기를 게양하고 있지 않았으며 애로우호의 선장은 영국인이었으나 선주와 선원은 모두 중국인이니 중국관헌의 행동은 불법도 아니고 영국에 대한 모욕도 아니라고 반박하여 그들의 항의를 일축하였다.

30) 坂野, 위의 책, 204~211쪽.

31) 아편전쟁 이후 애로우전쟁이 발발하기 전까지의 中西관계를 다룬 연구에는 하바드대학의 John K. Fairbank 교수의 고전적 명저, "*Trade and Diplomacy on the China Coast : the Opening of the Treaty Ports, 1842~1854*"(Cambridge, Mass. : Harvard University Press, 1953)가 있다.

이때 중국측은 알지 못하고 있었으니 애로우호의 홍콩선적등록은 이미 기한이 지나서 무효인 상태였다. 양측간의 교섭이 결렬되고 10월 22일 영국군이 광주시를 공격하여 다음 날 한때 총독아문까지 점거하였다. 이같이 영국 측은 사건을 날조하여 강인한 수법으로 전쟁으로 끌고 갔다.

현지 보고를 받자 파머스톤 내각은 즉각 전쟁준비를 시작하고 다음해 1857년 2월 하순에 중국에 대한 원정군파견안을 영국의회에 제출하였다. 국회상원 토의에서 더비卿(Lord Derby)은 중국인이 소유하고 중국인이 운행하는 선박을 보호하기 위해 영국이 전쟁을 해야 할 법적·도의적 이유가 무엇이냐고 공박했다. 애로우호의 홍콩선적등록이 무효로 된 것을 영국측이 은폐하고 있는 사실이 알려지자 리차드 콥덴(Richard Cobden) 하원의원은 이를 '극악무도한 행위'라고 규탄하였다. 이리하여 정부안은 상하 양원에서 모두 부결되었다. 파머스톤 내각은 즉각 하원을 해산하고 총선거를 실시한 결과 85석 차로 승리하여 전쟁계획을 밀고 나갔다.

원정군 총사령관에 임명되어 대기하고 있던 엘긴卿(Lord Elgin)이 그해 5월 초순에 5,000명의 군대를 이끌고 영국을 떠났다. 이에 앞서 영국정부는 프랑스정부에 공동출병을 제안하고 프랑스정부가 이를 수락하였다. 프랑스정부는 그해 2월에 중국 廣西省에서 불법으로 선교활동을 하던 프랑스인 신부 한 사람이 살해된 것을 출병의 구실로 삼았다. 당시 프랑스는 중국과 큰 이해관계는 없었으나 나폴레옹 3세가 천주교의 해외선교활동의 보호자를 자처하여 출병했으나 프랑스정부의 진정한 의도는 월남침략에 있었다. 구로백작(Baron Gros)이 소규모의 프랑스 기동부대를 이끌고 원정에 참가했다.[32] 영국원정군이 중국으로 가는 도중 때마침 일어난 세포이(Sepoy) 반란을 진압하기 위하여 인도에 들었다가 7월에야 홍콩에 도착하였으며, 양국 원정군 전원이 현지에서 합세한 것은 11월이었다. 이 기회를 이용하여 청조와의 조약을 개정할 목적으로 미국과 러시아 대표들도 홍콩으로 가서 이들과 합류했다. 12월 12일 영불 대표는 兩廣총독 葉名琛에 최후통첩을 보내고 이를 거절당하자 5,700명의 병력으로 28일에 광주성에 대한 공격을 시작하여 다음날 이를 점

32) 영불 양국 원정군 파견결정에 관하여는 坂野, 앞의 책, 234~239쪽 참조.

령하고 엽 총독을 사로잡았다. 엽은 인도에 압송되었다가 다음 해 그곳에서 객사하였다. 후임 양광총독 黃宗漢은 광주로 가지 못하고 惠州에 머물렀다. 영불군은 광주시에 군정을 시행하였는데 이는 1861년까지 계속되었다.

여기서 영국·프랑스·미국·러시아 대표는 동일한 내용의 서한을 북경에 보내어 상해에서 조약개정을 위한 교섭을 시작할 것을 요구했다. 청조당국은 직접 이에 회답하는 것을 피하고 양광총독으로 하여금 英·美·佛 삼국 대표들에는 광주에서 양광총독과 교섭하고 러시아 대표에는 黑龍江 유역으로 가서 그곳 중국관원과 교섭하라고 전달케 했다. 이에 英佛대표는 군대를 이끌고 북상하여 4월말에 大沽에서 담판을 시작했으나 결렬되고 5월 20일에는 영불군이 대고 포대를 점령하고 천진에 진입하였다. 6월에 가서 청조는 內閣大學士 桂良과 吏部尙書 花沙納을 흠차대신으로 임명하여 천진에서 비로소 진지한 교섭을 시작했다. 영불대표는 무력을 배경으로 강경한 담판을 벌였으며 미국과 러시아 대표는 편승하여 中英·中佛·中美·中露 4개의 천진조약이 체결되었다. 연합군은 황제가 정식으로 이 조약들을 재가한 것을 확인한 다음에야 천진을 떠났는데, 이때 엘긴卿은 영국원정군을 이끌고 日本 원정길에 올랐다.

이 4개의 천진조약은 서로 약간의 차이는 있었으나 모든 최혜국대우조항이 포함되어 있었기 때문에 4국은 모두 동일한 혜택을 보장받게 되었다. 그 중 중요한 것은 ① 체약국의 외교사절은 가족을 동반하고 北京에 상주 또는 수시로 왕래하여 청조의 내각대학사 또는 그와 동등한 대관들과 대등하게 접촉하며, ② 이미 개방된 5港 이외에 牛莊·登州·漢口·九江·鎭江 등 11개항을 추가로 개방하고, ③ 체약국 국민은 각기 자국영사가 발급하고 중국관헌이 인준한 여권을 가지고 중국 내지를 여행할 수 있다는 것이었다. 이외에 ④ 중국인의 신앙의 자유와 외국인의 선교활동의 자유를 보장하고, ⑤ 중국인의 해외도항을 공식으로 인정하는 등 남경조약에 없었던 조항들이 들어 있었다. 또 청조는 모든 공문서에서 외국인에 대하여 '夷'라는 호칭을 사용하지 않을 것을 약속했다. 끝으로 또 하나 중요한 것은 外國人 稅務司를 모든 개항장에 설치하기로 한 것이다. 외국인 세무사는 太平天國의 亂 중 1854년 상해가 한때 비밀결사인 小刀會에 의하여 점령되어 海關업무가 중단되자 영국영사가 앞장서서 임시조치로 외국인을 세무사로 임용하여 청조를 위하여 관세를 징수하였는데 그 성과가 매우 좋아 이것을 제도화한 것인데 훗날 이 외국인 세무사는 청조의 모든 행정기관 중 가장 효율적으로 운영되었다. 또 천진조약에서 청조는 영국에 400만 兩, 프랑스에 200만 냥의 배상금을 지불할 것을 약속하고 배상금지불에는 조약항의 관세수입의 40%를 이에 충당키로 하였다. 배상금 지불이 완료될 때까지 영불 양국이 천진・등주・대고・광주에 군대를 주둔시키기로 했다.

천진조약에는 조인 후 1년 내에 북경에서 그 비준서를 교환하기로 되어 있었다. 그러나 영불군이 물러가자 북경에서는 조약포기론이 일어났다. 당시 북경정계에서는 외압이 있을 때마다 처음에는 강경파의 主戰論이 판을 쳤다. 그러다가 외국의 군사적 압력이 높아지면서 온건파의 화평론이 대두하기 시작하여 그 압력이 극도에 달하면 화평론이 결정적으로 되었다. 그리하여 강화가 성립되고 외국의 군사적 압력이 완화되거나 제거되면 다시 주전론이 일어났다. 바로 이때도 그러했다.[33] 이해 11월에 상해에서 中英간에 관세협정교섭이 열렸는데 청조는 다시 桂良과 花沙納을 파견하여 천진조약을 파기하면 그 대가로 무역에서 관세를 전적으로 면제하겠다는 제안을 하라고 훈령했다. 두 사람은 이를 반대하여 그런 제안조차 하지 않았다. 또 청조는 북경 대신 상해에서 천진조약 비준서를 교환하자고 제안했으나 영국이 이를 거절하였다. 그러나 영국은 외교사절을 북경에 상주시키는 권리는 당분간 이를 행사하지 않겠다는 언질을 주었다.

1859년 6월 영・불대표들이 천진조약 비준서를 교환하기 위하여 군함을 이끌고 대고에 도착했다. 청조당국은 이들이 대고에 상륙하는 것을 꺼려서 그곳서 16㎞ 북쪽에 있는 北塘에 상륙하도록 통고하였다. 그러나 영・불 함대는 이 통고를 받기 전인 6월 25일 白河 입구에 설치된 장애물을 제거하기 시작하자 갑자기 대고포대에서 발포하여 이들은 엄청난 사상자를 내고 간신히 현장에서 탈출하였다. 한편 미국공사는 7월말에 북당에서 조약비준서를 교환하였고 이에 앞서 이미 북경에 와 있던 러시아공사는 그곳서 비준서를

---

33) 坂野, 위의 책, 242~250쪽.

교환하였다.

대고사건 후 북경 당국은 영·불대표에 다시 북당을 경유하여 북경에 들어올 것을 권했으나 그들은 이에 응하지 않았다. 이에 청조는 8월 1일에 일방적으로 천진조약의 포기를 선언하고 양강총독 河桂淸을 흠차대신에 임명하여 영·불 양국과 새로 조약을 체결하고 그 비준서는 상해에서 교환할 것을 명령하였다. 뿐만 아니라 양국에 이에 응하지 않으면 그들로부터 배상금을 받겠다고 호언장담까지 했다.

이에 영·불 양국 정부는 다시 전쟁준비를 갖춘 다음 다음해인 1860년에 재차 엘긴卿과 구로백작을 각자의 전권대표에 임명하고 20,000명이 넘는 연합군을 중국으로 파견하였다. 이때 영국이 주었던 使節常駐權 행사를 보유한다는 언질을 취소하고 천진조약의 전면적 이행과 대고사건에 대한 사죄와 배상금을 추가로 요구하였다. 이를 거절당하자 8월 1일 영·불군은 북당에 상륙하여 대고포대를 배면에서 공격하여 이를 쉽사리 점령하고 천진에 진입하였다. 이때 대고포대 砲座는 모두 앞 바다를 향하여 고착되어 있어 적군에 대하여 대포 한발도 쏘지 못하고 고스란히 포획되었다. 영·불군이 북경을 향하여 진군을 개시하자 청조는 천진과 通州에서 담판을 시도했으나 실패했다. 9월 22일 咸豊황제는 친왕과 軍機大臣, 후궁들을 거느리고 熱河離宮으로 피난길을 떠났다. 그 전일인 21일 皇弟인 젊은 恭親王을 흠차대신에 임명하여 북경에 남아 영·불대표와 교섭토록 하고 大學士 桂良과 군기대신 文祥으로 하여금 그를 보좌케 하였다.

10월 6일 연합군은 북경교외에 있는 별궁 圓明園에 침입하여 많은 보화를 약탈했다. 10월 8일 북경성문이 연합군에 개방되고 40여 명의 연합군 포로가 석방되었는데 그중 여럿은 학살된 시신이었다. 이에 대한 보복으로 영국군은 원명원을 불살랐다. 공친왕은 연합군의 최후통첩을 수락하고 24일에 중영 북경협정에, 25일에는 중불 북경협정에 서명하였다. 두 협정은 천진조약의 내용을 재확인하고 그 이행을 다짐한 것이었는데 새로 추가된 것은 프랑스에 대한 배상금이 400만 냥으로 증액된 것과 영국에 조차되었던 九龍이 영구히 영국에 할양된 것이다. 영·불대표들은 11월 9일 북경을 떠나 천진으로 물러가서 한동안 그곳에 머물면서 청조의 동향을 지켜보고 있었다.

영·불대표들이 북경을 떠나는 것을 기다리고 있던 러시아 공사 니꼴라이 이구나체프(Nikkolai Ignatiev)는 공친왕과 11월 14일에 中露 추가조약을 체결하였다. 이 조약으로 청조는 1858년 5월에 조인된 중러조약을 재확인하여 흑룡강 이북 지역과 그 지류인 松花江에서 동쪽으로 해안에 이르는 광대한 지역을 러시아 영토로 확인하였다. 이로서 한국의 동북 변강이 직접 러시아와 접경하게 되었다.

천진조약과 북경협정의 조인으로 아편전쟁 후 1842년 남경조약에 의하여 성립된 조약체제가 20년에 가까운 세월에 걸쳐 많은 우여곡절을 겪은 다음 확립되었다. 이로서 中西관계에서 전통적인 중국의 조공체제는 영원히 사라지고 서방열강이 힘으로 강요한 불평등조약체제가 확립되었다. 이 서구주도의 새 체제에는 일본을 비롯한 모든 동아시아 국가들이 편입되었으나 유독 '隱者의 나라' 조선만은 그 테두리 밖에 남아 있었다.[34)]

4) 일본의 개항과 미국

일본은 1630년대 말 서양과의 모든 관계를 단절하고 서방무역을 나가사키(長崎)항에 제한하였으며 교역상대도 和蘭(Netherlands) 한 나라에만 한정하였다. 동시에 일본인의 해외도항을 엄금하였다. 토쿠가와(德川)막부가 이와 같은 쇄국정책을 취한 배후에는 두 가지 목적이 있었다. 하나는 일본국내에서 천주교를 근절하는 것이었고, 또 하나는 해외무역의 이윤을 독점하는 것이었다. 16세기 중엽 아시카가(足利)막부가 극도로 약화하여 국내분열과 내전이 절정에 달하자 기존질서와 권위는 땅에 떨어졌다. 이때 耶蘇會(The Society of Jesus) 선교사들에 의하여 일본에 전해진 천주교는 빠른 속도로 국내에 전

34) 애로우전쟁과 조약체제의 확립에 관하여는 John K. Fairbank, ed., *The Cambridge History of China*(Cambridge : Cambridge University Press, 1978), Vol. 10, Part 1, pp.213~263의 John K. Fairbank, *"The Creation of the Treaty System"*과 Immanuel C. Y. Hsu, *China's Entrance into the Family of Nations : The Diplomatic Phase, 1858~1880*(Cambridge, Mass. : Harvard University Press, 1960) 및 Banno Masataka, *China and the West, 1858~1861" : "The Origins of the Tsungli Yamen*(Cambridge, Mass. : Harvard University Press, 1964) 등 많은 연구가 있다.

파되어 17세기 초에는 그 신도가 수십만에 달하였다. 그러나 다시 전국을 통일하고 강력한 중앙정권을 수립한 토쿠가와막부는 불교와 토속신앙인 神道를 반대하고 일본의 전통적 정치체제와 사회질서에 도전하는 천주교를 축출하기로 결심했다. 일본의 武人 통치자들은 그들의 권력이 무력에 의거한 것이며 무력은 경제력의 뒷받침 없이는 유지할 수 없다는 것을 잘 알고 있었다. 그리고 해외무역이 일본에 경제적 이익을 가져온다는 것도 알고 있었다. 따라서 토쿠가와막부는 '百害 無一利'한 서양의 종교는 이를 엄금하고 군사력 강화에 도움이 되는 서양무역은 이를 독점키로 했던 것이다.[35]

막부가 이와 같은 정책을 단행할 수 있었던 것은 물론 모든 국내세력을 완전히 장악하고 있었으며 대외적으로는 유럽인들의 군사적 도전을 물리칠 수 있는 힘을 보유하고 있었기 때문이었다. 그후 200년 간 이 상태는 크게 변함이 없어 이른바 쇄국체제가 유지되었다. 그러나 19세기 중엽으로 접어들면서 사정은 크게 달라졌다. 첫째 일본 국내에서 한때 막강했던 막부의 군사력은 약화되고 원래 反토쿠가와 성격이 강했던 영주들이 이끄는 군사력은 상대적으로 강해졌다. 둘째 과거 중국과 일본의 '一港무역' 제도에 복종했던 서방제국이 대등한 외교와 자유로운 통상을 요구하고 나섰다. 특히 산업혁명을 완성한 영국은 그 강대한 군사력과 경제력으로 아편전쟁에서 청조를 굴복시키고 중국을 개방하였다. 이에 따라 일본도 서방국가들의 압력하에 쇄국정책을 유지하기가 어렵게 되었다.[36]

이에 앞서 18세기 말부터 서양 선박들이 일본근해에 나타나서 통상을 요구하기 시작하자 막부는 海防을 강화하여 '異國船'이 접근해오면 물러가도록 권유하여 응하지 않으면 격퇴하라는 명령을 전국에 내렸다. 19세기초에 외국선의 출몰이 더욱 잦아지자 막부는 이들을 무조건 격퇴하라는 이른바 '無二念 打拂令'을 내렸다. 그러나 이런 것들이 무모한 대책임을 지적하고 쇄국령을 철폐하여 서방국가들과 통상해야 한다는 개방론이 일부 개명적 인사들간

35) 德川막부의 천주교 禁敎정책에 관하여는 Jurgis Elisonas, "*Chirstianity and Daimyo*" in John Whitney Hall. ed., *The Cambridge History of Japan*(Cambridge University Press, 1991), Vol. 4, pp.301~372 참조.

36) 德川시대 말기 일본의 국내정세에 관하여는 William G. Beasley, "*The Meiji Restoration*"(Stanford : Stanford University Press, 1972), pp.74~99 참조.

에서 일어났다. 이들은 주로 蘭學者들이었다. 당시 일본에는 漢學, 國學, 蘭學의 三大 학문체계가 있었다. 한학은 막부의 官學으로 程朱學이 주류를 이루고 있었다. 국학은 일본 고유의 전통과 문물제도를 연구하는 학문으로 막부의 권학정책에 힘입어 18세기에 들어서 크게 발달하였다. 난학은 곧 '和蘭의 학문'이다. 막부는 천주교를 근절하기 위하여 화란무역을 제외하고는 서양과의 모든 관계를 단절하면서도 서양의 과학과 기술에 관한 서적 특히 의학서적의 수입은 허용하였다. 이리하여 난학이 발달하였는데 이는 중국이나 조선에서는 볼 수 없었던 일이다. 난학을 통하여 서양의 과학기술과 근대적 군사력을 비교적 잘 알게 된 일본의 난학자들이 서방과의 통상과 문화교류를 주장한 것은 지극히 당연한 일이다.

청조의 廣東무역제도를 무너뜨리고 중국을 개방하는데 주도적 역할을 한 것은 영국이었다. 한편 토쿠가와막부의 쇄국정책을 무너뜨리고 일본을 개방한 주역은 미국이다. 당시 영국은 일본을 보잘것 없는 섬나라로 간주하고 주로 중국시장 개척에 주력하였다. 미국은 사정이 달랐다. 18세기 후반에 영국에서 독립하여 대서양 연안국가로 출발한 미국이 19세기 중엽에는 이미 북미대륙 동서해안에 걸쳐 광대한 영토를 가진 대륙국가로 발전하였으며 태평양과 대서양을 낀 해양대국으로 성장하였다. 이른바 '명백한 운명'(the Manifest Destiny)을 확신하고 '서쪽'으로 나아간 미국인들의 전진은 여기서 멈추지 않고 태평양의 광막한 바다로 뻗쳐나갔다. 19세기 중엽에는 미국 捕鯨船들이 이미 일본과 한국해역에까지 진출하였다. 이보다 더 중요한 것은 중국무역을 위한 태평양 항로의 개척이었다.

미국은 건국 초기부터 광동무역에 참가하여 여기서 얻은 이윤을 국내 산업발전에 투자하였다. 초기에는 미국 동해안을 떠난 상선들이 대서양을 건너 아프리카 남단을 돌아 인도양을 거쳐 중국으로 갔다. 그러나 19세기 중엽, 특히 1848년 멕시코로부터 캘리포니아를 탈취한 미국은 그곳에서 태평양을 건너 중국으로 직행하는 항로를 개척했다. 이에 따라 미국에는 서태평양 해역에서 자국 선박의 寄港地를 확보하고 해난시 피난과 구조를 위하여 일본의 개방이 필요했다. 미국이 일본의 개방을 서둘러야 했던 또 하나의 이유는 일본에 대한 帝政러시아의 야심이었다. 이미 알래스카에 진출한 러시아는 남쪽으로 한반도와 일본열도에 침투할 기회를 노리고 있었는데 미국과 영국은 다같이 러시아의 남하를 저지하는 전략을 추구하고 있었다. 이와 같이 미국은 태평양을 오가는 자국선박의 안전을 도모하여 중국 무역을 더욱 증진시키는 동시에 동아시아에 대한 러시아 세력의 침투를 억제하기 위하여 일본을 개방하는데 앞장섰던 것이다. 이때 미국이나 영국은 일본 자체를 중요한 통상 대상국으로 보지는 않았다.37)

아편전쟁 후 5항이 개방되기 시작하자 미국은 1844년에 청조와 望厦조약을 체결하여 중국무역에 박차를 가했다. 1846년 6월 미국 海軍提督 제임스 비들(James Biddle)이 통상교섭을 위하여 일본에 파견되었다. 그는 충분한 준비도 없이 군함 2척을 이끌고 東京灣에 나타났으나 막부당국과 정식으로 교섭조차 하지 못하고 돌아갈 수밖에 없었다. 다음에는 1852년 1월에 해군제독 마듀 페리(Mathew C. Perry)가 파견되었다. 그는 일본 원정을 위하여 치밀한 계획과 만반의 준비를 갖추었다. 그의 원정은 실로 시의에 적절한 것이었다. 만일 수년을 더 기다렸다면 미국은 남북전쟁 前後期에 들어가게 되어 대규모의 해외 원정을 추진할 수는 없었을 것이다. 이때 국외에서는 영국과 프랑스가 터키(Turkey) 문제를 둘러싸고 유럽과 중동에서 러시아와 첨예하게 대립하고 있었기 때문에 일본개방 문제에 직접 관여할 겨를이 없었다.

페리제독이 미국 동인도 함대를 이끌고 일본에 도착한 것은 1853년 7월이었다. 후일 강화도에 파견된 일본의 구로다(黑田) 艦隊의 모델이 되었다는 그의 함대는 전함 4척으로 구성되어 있어 일본 침공작전에는 부족했으나 무력시위에는 충분하였다. 그는 東京灣 안에 있는 우라가(浦賀)港 앞 바다에 정박한 다음 현지 관헌에게 미국 대통령이 일본 황제에 보내는 친서를 전달하였다. 그 요지는 근래 많은 미국선박이 태평양을 건너 중국으로 왕래하며 일본 근해에서 조업하는 미국 捕鯨船이 많으니 이들을 위하여 식량과 연료를 공급하고 해난시 피난처와 구조를 제공해 줄 것을 요청한다는 것이다. '日本皇帝'가 일본의 국왕을 말한 것인지 장군을 말한 것인지는 분명치 않았다. 서한을 전달한 후 페리는 答書를 받기 위해 다음해 1월달에 다시 올 것을 약

37) 曾村保信, 《ペリはなぜ日本にきたか》(東京 : 新潮社, 1987), 101~146쪽 참조.

속하고 일단 일본을 떠나 중국으로 갔다.

페리가 이렇게 한 것은 물론 막부당국으로 하여금 국론을 통일하여 개항으로 이끌어 갈 수 있게 시간을 준 것이었다. 그러나 막부는 당황망조하여 어쩔 바를 몰랐으며 일본 전국이 발칵 뒤집혀 '흑선'(미국군함) 4척 때문에 온 국민이 잠을 이루지 못하는 지경이었다. 국론은 攘夷와 開國(開放)으로 양분되었으나 대다수는 '祖宗의 遺法'인 鎖國을 견지해야 한다는 주장이었다. 미국의 요구와 국내여론 사이에서 진퇴유곡의 궁지에 빠진 막부는 토쿠가와 일족의 門長인 攘夷論者 토쿠가와 나리아키(德川齊昭)에 자문을 구하였다. 그는 和蘭에서 무기와 함선을 구입하고 造船기술자를 초빙하며 沿海 방비를 강화할 것을 건의하였다. 그러나 그는 당장 미국과의 군사적 대결에서 일본에 승산이 없는 것도 잘 알고 있었다. 그래서 그는 때마침 장군이 사망했음을 핑계삼아 페리에 대해 국내사정이 어려우니 미국의 요구에 대한 회답을 연기해줄 것을 요청하자고 제안했다. 막부는 나가사키의 和蘭商館을 통하여 이를 페리에 전달하려고 했으나 그와 연락을 취하지 못했다. 이리하여 막부가 뚜렷한 대책을 세우기도 전에 페리는 약속대로 1854년 2월에 8척의 군함을 이끌고 일본으로 돌아왔다.

막부 지도자들은 미국의 요구에 대한 확고한 대책은 없었으나 그들은 중국이나 한국 문인 관료들과는 달리 현실주의적인 무사들이었다. 그들은 서양의 군사력을 잘 알고 있었으며 서양 과학기술의 실용적 가치를 인식하고 있었으며 아편전쟁에서 청조가 당한 패배와 굴욕도 잘 알고 있었다. 따라서 미국의 요구를 계속 거절하는 것이 일본에 이롭지 못하다고 판단하였다. 다만 막부의 권위를 유지하기 위하여 되도록 이면 개항을 지연시키자는 계산이었다. 한편 페리는 외교와 시위를 교묘하게 교대로 사용하였다. 결국 양측은 1854년 3월 31일 美日 和親條約에 서명하였다. 일본이 외국과 최초로 체결한 이 조약은 토쿠가와 정권이 200년 동안 견지해온 쇄국정책에 결정적인 종지부를 찍었다.

통칭 '카나가와(神奈川)조약'이라고 불리는 이 조약은 전문 12조로 되어 있었는데 그 내용은 간단했다. 즉 東京灣 入口에 있는 시모다(下田)港을 즉시 개방하고 1년 후에는 北海道 남단에 있는 하코다대(函館)港을 개방하여 미국

선박의 寄港을 허용하고 식량과 연료를 제공한다는 것이었다. 처음 일본측은 개항은 나가사키港에 한정하려고 시도했으나 이는 쇄국체제 하의 바람직하지 못한 관습의 연장에 지나지 않다는 미국측의 반대로 좌절되었다. 원래 페리는 미국이 1844년에 청조와 체결한 望厦조약과 같은 폭넓은 통상조약을 희망했으나 일본 국내시장을 고려하여 양국간의 통상에 관하여는 장래 다시 교섭하기로 했다. 그러나 그는 미국을 위해 최혜국대우 조항을 획득하는데 성공하였다. 조약의 批准기한은 조인 후 18개월 내로 정하였다.[38]

한편 영국정부도 일본과 조약을 맺고자 했으나 러시아와의 관계의 악화로 말미암아 실행하지 못하고 있는 가운데 美日 화친조약 체결 4일 전인 3월 27일 마침내 프랑스·터키와 연합하여 러시아에 대하여 선전포고하였다. 그 해 9월 영국 동인도함대 사령관 스터링(Sir James Stirling) 제독이 군함 4척을 이끌고 나가사키항에 입항하여 현지 관헌에게 러시아에 대한 선전포고를 제시하고 英佛 함선이 작전목적으로 나가사키항에 출입하는 것을 허용할 것과 러시아 함선에 피난처를 제공하지 말 것을 요구하였다. 그러나 일본 관헌들이 그의 요구를 정확히 이해하지 못하고 궁여지책으로 미일조약과 같은 내용의 조약 체결을 제의하자 그는 이를 수락하였다. 이리하여 10월 14일 조인된 것이 英日 화친약정이다. 영일약정을 '條約'이라 하지 않았던 이유는 스터링제독이 본국 정부의 허가 없이 자신이 독단으로 조인하였기 때문이었으나 훗날 조약으로 추인되었다.

이에 앞서 러시아 동아시아함대 사령관 뿌짜찐(Efim V. Putyatin) 제독은 본국 정부의 명령을 받고 일본과 조약을 체결하기 위하여 일찍부터 나가사키항을 드나들고 있었다. 러시아가 영·불 양국과 교전상태에 들어간 후인 1854년 4월 20일 다시 나가사키에 입항하여 현지관헌에 조약 체결을 요구하는 각서를 전달했으나 영국함대와의 조우를 피하기 위하여 회답도 받기 전에 황망히 그곳을 떠났다. 그후 뿌짜찐은 영·불 함대와 숨바꼭질을 하면서 일본해역을 돌아다니다가 그해 12월 4일 시모다항에 입항하여 중단되었던 조약체결 교섭을 시작하였다. 그러나 23일 돌연히 이 지방을 강타한 지진과

38) 開港교섭과 제1차 美日和親조약에 관하여는 曾村保信, 위의 책, 147~199쪽.

해일로 러시아함대 旗艦이 대파되고 이곳을 엄습한 태풍에 결국 침몰하고 말았다. 이와 같은 재난으로 중단되었던 러·일 교섭이 근근히 재개되어 다음해 1855년 1월초에 양국간의 修好조약이 체결되었다. 이 조약에 의하여 일본은 하코다대와 시모다 兩港과 나가사키에서 러시아 선박에 대한 물품의 공급과 해난시 구조를 약속했다. 또 일본 北海道와 러시아領 쿠릴列島 사이의 국경선을 획정하고 사할린島는 종래 대로 러·일 양속으로 했다.

러·알 조약이 조인된 지 약 1년 후인 1856년 1월 30일 화란과 일본간에 화친조약이 체결되었다. 화란은 토쿠가와 시대에 일본이 통상관계를 유지한 유일한 유럽 국가였는데 새 조약으로 나가사키항 출입이 완전히 자유롭게 되었다. 이 외에 다른 항구는 개방하지 않았으나 최혜국대우 조항이 포함되어 있었기 때문에 시모다항과 하코다대항에서 화란은 다른 조약국들과 동일한 권리를 갖게 되었다.[39]

이상 조약들은 단순한 '和親'조약으로 일본이 그 문호를 완전히 개방하고 이들과 정상적인 외교관계를 맺고 자유로운 통상을 한다는 것은 아니었다. 그러나 이들은 분명히 쇄국정책을 포기하게 되는 일대 전환점이 되었다. 물론 막부는 뚜렷한 소신을 가지고 이 조약들을 체결한 것은 아니고 서양함대와 대전하여 승리할 자신이 없어 하는 수 없이 취한 선택이었다. 그러나 이를 사실대로 인정하기가 거북했다. 그래서 막부 당국자들은 이 조약들이 '祖宗의 遺法'을 포기하거나 변경한 것이 아니라는 새로운 개국론(개방론)을 들고 나섰다. 즉 막부 창건 초기에는 여러 유럽 각국과 무역을 하였는데 후에 가서 화란을 제외하고는 이를 금한 것은 오로지 천주교를 금지하자는 뜻이었으나 천주교만 엄금한다면 무역은 허용해도 조종의 유법에 위배될 것이 없다는 견해였다. 이는 단순히 서양인들이 일본에 도래하여 교역을 하는 것만을 허용하자는 소극론이었다. 이와는 달리 일본인도 해외에 진출하여 무역에 종사할 뿐만 아니라 서양문물도 적극 도입해야 한다는 적극론도 대두하였다.

당시 일본에서 가장 식견이 높고 진보적인 개방론을 편 사람은 사쿠마 쇼

---

39) 沼田次郎 편, 《日本と西洋》의 276~374쪽.
今井庄次 〈開國〉, 304~309쪽 참조.

잔(佐久間 象山)이었다. 그는 서양 문명에 대하여 높은 지식을 가진 당대 일본의 제일 가는 蘭學者요 시대의 선구자였다. 그는 청조가 아편전쟁에서 영국에 굴욕적인 패배를 당한 것은 중국의 학문이 空理空論을 일삼는 한편 서양의 학문은 실사를 연구하고 실리를 추구하여 온 결과라고 논파하고 일본은 모름지기 서양의 탁월한 과학문명을 도입하여 국가를 강성하게 만들어야 한다고 역설하였다. 그는 훗날 '和魂洋才'라고 표현된 근대 일본의 자세를 상징적으로 대표한 인물이었다. 그에 사사한 젊은 국수주의 유학자 요시다 쇼인(吉田松陰)은 스승의 가르침을 실천하려고 페리 함대와 함께 서양으로 밀항하려다가 뜻을 이루지 못하고 투옥, 처형되었다. 이들과 같은 개방론자나 진보적인 학자는 소수에 지나지 않았고 당시 일본의 지배계급의 압도적인 다수는 서방국가와 모든 관계를 단절하고 쇄국체제를 고수해야 한다는 攘夷論을 주장하였다.[40)]

이와 같은 대립 가운데서도 개방론자와 양이론자는 해방의 강화가 일본이 당면한 초미의 급무라는 점에서는 의견이 일치하였다. 페리 함대의 근대식 함선의 위력에 크게 놀란 이들은 서양으로부터 함선을 구입하고 그 조선기술을 습득하여 근대식 해군을 건설해야 한다는 것을 통감하였다. 이에 따라 막부는 1855년 나가사키에 해군 傳習所를 창설하여 화란으로부터 함선을 도입하고 해군 교관을 초빙하여 막부와 各藩에서 선발된 사관생도에 조선기술과 함선조련 훈련을 시작했다. 또 서양의 군사과학과 기술을 도입하는데 필요한 어학 교육을 위하여 1857년에 애도에 蕃書調所라는 語學館을 개설하여 막부뿐만 아니라 각 번의 자제들을 입학시켰다.

한편 미영 양국은 자국 국민이 일본에 거주하며 무역에 종사할 수 있도록 정상적인 통상조약체결을 요구하여 1856년 여름부터 그 움직임이 활발해졌다. 이해 8월초에 나가사키에 온 화란사절이 일본도 세계대세에 따라 자유무역을 허용하고 일본국민의 신앙의 자유를 인정하며 개항장에 외국인들이 가족을 동반하여 거주하는 것을 허용하도록 권유하였다. 뒤이어 21일에 미국영

40) 佐久間象山과 吉田松陰은 사제간이었으나 전자는 西洋과의 '和親開國'을 주장하고 후자는 '和親攘夷'를 주장하였다. 信夫淸三郎, 《象山と松陰：開國と攘夷の論理》(東京：河出書房, 1975) 참조.

사 타운센드 해리스(Townsend Harris)가 시모다에 도착하자 새 통상조약체결을 위한 교섭은 자연 그가 주도하게 되었다. 해리스는 막부 대표와 끈질긴 교섭으로 미국영사로 일본에 상주하는 권리를 획득하여 9월초에 시모다 시내 한 절에 일본에서 최초의 미국 영사관을 개설하였다. 그후 그는 꾸준한 교섭 끝에 1857년 6월에 미일 시모다(下田)條約을 체결하였는데, 이 조약에는 다음과 같은 조항이 포함되어 있었다.

① 시모다항과 하꼬다대항에 미국 상인의 거주와 영사의 주재를 허용한다.
② 미일양국 간에 通貨 교환방법을 확정한다.
③ 개항장에 있어서 미국인에 대한 영사 재판권을 인정한다.

그러나 이는 시모다 화친조약의 불비점을 보완하는데 그쳤다. 시모다조약 조인에 뒤이어 화란과 러시아도 각각 이와 비슷한 추가조약을 체결하였다. 그러나 해리스는 시모다조약을 과도적인 조치로 간주하고 본격적인 일본의 개방을 위하여 더 광범위하고 포괄적인 통상권을 획득하려고 했다. 이를 위하여 그는 막부 고위 당국자와 직접 담판하기 위하여 에도 방문허가를 강경히 요구하여 드디어 동의를 얻었다. 해리스는 1857년 11월 23일 시모다항을 떠나 육로로 30일 에도에 도착하였다. 12월 7일 장군 이애사다(家定)를 알현하고 미국 피어스(Pierce) 大統領의 親書를 전달한 다음 12일에는 막부 최고 행정수반인 홋따 마사요시(堀田正睦)와 회견하여 세계대세를 설명하고 본격적인 통상조약체결을 요청하였다. 이리하여 1월 25일에 시작된 미일회담은 2월 25일까지 계속되어 통상조약과 부속 무역장정 및 稅則 초안 작성을 완료하였다. 그러나 막부는 새 조약에 조인하기 전에 교토에 있는 王室의 '勅許'를 받기로 결정하였다.

이미 지적한 바와 같이 토쿠가와시대 일본의 막번체제 하에서는 日本王(天皇)은 명목상의 국가원수일 뿐 실질적 권력은 없었고 장군이 국내 통치권과 대외외교권을 전적으로 행사하였다. 따라서 외국과 조약을 체결함에 있어서 막부가 왕실의 허가를 받은 적도 없었고 받을 필요도 없었다. 그러나 그 권력의 기반인 군사력의 약화로 말미암아 외적으로부터 국토를 방위하는 능력과 국내세력을 통제하는 능력을 상실한 막부가 조약체결에 대한 '칙허'를 받기로 한 것은 궁여지책으로 그 권위를 더욱 떨어뜨리는 결과를 초래하게 되었다. 이에 3월초에 칙허를 받기 위하여 老中 홋따가 직접 교토에 갔다. 그러나 攘夷派의 조종 하에 있던 왕실이 막부의 請을 거절하는 예측하지 못했던 사태가 일어났다. 홋따는 2개월이나 교토에 머물다가 결국 망신만 당하고 돌아가고 막부의 위신은 땅에 떨어졌다.

교토에서 돌아와서 다시 해리스를 만난 홋따는 그의 독촉을 견디지 못하여 7월 27일에 조약에 조인할 것을 약속했다. 그후 홋따는 老中 자리에서 물러나고 히코내(彦根藩) 領主 이이 나오스케(井伊直弼)가 비상시에만 두는 막부의 최고직인 大老에 취임하여 난국을 담당하게 되었다. 때마침 중국은 英佛 양국과 天津조약을 체결하였다. 막부에 이 소식을 전한 해리스는 일본이 중국과 같은 운명을 피하려면 빨리 조약에 조인하는 것이 현명할 것이라고 경고하였다. 이에 이이는 조약체결이 불가피하다고 판단하고 1858년 7월 29일에 왕실의 허가 없이 美日 修好通商조약에 조인하였다. 이 조약에 의하여 미일양국은 다음의 사항을 결정했다.

① 상호 외교관을 상대방의 수도에 주차시킨다.
② 시모다, 하꼬다대 이외에 가나가와(神奈川), 나가사키, 니이가다(新潟), 효고(兵庫)의 4항을 추가로 개방한다.
③ 에도와 오사카(大阪)에 외국인이 商用으로 일시적으로 거주하는 것을 허용한다.

이중 시모다는 가나가와 개항 6개월 후에 폐쇄하기로 했다. 이들 개항장은 단순한 보급과 피난구조뿐만 아니라 자유무역을 위하여 미국인들에 개방되었다. 8월에는 중국에서 청조와 천진조약을 체결한 영국대표 엘긴(Elgin)卿, 프랑스대표 구로(Gros)백작, 러시아 대표 뿌짜찐 제독이 각각 함대를 이끌고 통상조약을 맺기 위하여 에도에 도착하였다. 이외에 화란대표는 이미 7월에 에도에 와 있었다. 이들이 막부와 체결한 통상조약은 모두 미일 통상조약과 그 내용이 대동소이한 것이었다.

이상 5개 조약에서 일본은 상대국에 대하여 영사재판권을 허용하고, 수출입품에 대한 협정관세 원칙을 수락하였으며, 최혜국대우를 부여하였다. 다시 말하면 이들은 일본에 일방적으로 의무를 부가한 전형적인 片務的 불평등 조약이었다. 이 조약들은 서방국들이 아편전쟁 이후 무력이나 외교적 압력으로 동아시아 제국에 강요한 불평등조약체제의 일환이었다.41)

중국을 중심으로 발달한 동아시아 문명과 지중해를 중심으로 발달한 유럽 문명 사이에는 여러 가지 상이점이 있는데 그중 가장 근본적인 것의 하나가 경제적인 것이었다. 근세 초기는 물론 19세기 중엽까지도 동아시아는 농경사회였다. 이에 비하여 유럽, 특히 동방진출에 앞장섰던 지중해 연안국가들은 상업사회였다. 물론 중국에서도 양자강 하류 지역이나 寧波·厦門·廣東 등 남부 해안지역에서나 일본의 北九州, 近畿지방은 상업이 발달한 곳이었으나 상업이 농업을 제치고 경제에서 주도적인 위치를 차지하지는 못하였다. 그러나 농경지가 부족하여 식량의 자급자족이 어려웠던 지중해연안 지역에서는 일찍부터 해상교통과 상업이 발달하여 경제를 주도하였다. 특히 이태리半島 베니스·제노아·프로렌스 등 해안 도시국가들은 이미 13, 14세기에 상업혁명을 치르고 당시의 유럽경제를 주도하였다. 이들 도시국가의 상업혁명과 이에 따른 경제적 발전과 번영의 원동력의 하나가 동방무역이었다. 그런데 초두에서 지적한 바와 같이 오스만 투르크의 興起와 동로마제국의 멸망으로 동방 무역로가 차단되었다. 근세 초기에 시작된 유럽국가들의 동방진출은 인도와 중국으로 가는 새로운 무역로를 개척하여 중단될 위기에 있던 동방무역을 계속하기 위한 것이었다.

인도와 중국에 직결되는 새 무역로의 개척은 해상루트 발견만이 현실적인 선택이었는데 이를 위해서는 동방으로 가는 '大航海(great voyages)'를 조직해야 했다. 이와 같은 인류사상 미증유의 대사업을 위해 과학혁명이 필요한 천문학지식과 항해기술을 제공하였고, 새로 등장한 민족국가의 왕실이 재정지원을 담당하였으며, 종교개혁이 불러일으킨 천주교의 포교운동이 그 정신적 원동력이 되었다. 이 모든 대변혁의 정신적·물질적 원천이 된 것이 이에 앞서 이태리를 중심으로 하여 일어났던 중세 후기의 상업혁명과 문예부흥이었다. 이리하여 포르투갈과 스페인의 탐험가, 상인, 선교사들은 동방세계를 향

41) Beasley, *The Meiji Restoration*, pp.98~116.

하여 각각 동으로 서로 떠났다. 그들은 가는 곳마다 원주민들을 정복하여 무역기지와 식민지를 건설하고 천주교 전파에 노력하면서 마지막 목적지인 동아시아에 도달하였다.

거기서 그들은 별천지를 발견하였다. 그곳에는 오랜 역사와 찬란한 문화 그리고 광대한 영토와 풍부하고 다양한 자원, 즉 '地大物博'을 자랑하는 中華帝國이 있었으며 이 중국을 중심으로 한 고유의 階序的인 세계질서를 형성하고 있는 일련의 문명국가와 문화민족들이 있었다. 이 동아시아세계는 이미 상업혁명을 겪어온 유럽세계와는 달리 폐쇄된 자급자족의 농경사회였다. 모든 농경사회와 같이 중국을 비롯한 이 지역의 사회는 근본성격이 보수적이었고, 정치는 절대군주에 의한 전제정치였으며, 상인을 천시하는 鄕紳(地主)이나 세습적인 무사계급이 주도하는 사회였다. 이들에는 대외무역은 반드시 필요한 것으로 생각되지 않았다. 위정자들에 의한 철저한 간섭과 통제하에 성립된 중국의 광동 무역제도나 일본의 나가사키무역제도는 모두 이러한 동아시아의 전통과 문화를 반영한 것이었다. 이때 유럽 국가들은 동아시아의 전통적 외교통상제도를 무너뜨릴 만한 힘이 없었다. 따라서 이 체제와의 타협을 거부한 선교사들은 축출당하고 이에 순종한 상인들은 이른바 '柔遠'의 혜택을 받게 되었다.

중국의 광동무역 제도가 확립된 것은 18세기 중엽이었으며 일본의 나가사키무역 제도는 이에 1세기 이상 앞선 1630년대 말에 확정되었다. 광동무역제도는 물론 중국의 華夷사상에 근거한 조공무역체제의 일환이었으며 나가사키무역 제도 역시 중국의 조공무역 제도를 모방한 것이었다. 청조는 만방의 종주국으로 자처하고 '地大物博'을 자랑하면서 해외교역은 '天朝'에는 필요없으나 '柔遠'의 정신과 '一視同仁'의 온정으로 이를 허용한다고 호언장담하면서 유럽인들을 야만시하여 편견과 차별로 그들의 교역활동에 심한 간섭과 규제를 가하여 이를 철저히 통제하여 막대한 이득을 누렸다. 비록 규모는 적었으나 일본의 나가사키 무역에서도 이와 대동소이했다. 이와 같은 제도를 중국이나 일본이 수세기 동안이나 유럽인들에 강요할 수 있었던 것은 이를 뒷받침할 수 있는 경제력과 군사력이 있었기 때문이다.

이와 같은 형태의 동서무역은 이에 참가한 유럽 국가들이 추구한 중상주의와 상반됨에도 불구하고 300여 년에 걸쳐 지속되었다. 그러나 18세기 후반부터 사태가 변하기 시작하였으니 가장 중요한 원동력은 영국의 산업혁명과 이에 수반하여 일어난 자유무역운동이었다. 영국의 산업혁명이 시작된 것은 18세기 후반이었다. 산업사회에는 그 공업생산을 위한 원료의 확보와 생산품 판매를 위한 시장확보가 절대적으로 요구된다. 19세기 초반에 들어서면서 영국경제를 주도한 것은 신흥자본가들이었다. 그들은 국가의 중상주의적 통상정책을 반대하고 동인도회사의 동방무역 독점권 폐지를 요구하여 자유무역운동을 전개하였다. 이에 성공한 그들은 중국시장을 완전 개방하기 위해 광동무역 제도의 폐지를 요구하고 나섰으며 이 목적을 달성하기 위해 급기야 아편전쟁을 일으켰다. 아편전쟁의 사후처리와 그 결과에 만족하지 못한 그들은 급기야 애로우전쟁을 도발하여 기어코 그 목적을 달성하고야 말았다. 영국이 중국을 개방하는 동안 미국이 일본의 개방을 선도하였다.

중국과 일본의 개방을 계기로 동아시아세계에서는 중국 중심의 전통적 세계질서가 무너지고 서방국가들이 주도하는 새 국제질서가 형성되었다. 물론 국제사회에서 이와 같은 획기적인 대변화가 하루아침에 이루어지는 것은 아니다. 영국을 선두로 한 서방국가들이 압도적인 무력을 행사하여 廣東과 나가사키무역 제도를 무너뜨리고 새 조약제도를 성립시키는데 두 차례의 전쟁과 20년의 세월이 필요했다. 1860년대 초까지 중일 양국이 조약체제에 편입된 것은 사실이나 양국이 모두 완전히 개방된 것은 아니었다. 이를 상징하는 존재가 동방의 隱者 조선이었다. 이리하여 새 조약체제와는 관계없이 이 지역 국가들 간의 상호관계에는 종래의 제도와 관습이 존속되어 동아시아 국제관계는 이중구조적 성격을 띠게 되었다. 그러나 1860년대부터는 조약제도가 결정적으로 중요한 위치를 차지하게 되었다. 이와 같은 이중구조는 1880년대 후반에 가서야 소멸되었고 장구한 역사를 가졌던 동아시아 세계질서는 드디어 막을 내렸다.[42]

수 차례 지적한 바와 같이 중국은 서방인들에 대하여 '柔遠의 정신'과 '一視同仁'을 운운하고 '天朝의 恩典'이라고 자랑하였으나 실지로는 편견과 멸시

42) Kim, *The East Asian World Order*, pp.328~351 참조.

로 그들을 대했으며 온갖 규제로 그들의 행동을 '힘'으로 통제하였다. 이와 같은 굴욕과 구속을 반대하여 자유무역운동을 전개한 영국을 비롯한 서방 자본주의 기업인들은 국제외교상의 만국의 평등과 통상의 자유를 부르짖으면서 광동무역제도와 나가사키무역제도를 폐지하고 동아시아 제국의 시장을 개방했다. 그러나 그들 역시 문화적 편견과 종교적 독선으로 동아시아 사람들을 대하였으며 '불평등조약'제도를 '힘'으로 이 나라들에 강요하여 1세기에 걸쳐 외교통상상의 일방적인 특권뿐만 아니라 '자유무역'의 미명 아래 아편무역과 같은 엄청난 무법과 부도덕을 자행하였다.

〈金基赫〉

2. 구미 열강의 통상요구

1) 러시아의 통상요구

러시아가 조선에 대해 관심을 갖기 시작한 것은 이미 1850년대부터 시작되었다. 즉 1854년 러시아 군함 '팔라타'호는 두만강 어귀에 나타나 수역을 측량하고 다시 남하하여 영흥만을 라자레프(Lazareff)만으로 명명하였다. 그리고 迎日灣을 '운코프스키'만으로 명명하였다. 1854년 4월에는 동시베리아총독 무라비요프의 지령에 따라 '팔라다(Pallada)'호와 다른 한 척의 러시아함대 '보스토크(Vostok)'호가 다시 조선 동해에 와서 수역을 측량하는 한편 무력시위를 감행하면서 德源郡 龍成鎭과 永興府 大江津에 이르러서는 어민 수 명을 학살하는 행위까지 자행하였다.[1)]

러시아가 조선에 대해 통상을 요구하기 시작한 것은 1860년 중국과 러시아가 북경조약을 체결함으로써 두만강을 경계로 한국과 국경을 접하고 나서부터이다. 즉 大院君 집정 직후인 1864년 2월에 러시아인 5명이 두만강을 건너 慶興府에 와서 통상을 요구하는 文書를 제출하고 회답을 요구하였다. 이

1) 《哲宗實錄》 권 6, 철종 5년 3월 병인.

후 1865년 2월과 9월에도 러시아인들은 국경을 넘어와 각각 통상을 요구하였다. 1865년 11월과 1866년 가을에도 러시아인들은 계속 영흥부에 와서 통상을 요구하였으며, 국서를 직접 함흥감영에 갖다 바치겠다고 하였다. 그때마다 조선정부는 외국과의 통상은 지방관헌의 권한 밖의 일이라던가 또는 국교가 없는 외국인의 입국은 허락할 수 없다는 등의 이유로 완강하게 거절하였다. 그럼에도 불구하고 러시아인들이 국경을 넘어 통상을 요구하는 사건은 계속 일어났다. 1866년 12월에는 수십 명의 '코사크' 기마대가 다시 경흥부에 와서 교역을 요구하였으나 거절당하였다.

러시아의 통상요구는 의외의 결과를 야기시켰다. 즉 1866년의 丙寅迫害와 그로 인한 프랑스극동함대의 강화도 원정이 바로 그것이다. 대원군정부가 러시아의 통상요구로 고심하고 있을 때 洪鳳周·金勉浩 등 천주교신도들은 프랑스·영국 등과 동맹을 맺으면 러시아의 통상요구를 저지할 수 있다고 판단하고, 그러기 위해서 당시 국내에 잠입해 있는 프랑스 선교사들의 도움을 받을 것을 대원군에게 권고하였다. 대원군은 선교사 베르뇌(Berneux)를 서울로 불러오도록 하였다. 천주교인들은 당시 선교차 지방에 가 있던 베르뇌주교를 서울로 불러오기로 주선하였으나, 시일을 너무 지체하였고, 또 그 사이 러시아의 통상요구는 뜸하여졌다. 한편 조정의 정국은 지금까지 천주교에 대해 호의적이던 상황에서 탄압으로 급선회하였고, 대원군도 더 이상 천주교도들에게 호의를 베풀 수 없는 입장에 처하게 되면서 당시 한국에 와 있던 12명의 프랑스 선교사 중 9명이 순교를 당하였다. 살아 남은 리델(Ridel), 페론(Féron), 깔래(Calais) 3인의 선교사 중 리델신부가 天津으로 가서 조선에서의 선교사 살해와 천주교도박해의 소식을 전하였다. 따라서 프랑스 극동함대 사령관 로즈(Roze) 제독은 강화도 원정을 단행하였다.

러시아가 조선에 대해 통상을 요구하면서부터 러시아인이 국경을 넘어 조선으로 오는 경우가 부단히 계속되었다. 이에 대원군정부는 북경정부에 이러한 사실을 알리는 동시에 淸國의 總理衙門이 러시아 정부에 대해 항의할 것을 요청하기도 하였다. 또한 한국인도 두만강을 건너 沿海州 방면으로 이주하였다.

1876년 조선과 일본 사이에 강화도조약이 체결되고 조선은 개국되었다. 일본에 의해 개국되면서 조선은 뒤이어 1882년과 1883년에 미국·영국 등 서양열강과도 수호·통상조약을 체결하였다. 미·영과 조약을 체결하기 전 1880년 2월 19일 코사크 기마대가 또 다시 두만강 얼음을 타고 경흥부에 도착하였다. 그들은 관직을 '코미사(Commissar)'라고 하고 이름은 '마투닌(Matunin)'이라고 불리는 자가 인솔하였으며, 통상문제와 함께 연해주 방면으로의 조선 이민문제에 대해 이야기하였다. 그들은 강화도조약의 내막에 대해 물으면서 러시아와의 통상조약체결의 가능성에 대해 타진하였다. 러시아인들은 자기들의 영토가 넓고 물산이 풍부하여 남의 나라를 엿보지 않으며 여러 나라와 더불어 사이좋게 지내려 할 따름이라고 했다. 이에 대해 경흥부사는 "우리 나라는 疆界만 지킬 뿐 외교의 법이 없다"고 하면서 이번에도 그들의 통상요구를 거절하였다.

1881년 이홍장이 조·미 통상조약의 체결을 주선하고 나서자 러시아는 다시 통상교섭을 시도하였다. 즉 러시아는 우수리 지방장관으로 하여금 조선측에 다시 교섭하되, 전면적인 통상요구는 잠시 제쳐놓고, 우선 조선측에서 받아들일 수 있는 간단한 지방문제부터 협의하도록 하였다. 그리고 그들은 지금까지의 직접적인 교섭을 하는 대신에 露領에 거주하고 있는 조선 사람을 앞에 내세우는 방법을 쓰기도 하였다.

1881년 2월, 李先昌이라고 하는 조선 청년이 위에 언급한 '코미사'의 편지를 가지고 두만강을 건너 영흥부에 오게 되었다. 이 '코미사'는 이번에 '俄羅斯國 南方于藪理觀察交界官'이라는 신분으로 경흥부사 앞으로 직접 글을 보냈다. 그리고 그 서한은 러시아어도 아니고 중국어도 아닌 조선어로 쓰여진 것이었다. 이러한 사실들을 볼 때 당시 러시아인들이 조선의 문호를 개방하기 위하여 얼마나 고심했는가를 알 수 있다. 이 서한의 주요 내용은 앞으로 전염병이 유행할 때 두 나라 사이에 서로 통보하자는 것과 조선 측에서 러시아 통역이 필요하다면 알선하여 보내겠다는 것이었다. 이에 대해 함경감사 金有淵의 보고를 받은 조선정부는 첫번째 요구는 받아들이고 두번째의 통역관문제는 완곡하게 좋은 말로 거절하였다.[2] 이렇게 하여 러시아는 지방에

2) 《高宗實錄》 권 19, 고종 8년 2월 27일.
震檀學會, 《韓國史 最近世》(乙酉文化社, 1981), 764~779쪽.

국한되었지만, 드디어 조선과 접근할 수 있게 되었다.

1882년 5월 한·미 수호통상조약이 체결되고, 뒤이어 한·영, 한·독 조약이 체결되자, 淸國주재 러시아공사 카시니(Cassini)는 재빨리 이홍장에게 조·러 조약체결의 알선을 요청하였다. 그러나 러시아에 대해 경계심을 갖고 있던 이홍장은 러시아의 요구를 거절하였다. 그러자 러시아 정부는 청국의 도움 없이 독자적으로 조선과 통상조약을 체결할 목적으로 1884년 5월 天津주재 러시아 영사 웨베르(K. I. Waeber)를 조선에 파견하였다.

웨베르는 1883년 이홍장이 추천하여 조선정부에 고빙된 외교고문 겸 해관총세무사였던 묄렌도르프(Möllendorff, 穆麟德)에게 접근하였다. 묄렌도르프는 한반도에서 러시아와 일본세력을 견제하도록 이홍장에 의해 추천·파견되었음에도 불구하고, 오히려 그는 조선에 러시아 군사교관을 초빙코자 하는 등 친러적인 정책을 추진하였다.[3] 묄렌도르프는 조선 국왕과 대신들을 설득하여 러시아와 통상조약을 맺도록 하였다. 결국 조선정부는 외무독판 金炳始를 전권대표에 임명하여 웨베르와 담판하고, 1884년 7월 7일 마침내 조·러수호통상조약을 체결하였다. 그 이듬해 9월 웨베르가 조선주재 러시아 대리공사 겸 총영사의 자격으로 서울에 파견되었고, 조약의 비준서도 교환되었다.

조·러수호통상조약은 본 조약 13개 조항과 부속조항 즉, 부속통상장정 3개 조항으로 구성되었다. 이 조약에 의해 양국은 정식으로 통상외교대표를 파견하게 되었으며(제2조), 러시아는 조선에서 치외법권(제3조)을 포함하는 막대한 이권을 획득하게 되었다. 제4조에서는 러시아에 인천·원산·부산·서울·양화진을 개방하였으며, 각 개항장에서 러시아인들의 가옥 및 토지임차 등 여러 가지 특권들을 규정하였다. 다른 조항에서는 러시아인들의 상업상의 특권, 최혜국 대우, 租借地 설립 등에 관하여 상세히 규정하였다. 뿐만 아니라, 군사면에서도 러시아 군함이 조선의 '일체 항구에 자유롭게 입항할 수 있다'고 규정하였으며, '조선정부는 한국영해의 측량에 종사하는 러시아 정부에 속하는 선박에 최대의 편리를 허락할 것'을 규정하였다(제8조). 부속통상

3) 高柄翊, 〈穆麟德의 雇聘과 그 背景〉(《震檀學會》, 25·26·27, 1964).

장정에서는 선박의 출입항 수속, 화물의 揚陸 및 積載, 관세납부, 세관수입보증에 대해 러시아의 상업적 특권을 상세히 규정하였다. 이 조·러 조약도 다른 서양열강들과의 조약처럼 러시아의 일방적 권리와 조선측의 일방적 의무를 규정한 불평등조약이었다.

2) 프랑스의 통상요구

프랑스의 한국접근은 통상을 목적으로 하기보다는 傳敎에 더 큰 비중을 두었다. 조선에 처음으로 진출한 서양인 선교사들은 프랑스의 파리外邦傳敎會員이었고, 이들은 1830년대에 입국하게 되지만, 조선의 천주교는 이미 1784년 창설당시에 북경의 프랑스 선교사와 인연을 맺게 되었다. 프랑스와 조선의 접촉은 1784년 冬至使行의 隨員으로 북경에 갔던 이승훈이 프랑스 예수회 회원들의 北堂에서 천주교에 귀의하여 그라몽(Grammont)신부로부터 영세를 받은데서 시작하여 교황청이 1791년에 프랑스인 구베아(Gouvéa)주교를 조선교회의 관리자로 임명함으로써 주로 천주교회를 매개로 교류가 이루어져 왔다. 1831년에는 天主敎朝鮮敎區가 창설되고 이에 대한 관리가 파리외방전교회에 위임됨에 따라 많은 프랑스 신부들이 들어오고 천주교신자도 그 수가 점점 증가하였다.[4]

프랑스는 조선정부가 1839년 앵베르(Imbert)·모방(Maubant) 및 샤스땅(Chastant) 등 프랑스 선교사 3명을 살해한 것을 단서로 조선에 군함을 파견하게 되었다. 駐中國·印度 프랑스함대사령관 세실(Cécille) 해군소장은 1846년 5월 海軍省長官에게 "프랑스 선교사를 살해한데 대한 해명을 요구하는 동시에 조선과 친선관계를 이룩할 수 있다면 그것을 이용하여 그리스도교인들의 처우를 개선하고 조선에서도 중국의 黃埔條約과 같은 입법기준을 해석하도록 하기 위한 목적에서 조선 해안으로 가서 조선정부와 교신방법을 모색할 계획임"을 알렸다. 세실 사령관은 클레오파트르(Cléopatre)호를 이끌고 이 해 5월 20일 마카오를 出船, 도중에서 빅토리외즈(Victorieuse)호와 사

4) 崔奭祐, 〈韓佛條約체결 이전의 양국 관계〉(《韓佛外交100年史》, 韓國史硏究協議會, 1986), 7~8쪽.

빈느(Sabine)호를 합류시켜, 제주도를 거쳐 8월 6일 충청도 洪州 땅 外烟島에 나타났다. 그는 원래 조선의 대신과 면담하고 3인의 선교사 학살에 관해 해명을 요구할 예정이었다. 그러나 현지 관리에게 國書를 접수시키는데 실패하고 그 다음해에 조선정부의 答書를 받으러 오겠다고 전하고 돌아간 일이 있었다.[5)]

이 때 보여준 군사행동은 '自國敎士를 보호하고 조선 信徒들을 성원'하기 위한[6)] 시위운동의 성격을 지닌 것이었다. 그러기에 그들의 국서에는 프랑스인 학살에 대한 엄중 問責과 위협적인 言辭가 담겨 있을 뿐 '通交'에 대한 명백한 언급은 없었다.[7)] 그러나 국서에 밝힌대로 다음 해인 1847년 조선측 回文을 받기 위해 古郡山島에 나타난 라삐에르(Lapierre) 대령은 全羅監司에게 보내는 서한에서 프랑스가 이미 淸國과 修好條約(萬年和好)을 체결하고 있으며 그 자신도 조선과 프랑스 帝國이 수호를 영구토록 맺기를 절실히 원하길 바란다고 하였다. 즉 세실(Cécil)이나 그 자신의 來韓한 의도가 '問責'과 더불어 '通好'에 있음을 밝히고 있다. 그러나 라삐에르 일행의 군사시위 계획은 그의 두 척의 군함이 모두 고군산도 연해에서 폭풍우로 파괴되어 부근 도서에 긴급 피난하였다가 상해서 傭船해 온 영국선박으로 돌아가지 않으면 안되었다. 따라서 애당초 계획대로 군사적 시위를 하지 못하였다.[8)]

1866년 12명의 프랑스 선교사 중 9명이 살해당하고 조선인 천주교도들이 살해되는 丙寅迫害가 일어남으로써 로즈(Roze)제독의 강화도 원정이 단행되었다. 이 원정은 수교나 통상에 목적이 있는 것이 아니라 프랑스 선교사 살해에 대한 보복원정이며 나아가 프랑스제국의 침략적 식민정책 수행의 한 측면이다. 즉 프랑스인 선교사학살이라는 종교적 문제를 구실로 군사적 개입을 한 프랑스제국의 '전통적인 군사적 통교 강요의 한 전개'였던 것이다.[9)] 조선원정 문제로 公使代理 벨로네(Bellonet)가 물러나고 랄르망(Lallemand)이

5) 崔奭祐, 위의 글, 17쪽.
6) 李能和, 《朝鮮基督敎及外交史》(朝鮮基督敎彰文社), 16장, 朝鮮與佛國之際, 82쪽.
7) 李元淳, 〈丙寅洋擾 一考〉(《韓佛修交 100年史》, 1986).
8) 李元淳, 위의 글, 33~34쪽.
9) 李元淳, 위의 글, 40쪽.
禹澈九, 〈丙寅洋擾小考〉(《東方學志》 49, 연세대, 1985).

1867년 5월 駐淸프랑스 공사로 부임하여 또 다시 본국정부에 대해 조선원정을 건의하였으나 묵살되었다.

1875년경부터 대원군이 정권에서 물러나고 국왕이 친정하면서 開國外交로 정책을 전환하였다. 따라서 1876년에는 블랑(Blanc) 외 2명의 신부가 입국하였고 1877년에는 리델(Ridel)신부가 2명의 선교사를 인솔하고 재입국하는데 성공하였다. 이 때는 이미 朝日修好條約이 체결된 뒤였다. 통상이나 수교보다 국내교도의 재기와 교세부흥에 희망을 품고 활약하다가 다음 해인 1878년 1월에 리델신부 이하 선교사들이 다시 조선관헌에게 체포·투옥되어 또 한번 생명의 위협을 느끼게 되었다. 그러나 프랑스 정부의 청탁을 받은 일본이 석방권유를 겸한 경고문을 보내오고 또 청국정부에서도 '査明釋放'하라는 조회가 오는 등 국제적인 석방운동의 전개로 말미암아 조선정부는 그들을 석방·송환하였다. 또 1880년에 뮈텔(Mutel) 신부가 리우빌(Liouville)과 같이 황해도로 잠입하여 역시 선교사업을 하던 중 1881년 白川 지방에서 체포되었으나 조선정부에서는 지방관헌의 잘못으로 돌리고 곧 석방하였다.[10]

1882년 한·미수호통상조약이 체결되고 한·영, 한·독간에 수호통상조약이 체결되자 프랑스도 서둘러 조선과 조약을 체결코자 하였다. 즉 1882년 6월 5일 조선과의 조약을 체결하고자 天津駐在 프랑스 공사 딜롱(Dillon)이 인천에 도착하였다. 그는 駐淸英國公使 윌스(Willes)와 마찬가지로 이홍장의 편지를 휴대하고 왔다. 딜롱이 소개장을 요구하자 이홍장은 마지못해 조선 정부에 대하여 프랑스와 통상조약을 체결할 것을 권고하고 소개장을 써 주기는 했으나 당시 한·영 조약의 체결을 위해 서울에 와 있던 馬建忠이 방해함으로서 뜻을 이루지 못하였다. 마건충은 딜롱에게 조선에서 천주교의 전교금지를 주장함으로써 양국간의 조약체결이 이루어지지 않도록 하였다. 이는 통킹(東京)문제로 인한 청국과 프랑스간의 관계악화로 청국측이 방해를 한 것이다.[11] 그런데 歐美 여러 나라들이 통상무역에 목적을 두고 한국과 수교를 한 것과는 달리 프랑스 정부는 信敎의 자유를 중시하였으므로 兩國間에 수교에 관한 정식교섭은 진전되지 못하였다. 그러나 프랑스 측은 추방되었던

10) 國會圖書館刊, 《舊韓末條約彙纂 下》, 86쪽.
11) 우철구, 《19세기 열강과 한반도》(법문사, 1999), 80쪽.

블랑 신부가 1884년 6월에 7명의 선교사와 함께 무난히 입국하게 되었음을 다행으로 여겼다. 왜냐하면 信敎의 자유와 함께 선교사의 입국이 묵인된 것으로 간주하였기 때문이다.

프랑스는 1884년 한·러조약이 체결된 후 1886년 4월에 이르러 다시 꼬고르당(F. G. Cogordan)을 全權委員으로 임명하여 파견하였다. 이에 조선정부도 漢城判尹 金晩植을 全權大臣에 임명하여 5월부터 회담을 개시토록 하였다. 그 결과 그 해 6월 4일에 전문 13조로 된 한·불수호통상조약과 통상장정 및 선후속약 등에 조인을 완료하였다. 그리고 1887년 4월에 프랑스 全權 꼴랭 드 쁠랑시(Collin de Plancy)가 내한하여 外務督辦 金允植과 더불어 조약비준교환을 완료함으로써 양국간에 정식국교가 수립되었다. 그러나 프랑스 정부는 당분간 駐韓外交업무를 駐韓러시아공사에게 대리시켰다. 이러한 사실은 프랑스가 선교사업 이외의 일반외교 업무를 중시하지 않은 탓으로 여겨진다.[12)]

3) 영국의 통상요구

19세기 동아시아에 대한 영국의 주된 관심은 무역과 함께 이 지역에서의 러시아의 남진정책과 관련된 전략적 측면이다.

영국이 조선에 대해 관심을 갖기 시작한 것은 1850년대부터이다. 그러나 본격적인 접근은 1875년 강화도사건 이후이다. 일본이 1875년 강화도사건을 일으키자 주일영국공사 파크스(H. Parkes)는 砲艦外交를 구사하여 韓英間에 통상을 조속히 개방하고 巨文島를 점령할 것을 본국정부에 건의하였다. 그러나 디스레일리(Disraeli) 보수당 정부는 이를 거부하였다. 파크스는 독자적 판단으로 당시 일본에 와 있던 修信使 金綺秀와의 접촉을 시도하고 이에 실패하자 군함을 조선으로 보내 정찰케 하고 담판을 시도토록 하였다.[13)] 파크스는 1876년 가을에 군함 실비아(Sylvia)호와 스윙거(Swinger)호를 慶尙道 沿岸

---

12) 國會圖書館, 《舊韓末條約彙纂, 下》, 87쪽.

13) 崔文衡, 〈韓英修交와 그 歷史的 意義〉(《韓英修交 100年史》, 한국사연구협의회, 1984), 49쪽.

으로 보내서 측량하게 하였다. 1878년 9월에는 영국의 바바라 테일러(Babara Tayler)호라는 帆船이 제주도 근해에서 난파되자 조선측이 그 선원을 구제해 준 데 감사를 표한다는 명목으로 파크스는 長崎領事館員 폴(Paul)을 제주도에 파견하여 접촉을 기도하였다. 그러나 영국은 선원을 구제해 준데 감사를 표한다며 군함까지 끌고 가서 시위를 벌였다. 11월 19일에도 書記官 사토우(Satow)를 한국에 파견하여 본격적인 접촉을 시도하였다. 그러나 한국정부는 파크스의 이러한 시도를 거부하였다.[14)]

그후 1880년 4월 自由黨의 제2차 글래드스톤(Gladstone) 내각이 등장하고 그랜빌(Granville)이 다시 외상에 취임하자 駐日代理公使였던 케네디(Kennedy)는 조선에 개국을 열망하는 일단의 청년이 있다는 사실을 보고함으로써 영국정부가 조선을 개국시키는 방향으로 정책을 굳히게 되었다. 이 무렵부터 영국의 駐日外交官들은 조선의 개국방침을 적극 모색하기 시작하였다. 사토우는 李東仁을 통해 조선에 대한 정보를 힘써 수집하고 이 정보를 토대로 조선을 개국시키는데 무력 사용을 주장하기에 이르렀다. 특히 이동인은 "한국은 通商上으로는 그리 중요하지 않지만 동 아시아에서 교역하는 나라들에 대해 정략적으로는 지극히 중대한 의미를 지닌 나라"라고 하며 일본의 주선을 받아 개국을 서둘러야 한다고 역설하였다.[15)] 그러나 영국은 무력을 동원하면서까지 조선을 개국시킬 필요는 없다고 보았고 일본도 비협조적이어서 실효를 거두지 못하였다. 영국이 조선을 개국시키는데 적극적이지 않았던 이유는 러시아의 한반도 진출을 자극하지 않으려는데 있었다.[16)]

한·영 수교는 한·미 수교의 경우처럼 이홍장의 역할에 힘입었다. 이홍장이 조선에 대해 개국을 권고한 것은 한반도 내에서 일본과 러시아 세력이 증대되어 가는 것을 견제하기 위함이었다. 그는 李裕元을 설득시키는 말로 "美·英·獨 등과 같은 구미열강과 수교를 맺으면 마치 벨지움(Belgium)이 열강 틈에서 굳건히 독립을 유지해 가는 것처럼 조선도 마찬가지로 나라를

14) 《舊韓末條約彙纂》 中卷, 309쪽.
15) 위와 같음.
16) 禹澈九, 〈19세기 후반 영국의 對韓政策－1883년 한양조약체결을 전후하여〉(《國史館論叢》, 44, 1993).

훌륭하게 지탱해 낼 수 있을 것"이라고 하였다.[17)]

영국외무성은 한국과의 수교교섭 책임을 아시아 함대 사령관 윌스(Willes) 제독에게 맡겼다. 슈펠트가 1882년 5월 22일 濟物浦에서 마침내 한국과 수호조약을 체결하는데 성공하자 윌스는 즉각 神戶領事 아스톤(Aston)과 통역 모드(Maude)를 대동하고 동년 5월 27일 비질랜트(Vigilant)호 편으로 나가사키(長崎)를 출발 조선으로 향하였다. 그리고 한·미 조약의 경우와 마찬가지로 馬建忠·丁汝昌 등의 도움을 받아 全文 14개조의 한·영조약이 1882년 6월 6일 제물포에서 체결되었다. 한·영조약은 대체로 한·미조약의 내용과 같았으나 조선의 沿海測量權을 추가로 인정받은 점만이 차이점이었다. 또 미국이 조선과 수교하려했던 목적은 난파선구제와 통상에 있었던 데 비해 영국은 교역에도 물론 관심이 있었지만 그 보다는 전략적 측면에서 러시아의 한국침투를 저지하는데 또한 목적이 있었다.[18)]

윌스가 체결한 한·영조약은 영국측의 경제적 욕구를 충족시키지 못했다. 파크스는 한·영조약체결 후 2주만에 이 조약의 문제점을 제기하면서 "조잡한 협정"이라고 비판하였다. 한·영조약이 문제점으로 지적된 것은 ① 사치품 30%, 생활필수품 10%라는 관세율은 영·일조약(1858)의 그것보다 높으며 ② 이 조약에는 通商開港場이 분명하게 명기되어 있지 않아 영국군함의 자유로운 조선항만 출입이 條文으로 보장되어 있지 않을 뿐만 아니라 海圖作成權 등도 규정되어 있지 않았다. ③ 이 조약은 또한 아편금지규정을 두고 있어 이것이 타국과의 통상에 미치게 될 영향을 고려하지 않을 수 없다는 것이었다. 이 때문에 윌스가 체결한 한·영조약의 비준을 보류하고 새로운 한·영조약을 체결케 하였다. 그리하여 1883년 10월에 다시 駐淸英國公使로 전임된 파크스를 전권대신으로 파견하여 조선정부의 대표 閔泳穆과 함께 수정을 가한 후 1883년 11월 26일 全文 13조의 한·영수호통상조약과 부속통상장정 및 세칙장정·선후속약 3款에 조인을 완료하였다. 그리고 1884년 4월 28일 督辦交涉通商事務 金炳始와 파크스 사이에 비준이 교환되었다.

---

17) 崔文衡, 앞의 글, 53쪽.
18) 崔文衡, 위의 글, 54쪽.

4) 미국의 통상요구

19세기 중·후반에 걸쳐 미국의 대외정책을 적극정책으로 주도한 국무장관들로서 1840년대의 웹스터(Daniel Webster), 1860년대의 시워드(William Seward) 그리고 1890년대의 헤이(John Hay) 장관을 들수 있다. 그 가운데 윌리엄 시워드 국무장관은 1868년 上海총영사 시워드(George F. Seward)에게 조선과 미국간에 통상조약을 체결하도록 권한을 부여하였다. 죠오지 시워드 총영사는 윌리엄 시워드 국무장관에게 셔먼(Sherman)호 사건을 조사하고 통상조약을 체결한다는 2개의 목적을 가진 원정을 제의하였다. 그의 제의는 받아들여졌고 새로 부임한 피쉬(Hamilton Fish) 국무장관은 1870년 4월 20일 로우(F. F. Low) 북경공사에게 조선국왕에게 보내는 그랜트(Grant) 대통령의 서한을 동봉하면서 조선과의 조약체결은 난파선의 구조·보호를 확약하는 통상조약으로 할 것과 교섭을 위해서는 제독을 동반하여 무력시위를 하도록 하였다.[19] 그러나 이때의 수교교섭은 양국간의 전쟁을 가져온 신미양요로 끝나게 되었다.

1878년 4월(고종 15년 3월) 東洋貿易에 지대한 관심을 갖고 있던 캘리포니아(California) 출신의 사전트(Aaron A. Sargent) 의원은 上院에 조선과의 수교교섭 추진에 관한 결의안을 상정하였다. 이 결의안은 일단 부결되었지만 그 내용은 당시 미국의 지도급 인사가 조선에 대해 어떤 인식을 갖고 있었는가 하는 것을 보여주는 중요한 문건이다. 사전트는 이 결의안에서 조선과의 교섭의 필요성을 난파선원의 구조와 通商 외에 러시아의 남진을 막기 위한 전략적 목적에 두고 있다.[20]

1879년 미국정부는 슈펠트(Robert W. Shufeldt) 제독에게 조선과의 교섭에 관한 권한을 부여하여 파견하였다. 미국은 조선과의 교섭을 위해 먼저 일본의 도움을 요청하였다. 이에 일본은 이노우에 카오루(井上馨)의 이름으로 釜

---

19) 薰德模, 《韓國의 開國과 國際關係》(서울대 출판사, 1980), 52쪽.

20) 韓沽劤, 〈Shufeldt 提督의 韓美修好條約交涉推進緣由에 대하여〉(《震檀學報》 24, 1964).

山에 있는 일본 영사에게 슈펠트를 소개하는 편지를 써 주었고 슈펠트는 이를 가지고 1880년 5월 4일 부산에 입항하였다. 다음날 일본 영사 곤도 마스케(近藤眞鋤)는 東萊府使를 방문하여 미국이 조선과 수교하기를 원한다는 내용의 美國國書를 중앙정부에 전달해 줄 것을 요청했다. 동래부사 沈東臣은 이를 거부하였다. 그런데 일본이 곤도 영사에게 보낸 훈령 중에는 미국사신이나 조선정부가 도움을 청하면 '中立'을 지키며 '使事의 성취를 贊助할 것'이며 조약은 '困難民 救助'의 사항에 그칠 것이고 통상무역의 문제에는 이르지 않는 것이 "目下 安定을 보장하는 길이다. 잘 주의하여 이를 다룰 것"을 다짐하는 지시도 포함되어 있었다.[21]

일본의 중재를 통한 교섭이 실패하자 슈펠트제독은 일본으로 돌아가 東京駐在美國公使 빙햄(John A. Bingham)과 함께 外務卿 이노우에 카오루를 찾아가 다시 한번 조선과의 수교를 알선해 줄 것을 간청하였다. 이노우에 카오루는 조선의 예조판서 앞으로 公翰을 발송하여 "宇內의 大勢는 옛날과 달라 금일에는 鎖國이 지켜질 수 없음을 경험을 통해 일본이나 청국 모두 알게 되었고, 오늘날 조선이 도모해야 될 일은 저들의 청을 들어주는 일이며, 만약에 들어주지 않아 싸움이 일어나게 되면 그 피해는 매우 클 것이다"라고 하였다. 釜山領事 곤도 마스케는 이 서한을 예조판서 尹滋承에게 전달하였다. 그러나 윤자승은 2차 수신사로 일본에 파견되는 金弘集을 통해 이노우에 카오루에게 西洋諸國과는 통교하지 않는다고 미국과의 수료를 거절하였다. 뿐만 아니라 미국측 國書는 개봉도 하지 않고 돌려보냈다. 빙햄공사는 또 다시 이노우에 카오루 외무경에게 알선을 요청하였으나 이를 거절하였다.

일본이 미국의 알선요구를 거절하자 淸國이 이를 지원하고 나섰다. 즉 슈펠트가 나가사키에 체류하고 있는 동안 슈펠트의 나가사키 체류 목적을 탐지한 나가사키 駐在 淸國領事 余瓗이 이 사실을 이홍장에게 보고하였고 이홍장은 1880년 7월 24일(고종 17년 6월 18일)부로 슈펠트를 천진으로 초청한다는 편지를 보냈다. 이홍장의 초청을 받은 슈펠트는 天津으로 가서 8월 26일(음 7월 21일)부터 이홍장과 회담을 가졌다. 이 회담에서 이홍장은 한미 교섭

21) 《日本外交文書》 권13, 420~425・426~428쪽.

을 청국이 알선할 용의가 있음을 약속하였다.

1870년대 말 청국은 강화도조약 체결 후 일본의 한반도 진출과 러시아의 南下를 경계하고 있었다. 특히 러시아와 청국은 伊犁국경분쟁 문제로 전쟁일보 직전까지 가는 상황에 처하였다. 따라서 청국은 以夷制夷의 책략으로 조선으로 하여금 西洋諸國과 수교토록 하여 일본을 견제하고 러시아의 남진을 저지하려 하였다. 따라서 이홍장은 1879년 8월 李裕元에게 편지를 보내 조선이 미국과 수교하도록 권고하였다. 이에 대해 이유원은 謝恩兼冬至正使 韓敬源을 통해 미국과의 수교권고를 받아들일 수 없다고 거절하였다.

러시아의 남하에 대해서는 청국과 마찬가지로 일본도 경계하고 있었다. 따라서 이 문제에 대해서는 청국과 일본의 이해관계가 일치하였다. 일본의 고급관리도 修信使 金弘集 일행에게 기회가 있는 대로 러시아를 경계할 것을 권고하였다.

1880년에 들어와서는 조선정부의 태도는 지금까지와는 달리 미국과 수교하는 쪽으로 움직였다. 그 까닭은 수신사 김홍집 일행이 동경에 체제하는 동안 駐日淸國公使 何如璋, 參贊官 黃遵憲 등과 여러 차례 회담을 하면서 국제정세, 특히 러시아의 남진위협에 대한 이해를 높였으며 일본의 외상도 러시아의 위협에 관해 경고하였다. 특히 황준헌은 〈私擬朝鮮策略〉을 귀국하는 김홍집에게 주었다. 〈朝鮮策略〉은 러시아의 한반도 진출을 저지하기 위한 이이제이의 책략으로서 "親中國·結日本·聯美國 하여 防俄해야 한다"는 것이 핵심내용이었다. 黃은 〈조선책략〉에서 미국을 영토에 야심이 없는 공평무사한 나라이고 타국의 政事에 관여하지 않으며 약소국을 돕는 나라로 소개하였다. 김홍집은 귀국 후 〈조선책략〉을 국왕에게 바쳤고 국왕은 李最應 등 정부의 고위 정책 결정자들에게 검토할 것을 지시하였다. 그 결과 그들은 "방금 천하 각국이 合縱하지 않음이 없을 뿐 아니라 我國은 海路要衝에 처하고 있어서 미국과 聯交하는 것이 良策이라고 하지 않을 수 없다"고 건의하였다.[22] 국왕은 미국과 수교를 하기 위해 李東仁·卓挺埴 등을 비밀리에 何如璋 공사에게 파견하는 등[23] 미국과의 수교에 적극적인 태도를 보였다. 그러나 국

---

22) 《承政院日記》, 고종 17년 9월 8일.

23) 李光麟, 《韓國史講座》 V 近代篇 (一潮閣, 1981), 102쪽.

내적으로 보수적 유생들은 〈조선책략〉의 내용을 비판하면서 미국과의 수교를 반대하였다. 이른바 위정척사운동이 맹렬하게 전개되었다. 또한 대외적으로는 伊犁國境분쟁으로 인한 러시아와 청국간에 긴장이 완화되면서 이홍장의 태도도 韓·美 조약체결의 알선에 미온적 태도를 보이게 되었다. 그러나 결국 1882년에 들어와서 수교를 위한 교섭이 활발하게 진전되어 1882년 5월 20일 조약을 체결하게 되었다.

〈禹澈九〉

Ⅱ. 개화사상의 형성과 동학의 창도

II. 개화사상의 형성과 동학의 창도

1. 개화사상의 형성

1) 개화사상의 형성과 배경

구미 열강이 18세기 중엽 동아시아에 침투하여 무력으로 위협하면서 불평등조약에 의거하여 중국과 일본을 개항시킨 것은 조선왕조의 선각자들에게도 위기의식을 불러일으키기 시작하였다. 특히 중국(淸)이 영국과의 아편전쟁(1840~1842)에서 패배하여 굴욕적인 南京條約(1842)을 체결하고 5개 항구를 개항했을 뿐만 아니라, 천문학적 숫자의 배상금을 지불하고 영국인에게 치외법권까지 인정한 사실은 중국의 선각적 지식인들을 위기의식 속에 몰아넣었음은 물론이오, 조선의 선각적 지식인들에게 점차 알려지기 시작하여 중국이 당면한 사태에 우려의 관심을 갖게 하였다. 이에 대한 반응으로 중국의 남방에서는 洪秀全이 1850년에 '太平天國 농민혁명운동'을 일으켜 淸왕조 타도의 반란을 전개하기 시작하였는데, 이 소식도 점차 조선왕조의 선각적 지식인들에게 알려지기 시작하였다.

뿐만 아니라 중국에서도 1856년 10월에 '애로우(Arrow)호 사건'이 일어나, 영국과 프랑스의 동양함대는 연합해서 중국을 공격하여 廣東을 점령하고 天津을 공격하였다. 중국은 이 서양의 무력에 굴복하여 天津條約(1858)을 체결해서 다시 천진을 비롯한 10개 항구와 揚子江을 서양 열강에게 개항하기로 약속하였다. 청국이 이 조약의 비준과 실행을 지연시키려고 하자 영국・프랑스 연합군은 다시 무력 공격을 시작하여 1860년 7월에는 천진을 점령하고, 8월에는 중국의 수도 北京을 점령하여 버렸다. 청국황제는 熱河로 피란을 가고, 청국은 또다시 서양 열강의 무력 침략 앞에 굴복하여, 1860년 9월 '北京

條約'을 체결하여 영국·프랑스 연합군을 북경에서 겨우 철수시켰다. 북경조약의 주요 내용은 ① 天津의 개항, ② 九龍半島의 할양, ③ 배상금 1,600만 달러의 지불, ④ 서양인들에게 천주교(서학) 포교의 완전한 자유와 교회당 설립 자유의 허용, ⑤ 서양 신부들에게 토지·가옥의 건축 또는 임대차 자유의 허용, ⑥ 서양인에 의한 중국인 노동자(coolies : 苦力)의 모집과 해외 송출의 허용 등이었다. 이것은 매우 굴욕적인 패자의 강화조약이었다.

뿐만 아니라 이 기회를 포착하여 북방으로부터 위협을 가하는 제정 러시아의 요구에 중국(청)은 굴복해서 1858년에는 러시아와 '아이훈(愛琿)조약'을 체결하여 黑龍江 이북의 시베리아 영토를 러시아에 할양해 주었으며, 또한 1860년에도 러시아와 또다른 '북경조약'을 체결하여 沿海州를 러시아에 할양해 주었다. 그 결과 조선왕국은 1860년부터 이전에 알지 못했던 러시아와 국경을 접한 나라가 되었다.

한편 일본은 18세기에 들어온 이래 서양 열강으로부터 통상조약체결과 개국 압력을 받으면서 이를 거절해 오다가 1853년 7월 미국의 페리(M. C. Perry)가 지휘하는 군함 4척의 함포위협을 받고 결국 굴복하여 1854년 3월 미국과 제1차 화친조약을 체결하고 2개 항구의 개항을 시작하였다. 뒤이어 1856년 8월에는 미국과 불평등조약의 내용을 가진 '미·일수호통상조약'을 체결함으로써 6개 항구를 추가 개항하고 전면적 개국 단계에 들어갔다. 일본은 1854~56년의 기간에 서양각국과의 통상무역에서 무역적자가 대규모로 누적되자 요시다 쇼인(吉田松陰, 1830~1859)을 중심으로 한 사무라이 일부에서 "서양과의 무역에서 손실받은 것은 조선을 정복하여 조선의 금·은·물산의 이익을 취하여 메꾸자"는 '征韓論'이 대두하여 교육되기 시작하였다.

당시 조선왕조의 지식인들과 관료들은 조선과 중국의 이웃관계를 이와 입술의 관계로 생각하고 있었으므로, 입술인 중국의 몰락이나 멸망은 이빨인 조선의 이를 시리게 만든다고 보고 있었다. 조선의 조정과 일부 관료들이 세계에서 가장 강대한 나라라고 생각했던 중국이 서양 열강의 총력도 아닌 두 나라 동양함대의 공격 앞에 수도 北京을 점령당하고 청국 황제가 熱河로 피란가는 형편을 보고, 조선 조정은 경악하여 1861년 1월에 위문사절단을 파견하는 형편이었다.[1)]

중국이 서양의 무력 앞에 무력하게 굴복하여 수도 북경이 점령당했다는 사실은 곧 서양의 무력이 조선에도 닥쳐와 공격을 시작할 것이고, 이어서 이윤축적을 위한 불평등통상조약의 체결이 강요될 것임을 예고하는 것이었다. 그것은 또한 조선왕조와 한국민족이 만일 이에 적절히 대응하지 못하고 실패하는 경우에는 열강의 강대한 침략의 힘에 의해서 나라가 식민지 또는 반식민지로 떨어지게 되는 '민족적 위기'를 바로 맞게 되었음을 예고해 주는 것이었다.

뿐만 아니라 이 시기에 조선왕조의 전근대 사회체제는 안으로도 심각한 위기에 직면해 있었다. 양반관료들은 자기들이 제정한 국가의 법률과 제도도 준수하지 않고 농민들에 대한 가렴주구를 강화하여 이른바 '三政의 문란'이 극도에 달해 있었다. 이에 대항하여 농민들과 양인·천민의 하위신분층은 가렴주구 폐지와 양반신분제도 폐지를 요구하면서, 19세기에 들어와서는 연이어 '민란'까지 일으켰다. 예컨대, 1811년 '홍경래란'을 하나의 전환점으로 하여 그후 해마다 끊임없이 대소 규모의 '민란'이 일어나서 조선왕조의 북부지방에 대한 통치가 근저에서부터 흔들리게 되었다. 또한 예컨대, 1862년에는 '진주민란'을 비롯하여 전국 30여 개 군에서 '민란'이 일어나 조선왕조의 남부지방에 대한 통치가 근저에서부터 흔들리게 되었다. 그리하여 19세기는 가히 '민란의 세기'[2]라고 부를 수 있을 만큼 민란들이 일어나면서 양반신분 사회체제의 개혁을 요구하게 되었다.

만일 조선 조정과 한국민족이 내부에서 나온 이러한 아래로부터의 양반신분사회 개혁 요구를 흡수하여 실현하지 못할 때에는 서양 열강의 도전 앞에서 민족공동체가 분열될 위험이 내포되어 있었다. 조선왕조의 전근대사회의 구조적 문제에 의하여 조성된 이 위기는 한국민족이 18세기 중엽에 맞은 전근대사회의 '체제적 위기'라고 부를 수 있는 것이었다.

특히 주목해야 할 것은 18세기 중엽에 한국민족은 이러한 '민족적 위기'와 전근대사회의 '체제적 위기'를 중첩하여 맞게 되었다는 사실이다. 한국민족은

1) 《哲宗實錄》 권 13, 철종 12년 정월 정미.
2) 愼鏞廈, 〈1894년의 社會身分制의 폐지〉(《奎章閣》 9, 서울大, 1985 ; 《韓國近代社會史硏究》, 一志社, 1987, 99쪽).

자기 나라의 자주독립을 지키면서 세계의 다른 나라 사람들과 대등하게 공존하며 살아가기 위해서는 '민족적 위기'와 '체제적 위기'를 동시에 중첩하여 해결해야 할 과제에 직면하게 된 것이었다.

19세기 중엽 조선왕조 사회에서 선각적 지식인들 사이에서는 이러한 '민족적 위기'와 '체제적 위기'의 심각성을 인식하고 서양 열강의 침투 압력 속에서도 이러한 중첩된 위기를 타개하고 도전해 오는 문제들을 해결하기 위해서 새로운 사상들이 형성되었다. 그 대표적인 3대 사상이 널리 아는 바와 같이 ① 개화사상, ② 동학사상, ③ 위정척사사상이었다.

2) 개화사상의 형성

한국의 개화사상은[3] 조선왕조 후기의 實學사상을 계승하고 중국으로부터 구입해 온 新書 등을 도움으로 하여, 1853~1860년대에 중인출신 선각적 지식인들과 양반출신 선각적 지식인들을 중심으로 형성되었다.

한국의 개화사상의 비조는 널리 아는 바와 같이 吳慶錫(1831~1879)·劉鴻基(1831~1884?)·朴珪壽(1807~1876) 등이었다.[4] 이 중에서 가장 먼저 개화사상을 형성한 선각자는 오경석이었다.

亦梅 오경석은 8대를 역관을 지낸 중인 역관의 집안에서 1831년에 태어나, 16세 때인 헌종 12년(1846)에 譯科의 식년시에 漢學(중국어)으로 합격하였다. 그는 16세 때부터 중국어 통역관이 되어 司譯院에서 수습 통역관으로 사회활동을 시작하였다.[5]

---

3) 《皇城新聞》, 1898년 9월 23일자 〈論說〉은 '開化'의 용어가 '開物成務 化民成俗'에서 취하여 조립한 용어이며, '사물의 이치를 지극히 연구하고 지극히 편리하게 하여 그 나라의 일을 時勢에 합당하도록 극진한데 나아가는 것'이라는 요지의 설명을 하였다. 여기서 역사적 개념으로서의 開化사상은 조선왕조 말기인 1853~1860년대부터 형성되어 발전한 자주근대화·변혁·진보의 사상이었다고 볼 수 있다.

4) 李光麟, 〈開化思想研究〉(《韓國開化史研究》, 一潮閣, 1969), 19~45쪽.
———, 〈開化思想의 形成과 發展〉(《韓國史市民講座》 4, 1989) 참조.
姜在彦, 《朝鮮の開化思想》(일본 岩波書店, 1980) 참조.

5) 愼鏞廈, 〈吳慶錫의 開化思想과 開化活動〉(《歷史學報》 107, 1985 ; 《韓國近代社會思想史研究》, 一志社, 1987) 참조.

오경석이 家塾에서 공부할 때 家學으로 학습한 것은 貞蕤 朴齊家(1750~1805)의 실학이었다. 그는 박제가의 실학과 함께 그의 시문과 서화까지도 학습하였다. 현재 일부 남아 있는 오경석의 일부 장서에는 박제가의 문집인 ①《貞蕤稿略》(사본 1책), ②《貞蕤稿略》(淸版 1책), ③《貞蕤詩抄》(사본 1책), ④《楚亭小稿》(사본 1책) 등이 포함되어 있는데, 이 중에서 사본들은 오경석이 직접 자필로 정성스럽게 필사하면서 스스로 학습한 박제가의 저작들이었다. 특히 이 중에서《정유고략》은 청국에서 활자로 간행한 책을 다시 정성스럽게 친필로 필사한 것으로서, 그의 후손들이 증언하고 있는 바와 오경석의 가학은 박제가의 학문이었으며, 오경석이 박제가를 얼마나 열심히 사사했는가를 나타내 주고 있었다. 오경석이 남긴 장서 중에서 이처럼 정성들여 필사하고 있는 것은 정유 박제가와 藕船 李尙迪의 문집들 뿐이었다.

오경석은 그의《天竹齋箚錄》에서 박제가에 대하여 다음과 같이 언급하였다.

> 朴楚亭 齊家는 일찍이 正祖에게 인정을 받아 別賫官이 되어 세 차례나 燕京에 가서 당시의 명사들과 교제하지 않음이 없었으며, 주고받은 시문들은 陳雲伯의《畵林新詠》에 수록되어 있다. 그러므로 그가 극단적이었다고 하는 것은 잘못 전해진 것이다. 楚亭은 일찍이 어떠한 사물에든지 點染되는 일이 없었다(吳慶錫,《天竹齋箚錄》; 吳世昌,《槿域書畵徵》, 201쪽).

박제가의 학문과 시문이 극단적이었다고 전하는 세평에 대하여, 오경석이 그것은 오해로 전해진 것이라고 자신있게 단정하고, 박제가는 어떠한 사물에든지 혹하여 물드는 일이 없었다고 자신있게 설명하고 있는 것은 그가 박제가의 학문을 깊이 연구했다는 사실을 시사하는 것이다.

오경석이 또한 학습한 학문은 秋史 金正喜(1786~1856)의 실사구시적 금석학이었다. 오경석은 김정희 금석학을 열심히 배우고 큰 영향을 받았다. 오경석의 저서인《三韓金石錄》의 맨 아래 수록되어 있는〈高句麗故城刻字二種〉중의 1종과〈眞興王巡狩碑〉는 바로 김정희가 발견한 것과 판독한 것을 오경석이 현지 답사하여 확인하고 수록한 것이었다. 오경석은 금석학과 실사구시의 방법론에서 김정희를 계승하고 있으며, 오경석의《삼한금석록》은 김정희의《金石過眼錄》을 더욱 발전시킨 것이라고 볼 수 있다. 김정희 서체와 서법에 대한 오경석의 상찬도 대단하여 그는 북경에서 중국의 금석학자들과 서화가들에게 김정희의 글씨폭을 빌려주고 그를 높이 평가하였다.6)

또한 오경석이 직접 스승으로 모시고 학습한 것은 우선 이상적(1804~1865)의 학문이었다. 이상적은 중인출신 역관으로서 오경석의 아버지의 친우였으며, 오경석을 직접 가르친 오경석의 스승이었다. 이상적은 역관의 서자로 태어나서 1825년 역과 식년시에 수석으로 합격한 수재였다.7) 그 후 이상적은 한역관으로서 12차례나 중국을 다녀왔으며, 국내에서는 추사 김정희에게 배우고 중국에서는 翁方綱·吳崇梁·劉喜海 등 금석학 및 서화의 대가들과 교유하면서 자기의 독자적 경지를 이룩한 대가였다. 그는 서필과 금석학에 일가를 이루었을 뿐만 아니라 시문에도 매우 능하여 그의 시는 국왕 憲宗이 애송하였다. 이 때문에 이상적의 문집을 낼 때에 헌종이 그의 시를 애송했다고 해서 《思誦堂集》이라고 이름하였다. 오경석은 이 문집을 중국에 가지고 갔으므로 그가 북경에서 교제한 친우들 사이에 널리 애독되었다.8) 이상적과 그의 스승 김정희와의 관계도 매우 두텁고 긴절한 것이어서, 예컨대 김정희의 유명한 〈歲寒圖〉는 그가 제주도에 유배되어 있을 때 이상적을 생각하며 그려보낸 것이었다.9)

오경석은 이러한 이상적을 스승으로 하여 그로부터 중국어뿐만 아니라 금석학과 서화와 시문을 배웠다. 이에 오경석은 이상적의 지도로 어려서부터 금석과 서화에 일찍 개안하여 그의 학문을 형성, 발전시켰다. 그리고 오경석이 1853년 처음으로 북경에 갔을 때 처음부터 중국의 금석학과 서화의 대가들과 교유할 수 있었던 것도 그의 스승 이상적의 소개와 닦아놓은 친교에 의거한 것이었다.

---

6) 《燕京書簡帖》, 〈周棠의 亦梅 吳慶錫에게의 五月十七日字 書簡〉 참조.
7) 《譯科榜目》, 제2책, 道光乙酉式年條, 26쪽 참조.
8) 《燕京書簡帖》, 〈吳鴻恩의 亦梅에게의 初六日字 書簡〉·〈李士棻의 亦梅에게의 二月三日字 書簡〉 참조.
9) 吳慶錫의 아들 吳世昌은 〈歲寒圖〉가 발견되자, 그 題跋文을 써서 이 그림에 첨부하고, 이 그림은 金正喜가 李尙迪에게 보낸 것임을 밝히면서, 두 사람의 두터운 情誼를 설명하였다.

여기서 오경석의 학문과 사상 형성에 결정적 영향을 미친 국내의 두 개의 흐름이 뚜렷하게 부각됨을 볼 수 있다. 그 첫째는 北學派 實學者인 박제가의 학문의 영향이다. 둘째는 김정희→이상적의 實事求是的 金石學과 書畵學의 영향이다. 이 두 개의 흐름은 모두가 넓은 의미의 '實學'으로서, 오경석은 직접적으로 실학을 배우고 계승하여 그의 학문을 형성했다고 볼 수 있다.

오경석은 23세의 감수성이 예민한 청년기인 1853년 4월에 중국어 통역관으로서 처음으로 중국의 수도 北京에 가서 이듬해 3월까지 거의 1년 가까이 체류하면서 중국이 위기에 처해 있음을 직접 관찰했고, 또 새로운 지식을 가진 중국의 동남지방 출신 청년선비들과 교유하여 견문이 더욱 넓어지고 사상에 큰 변화를 일으키기 시작하였다. 오경석은 다음과 같이 스스로 기록하였다.[10)]

> 癸丑年(1853)으로부터 甲寅年(1854)에 걸쳐서 비로소 燕京에 遠遊하게 되어 東南의 博雅之士들과 교제하고 見聞이 더욱 넓어졌다. 元·明 이래의 서화 百十品을 차츰 구득하게 되고 三代 秦·漢의 金石, 晋·唐의 碑版도 수백 종을 넘었다. … 내가 이들을 구득함이 모두 수십년의 오랜 시간이 걸렸고, 千萬里 밖의 것이라 心神을 大費하지 않고서는 가히 쉽게 얻을 수 없었다(《天竹齋箚錄》, 《槿域書畵徵》, 251~262쪽).

오경석은 제1차로 북경에 간 1853년부터 금석과 서화를 구입하는 중에 중국 동남지방으로부터 과거를 보러 수도 북경에 올라와 체류하고 있는 다수의 청년 선비들을 사귀었다. 오경석은 그 후 1859년까지는 4차례 북경을 다녀왔고, 일생 동안에는 모두 13차례 북경에 다녀왔다. 초기에 오경석이 교제한 중국의 청년 선비들은 현재 그의 서한에 남아있고 인물만도 약 60여 명이 된다. 이 중에는 그후 오경석이 개화사상을 형성한 시기와 비슷한 시기에 중국에 洋務派 개혁론자가 된 程祖慶·阿秋濤·張之洞·潘曾綬·潘祖陰·吳鴻恩·孔憲彝·王軒·萬青藜·顧肇熙·溫忠翰·周壽昌·謝維藩·王懿榮·吳大澂 등 다수의 인물들이 포함되어 있었다.

---

10) 여기서는 書畵 중심으로 설명되고 있으나, 그 밖에도 時務에 見聞이 더욱 넓어진 것은 더 말할 필요도 없을 것이다.

〈표 1〉 오경석의 북경행 일람표

회 차	연도와 기간	正　使	副　使
1	1853년 4월～1854년 3월	姜時永	李謙在
2	1855년 10월～1856년 3월	趙得林	兪章瓊
3	1856년 10월～1857년 3월	徐載淳	任百經
4	1857년 10월～1858년 3월	慶平君 李	任百經
5	1860년 10월～1861년 3월	申錫愚	徐衡淳
6	1862년 10월～1863년 4월	李宜翼	朴永輔
7	1863년 10월～1864년 3월	趙然昌	閔泳緯
8	1866년 5월～1866년 10월	柳厚祚	徐堂輔
9	1868년윤4월～1868년 8월	·	·
10	1869년 8월～1869년 12월	李承輔	
11	1872년 7월～1872년 12월	朴珪壽	成彛鎬
12	1873년 10월～1873년 3월	鄭健朝	洪遠植
13	1874년 10월～1875년 3월	李會正	沈履澤

오경석은 이들과 토론하는 과정에서 중국이 당면한 위기의 심각성을 잘 이해하게 되었고, 이것이 곧 조선에도 닥쳐올 위기임을 명확히 인식하게 되었다. 이에 그는 중국의 동남방 출신 학자들이 서양 열강의 국정을 소개 해설하고 중국의 대응책을 논의한 새로 간행된 '新書'들을 북경에서 다수 구입하여 읽고 귀국할 때는 이를 국내로 반입하여 연구한 결과 1853～1859년에 조선왕조 최초로 '開化思想'을 형성하게 되었다.

오경석의 아들 오세창은 일찍이 다음과 같이 회고하여 기록하였다.

> 나의 아버지 吳慶錫은 한국의 譯官으로서 중국에 파견되는 동지사 및 기타의 使節의 통역으로서 자주 중국을 왕래하였다. 중국에 체제 중 世界各國의 角逐하는 상황을 見聞하고 크게 느낀 바 있었다. 뒤에 열국의 역사와 各國興亡史를 연구하여 自國政治의 부패와 세계의 대세에 失脚되고 있음을 깨닫고, 앞으로 언젠가는 비극이 일어날 것이라고 하여 크게 개탄하는 바가 있었다. 이로써 중국에서 귀중할 때에 각종의 新書를 지참하였다. ….
>
> 아버지 吳慶錫이 중국으로부터 新思想을 품고 귀국하자, 평상시 가장 친교가 있는 우인 중에 大致 劉鴻基란 동지가 있었다. 그는 학식과 인격이 모두 고매탁월하고 또한 교양이 심원한 인물이었다. 오경석은 중국에서 가져온 각종 신서를 동인에게 주어 연구를 권하였다. 그 뒤 두 사람은 사상적 同志로서 결합하여

> 서로 만나면 자국의 형세가 실로 風前의 燈火처럼 위태하다고 크게 탄식하고 언젠가는 一大革新을 일으키지 않으면 안된다고 상의하였다.
>
> 어떤 날 劉大致가 오경석에게 우리 나라의 개혁은 어떻게 하면 성취할 수 있겠는가 하고 묻자, 吳는 먼저 동지를 北村(북촌이라고 하는 서울의 북부는 당시 상규계급의 거주구역임)의 양반자제 중에서 구하여 革新의 기운을 일으켜야 한다고 하였다(古筠紀念會, 《金玉均傳》, 上卷, 東京, 1944, 48~49쪽).

여기서 문제를 분석적으로 명확히 하기 위하여 ① 오경석이 중국에 체재 중에 세계각국의 각축하는 상황을 견문하고 크게 느낀 바 있던 시기, ② 열국의 역사와 각국 흥망사를 연구하여 자기 나라 정치의 부패와 세계대세에 뒤떨어져 있음을 깨닫고 앞으로 언젠가 나라의 비극이 일어날 것이라고 개탄하여 오경석이 개화사상을 형성한 시기, ③ 중국에서 귀국할 때 각종의 新書를 구입하여 지참해 온 시기, ④ 오경석이 자기가 구입해 온 신서들을 가장 절친한 친우 유홍기에게 주어 연구를 권고한 시기, ⑤ 신서를 연구한 결과 유홍기도 개화사상을 형성한 시기, ⑥ 오경석과 유홍기가 개화사상의 동지로서 결합한 시기, ⑦ 우리 나라의 형세가 風前의 燈火와 같이 위태하게 되었다고 보고 일대혁신을 일으켜야 한다고 합의한 시기, ⑧ 우리 나라의 개혁을 성취하기 위해서 북촌의 양반자제 중에서 인재를 구하여 개화사상을 교육해서 혁신의 기운을 일으키기로 합의한 시기, ⑨ 그 결과 오경석과 유홍기가 북촌의 양반자제들인 김옥균·박영교 등과 접촉하게 된 시기 등을 나누어 생각해 볼 필요가 있다.

위의 기록 중에서 오경석의 개화사상의 형성 시기인 ①~③은 1853~1859년의 기간이었음이 명백하다. 오경석이 남긴 200여 통의 중국인과의 편지 속에는, 중국인 程祖慶이 오경석의 제1차 북경행 때(1853~1854)에 오경석에게 보낸 편지가 1통 있는데, 이 편지에는 오경석이 書目을 만들어서 정조경으로부터 《潛研堂全書》 등 다수의 책들과 금석문을 구입하고 있으며, 특히 地圖 2장을 모사하고 있음이 기록되어 있다. 오경석은 1853년 제1차 북경행 때부터 책들을 구입하고 지도를 빌려 모사하는 등 신서 구입활동을 시작한 것이다. 그리고 오경석은 제1차 북경행 때인 1853년부터 구입한 신서를 북경의 숙소에서 읽으면서 그의 개화사상을 형성하기 시작한 것이었다.

오경석이 제1차로 북경에 가서 체류한 1853년의 중국의 형세는 위기로 충만되어 있었다. 이 때의 중국의 형편은 영국의 침략행위로 1840년 아편전쟁이 발발하여 청국은 2년간 분전했으나 패전하고 말아, 앞서 쓴 바와 같이 결국 1842년 8월 南京條約을 체결해서 막대한 배상금을 영국에 지급했을 뿐만 아니라, 홍콩(香港)을 영국에 할양해 주고 廣東·廈門·福州·寧波·上海의 5개 항구를 개항하여 영국의 자본주의 상품들을 물밀듯이 중국에 들여왔으며, 서양 열강들이 중국에서 각축하면서 본격적으로 침략을 감행한 때였다. 이에 대응하여 또한 1850년에는 洪秀全이 남방에서 무장 봉기하여 1851년에는 太平天國의 수립을 선포했으며, 청국 조정은 이의 '진압'을 위해서 영국군을 차병하여 불러 들여서, 오경석이 북경에 간 1853년에는 남방에서 전투가 벌어지고 있던 때였다. 이에 중국의 선각적 인사들과 예민한 청년들 사이에는 위기의식이 팽배하게 되고, 서양 열강의 침략으로부터 중국을 구하기 위하여 간행된 '신서'들이 읽혀지고 있던 시기였다.

오경석은 1853년~1858년 사이에 4차례나 북경을 다녀왔는데, 그 때마다 신서를 구입하여 추가하였다. 오경석이 1858년까지 구입한 신서로 현재 알려져 있거나 남아있는 《海國圖志》는 서양열강의 침입에 대비하기 위한 문제의식으로 영국을 비롯한 세계각국의 지리와 역사, 국방, 籌海, 병기와 전술을 설명한 책으로서, 영국을 중심으로 서양의 과학기술과 선거제도·정치제도 등도 소개한 책이었다. 《해국도지》에는 50권으로 된 1844년판, 60권으로 된 1849년판, 100권으로 된 1852년판이 있었다.[11]

또한 姚滌山이 지은 《粵匪紀略》은 1855년에 간행된 책으로서 1850년 홍수전이 무장봉기를 일으켜 태평천국을 선포했다가 '진압'될 때까지의 태평천국 운동의 역사서이다. 현재에도 보관되어 있는 이 책을 오경석이 구입해 온 사실은 오경석이 당시의 중국이 처한 위기에 민감하게 큰 관심을 갖고 연구했음을 알려주고 있다.

11) 李光麟, 〈'海國圖志'의 韓國傳來와 그 影響〉(앞의 책), 2~18쪽 참조.

〈표 2〉 오경석이 중국에서 구입해 온 新書의 일부

	서 명	저(편)자	간행연도	비 고·내 용
①	해국도지	魏源	1844	이 책의 刊本에는 세 가지가 있는바, 1844년판은 50권(古微堂活字印本), 1849년판은 60권(同重訂刊本), 1852년판은 100권으로서, 이 100卷本이 重刊定本이다. 그 내용은 洋夷의 침입에 대비하기 위한 문제의식으로 세계각국의 地理와 歷史, 國防, 籌海, 兵器戰術을 설명한 것이며, 영국을 중심으로 서양의 과학기술과 선거제도 등도 소개되어 있다.
②	영환지략	徐繼畬	1850	10권으로 된 세계 각국의 지리서이다. 6대주별로 세계지리를 地圖로 설명하고, 서양 열강의 국가별 지도와 地志를 상세하게 해설하였다. 역시 洋吏의 침입에 대비하기 위하여 洋務 목적으로 편찬한 新書이다.
③	博物新編	(英)合信저 中國人譯	1855	上海의 海墨海書館에서 간행한 全3集의 서양 과학기술 해설서이다. 제1집에 ① 地氣論, ② 熱論(熱氣機關圖, 火輪船圖 등과 그 해설 포함), ③ 水質論, ④ 光論(현미경圖와 해설 포함), ⑤ 電氣論(각종 電氣機器圖와 그 해설 포함) 등을 비롯해서 제2집과 제3집에 서양자연과학의 부문별 해설이 수록되어 있다.
④	粵匪紀略	姚滌山	1855	1850년 廣西省 桂平縣 金田村에서 洪秀全이 중심이 되어 농민봉기를 일으켜서 太平天國을 선포했다가 '진압'될 때까지의 태평천국운동의 歷史書이다. 北京琉璃廠刊本이며, 현재도 葦倉文庫에 수장되어 있다.
⑤	北徼彙編	何秋濤	1858~60	오경석의 친우 何秋濤가 1858년경에 저술한 中·露關係에 대한 地理와 歷史書로 처음에는 6권이었다. 오경석의 이 本의 일부를 밀사해 왔다. 何秋濤는 여기에 자료를 증보하여 80권으로 만들어 淸황제에게 보여서 《朔方備乘》이라는 책명을 얻었다. 활자로 간행된 것은 그 아들의 요청에 의해 李鴻章의 지원으로 1881년에야 이루어졌다.

	서　명	저(편)자	간행연도	비 고 · 내 용
⑥	揚水機製造法	不明		풍력을 이용하여 강변에서 揚水하는 기계의 제조법을 圖解까지 넣으며 설명한 책이다. 오경석이 친필로 북경에서 필사해 온 책이다.
⑦	地理問答	서양인의 저서의 편역	1865	世界地理를 83회의 문답으로 해설한 책이다. ① 지구, ② 亞細亞各國志, ③ 中國各省圖說, ④ 歐羅巴各國志, ⑤ 亞非利加各國志, ⑥ 北亞美利駕各國志, ⑦ 北亞美利駕各國志, ⑧ 阿西亞尼西洲 群海島志 등으로 분류되어있다.
⑧	海國勝遊草	斌椿	1868	斌椿이 5개월간에 걸쳐 프랑스·영국 등 유럽 각국을 여행하면서 견문한 것을 기록한 見聞紀行書이다. 프랑스·영국·화란·스웨덴·덴마크·독일 등을 여행한 기록이다.
⑨	天外歸帆草	斌椿	1868	斌椿이 5개월간에 유럽여행을 마치고 3개월간에 걸쳐 귀국하면서 견문한 것을 詩와 紀行文으로 쓴 책이다.
⑩	中西見聞錄		1872~74	北京의 京都施醫院에 고빙되어 있던 미국 宣敎醫師들이 서양의 자연과학, 기술, 역사, 정치, 경제, 문화 등을 중국인에게 소개하던 월간지이다. 영어명칭은 The Peking Magazine이다. 현재 1874년도분까지 葦倉文庫에 수장되어 있다.

오경석은 박제가·김정희·이상적 등의 실학과 그가 중국 북경에서 체험한 견문과 위에서 든 新書들을 연구한 결과로 1853~1859년의 시기에 한국 최초로 '개화사상'을 형성한 것이다.

오경석이 그의 절친한 친우인 유홍기에게 신서들을 주어 연구를 권고한 결과 유홍기도 1860년~1866년경에 개화사상을 형성하게 되었다.

오경석은 1860년 10월 동지사 신석우 일행의 통역관으로서 제5차로 북경에 갔다가 이듬해 1861년 3월에 귀국하였다. 바로 중국에서는 그 직전인 이해 1860년 8월에 '영국·프랑스 연합군의 북경 점령사건'이 일어나고 청국 황제가 熱河로 피란한 형편이었으므로, 오경석은 영국·프랑스 연합군에 점령당한 직후의 북경의 참담한 실태에 대한 직접 관찰과 북경조약의 내용에 큰 충격을 받았을 것임은 더 말할 필요도 없다. 오경석은 이 때 북경을 향해 떠나기 직전이나 귀국 직후인 1860년~1866년에 그동안 그가 중국으로부터 구입해온 신서들을 주면서 유홍기에게 나라를 구할 방책을 연구하라고 권고했을 것임을 추정하는 것은 전혀 어려운 일이 아니다.

오경석이 그의 개화사상을 피력하고 신서의 연구를 권고한 친구는 비단 유홍기만은 아니었다. 그의 친우들인 古籃 田琦, 大致 劉鴻基, 成安 金景遂, 小棠 金奭準, 夢人 丁學敎, 桐齋 安복, 吉雲 卞元圭, 菊人 李容肅, 南舟 高穎聞, 簫山 金景林 등은 모두 오경석의 심대한 영향을 받았다. 이들 중에는 후에 개화사상을 갖고 개화파가 된 인물들이 많았다.[12] 그러나 그 중에서도 대치 유홍기가 가장 가까이서 개화사상의 동지가 되었다.

대치 유홍기는 오경석과 동갑의 중인신분 출신이었다.[13] 그의 집안은 원래 譯官 집안이었으나, 유홍기는 역관으로 나아가지 않고 의약을 업으로 하였다. 당시 한의약도 중인의 직종으로 간주되고 있었다.

> 大致선생은 원래 譯官의 집에 태어났으나, 醫를 業으로 하였고, 깊이 불교를 믿어 道는 높고 품성은 청백하였다. 학문으로서는 史學에 조예가 깊어 朝鮮古今의 역사에 통달하였다. 辯說은 유창하였고, 신체는 장대, 紅顔, 백발, 항상 생기에 넘쳐 있었다(《金玉均傳》 상, 52쪽).

유홍기는 오세창의 회고담에서도 "이 大致라는 사람은 학식과 인격이 모두 고매 탁월하였고 또한 교양이 심원한 인물이었다"[14]고 말한 바와 같이 학식·품성·변설·신체 등 모든 면에서 탁월한 인물이었다. 유홍기는 오경석이 아들 오세창을 위해 가숙을 차렸을 때 오경석의 요청에 응하여 塾師가 되어 주었을 만큼 두 사람은 절친한 관계였다.[15]

이러한 유홍기가 오경석의 견문한 바와 그의 설명 및 그가 빌려준 《海國圖志》와 《瀛環志略》 등을 비롯한 신서들을 읽고 개화사상을 갖게 되어 오경석과 사상적 동지로 결합하게 된 것이었다.

---

12) 愼鏞廈, 〈吳慶錫의 開化思想과 開化活動〉 참조.
13) 李光麟, 〈숨은 開化思想家 劉大致〉(《開化黨硏究》, 一潮閣, 1973), 67~92쪽.
14) 《金玉均傳》 상, 49쪽.
15) 〈吳一龍씨와 吳一六씨의 증언〉(1985년 4월 2일 및 4월 13일 녹취) 참조.

瓛齋 朴珪壽는 조선후기 실학자 燕巖 朴趾源의 친손자로서 고위 양반신분 출신이었으나 그의 할아버지 박지원의 실학적 학통을 이어받아 일찍이 개화사상을 형성하게 되었다.[16] 박규수가 개화사상을 형성하게 된 전기는 1860년 '영국·프랑스 연합군의 북경점령사건'에 큰 충격을 받은 조선 조정이 1861년 1월 위문사절단(慰問使)을 중국에 파견할 때에 副使로 임명되어 중국에 다녀오게 된 계기였다.

박규수는 위문사절단의 부사로 갈 때 5가지 목적이 있었다고 그의 수제자 雲養 金允植은 다음과 같이 지적하였다.[17]

① 조선과 청국의 오랜 우호관계에 비추어 청국이 衰할 때에도 환난을 함께 하는 위문의 뜻을 표시하기 위한 것.
② 조선과 중국은 이와 입술 관계의 나라이기 때문에 청국이 불행에 빠지는 것은 조선에도 幸이 아니므로 청국의 實情을 정확히 알아보기 위한 것.
③ 중국이 洋夷의 침략으로 이제 이미 패전한 이상 그 침략이 장차 조선에 미칠 것이므로 그에 대한 備禦之道를 수립하기 위하여 서양 열강의 힘의 虛實에 대한 偵探을 위한 것.
④ 청국이 곤란과 危亂을 만났을 때 조선이 信義를 지켜 厚義를 보임으로써 후일 청국이 회복했을 때 조선에 후의를 보내게 하기 위한 것.
⑤ 청국이 서양의 침략 앞에서 망해가는 것을 앞서 임의 경계해야 할 사례로 삼아 조선의 상하 모든 관료들이 서로 경계하게 하기 위한 것.

또한 김윤식은 연암 박지원의 손자인 박규수가 할아버지의 전통을 이어받아 이 사명을 누구보다도 적절하게 잘 수행했다고 기록하였다.

박규수가 개화사상을 형성한 것은 중국에 다녀오면서 직접 견문한 것과 중국에서 구입해온《海國圖志》·《瀛環志略》·《中西見聞錄》등을 비롯한 신서들을 읽고 난 직후라고 한다.

---

16) 金泳鎬, 〈實學과 開化思想의 關係問題〉(《韓國史硏究》8, 1972).
李完宰, 〈朴珪壽의 生涯와 思想〉(《史學論志》3, 1975).
原田環, 〈朴珪壽の政治思想〉(《朝鮮學報》86, 1978).
——, 〈朴珪壽의 對日開國論〉(《人文學報》46, 1979).
17) 金允植, 〈奉送瓛齋朴先生珪壽赴熱河書〉(《雲養續集》권 2), 3~12쪽을 요약한 것임.

> 다만 후학 소생인 오인의 견해에 의하면 瓛齋가 근대 명재상이오 선각자임에 틀림없지마는, 그가 宇內大勢에 通曉하게 된 경로로 말하면 일찍이 그가 奉命使臣으로 燕京에 내왕하면서 얻은 見聞과 또는 거기서 사 가져온 泰西譯書에 의뢰한 바 크다 할 것이니 이것만은 거의 의심할 여지가 없다.
>
> 書籍으로부터 新知識을 얻게 된 것은 어느 때인지를 추찰할 길이 없으나 그가 몸소 燕京에 가서 見聞에 의하여 얻은 온 對外知識은 적이 짐작 못할 바 아니다(文一平, 〈瓛齋朴珪壽〉, 《湖岩全集》 제3권, 1940, 82쪽).

여기서 주목해야 할 것은 박규수가 중국 북경에 다녀 온 것은 '영국·프랑스 연합군의 북경점령 사건' 직후인 1861년과 '신미양요' 직후인 1871년의 두 차례가 있었다는 사실이다. 이 때문에 박규수가 북경에서 몸소 견문하고 신서들을 구입해 와서 개화사상을 형성하게 된 계기가 1861년의 북경행 시기인가, 1871년의 북경행 시기인가의 두 견해가 나오게 되었다. 1871년의 북경행 시기로 보는 견해도 있기는 하다.[18]

그러나 1861년 박규수가 북경에 간 목적이 단순히 청국에 대한 위문에만 있지 않고 서양 열강의 침략 앞에 있는 청국의 실정을 '정탐'하고 '備禦之道'의 수립을 위한 자료의 수집에 더 큰 역점이 있었으므로, 이 때 신서들을 구입해 왔을 것임은 의문의 여지가 없다. 따라서 박규수의 개화사상의 형성 시기는 1861년 북경행 직후의 시기라고 보는 것이 합당할 것이다.

이를 증명해 주는 것은 다음에 더 자세히 설명하겠지만 그후 박규수가 평안도 관찰사로 부임한 직후 '제너널셔먼호사건'이 일어났을 때 박규수는 대동강에 가라앉은 제너럴 셔먼호 선체와 엔진을 끌어올려 서울로 보내서 《해국도지》의 설명대로 증기선의 실험을 하도록 대원군에게 권고한 곳에서도 확인할 수 있다. 그는 1866년 이전에 《해국도지》를 읽었던 것이다.

또한 박규수는 오경석과도 1860년에 친교가 있었다. 박규수는 북경행(燕行)과 대대로 관련이 있는 北學派 실학자의 집안 출신이었으며, 오경석은 8대나 중국어 통역관을 지낸 중국동 역관 집안 출신이었다. 물론 나이 차이뿐만 아니라 당시의 양반신분제 사회에서 최고위 양반가문 출신 박규수와 중인 역관가문 출신의 오경석이 대등한 교제를 할 수도 없었겠지만, 당시 서울에서

18) 文一平, 〈瓛齋朴珪壽〉(《湖岩全集》 제3권, 1940), 82쪽.

몇 집안되지 않은 燕行通의 두 가문이 차별적 세교가 있었을 것은 당연한 것이었다. 박규수 가문과 오경석 가문이 세교가 있었다는 후손의 증언뿐만 아니라, 이를 증명하는 박규수가 오경석에 보낸 편지가 1통 남아 있다.[19] 이 편지에서 박규수는 편지를 보낸 일자를 '六日'이라고만 적고 있지만, 오경석을 正三品堂下官 이하의 인물에게 사용하는 '惠人'이란 예의상의 호칭을 쓰면서 매우 친밀한 안부와 중국인과의 관계에 대한 문의를 하고 있다. 그런데 오경석은 1869년 7월에 正三品堂上譯官이 되었으므로, 박규수가 오경석에게 보낸 이 편지는 1869년 7월 이전에 보내진 것이 분명하며, 1860년대에 박규수와 오경석이 친교가 있었음을 명백하게 증명해 주고 있는 것이다.

오경석은 정례의 동지사의 역관으로 1860년 10월 서울을 출발하여 北京을 다녀 1861년 3월에 귀국하였고, 박규수는 그 보다 3개월 후인 1861년 1월 위문사의 부사로 서울을 출발하여 북경을 다녀 6월에 귀국했으므로, 두 개화사상의 비조가 동행하지는 못했지만 두 사람의 중국에서의 체류기간이 겹치는 3개월 동안에 북경에서 상봉했을 개연성이 매우 높다고 할 것이다.

박규수가 일찍이 개화사상을 형성한 학문적 배경은 그의 조부인 연암 박지원의 실학에 있었다. 그 후의 자료이지만 신채호는 개화사상과 박지원의 실학사상과의 관계를 다음과 같이 설명하였다.

> 김옥균이 일찍이 우의정 朴珪壽를 방문한 즉, 박씨가 그 벽장 속에서 地球儀 1座를 내어 김씨에게 보이니, 該儀는 곧 朴씨의 조부 연암선생이 중국에 유람할 때에 사서 휴대하여 온 바더라(申采浩, 〈地動說의 效力〉, 《改訂版丹齋申采浩全集》 下卷, 384쪽).

초기개화파의 하나인 박영효는 그후 개화사상의 형성에 대하여 다음과 같이 회고하였다.

> 그 新思想은 내 일가 朴珪壽 집 사랑에서 나왔소. 김옥균·홍영식·서광범 그리고 내 백형(박영교)하고 재동 朴珪壽 집 사랑에 모였지요(李光洙, 〈朴泳孝氏를 만난 이야기〉(《東光》 2, 1931년 3월호).

19) 〈朴珪壽의 吳慶錫에게의 惠人 書簡〉(《吳一六씨 소장》) 참조.

'燕巖集'의 귀족을 공격하는 글에서 평등사상을 얻었지요(李光洙, 〈朴泳孝氏를 만난 이야기〉, 《東光》 2, 1931년 3월호).

여기서 명백한 것은 한국의 개화사상은 1853~59년에 오경석에 의하여 최초로 형성되었고, 뒤이어 유홍기와 박규수에 의하여 1860~1866년에 형성되었었다는 사실이다. 그리하여 한국의 개화사상은 1853~1860년대에 오경석·유홍기·박규수 세 사람의 비조에 의하여 새로운 구국의 사상으로 형성된 것이었다고 말할 수 있다.

3) 1866년 개화사상 비조들의 활동

1866년에는 7월에 '제너럴셔먼호사건'이 있었고, 9월에는 '丙寅洋擾'가 있었다. 개화사상의 비조인 박규수와 오경석은 각각 이 두개의 큰 사건에 대응하여 큰 활동을 하였다.

박규수는 1866년 음력 2월 4일 평안도 관찰사로 임명되어,[20] 3월 22일 서울을 출발해서 부임하여,[21] 7월 23일 대동강에 침입한 미국상선 '제너럴셔먼호'를 평양의 관민과 함께 火攻으로 격침시켰다.[22] 제너럴셔먼호를 격침시킨 장본인 책임자는 바로 개화파의 비조의 하나인 박규수였다.

특히 주목해야 할 것은 박규수는 불법 침투한 제너럴셔먼호를 대동강에 격침시킨 후에, 그 기계들을 물 속에서 건져 올려 서울로 보내어서 서양증기선의 실험을 하도록 했다는 사실이다. 박규수는 제너럴 셔먼호의 기계·철물 등은 물론이요, 증기선장치와 무기들을 낱낱이 수색하여 건져 올려서 평양감영의 무기고에 넣었는데, 그 건져 올린 무기고에 넣은 내역이 대포 2문, 소포 2문, 대포탄환 3개, 鐵碇 2개, 대소 鐵連環줄 162把, 서양철 1,300근, 長鐵 1,250근, 잡철 2,145근에 달하였다.[23] 이것이 서양식 증기선 제조의 실험을

---

20) 《高宗實錄》 권 3, 고종 3년 2월 14일.
《承政院日記》, 고종 3년 2월 4일.

21) 《日省錄》, 고종 3년 3월 22일.
《高宗實錄》 권 3, 고종 3년 3월 22일.

22) 《承政院日記》, 고종 3년 7월 22일.
《高宗實錄》 권 3, 고종 3년 7월 22·27일, 〈平安監司朴珪壽狀啓〉 참조.

위하여 서울의 한강에 보내진 것이었다.

박제형의 《近世朝鮮政鑑》에는, 이 때 제너럴셔먼호의 잔해 부품을 대동강에서 건져내어 서울 한강으로 보내고, 대원군은 이것을 받아서 金箕斗라는 기술자를 시켜 《해국도지》에 의거하여, 서양 증기선의 원리를 본떠서 철선을 제조하고 목탄으로 증기기관을 작동시켜 기계바퀴를 돌리는 軍船을 새로이 제조 실험한 사실에 대한 간단한 설명이 기록되어 있다.[24] 《高宗實錄》에 이 무렵(1866~67) 戰船을 새로 제조한 사실이 기록되어 있는 것으로 보아서 실제로 이러한 실험이 있었다는 사실을 확인할 수 있다.[25] 《해국도지》의 〈倣造戰船議〉에는 서양식 전선의 제조의 필요와 방법이 논의되어 있고, 〈火輪船圖說〉에는 왓트(James Watt)의 증기기관의 圖解와 증기선의 제조 방법이 설명되어 있다.[26]

박규수가 제너럴셔먼호의 증기기관과 기계들을 서울로 보내 서양식 軍船 제조를 제안하고, 대원군이 김기두를 시켜서 《해국도지》에 의거하여 증기선 제조를 실험했다는 사실은, 박규수가 적어도 이때 이전에 개화사상을 형성했음을 알려주는 것이라고 할 수 있다. 그리고 우리는 여기서 《해국도지》가 일찍이 조선에 구입되어 왔을 뿐만 아니라, 1866년에는 이의 응용까지 시도되었음을 알 수 있다.

박규수는 '제너럴셔먼호사건'이 일어난 지 두 달 후인 9월에 '병인양요'가 일어나고 衛正斥邪論이 비등하자 이에 동조하지 않았을 뿐만 아니라, 김윤식의 기록에 의하면, 다음과 같이 이를 비탄하였다.

---

23) 《高宗實錄》 권 3, 고종 3년 8월 8일.

24) 朴齊炯, 《近世朝鮮政鑑》, 26~27쪽 참조.

25) 《高宗實錄》 권 4, 고종 4년 10월 25일.

26) 《海國圖志》(1847년간, 60권 24책본) 제21책 권53의 〈請造戰船疏〉(1~4쪽), 〈覆奏倣造夷式兵船疏〉(5~8쪽), 〈造砲工価難符例価疏〉(9~11쪽), 〈水勇小舟攻擊情形疏〉(12~13쪽), 〈製造出洋戰船疏〉(14~19쪽)와 〈戰船解說〉(20~26쪽), 〈安南戰船說〉(27~29쪽)이 수록되어 있고, 제22책 권54에는 〈火輪船圖說〉(1~9쪽), 卷55에는 〈鑄砲鐵模圖說〉(10~14쪽), 〈鑄造洋砲圖說〉(15~26쪽), 〈樞機砲架新式圖說〉(27~31쪽), 〈大砲順用滑車絞架圖說〉(32~34쪽), 〈擧重大滑車絞架圖說〉(35~37쪽), 〈旋轉活動砲架圖說〉 (38~45쪽)이 수록되어 있다. 火輪船의 圖解는 모두 6장이 수록되어 있다.

옛날에 朴瓛齋(珪壽)께서 丙寅洋擾의 때를 당하여 사람들이 모두 西學의 물들음을 우려하였는데, 환재만이 홀로 말하기를 '어찌 우리 道가 서양에 적셔 들어가지 않는다고 할 수 있는가. 이 말이 거의 장차 증명되지 않겠는가' 라고 하였다(金允植, 《續陰晴史》 하, 韓國史料叢書 11-2, 國史編纂委員會, 1960, 고종 27년(1890) 7월 15일, 125쪽).

또한 김윤식은 스승 박규수의 말을 다음과 같이 기록하였다.

옛날에 瓛齋(朴珪壽) 相公이 일찍이 말하기를, '사람들이 말하되 西法이 東으로 오면 夷狄과 금수가 됨을 면하지 못하게 된다고 한다. 내 생각으로는 東敎가 서양에 들어갈 조짐이 있어 이적과 금수가 장차 모두 사람이 된다고 생각한다'고 하였다(金允植, 《續陰晴史》 하, 고종 28년(1891) 2월 17일, 157쪽).

이것은 1866년 '병인양요'를 맞아 전국에 위정척사론이 재대두하여 지배했을 때 박규수가 보인 반응이었다. 1866년 9월에 프랑스 동양함대가 침략하여 강화도를 점령하는 '병인양요'가 일어나자 華西 李恒老(1792~1868)는 '위정척사'론을 주창하고 대원군에 의해 同副承旨로 발탁되었다. 또한 蘆沙 奇正鎭(1798~1876)은 副護軍에 임명되어 '위정척사론'을 주창했고, 그 밖에 전국의 유명한 유학자・유생들이 한결같이 '위정척사'를 주창하였다. 그들은 왜와 서양은 '夷狄'이오, 특히 서양은 삼강오륜의 윤리와 주자학의 이치를 전혀 모르는 '금수'라고 규정하면서, 만일 조선이 저들 왜 또는 서양과 통상하여 和交하면 조선은 '이적'과 '금수'의 나라로 떨어지고 말 것이라고 경고하였다. 그들 위정척사론파는 이러한 관점에서 일본 또는 서양과의 모든 통상과 교섭을 단호하게 반대하였다.

1866년의 이러한 지적 분위기 속에서 박규수가 위정척사론을 비판하고(개국통상을 하면) 동양의 道가 서양에 들어가 그들을 교화시킬 수도 있다고 반론을 제자들에게 말한 것은 그가 이 시기에 위정척사론을 벗어나서 새로운 사상(초기의 개화사상)을 갖고 있었음을 시사하는 것이다.

박규수는 1866년 병인양요 당시 현직의 고위 관료로서 '위정척사론'을 비판할 수 있는 자유로운 처지에 있지 않았다. 그럼에도 불구하고 이 시기에 그가 '위정척사론'을 비판하고 새로운 사상을 피력한 것은 그가 1861년 중국을 다녀온 이후 스스로 개화사상을 형성하여 갖고 있었으며, 1866년 '제너럴셔먼호사건'과 '병인양요'는 개화사상을 가진 상태에서 직면하여 처리하고 반응한 것이었다고 볼 수 있다.

박규수는 이와 같이 새로운 사상을 형성한 단계에서 나라의 방위를 위하여 關西海防策을 대원군에게 제안하여 서해안의 요지에 방어진지를 다수 구축하게 해서 국방을 튼튼히 하도록 하였다.

한편 오경석도 1866년 '병인양요'에 직면하여 큰 활동을 하였다. 오경석은 1866년 5월 대원군에 의해 조선정부가 중국에 파견한 奏請使 일행의 통역관으로 또 북경에 가게 되었다. 당시 대원군은 이 해 정월 초부터 천주교도에 대한 탄압을 감행하여 조선인 교도는 물론이고 국내에 잠입한 프랑스인 신부 12명 중에서 9명을 체포하여 처형하였다. 체포를 면하여 탈출한 프랑스인 신부가 天津에 있는 프랑스 동양함대 사령관 로즈(Pierre Gustave Roze)에게 구원과 보복을 요청하자, 주중국 프랑스공사와 프랑스 동양함대 사령관은 이 기회에 조선을 침공하여 대원군 정부를 응징하고 가능하면 조선왕국을 프랑스에 예속시킬 계기를 만들려고 하였다.

조선정부는 프랑스의 조선침공 준비의 소식이 들어오자 청국에 사태를 해명하고 정세를 탐지하기 위하여 正使에 柳厚祚, 부사에 徐堂輔, 서장관에 洪淳學을 임명하여 소위 '奏請使'라는 이름의 사절단을 파견하면서,[27] 오경석을 賚咨官 겸 통역관으로 북경에 파견하게 된 것이었다.[28]

사절단 일행이 북경에 도착한 후 정사·부사·서장관 등은 말도 통하지 않을 뿐 아니라 중국 고관들과의 친교가 없어 거의 외교활동을 못하고 있는 중에, 오직 오경석만은 그 동안 자기가 닦아 놓은 중국인들과의 친교와 외교적 기반에 의거하여 매우 활발한 외교활동을 전개하고 많은 정보와 정책자료를 수집하였다. 오경석은 특히 서양 열강의 침략에 대응하여 정책 수립의 경험을 가진 중국의 정책가 12명과 만나 프랑스 동양함대의 동태와 그들의 조선침략의 경우의 대책수립을 위한 조언과 자료를 수집해서 대원군에게 보

27) 《日省錄》, 고종 3년(1866) 4월 9일.
《高宗實錄》 권 3, 고종 3년 4월 9일.
28) 《吳慶錫·吳世昌年譜》(吳世昌作), 丙寅條 참조.

내었다.[29] 오경석이 이때 직접 만나 듣고 수집해서 본국에 보낸 중국 정책가들의 조언의 일부를 요약하면 다음과 같다.

張丙炎(翰林院 編修)

서양의 종교 시행 운운하는 것은 첩자와 결탁해서 타국의 정상을 탐지하는 것을 요체로 하고 있다. 그러므로 간첩[奸細]의 인도가 없으면 감히 他國의 境地에 침입하지 못한다. 그들의 성격은 피하면 사납게 공격하여 들어오고 대기하면 도리어 달아난다. 그러므로 禦洋策은 자기의 國境을 고수하고 간첩을 엄금하며 그들과 더불어 相戰하지 않는 것이 최선의 방법이고, 그리하면 마침내 스스로 물러가게 된다(吳慶錫, 《洋擾記錄》, 1~2쪽).

王軒(兵部 郎中)

먼저 자기 나라의 奸細를 금하여 저들이 우리의 虛實을 偵探할 수 없도록 하면 염려할 것이 없다. 이미 간세가 있으면 어려움이 있다. 그러나 저들의 大船舶은 수심이 낮은 물가에 정박하지 못하므로 다른 길을 금하고 地形을 이용하여 衆智를 모아 도모하는 것이 좋다(吳慶錫, 《洋擾記錄》, 2쪽).

吳懋林(軍功으로 候選)

서양인의 욕심은 土地에 있지 않고 세계를 모두 상업에 따르게 만들어 그 중에서 利를 취하려는 계책이다. …

저들은 陸戰은 長技가 아니다. 그러나 가벼이 나아가서 接戰하는 것은 불가하다. 저들의 해상의 大砲는 船竹의 사이에 걸쳐 있으므로 사격술이 정교하지 않으면 명중하지 않는다. 그러므로 水戰도 불가하며, 大船舶이 아니면 砲를 거는 것도 불가능하다. 저들은 高處의 城郭을 격파하고 싶으면 砲를 걸어 발포한다. 그러나 귀국은 듣으니 山城이라 하는데, 산성은 그것으로 격파할 수 없을 것이다(吳慶錫, 《洋擾記錄》, 2~3쪽).

劉培棻(軍功으로 당시 福建省 通判에 임명)

6월 초8일 登州에서 배를 탈 때 西洋의 兵船 10수 척이 있으므로 서양 배에 있는 廣東人을 불러 물은 즉 바야흐로 高麗에 향하기 위하여 搆兵(군대출동의 편대 구성)한다고 운운하였다. 兵의 多少를 물은 즉 한 배에 5백~6백 명이라 하였다. 軍糧의 다소를 물은 즉 1개월 여를 지탱할 수 있다고 하였다. 發船하는 것을 보지 못하고 왔다. 대개 서양의 장기는 火輪船인데 하루에 1,400~

29) 吳慶錫, 《洋擾記錄》, 39~44쪽 참조.

> 1,500리를 간다. 兵船은 작고 煙筒은 짧으므로 바라보면 알 수 있으며, 水深이 1丈이면 뜨고 9丈이면 간다. 이보다 얕으면 움직이지 못한다.
>
> 귀국의 해변은 石角(암초)이 잠기어 있으므로 서양인이 이를 두려워한다. 만일 저들이 귀국의 지방민의 향도가 있으면 들어갈 수 있을 것이다. 그러나 해안이 꾸불꾸불 굴곡이 심하면 火輪船은 쓸모가 없고 반드시 小船으로 나아갈 것인즉 귀국 역시 兵船으로 대응하여 막아낼 수 있다. 이 때 서양의 砲火藥은 심히 맹렬하므로 砲丸을 속히 발사해야 하며 迫戰(近接戰)은 불가하다. 귀국의 산천은 險阨하므로 火輪車는 달리지 못한다. 저들이 비록 배에 싣고 온 馬가 있을 것이나 많지 않아 크게 부족할 것이다. 그러니 地形의 險阨에 의거하여 방어하고, 방어하기를 오래하면 저들의 軍糧이 부족하여 반드시 오래 지탱하지 못하고 撤去할 것이다.
>
> 저들의 砲에는 飛天火砲가 있는데 砲丸의 크기는 쟁반만 하며, 그 안에 小丸 천백 개가 들어 있어서, 발사되어 陣中에 들어와 땅에 떨어진 연후에 大丸이 갈라지면서 小丸이 사방에 發散하여 사람을 부상시키니, 이는 두려워 할 만한 것이다. 발포를 지켜 보다가 미리 피하면 면할 수 있다. …
>
> 귀국은 오랫동안 兵을 사용하지 않아서 병에 익숙치 않으므로 오직 지키기만 하고 전쟁하지 말 것이며, 必勝이 내다 보이는 연후에만 싸워야 할 것이다. 신중해야 하며 가벼이 나아가서는 안된다.
>
> 저들은 타인의 약한 곳을 보면 반드시 진격하고, 타인의 강한 곳을 보면 반드시 후퇴한다. 그러므로 나의 약한 곳을 보이지 말아야 한다. 대저 군량을 빌리고 군병을 빌린 무리가 오래 지탱하지 못하는 것이 명약관화함은 비단 이번만이 그러한 것이 아니다. 저들은 수년전에 富商으로부터 8百萬金을 빌리어 이자도 갚지 못한 상태에서 출병했으므로 시기가 서양인들에게 불리하다. 이번에 10수 척의 배로 東國에 향하면서 이 때문에 군양이 적을 수밖에 없었다(吳慶錫, 《洋擾記錄》, 4~7쪽).

오경석은 그의 오랜 친우들을 통하여 다수의 대책 자문과 권고를 받고 큰 도움을 얻었다. 특히 劉培棻의 권고를 오경석은 매우 중시하여 보고하였다.

당시 프랑스 동양함대 사령관 로즈와 주북경 프랑스공사 벨로네(Henri de Bellonett)는 조선을 침공하기에 앞서 청국정부에게 대원군의 조선 조정을 격렬하게 규탄하면서, 조선왕국에서의 천주교 포교의 승인을 요청하고 조선침공을 청국에 알림과 동시에 마치 청국의 公文에 의한 동의를 얻고 조선에 출병하는 것처럼 행세하였다. 또한 프랑스의 조선 침공 병력에는 淸國의 雲南省軍도 일부 포함되어 있다는 소문도 파다하였다. 만일 이것이 사실이라면 이는 조선에 대하여 참으로 더욱 심각한 위협이었다.

오경석은 그 진위를 알기 위하여 온갖 노력을 다하였다. 당시 청국의 禮部尙書를 오경석과 이미 1850년대부터 친교가 있는 萬靑藜가 맡고 있었다.[30] 오경석은 만청려로부터 유배분을 경유하여 그러한 일이 없다는 회담과 자문을 들었으며, 만청려를 직접 면담하여 위의 소문이 사실이 아님을 재확인하였다. 오경석이 두 차례에 걸쳐 본국에 보고한 내용의 요지는 다음과 같다.

① 오경석이 劉培棻을 통하여 얻은 萬靑藜의 회답.

萬尙書의 말에 중국의 雲南兵이 프랑스 해군과 함께 移去한다는 설에 대하여 물으니 가로되, 이것은 서양인의 거짓말이라고 하였다. 이것은 중국을 겁내서 聲勢를 과장하려는 계책에 불과하다. 종교의 시행을 청한 公文의 의미를 물은즉 가로되, 다른 나라의 출병은 처음부터 중국에 관계가 없는데 어찌 공문을 청하는 이치가 있을 것인가 라고 하였다. … 또한 서양의 풍속은 병을 일으킬 때에 자기 나라 군주에게 書奏하여 일이 성공하면 爵號의 상을 받고 성공하지 못하면 벌을 받는 고로, 이제 명분이 없는 병을 일으키고자 함에 자기 군주에게 고하고자 하므로 中國公文으로서 구실의 핵심을 의탁하여 만들려는 것일 뿐이다. 중국은 절제하고 있으며 프랑스의 행동에 관여되어 있지 않다.

저들이 10수 척의 배로 갔다면 해상의 漁船과 商船을 몰아 그 위세를 돕도록 했을 것이며, 實兵船은 12척 뿐이다. …

이번에 간 서양인이 프랑스인인가 영국인인가 물으니, 가로되 프랑스인이고 영국인이 아니라고 하였다. 그러나 서로 借兵을 하므로 영국인이 전혀 없다고 단언할 수는 없다고 하였다.

저들은 군량이 적은 것을 매양 근심하고 있으므로 戰과 和간에 速成하고자 하고 있다. 그러므로 서양을 제압하는 術은 遲(끌고)하고 緩(천천히)하는 것이라고 하였다(吳慶錫, 《洋擾記錄》, 7~10쪽).

② 오경석이 직접 만청려를 면담하여 얻은 회답.

서양인의 소위 公帖은 그들이 스스로 主管하여 한(꾸민) 것에 불과하고, 처음부터 중국이 아는 바가 아니다. …

서양인은 전적으로 財利를 가장 숭상한다. 영국 오랑캐는 통상을 주로 하고 法國(프랑스) 오랑캐는 行敎(종교 포교)를 주로 한다. 法國人은 집요하고 사나우며 무릇 거사하면 일을 이룰 때까지 쉬지 않는다.

30) 〈萬靑藜의 亦梅 吳慶錫에게의 書簡〉《燕京書簡帖》 참조. 이 書簡帖에는 1850년대에 만청려가 오경석에게 보낸 편지 3통이 수록되어 있다.

아라사(러시아)는 더욱 不可測이며, 貪狼하기 한량없고, 또 바라는 바는 '土地'이다(吳慶錫, 《洋擾記錄》, 10쪽).

오경석의 이 보고를 받고 대원군이 얼마나 안도하며 자신감을 가졌을 것인가는 미루어 알고도 남음이 있다.

오경석은 위와 같은 각종 정보와 자료들을 본국(대원군)에 보내면서 자기의 견해를 넣어 다음과 같이 또 다시 정리해서 요약하여 보고하였다.[31]

① 부득이하여 通商하는 경우에는 우리의 물품과 저들의 金銀을 무역해야지, 우리의 금·은과 저들의 물품을 무역하지 말아야 함은 중국의 경제가 고갈된 것으로 족히 명증될 수 있다.
② 프랑스의 침공을 제압하는 데는 피하면 사납게 들어오고 대기하면 스스로 물러간다고 한다.
③ 저들의 行敎는 비단 행교만이 아니라 타국의 사람 마음을 얻어서 內應潛通 세력을 만들려는 계책이 포함되어 있다.
④ 프랑스가 중국의 공문을 요청한 것은 조선에 대한 것이 아니라 프랑스 자기나라 군주에게 보일 구실을 얻으려는 것이다. 중국은 프랑스의 조선침공에 전혀 관계되어 있지 않다.
⑤ 프랑스 동양함대는 재정이 부족하여 상인으로부터 百萬金을 빌어서 보급을 댄 형편이므로 군량이 부족하고 大發兵을 할 수 없게 되어 있다.
⑥ 프랑스군이 침공하면 지형을 이용하여 굳게 지키고 가능한 한 전쟁을 하지 않으면서 오래 끌면 마땅히 물러갈 것이라고 한다.
⑦ 프랑스군은 군량이 부족하므로 전쟁을 하든 화평하든 간에 매양 급히 결판내기를 바라므로, 우리의 전술의 요체는 자신을 갖고 천천히 대기하면 저들은 스스로 물러갈 것이다.

오경석의 이러한 활약과 보고가 당시 조선이 프랑스 침략을 물리치는데 매우 큰 도움이 되었을 것임을 의문의 여지가 없다. 당시 북경에서는 조선 사절단의 정사, 부사, 서장관 등 다수의 고위 양반관료들이 함께 체류했지만, 그들은 신분과 직위만 높았지 이러한 외교활동을 할 능력이 없었고, 오직 오경석이 그 동안 북경에 왕래하면서 쌓은 친교 기반과 그의 개화사상에 기초하여 활발한 외교활동과 결정적으로 중요한 정보의 수집활동을 하여 크게

31) 吳慶錫, 《洋擾記錄》, 45~46쪽 참조.

성공한 것이었다.

오경석은 프랑스 동양함대의 침공에 대한 대응전략 자료 수집 이외에도 청국 總理衙門과 프랑스공사관 사이의 왕복 외교문서들을 중국인 친우들을 통해 필사해 내어 본국에 보고하였다.[32]

이상과 같이 개화사상의 비조인 박규수와 오경석의 1866년의 활동을 보면, 그들은 개화사상을 형성하여 갖고 궁극적으로 개항과 개국의 필요성을 절감하고 있었지만 그것은 준비를 잘 갖춘 후의 나라의 개혁과 발전을 위한 개항·개국이었고 무력 위협과 무력 침공에 굴복한 개항·개국은 아니었음을 알 수 있다. 외국의 침략적 위협과 무력침공에 의한 개국에는 그들 자신이 앞장서서 반대하여 외국의 침공을 막아내기 위한 정력적 활동을 전개했음을 박규수와 오경석의 1866년의 활동에서 확인할 수 있는 것이다.

특히 오경석은 '병인양요' 이후에는 준비를 갖추고 기회를 보아 자주적 개국을 실현하고 자주적 개화정책을 실시해서 나라를 근대국가로 만들 필요를 더욱 절실하게 생각하였다. 오경석은 주체성이 강한 대원군이 집권하고 있는 기간에 개항·개국을 하는 것이 안전하다고 판단하였다. 그리하여 1871년 미국이 '대통령국서'를 갖추고 수호통상조약 체결과 개항을 요청해 오자 오경석은 개항을 더 미루어도 더 이상 좋은 기회는 없고 사태는 더욱 악화될 것이라고 내다보고, 대담하게 대원군에게 미국과 외교를 열도록 주장하고 개항을 건의하였다. 오경석은 다음과 같이 회고하였다.

> 辛未년(1871) 아메리가船이 왔을 때 대원군은 기의 全權이 최고에 있었다. 그때 나는 대원군에게 도저히 외교를 열지 않을 수 없는 소이를 설명하였다. 그러다가 미국배는 약간의 포사격을 받고 퇴각당하였다. 그 이래 나를 지목하기를 開港家라고 하여 어떠한 일을 건의해도 다시는 채취되는 일이 없었다(《日本外交文書》 권 9, 文書番號 6, 1876年 1월 30일, 〈黑田辨理大臣一行, 江華府前往ニ關スル件〉, 33쪽).

오경석은 그러나 미국 군함이 함포사격을 하여 무력행사를 하는 데에는 단호하게 반대하여 대항을 주장했으며, '신미양요'의 뒷처리와 관련하여 1872

---

32) 吳慶錫, 《洋擾記錄》, 20~26쪽.

년 박규수를 정사로 한 사절단을 중국에 파견할 때에는 오경석은 수석통역관으로 지명되어 다시 북경에 가서 '신미양요'와 관련된 뒷처리 외교활동을 전개하였다.

4) 최초의 개화사상

그러면 오경석·유홍기·박규수 등 개화사상의 비조들이 당시에 형성했던 최초의 개화사상의 내용은 어떠한 것이었는가. 개화사상의 3비조가 모두 충분한 개화사상 관련 문헌을 남기지 않아서 그 내용을 정리하기에는 어려움이 있다. 특히 유홍기는 그후 개화활동은 많이 했지만 글을 남긴 것이 없고, 박규수는 글을 많이 남겼으나 개화에 관련된 글이 아니라 대부분 그 이전의 국정에 관련된 글 뿐이다. 비교적 개화 관련 글을 많이 남긴 오경석의 경우도 단편적인 글밖에 남아있지 않다. 이러한 난점을 전제로 하고 오경석의 개화사상을 중심으로 하여 최초 형성기의 3비조의 개화사상 내용의 특징을 간단히 요약하면 다음과 같이 정리할 수 있을 것이다.

첫째, 개화사상의 3비조는 조선왕국과 조선민족이 심각한 大危機에 직면했다는 위기의식을 갖고 있었다. 이 위기는 일차적으로 서양 열강의 동양 침입으로 말미암아 발생한 것이라는 생각을 그들은 갖고 있었다. 중국은 서양 열강의 침입을 받고 그들의 角逐場이 되어 지금 붕괴되어 가고 있는데, 이것은 중국에 그칠 일이 아니고 입술과 이의 관계에 있는 조선에도 곧 불어닥칠 위기라고 생각하였다. 그들은 이것을 매우 큰 민족적 위기로 생각하여, '앞으로 언젠가는 반드시 비극이 일어날 것'[33]이며, '자기 나라의 형세가 風前의 燈火처럼 위태하다'[34]고 생각하였다.

둘째, 개화사상의 3비조는 이러한 민족적 대위기 속에서 조선의 정치는 부패해 있고, 조선의 사회와 경제는 세계대세에 매우 낙후되어 있다고 생각하였다. 그들은 이것을 '自國정치의 부패와 세계대세에 失脚되고 있음'[35]을 깨

33) 《金玉均傳》 上卷, 49쪽.
34) 위와 같음.
35) 위와 같음.

달은 것으로 표현하였다. 따라서 그들은 부패하고 세계대세에서 매우 뒤떨어진 당시의 조선왕조의 정치와 사회체제로서는 이러한 민족적 대위기를 타개하여 나라와 백성을 지킬 수 없다고 생각하고 판단하였다.

셋째, 개화사상의 3비조는 이러한 민족적 대위기를 타개하려면 나라의 '一大革新'을 일으키지 않으면 안된다[36]는 사상을 갖고 있었다. 그들이 여기서 말한 '일대혁신'은 조선왕조의 부분적인 소개혁이 아니라 국가정법 전반에 걸친 '대개혁'을 가리킨 것이었으며, 사회체제 전반의 大更張改革을 의미한 것이었다. 따라서 그들의 개화사상은 조선의 민족적 위기를 중국에 의뢰하여 타개하려고 생각하는 사상이나, 또는 조선왕조의 전근대적 기존체제를 그대로 유지하면서 위기를 극복하려는 위정척사사상과는 정면으로 첨예하게 대립되는 사상이었다.[37]

넷째, 개화사상의 3비조는 나라를 구하는 '일대개혁'은 반드시 자주적으로 단행되어야 하고, 서양 열강의 침입으로 붕괴되어 가는 중국에 조금이라도 의뢰해서는 실현 불가능하며, 조선이 완전히 자주적으로 조선사람의 힘에 의하여 부강한 근대국가를 만들어야 한다는 사상을 갖고 있었다. 그들은 조선조정의 대관들이 중국에 의존하려는 생각을 가진 것을 개탄했다. 서양 열강이 중국을 다투어 침략하고 약탈하는 것을 생생하게 견문하고 읽은 그들은 외국에 조금이라도 의존하는 것은 침략의 뜻을 가진 자들에게 나라의 운명을 의존하는 위험한 것이라고 보고 자주독립하여 자기의 힘으로 대혁신을 단행하여 부강한 나라를 만들어야 한다는 사상을 갖고 있었다.

다섯째, 개화사상의 3비조는 나라의 일대 혁신을 일으키려면 새로운 '혁신적 정치세력'을 형성해야 한다는 사상을 갖고 있었다. 그들이 가리킨 이 혁신적 정치세력은 곧 開化派 또는 開化黨의 형성을 의미한 것이었다. 그들은 부패하지 않고 세계대세의 변화를 잘 알고 나라를 구할 수 있는 '개화혁신세력'이 형성되어 정권을 주도하면서 온 나라에 혁신의 기운을 일으켜야 한다는 생각을 갖고 있었다.[38]

36) 위와 같음.
37) 金允植, 《續陰晴史》 하, 고종 28년(1891) 2월 17일, 157쪽 참조.
38) 《金玉均傳》 상, 49쪽.

여섯째, 개화사상의 3비조는 조선도 세계대세에 보조를 같이하는 나라가 되어야 한다는 생각을 갖고 있었다. 그들이 자기 나라가 '세계대세에 失脚되고 있다'고 개탄한 것은 기본적으로 기계기술문명과 자본주의세계에서 뒤떨어져 있다는 것을 의미한 것이었으며, 조선이 세계대세에 보조를 같이해야 한다고 생각한 것은 조선도 근대국가와 과학기술문명과 자본주의 시민사회를 수립하는 방향으로 나아가야 함을 시사한 것이었다고 볼 수 있다.

일곱째, 개화사상의 3비조는 조선도 서양과 같이 철과 석탄을 이용하는 공장제도의 기계이용 생산방식을 도입해서 공업과 산업을 일으켜야 부강한 나라를 만들 수 있다는 생각을 갖고 있었다. 특히 오경석은 그러한 생각을 강하게 갖고 있었다. 오경석은 강화도조약 때 문정관으로 일본 군함에 승선하여 일본 외교관들에게 "우리 나라도 철과 석탄의 채굴법을 알게 되면 나라는 반드시 부강하게 된다"[39]고 말하였다. 그들은 서양 열강이 철과 석탄을 사용하면서 산업혁명을 수행하여 증기기관과 공장제도로 생산하기 때문에 부강해졌음을 알고 있었으며, 조선도 철과 석탄을 채굴하고 서양과 같이 그에 기초하여 기계로 생산하는 공장을 세우고 공업과 산업을 일으키면 반드시 부강하게 된다고 생각하였다.

여덟째, 개화사상의 3비조는 서양의 과학기술의 선진성을 전면적으로 인정하고 조선도 이를 적극적으로 도입하고 채용해야 나라를 부강하게 만들 수 있다는 사상을 갖고 있었다. 그들은 서양의 과학기술에 감탄하여 예민하게 이에 반응하였다. 오경석이 북경의 바쁜 일정 속에서도 서양의 과학기술서인 《揚水機製造法》이라는 책을 필사해 온 것이든지, 철과 석탄의 이용을 강조한 것은 그가 얼마나 서양의 과학기술의 도입과 채용에 열의를 가졌는가를 증명해 주는 것이다.[40] 또한 그 후 일본 외교관과의 담화 중에 일본의 電信 상태를 물어보고 전신기가 전국을 종횡하는 망을 이루었다는 대답을 듣자, "그렇게 해야만 인간이 살만한 세계라고 말할 수 있다"[41]고 그의 과학기술

39) 《日本外交文書》 第9卷, 文書番號 6, 1876년 1월 30일, 〈黑田辨理大臣一行, 江華府前往ニ關スル件〉, 38쪽.

40) 吳慶錫이 鐵과 石炭을 이용하고 火輪船·蒸氣船을 구비할 것을 말한 것은 모두 서양의 先進科學技術을 배우고 채용해야 나라를 부강케 할 수 있다는 사상을 표현한 것이었다고 볼 수 있다.

에 대한 일찍부터의 생각을 피력하였다. 또한 박규수가 1866년 제너럴셔먼호를 격침시킨 후 그 증기기관과 기계들을 서울 한강으로 보내어 증기선 제조 실험을 하도록 한 것도 그의 서양 과학기술 채용에 관한 열의를 나타낸 것이라고 볼 수 있다.[42]

아홉째, 개화사상의 3비조는 조선의 양반신분제도를 폐지해야 하며, 나라 안의 각계각층의 능력있는 인재를 모두 관직에 채용해야 한다는 사상을 갖고 있었다. 오경석과 유홍기는 중인출신으로서 무능한 양반들에게 신분차별을 받으며 생활해 오는 동안 양반신분제도의 폐해와 불합리함을 누구보다도 잘 알고 절감한 선각자들이었다. 또한 그들은 양반신분제도의 폐지가 쉬운 일이 아니며 당장은 매우 어려운 과제임을 잘 알고 있었다. 이 때문에 그들은 시급하게 개화혁신세력을 형성하여 개화정책을 실행하려면 서울 북촌의 양반 자제들을 발탁하여 개화사상을 교육하는 것이 지름길이 된다고 생각했었다. 그러나 그들의 궁극적 목적은 폐해 많고 결국 나라를 망치게 될 양반신분제도를 폐지해야 한다는 사상을 확고히 가졌음은 그들의 모든 행적에 명료하게 들어 나는 것이다.

또한 박규수는 중인출신이 아니고 고위 양반신분 출신이었지만, 그의 조부 연암 박지원의 실학을 계승하여 양반신분제도를 비판하고 평등사상을 주창하고 또 교육하였다.[43]

열째, 개화사상의 3비조는 조선도 군함을 구비하고 국방을 근대적으로 혁신하여 튼튼히 해서 나라를 자기의 힘으로 방위해야 한다는 사상을 갖고 있었다. 박규수는 '제너럴셔먼호사건' 때 조선도 증기기관을 설치한 군함을 제조해서 국방을 튼튼히 해야 한다고 생각하여 증기병선 실험을 제의했으며, 關西海防策을 건의하였다.[44] 오경석은 '병인양요' 때 중국에서 외교활동을 하면서 프랑스 동양함대의 무력을 정밀하게 조사하여 본국에 보고했으며,[45] 그

41) 《日本外交文書》 第9卷, 文書番號 6, 1876년 1월 30일, 〈黑田辨理大臣一行, 江華府前往ニ關スル件〉, 37쪽.
42) 朴齊炯, 《近世朝鮮政鑑》, 26~27쪽 참조.
43) 李光洙, 〈朴泳孝씨를 만난 이야기〉 《東光》 1931년 3월호 참조.
44) 原田環, 〈朴珪壽と洋擾〉(《旗田敎授古稀紀念朝鮮史論集》, 1979) 참조.
45) 吳慶錫, 《洋擾記錄》, 4~10쪽 참조.

후 강화도조약 직전에 일본 군함에 승선하여 일본 외교관들에게 "우리 나라가 火輪船을 구비하게 되려면 약간의 시간이 걸릴 것이다. 언제 이것을 보는 날이 될까"[46]하고 군함의 구비를 희구하였다. 여기서의 화륜선은 군함을 가리켰던 것으로서 오경석은 군함을 구비한 근대적 국방체제를 만들어 나라를 자기의 힘으로 지키고자 한 열망을 나타낸 것이었다.[47]

열한번째, 개화사상의 3비조는 조선이 종래의 쇄국정책을 버리고 자주적 개국·개항을 단행해야 한다는 사상을 갖고 있었다. 그들은 대원군과 위정척사파의 쇄국정책으로는 궁극적으로 나라를 구할 수 없다고 생각했으며, 조선도 자주적으로 개국하여 세계각국과 통상도 하고 문물도 교환하면서 서양의 선진문물은 필요한 것을 채용해야 나라를 부강하게 발전시켜 궁극적으로 나라를 구할 수 있다고 생각하였다. 박규수는 조선이 개항하여 서양과 통상하면 서양 문물이 들어와 조선을 금수의 지역으로 만든다는 견해를 비판하면서, 서양과 교류하면 동양의 종교와 문화를 서양에 내보내어 그들을 교화시킬 수도 있다고 지적하였다.

그러나 개화사상의 3비조는 외국의 위협과 침략에 의한 개항·개국은 단호히 반대하였다. 이 때문에 박규수는 1866년 7월 미국상선 제너럴셔먼호를 대동강에 격침시켰었다. 또한 오경석도 이 때문에 '병인양요' 때에는 프랑스 동양함대의 침입을 막기 위하여 헌신적 외교활동을 전개했었다.[48] 오경석은 그후 1871년에 미국 군함이 '대통령국서'를 갖고 수교를 요청했을 때 대원군에게 이 기회에 '개항'을 하자고 건의했으며, '개항가'로 지목 받았다.[49] 그러나 미국이 그대로 돌아가지 않고 무력행사를 자행하여 '신미양요'를 일으키자 이에 단호히 대결하여 나라를 지키기 위한 외교활동을 적극적으로 전개하였다.

---

46) 《日本外交文書》 第9卷, 文書番號 6, 1876년 1월 30일, 〈黑田辨理大臣一行, 江華府前往ニ關スル件〉, 37쪽.

47) 吳慶錫의 軍艦을 구비한 근대적 국방에 대한 열망은 그가 편집한 《洋擾記錄》 전책에 충만하여 있다.

48) 吳慶錫, 《洋擾記錄》, 38~44쪽 참조.

49) 《日本外交文書》 第9卷, 文書番號 6, 1876년 1월 30일條 〈黑田辨理大臣一行, 江華府前往ニ關スル件〉, 33쪽.

개화사상의 3비조가 생각한 개항·개국은 조선이 준비와 실력을 갖추고 조선의 필요에 의해 단행하는 '자주적' 개항·개국이었다.[50]

열두번째, 개화사상의 3비조는 외국과의 통상을 하되 조선이 손실을 입지 않는 통상을 할 것을 주장하였다. 특히 오경석은 중국이 외국과의 통상을 잘못하여 나라 경제가 빈약해지는 것을 견문하고, 조선은 물품과 물품의 균형무역을 해야 하며, 조선의 金銀과 외국의 물품을 교역하여 조선의 금은을 외국에 누출시키거나 조선이 수출보다 수입을 많이 하여 무역적자의 손실을 입어서 그 댓가로 금은을 외국에 내보내서는 나라 경제가 메마르게 된다고 주장하였다.[51] 개화사상의 비조들은 대외통상이 반드시 조선을 부강케 하는 방법으로서만 실행되어야 그 통상이 나라를 부강케 하는 방법의 하나가 될 수 있다는 사상을 갖고 있었다.

자료가 부족하여 개화사상의 3비조의 형성기 개화사상을 보다 상세하게 설명할 수 없는 것이 유감이지만, 여기까지만 보아도 19세기 중엽 조성된 민족적 위기와 체제적 위기를 타개하는 사상으로서의 개화사상은 같은 시기 동학사상이나 위정척사사상과는 판이하게 다르다는 것을 알 수 있다.

물론 개화사상의 3비조의 형성기 개화사상은 아직 초기의 첫 개화사상이어서 1880년대의 개화사상과 같이 발전된 것은 아니었고, 또 오늘날의 관점에서는 이미 상식화된 것일지 모르지만, 당시 전근대적 구체제를 강화하여 과제에 대응하려던 완고한 위정척사사상이 국론으로서 전국의 사상계를 지배하고 있던 1860년대의 상황에서는 위와 같은 개화사상은 참으로 획기적인 새로운 사상이었다.

1866년 9월 '병인양요'의 큰 충격을 받은 직후 오경석과 유홍기는 개화혁신세력을 양성하기 위하여 서울 북촌의 영민한 양반 자제들을 선발하여 개화사상을 교육해서 혁신의 기운을 일으키기로 합의한 것으로 보인다. 그러나 개화사상의 3비조 중에서 오경석·유홍기의 노력만으로는 북촌의 영민한 양

50) 吳慶錫은 朴齊家의 사상을 계승 발전시켜 開國論者가 되었으나 그의 개국은 조선이 자주적 주도권을 갖고 조선의 이익과 부강을 위한 방법으로서 실행하는 자주적 개국을 가리킨 것이었다.

51) 吳慶錫, 《洋擾記錄》, 45쪽.

반 자제들을 모을 수가 없었다. 그들은 중인신분 출신이었기 때문에 처음에는 고위 양반출신의 영민한 자제들을 불러모아 교육시킬 수는 없었기 때문이었다. 오경석·유홍기에게는 박규수의 도움과 역할이 절실한 것이었으나, 1866년 당시 박규수는 평안도관찰사로 평양에 있었기 때문에 이들과 합류할 수 없었다.

박규수가 藝文閣提學의 새 직책을 발령받은 것은 3년 후인 1869년 4월 3일(양력 5월 14일)이었다.[52] 박규수는 상경하자 바로 4월 23일(양력 6월 3일)자로 漢城判尹에 임명되었고,[53] 뒤이어 6월 15일(양력 7월 22일)자로 刑曹判書에 겸무로 임명되었다.[54] 박규수의 집은 바로 서울 북촌의 재동에 있었다.[55] 한편 오경석은 조선정부가 파견하는 사절단(정사 李承輔)의 통역관으로 1869년 8월에 북경으로 출발하여 12월에 귀국하였다.[56] 그러므로 박규수가 평안도관찰사의 임무를 끝내고 상경한 후 오경석·유홍기 등과 합류한 것은 1869년 4~8월 사이와 12월의 두 기간이 있었다.

오경석·유홍기·박규수 등 개화사상의 3비조는 결국 서울에서 1869년에 완전히 합류하게 된 것이었다.

박규수는 오경석·유홍기가 이미 합의한 방책대로 북촌의 양반자제들 중에서 가장 영민한 청년들을 선발하여, 1869년 후반~1870년 초부터 박규수의 사랑방에서 개화사상의 교육이 시작되었다. 金允植·朴泳敎·金玉均·洪英植·朴泳孝·徐光範·兪吉濬·金弘集 등이 그 대표적인 청년들이었다. 김윤식은 다음과 같이 썼다.

> 처음에 古愚(김옥균)는 瓛齋(박규수)선생 문하에서 배워 宇內의 대세를 대

---

52) 《日省錄》, 고종 6년 4월 초3일.
《高宗實錄》 권 6, 고종 6년 4월 초3일.

53) 《承政院日記》, 고종 6년 4월 23일.
《高宗實錄》 권 6, 고종 6년 4월 23일.

54) 《日省錄》, 고종 6년 6월 15일.
《高宗實錄》, 고종 6년 6월 15일.

55) 《高宗實錄》 권11, 고종 11년 3월 초5일.
文一平, 〈名相朴珪壽의 옛터〉(《湖岩全集》 제3권), 266~268쪽 참조.

56) 《高宗實錄》 권 6, 고종 6년 7월 29일.

개 깨닫고 동지들과 더불어 國事를 근심하고 개탄했다(金允植, 《續陰晴史》 下卷, 577쪽).

박영효는 개화사상이라는 신사상을 박규수의 사랑방에서 친우들과 함께 배웠음을 다음과 같이 회고하였다.

> 그 新思想은 내 일가 朴珪壽 집 사랑에서 나왔소. 金玉均·洪英植·徐光範 그리고 내 백형(朴泳孝를 가리킴)하고 齋洞 박규수 집 사랑에 모였지요(李光洙, 〈朴泳孝氏를 만난 이야기〉, 《東光》 2, 1931년 3월호).

그리하여 1853~1860년대에 오경석·유홍기·박규수의 3비조에 의하여 형성된 한국의 개화사상은 마침내 1869년 후반~1870년 초부터 영민한 양반자제들을 선발하여 박규수의 사랑방에서 제2세대에 대한 개화사상의 교육을 시작하면서 나라를 구할 준비를 시작하게 된 것이었다.[57]

〈愼鏞廈〉

2. 동학의 창도와 동학사상

1) 동학 창도의 배경

동학 창도의 배경은 큰 구조에 있어서 개화사상 형성의 배경과 같고 작은 인식문제에 있어서는 차이가 있다. 동학도 19세기 중엽에 조성된 민족적 위기를 타개하기 위한 구국 사상의 하나로 창도된 것이었다.[1]

---

57) 愼鏞廈, 〈金玉均의 開化思想〉(《東方學志》 제46·47·48집, 1985 ; 《韓國近代社會思想史硏究》, 一志社, 1987) 참조.

1) 동학사상에 대한 대표적 글들은 다음과 같다.
金龍德, 〈東學思想硏究〉(《中央大論文集》 9, 1964).
金義煥, 〈初期東學思想에 관한 硏究〉(《우리나라 近代史論考》, 1964).
韓沽劤, 〈東學사상의 本質〉(《東方學志》 10, 1969).
崔東熙, 〈東學사상의 調査硏究〉(《亞細亞硏究》 12-3, 1969).

1860년 水雲 崔濟愚(1824~1864)에 의하여 동학이 창도된 배경으로서 먼저 들어야 할 것은 서양세력과 西學의 조선 침투로 말미암아 조성된 민족적 위기의 상황이다.

19세기에 들어오자 '異樣船'이라고 불리운 서양의 증기선들이 조선 연안에 해마다 출몰하여 서양 열강의 조선침입이 임박하고 있음을 보인 환경 속에서 서학의 조선에서의 포교도 본격적으로 전개되기 시작하였다. 1831년에는 천주교의 조선교구가 독립되어 제1대 교구장이 임명되었다. 그는 조선에 오지 못하고 죽었지만, 제2대 교구장 앙베르(Mgr. Imbert)는 1838년 1월 극비리에 서울에 잠입하여 본격적으로 조직적 포교를 감행하였다. 이에 조선에서의 천주교의 세력은 급속히 성장하기 시작하여 1839년 초에는 천주교도의 숫자가 이미 약 9천 명에 달하게 되었다.

조선조정은 서학(천주교)의 침투와 그 급속한 세력증가에 위협을 느껴, '衛正斥邪'를 명분으로 내세우고 1839년 다시 천주교 탄압을 재개해서 서양인 신부 3명과 다수의 천주교도를 체포하여 처형하였다. 이른바 '己亥邪獄'이 이것이다. 조선왕조 정부는 그 이후에도 천주교도에 대한 박해를 계속하다가, 1846년에는 다시 천주교 탄압을 강화하여 한국인 최초의 신부인 金大建과 8명의 남녀 교도가 처형되었다.

그러나 양반관료들의 학정과 차별 속에서 정신적으로 의지할 곳이 없는

申一澈, 〈崔水雲의 歷史意識〉(《韓國思想》 12, 1974).
金敬宰, 〈崔水雲의 神개념〉(《韓國思想》 12, 1974).
趙鏞一, 〈近菴에서 찾아본 水雲의 思想的 系譜〉(《韓國思想》 12, 1974).
李炫熙, 〈東學思想의 배경과 그 意識의 성장〉(《韓國思想》 18, 1981).
朴容玉, 〈東學의 男女平等思想〉(《歷史學報》 91, 1981).
鄭鎭午, 〈東學의 政治思想〉(《濟州大論文集》 20, 1985).
表暎三, 〈水雲大禪師의 生涯〉(《韓國思想》 20, 1985).
愼鏞廈, 〈東學의 社會思想〉(《韓國近代社會思想史硏究》, 一志社, 1987).
朴明圭, 〈東學思想의 종교적 전승과 사회운동〉(《한국의 종교와 사회운동》, 韓國社會史學會論文集 7, 1987).
申福龍, 〈東學의 集團化過程과 甲午農民革命의 思想的 展開〉(《朝鮮朝 政治思想硏究》, 평민사, 1987).
趙惠仁, 〈東學과 朱子學－유교적 종교개혁의 맥락〉(《한국의 사회조직과 종교사상》 韓國社會史學會論文集 17, 문학과지성사, 1990).
朴孟洙, 〈東學革命에 있어서 東學의 役割〉(《韓國思想》 22, 1995).

백성들과 부녀들 사이에서는 죽음의 위험을 무릅쓰고 서학(천주교)에 입교하여 정신적 구원과 안정을 얻으려는 추세가 계속되었다. 그리하여 1850년대에는 조선에서 천주교도의 숫자가 급속히 증가하기 시작하였다.

뿐만 아니라 중국으로부터 들려오는 소식은 서양세력과 서학의 위협이 保國의 문제까지 거론되는 단계에 도달했음을 알려주었다. 1840~1842년의 '아편전쟁'에서의 청국의 패전으로 인한 1842년의 南京條約, 1850년의 洪秀全의 太平天國 혁명운동, 1856년의 '애로우(Arrow)호 사건'과 그로 인한 영국·프랑스 연합군의 廣東 점령과 天津 공격의 소식은 조선에도 알려졌다. 중국은 이 서양의 무력 공격에 굴복하여 1858년에 天津條約을 체결해서 천진을 비롯한 10개 항구의 서양 열강에의 개항과 양자강의 서양 상선에서 개방을 약속하였다.

중국 조정이 천진조약의 비준과 실행을 지연시키려고 하자 영국·프랑스 연합군은 다시 무력 공격을 시작하여 1860년 7월에는 천진을 점령하고, 이어서 8월에는 청국의 수도 北京을 점령하여 버렸다. 청국 황제는 황급히 熱河로 피난을 가고, 청국은 결국 서양 열강의 무력침략 앞에 완전히 굴복하여 1860년 9월에 굴욕적인 북경조약을 체결하여 서양 열강의 요구를 다 들어준 후 그들을 수도 북경에서 철수시켰다.

북경조약의 내용에는 천진의 개항, 구룡반도의 할양, 배상금 1,600만 달러의 지불, 서양인에 의한 중국인 노동자의 모집과 해외 송출 허용 이외에, 무엇보다도 서양인들에게 천주교(서학) 포교의 완전한 자유와 교회당 설립 자유의 허용 및 서양 신부들의 토지·가옥의 건조 또는 임대차 자유의 허용이 포함되어 있었다. 서양 열강은 북경조약의 체결을 통하여 중국에서의 천주교 포교의 완전한 자유를 획득한 것이었다.

조선의 관료들과 지식인들은 동양의 최강국이라고 믿어 왔던 중국이 서양의 무력침략 앞에서 완전히 굴욕적으로 굴복하여 서양 열강의 중국 침략이 본격적으로 전개되고 있다는 소식을 듣고 심대한 충격을 받았으며, 조선의 안전에 대한 커다란 위기의식을 절감하게 되었다.

최제우는 그의 동학의 창도와 포교의 시작이 서양 열강의 동양과 중국 침략으로 말미암은 위기의식과 관련된 것임을 다음과 같이 스스로 기록하였다.

> 庚申(1860)년에 이르러 전하여 들으니 서양 사람들은 天主의 뜻이라고 하여 부귀를 취하지 않고 천하(중국)를 공격하여 취해서 (서학의) 敎堂을 세우고 그 道(서학의 도)를 행한다고 하였다. 그러므로 나는 또한 '그럴 수 있을까, 어찌 그럴까'하는 의문이 있었다.
> 그러다가 뜻밖에 경신년 4월에 갑자기 가슴이 두근거리고 몸이 떨리기 시작하여, 무슨 병인지 병의 증세를 알 수 없고 말로 형상하기도 어려울 즈음에, 어디선가 갑자기 仙語가 문득 귀에 들려왔다(〈布德文〉, 《東經大全》).

여기서 명백한 것은 최제우의 동학의 창도가 1860년 전후의 서양 열강의 중국 침략 및 '영국·프랑스 연합군의 북경점령 사건'과 그에 따른 북경조약에 의거한 서학(천주교)의 중국에서의 자유로운 포교의 허용과 직결되어 있다는 사실이다.

최제우는 서양 열강의 중국에 대한 무력침략과 북경점령 사건에서 중국의 멸망뿐만 아니라 자기의 조국인 조선이 당면한 심각한 위기를 절감하게 된 것이었다. 이것은 서양 열강의 동양 침입으로 말미암아 조성되기 시작한 새로운 민족적 위기를 그 나름의 관점에서 인식하게 된 것이었다고 볼 수 있다. 최제우는 민족적 위기에 대한 그 자신의 위기의식을 스스로 다음과 같이 기록하였다.

> 서양은 전쟁을 하면 승리하고 공격하면 빼앗아 이루지 못하는 일이 없다. 천하(중국)가 모두 멸망하면 또한(우리 나라도) 입술이 없어지는 탄식이 없지 않을 것이니 輔國安民의 계책을 장차 어떻게 낼까(〈布德文〉, 《東經大全》).

최제우는 여기서 "입술이 없어지면 이가 시리게 된다"는 동양식 표현을 빌어 중국을 입술, 조선을 이에 비유하면서, 서양 열강이 중국과의 전쟁에서 연전연승하여 막강한 힘으로 침입해 오고 있으니, 입술인 중국이 망할 경우 조선이 심각한 위기와 위험에 놓이게 됨을 지적하고 '輔國安民의 계책'으로서 동학의 창도를 추구했음을 시사한 것이었다.

최제우는 그의 저작 〈論學文〉에서도 서양 세력의 동양 침입에 의한 민족적 위기의식을 다음과 같이 거듭 강조하여 기록하였다.

저 庚申(1860)년 4월에 이르러 천하가 혼란하고 민심이 효박하여 어디로 가야 할지 알지 못할 즈음에, 또한 괴이한 말이 세간에 요란하게 퍼져 이르기를 '서양 사람들은 道를 이루고 德을 세워 그 造化가 미치는 곳에 이루지 못하는 일이 없고, 무기로 공격하여 전투를 함에 그 앞에 맞설 사람이 없다'고 하였다. 중국이 멸망하면(우리 나라도) 어찌 입술이 없어지는 근심이 없겠는가.

이는 딴 연고가 아니라, 이 사람들(서양인)은 道가 西道라고 칭하고 學은 天主라고 칭하며 敎는 聖敎라고 하니, 이것은 天時를 알고, 天命을 받은 것이나 아닐까 하는 말도 있었다.

이러한 말들을 낱낱이 들려면 끝이 없는지라, 나도 또한 늦게 태어난 것을 한탄할 즈음에, 갑자기 몸이 떨리기 시작하여 밖으로 靈氣가 몸에 접하고 안으로 (하나님의) 가르침이 내리는데 보아도 보이지 않고 들어도 들리지 않았다(〈論學文〉, 《東經大全》).

최제우가 쓴 위의 세개의 글에서 보면, 우선 최제우는 중국을 멸망시키고 있는 서양의 힘을 두개의 차원에서 보았는바, 그 하나는 道(西道)·學(天主學)·敎(聖敎) 등 서학의 힘과, 다른 하나는 武器·戰爭에서 보이는 것과 같은 서양의 武力이었다. 최제우는 이 두개의 차원의 서양의 힘을 모두 관찰하면서도 특히 '서학의 힘'을 더욱 본질적인 것으로 보았다.

최제우는 西學이 서양의 힘의 근원적 원천이며 서양의 무력도 궁극적으로는 이에 기초하여 유도되고 있는 것이라고 생각하였다. 최제우는 서양의 서학의 힘이 서양의 무력을 매개수단으로 하여 중국을 멸망시키게 되면, 그 다음에는 서학의 힘이 조선에 들어와 입술을 잃어버린 조선을 멸망시키게 되지 않을까 매우 두려워하여 심각한 위기의식을 갖게 된 것이었다.

최제우는 서학이 天時를 알고 天命을 받았기 때문에 그러한 막강한 힘을 가진 것이 아닌가 두려워하고, '서학의 창도자'보다 뒤늦게 태어난 것을 한탄하면서, 서학의 침입에 대한 대결의식에 지배되어 '보국안민의 계책'의 하나로서 크게 깨달은 바가 있어 東學을 창도한 것이었다.

다음, 동학 창도의 또 하나의 배경으로 들어야 할 것은 조선왕조 전근대사회의 해체과정에 수반하는 '체제적 위기'의 상황들이었다. 19세기 중엽에 이르면 조선왕조의 전근대 신분사회는 급속한 해체과정이 진행되어 도처에서 말기적 현상이 나타나게 되었다. 통치계층인 양반관료들은 그들 자신이 제정한 법률과 제도를 스스로 위반하고, '三政의 문란'이라고 통칭되고 있는 바와 같이, 농민들에 대한 가렴주구를 기탄없이 자행하여 백성들을 더욱 도탄에 빠트렸다.

양반관료들의 절제없는 가렴주구와 학대에 견디지 못한 하위신분층과 농민들은 이에 대해 '민란'으로 맞섰기 때문에, 19세기는 전국 도처에서 '민란'이 연속적으로 일어나 조선왕조의 통치질서를 근저에서부터 붕괴시켜 나갔다.

이러한 사회적 상황에서는 양반관료들이 정립한 전근대의 도덕이나 윤리는 하위신분층 사이에서는 물론이거니와 양반신분층 자신들 사이에서도 잘 준행되지 않고 무시되어 도덕적 타락이 만연하였다. 이 위에 19세기 초엽에는 콜레라 전염병까지 유행하여 조선왕조의 체제적 위기를 심화시키는 작용을 하였다.

최제우는 이러한 조선왕조 전근대사회의 체제적 위기 상황을 관찰하고, 조선왕조 4백년은 이미 時運이 다해 이제 막 종언을 고하려는 말세에 이르렀으며, 그 속에서 백성들은 도탄에 빠져 구원을 기다리고 있는 것이라고 생각하였다.

> 삼각산 한양도읍 4백년 지난 후에 下元甲 이 세상에 남겨간 자식 없이 …(〈夢中老小問答歌〉, 《龍潭遺詞》).
>
> 우리 나라는 惡疾이 온 세상에 가득하여 백성들이 사시사철 편안할 때가 없으니 이 역시 傷害의 운수이다(〈布德文〉, 《東經大全》).
>
> 一世上 저 인물이 도탄중 아닐런가(〈勸學歌〉, 《龍潭遺詞》).

최제우는 조선왕조사회의 지배신분인 양반들이 백성을 억압하고 학대하면서 '君子'를 말하고 '도덕'을 논의하는 것 자체를 우수운 일이라고 부정하였다. 그는 조선왕조의 온 세상이 '말세'가 되어 온 세상 사람들이 도덕적으로 타락해서 각자 딴 마음을 품어 天理에 따르지 않고 天命을 돌아보지 않는 혼탁하고 어지러운 세상이 되었다고 관찰하였다.

> 우습다. 저 사람은 地閥이 무엇이게 君子를 비유하며, 文筆이 무엇이게 道德

> 을 의론하뇨(〈道德歌〉, 《龍潭遺詞》).
> 이 근래에는 온 세상 사람들이 각기 딴 마음을 품어 天理를 따르지 아니하고 天命을 돌아보지 아니할 새, 나도 항상 두려워서 어찌해야 할지 모르게 되었다(〈布德文〉, 《東經大全》).

최제우는 당시 조선왕조사회의 부패와 타락과 혼돈에 대하여, "아서라 이 세상은 堯舜之治라도 부족이오 孔孟之德이다"[2] 라고 개탄하였다.

최제우의 동학 창도의 또 하나의 배경으로 들어야 할 것은 백성들이 정신적으로 의지할 수 있는 사상과 종교를 잃고 방황하고 있음에도 불구하고, 새로운 사상, 새로운 종교, 새로운 도덕이 나타나지 않은 상황이었다.

최제우는 종래의 학문과 종교인 유교와 불교는 이미 시운이 다하여 낡고 병들어서 생동력과 생명력을 상실하여 백성들이 정신적으로 의지할 수 있는 학문과 종교가 될 수 없다고 관찰하였다.

> 儒道 佛道 累千年에 運이 역시 다했던가(〈敎訓歌〉, 《龍潭遺詞》).
> 온 세상 사람들이 각기 딴 마음을 품어 천리에 순하지 아니하고 천명을 돌아보지 아니하니(〈布德文〉, 《東經大全》).

최제우는 정신적으로 의지할 곳을 잃은 백성들에게 西學은 위험한 것이라고 보았다. 왜냐하면 최제우는 서학을 서양 열강의 동양침입을 인도하는 종교적 힘이며 첨병이고 서양세력의 힘의 원천이라고 보았기 때문이었다. 따라서 그는 당시 조선의 일부 백성들이 정신적 지주를 구하여 서학에 들어가는 것을 백성들을 위해서만이 아니라 나라를 위하여 매우 위험한 것이라고 생각하였다.

최제우는 이러한 배경 위에서 결국 保國安民하고 廣濟蒼生하는 새로운 종교와 사상을 창도할 필요를 절감하고, 스스로 이 새 사상과 종교의 창도를 자기의 사명으로 삼아 東學을 창도하게 된 것이었다.

---

2) 〈夢中老小問答歌〉, 《龍潭遺詞》.

2) 동학의 창도 과정

동학을 창도한 최제우는 1824년 지금의 경상북도 월성군 견곡면 柯亭里에서 몰락한 양반의 庶子로 출생하였다. 최제우의 가문은 조선 초기에는 지방 향리이었다가, 최제우의, 7대조인 崔震立(1568~1636)이 1592년 '임진왜란'이 일어났을 때 의병에 참가해서 공을 세우고 1594년에 武科에 합격하여 武班으로 상승하였다. 최진립은 매우 애국적인 인물로서, 1636년에 '병자호란'이 일어나 국왕이 청군에 의해 남한산성에서 포위되었다는 소식을 듣고 국왕을 구하려 북상하다가 경기도 용인에서 청군을 만나 전투중 전사하였다. 호란 후에 국왕은 그에게 병조판서를 추서하고 貞武公이라는 시호를 내려주었다. 그후 이 집안은 文班으로 전환하기 위하여 많은 노력을 했으나 실패하였다. 최제우의 아버지 崔鋈(1762~1840)은 뛰어난 유생으로서 과거에 5, 6차례나 응시했으나 번번히 낙방하였다. 최옥은 두번째 부인에서도 아들을 낳지 못하고, 세번째로 이웃의 과부 韓씨를 맞아들여 63세에 마침내 아들 하나를 얻은 것이 최제우였다.[3)]

최제우는 8세부터 공부를 본격적으로 시작했는데, 재능이 매우 탁월하여 수많은 고전들을 일찍 독파했으나, 10여 세를 지내자마자 그의 사회적 신분이 차별받는 서자임을 알고 사회신분제도의 모순을 개탄하기 시작하였다. 최제우 스스로 다음과 같이 기록하였다.

> 8세에 입학해서 허다한 萬卷詩書 無不通知 하여내니 生而知之 방불하다. 10세를 지내나니 총명은 司曠이오 智局이 비범하고 才器 過人하니 평생에 하는 근심 효박한 이 세상에 君不君 臣不臣과 父不父 子不子를 주야간에 탄식하니 우울한 그 회포는 흉중에 가득하되 아는 사람 전혀 없다(〈夢中老小問答歌〉, 《龍潭遺詞》).

---

3) 《慶州崔氏大同譜》 권 1·4.
李敦化編, 《道敎創建史》.
吳知泳, 《東學史》(永昌書館, 1940).
崔東熙, 〈水雲의 基本思想과 그 狀況〉(《韓國思想》 12, 1973).

당시의 사회제도와 관습은 서얼차별제도로 말미암아 서자들을 사회적·법제적으로 극심하게 차별하였다. 서자들은 아무리 재주가 비범하고 실력이 있어도 과거에 응시할 자격부터 박탈당하였다. 최제우가 10여 세를 지내자, 자기가 이 사회에서는 버림받은 서자출신이며 아무리 재주가 천재이고 공부가 탁월해도 과거에는 응시할 자격조차 없으며 사회적 제도적으로 완전히 버림받은 신분임을 알았을 때, 그의 남모르는 절망과 탄식과 울분이 어떠했었는가는 그 자신이 기록 그대로이다.

최제우의 아버지는 불우한 최제우를 위하여 13세 때에 울산의 박씨에게 결혼시켰다. 최제우는 일찍이 6세에 어머니를 여의고, 또 17세 때에 아버지 최옥을 잃어 고아가 되었다. 부친의 3년상을 지내는 중 집에 화재가 일어나 부친의 서책들이 모두 소실당하였다. 최제우는 부친의 3년상을 마치자마자 부인을 처가에 맡기고, 새로운 활로를 열어보려고 집을 나와 전국 유랑의 길에 나섰다. 이 때가 최제우 나이 20세(1843) 때였다.

최제우는 이 때부터 다시 부인에게 돌아간 31세(1854) 때까지 만 11년간 전국 각지를 유랑하며 온갖 일과 공부를 다해가며 자기의 활로를 찾아보려고 탐색하였다. 최제우는 이 시기의 그의 행적에 대하여 百千萬事를 다해 보았으나 한 가지도 성공하지 못했다고 스스로 기록하였다.[4] 최제우가 11년간 전국을 방랑하면서 한 일들을 몇 가지 찾아보면, 처음에는 무술을 익히어 이따금 서자들에게 응시 기회가 열릴 수도 있는 武科에라도 응시해 볼까하고 활쏘기와 말달리기도 익혀 보았다.[5] 시장에 나가 상업도 해 보았는데,[6] 포목상을 했던 것으로 전해지고 있다. 의술과 침 등 한의학도 공부해 보았다. 점치는 방법 등 잡술에도 손을 대 보았다. 도통을 하려고 仙敎(道敎) 공부를 하기도 하고, 전국의 유명한 道士를 찾아다니기도 하였다. 또한 그는 전국의 유명한 사찰과 암자를 돌면서 高僧을 만나 불교의 진리를 깨쳐 보려고도 하였다. 그는 심지어 西學에 오묘한 진리가 있다는 말을 듣고 西學(천주교)도 섭렵해 보았다.[7] 그러나 최제우는 고생만 하고 그 어느 것에도 성공하지 못

4) 〈敎訓歌〉, 《龍潭遺詞》.
5) 李敦化, 《天道敎創建史》(제1편, 1933), 4쪽 참조.
6) 吳知泳, 《東學史》, 1쪽 참조.

했으며, 그 어느 곳에서도 활로를 찾지 못했고, 득도도 하지 못하였다. 그는 고향과 처자를 떠난지 11년만에 실의와 절망에 빠져 31세 때인 1854년 9월에 울산의 처가에 기대어 살고 있는 처자에게로 돌아오게 되었다.

그러나 최제우의 11년간의 전국 유랑은, 비록 득도는 하지 못했다 할지라도, 헛된 것은 아니었다. 그는 11년간의 유랑을 통하여 당시의 조선왕조 사회의 실상과 백성들의 처지를 유감없이 체험하여 자기 자신의 새로운 관점을 정립하게 되었다. 그는 자기의 유랑생활의 결산에 대하여 스스로 다음과 같이 기록하였다.

> 遍踏江山 아니하면 人心風俗 이런 줄을 아니 보고 어찌 알꼬. 대저 인간 百千萬事 보고 나니 恨이 없네(〈勸學歌〉, 《龍潭遺詞》).

최제우는 11년의 전국 유랑을 끝내고 귀가하면서 기존의 사상과 종교에 더 이상 기대할 수 없는 바에는 나라와 백성을 구제하여 保國安民, 廣濟蒼生할 수 있는 새로운 道를 자기 자신이 창도하려는 뜻을 세웠다. 그는 귀가 후 5년간 울산과 그 부근의 명산을 전전하면서 열심히 공부하고 사색하며 치성을 드렸다. 그러나 최제우는 득도에 성공하지 못했다.

최제우는 절망적 상태에서 36세 때인 1859년 10월에 처자를 이끌고 고향인 경주로 돌아왔다.[8] 그러나 그가 태어난 柯亭里의 팔아버린 집이 그를 기다리고 있을 리 없었다. 그는 가정리 남쪽 龜尾山 계곡에 그의 아버지가 일찍이 지어놓고 책을 읽던 정자인 龍潭亭을 찾아가 거처를 정하였다. 부모가 남겨준 유산마저 모두 탕진하고 득도에도 성공하지 못한채 부모가 남겨놓은 정자에 초라하게 찾아와 몸을 기탁한 불효막심한 자신을 까막까치들도 조롱하는 듯 했다고 최제우는 스스로 기록하였다.[9]

최제우는 이 구미산 용담정에서 세상을 구원할 새로운 道를 깨치지 못하면 세상에 다시 나아가지 않을 굳은 결심을 한 다음, 이름을 본래의 '濟宣'에서 '濟愚'로 고쳤다. '(우매한) 백성을 구제한다'는 뜻이었다. 그리고 자를 '性

7) 吳知泳, 《東學史》, 2쪽 참조.
8) 〈修德文〉, 《東經大全》.
9) 〈龍潭歌〉, 《龍潭遺詞》.

默'이라고 지었다.[10] 그는 이곳에서 정결한 곳에 제단을 차려놓고 정성껏 기도를 드렸으며, 매일같이 밤에 잠도 제대로 자지 않고 공부를 열심히 하면서 득도를 위한 명상과 정신통일을 계속하였다. 그의 이러한 비장하고 처절한 求道의 노력으로 그의 몸은 쇠약해지게 되었다. 뿐만 아니라 인편에 들리는 소문은 안으로 조정의 정치가 더욱 어지러워지고, 밖으로 서양세력은 다시 중국을 침략하여 굴복시켜서 중국 수도 북경에 천주교회당을 높이 짓고 포교를 활발히 한다는 소식이었다.

최제우에게 마침내 득도의 날이 왔다. 1860년 음력 4월 15일(양력 5월 25일), 최제우가 치성을 드리고 정신집중을 하는 중에 정신이 無我之境에 든 가운데 공중에서 천지가 진동할 때와 같은 큰 소리로 외치는 소리가 들려왔다. 최제우가 벌떡 일어나 물으니 대답이 들려오기를 "두려워하지 말고 겁내지 말라 하고 세상 사람들이 나를 '하나님'이라고 부르는데, 너를 택하여 하나님의 道를 사람들에게 가르치도록 했다"고 하면서 '東學'의 원리를 가르쳐 주었다는 것이다. 최제우는 이를 스스로 다음과 같이 기록하였다.

> 4월이라 초5일에 꿈일런가 잠일런가 천지가 아득해서 정신수습 못할러라. 공중에서 외치는 소리 천지가 진동할 때 … (〈安心歌〉, 《龍潭遺詞》).
>
> 뜻밖에도 庚申년(1860) 4월에 갑자기 가슴이 두근거리고 몸이 떨리기 시작하여 무슨 병인지 병의 증세를 알 수 없고 말로 형용하기도 어려울 즈음에 어디선가 갑자기 神仙의 말씀이 들려왔다. 나는 깜짝 놀라 일어나서 캐어 물어보았더니 하나님(上帝)이 대답하시기를 '두려워하지 말고 겁내지 말라, 세상 사람들이 나를 하나님(上帝)이라 하니 너는 하나님(上帝)을 모르느냐'고 하였다. '왜 그러십니까'하고 물었더니, 하나님이 대답하시기를 '나 역시 지금까지 功이 없으므로 너를 世間에 태어나게 하고 세상 사람들에게 이 法을 가르치게 하노니 의심하지 말고 의심하지 말라'고 하였다. 내가 묻기를 '西道로써 사람을 가르쳐야 합니까'하니, 하나님이 대답하시기를 '그렇지 않다'고 하셨다(〈布德文〉, 《東經大全》).

최제우에게는 이러한 하나님의 말씀이 천지를 진동하는 듯한 큰 소리로 들려왔으나, 아내와 아들 등 집안 사람들에게 물으니 아무 소리도 듣지 못했

10) 〈敎訓歌〉, 《龍潭遺詞》.

다고 하였다. 최제우는 이것을 보고 이것이 자기만이 들은 '하나님의 말씀'이라고 더욱 확신하였다.

최제우는 나라를 보전하고 도탄에 빠진 백성들을 구제할 새로운 道를 찾으려고 몇년 동안을 밤마다 잠도 제대로 자지 않으면서 열심히 공부하고 지극한 정성을 드리며 정신통일을 하여 명상과 사색을 거듭해 오다가 극도로 몸이 쇠약해진 상태에서 문득 靈感이 떠올라 새로운 道의 원리를 깨치고 희열에 넘쳐서 그 자신의 내면의 소리를 들은 것이었다고 볼 수 있다.

최제우는 결국 온갖 정신적 작업과 노력 끝에 종래의 유교·불교·도교(선교)를 종합 지양하고 음양오행설, 역학사상, 풍수지리설, 영부신앙 등 각종 동양사상을 흡수 지양해서 그 자신의 새로운 사상과 종교를 창도한 것이었다.

최제우는 자신의 새로운 도를 창도하자, 그 이름을 '東學', '天道'라고 명명하고, 문답형식으로 다음과 같이 설명하였다.

> 묻기를, 그렇다면 道의 이름은 무엇이라고 합니까.
> 대답하기를, 天道이니라.
> 묻기를, 西洋의 道와 다름이 없습니까.
> 대답하기를, 서양의 學은 우리 道와 같은 듯 하나 다름이 있고 기도하는 것 같으면서 實이 없다. 그러나 運數인즉 같고, 道인즉 한가지로되, 理인즉 다르니라. …
> 묻기를, 道는 같다고 말씀하셨으니 이름을 '西學'이라고 합니까.
> 대답하기를, 그렇지 않다. 나는 東에서 태어나서 동에서 도를 받았으니 道는 비록 天道이나 學인즉 '東學'이다. 하물며 지구가 동과 서로 나뉘어 있는데 서를 어찌 동이라 하며 동을 어찌 서라 하리오.
> 孔子는 魯나라에서 태어나 鄒나라에서 도를 폈으므로 鄒魯의 風이 이 세상에 전하여 남아있는 것이다. 우리 道는 이 곳에서 받아 이 곳에서 펴고 있으니 어찌 西學이라고 이름하겠는가(〈論學文〉, 《東經大全》).

최제우의 위의 설명을 보면, 그가 창도한 동학과 서양의 서학은 道와 時運은 같고 學과 理만 다른데, 양자를 구분하는 기준은 '지역'과 '문화'이다. 그에 의하면 道는 '天道'로서 동일하다 할지라도 지구가 동양과 서양으로 나뉘어져 있으니 '동학'과 '서학'은 다를 수밖에 없는 것이다. 이 때의 '東'은 '東洋'을 의미하는 것이었다고 볼 수 있다.

또한 최제우는 새로운 도의 창시자인 자신이 '東'에서 태어나서 '東'에서 도를 받았으니 學이 또한 '東學'이 된다고 하였다. 이 때의 東은 '東國'(朝鮮)을 의미한다고 볼 수 있다.

또한 최제우의 설명에 의하면, 마치 공자가 魯나라에서 태어나 鄒나라에서 유학의 도를 폈기 때문에 공자의 유학에 鄒魯의 문화가 전하여 내려오는 것과 같이 최제우 자신은 이 땅 동국(조선)에서 하느님으로부터 도를 받아 이 땅(동국=조선)에서 도를 펴니 역시 '동학'이라고 하였다. 이 때의 東도 또한 동국(조선)을 가리키는 것이다.

따라서 '동학'은 두 개의 의미를 하나로 통합한 개념을 갖고 있음을 알 수 있다. 즉 그 하나는 '東學의 天道學'이라는 의미이고, 다른 하나는 '동국=조선의 천도학'이라는 의미이다. 동학의 '東'에는 '東洋'과 '東國'의 의미가 하나로 통합되어 있는 것이다.

최제우의 자기가 창시한 '동학'에 대한 자부심은 매우 커서 자기의 학문을 자주 孔子의 학문에 비유했으며, 자기의 동학을 이제도 듣지 못했고 예전에도 듣지 못했으며 이제도 비교할만한 것이 없고 예전에도 비교할만한 것이 없는[11] '만고에 없는 無極大道'[12]라고 스스로 표현하였다.

최제우는 그의 '동학'을 1861년부터 본격적으로 포교하기 시작하였다. 소문이 퍼지자 사방에서 어진 선비들과 농민들이 구름같이 몰려와 6개월 동안에 약 3천 명의 인사들이 최제우로부터 도를 받고 그의 제자가 되었다. 최제우는 이때의 첫 성공을 공자가 제자들을 가르쳤던 일에 비유하였다.[13]

최제우의 첫 포교가 큰 성공을 거두자, 이를 시기하는 사람들이 동학을 天主敎=西學의 일종으로서 邪敎라고 모함하는 일이 증가하였다. 그는 동학을 서학이라고 몰아붙이는 세상 인심과 관헌의 핍박을 감당하기 어려워 1861년 말부터 1862년까지 전라도 남원에 피란하였다. 최제우가 경주로 돌아온 후

11) 〈修德文〉, 《東經大全》.
12) 〈論學文〉, 《東經大全》.
13) 〈修德文〉, 《東經大全》.

1862년 9월에 경주관헌은 邪學을 퍼뜨려 혹세무민한다는 죄목으로 최제우를 체포했으나, 수백 명 교도들이 경주 군아에 몰려가 집단항의를 했기 때문에 석방하였다.

최제우는 교도들이 계속 물밀듯이 밀려오자 1862년 12월에 경주·영덕·영해·대구·청도·청하·연일·안동·단양·영양·신녕·고성·울산·장기 등지에 接所를 설치하고 接主를 두어 이른바 '接主制'를 실시하기 시작하였다.

조선왕조의 중앙조정에서는 동학세력의 급속한 성장에 큰 위협을 느끼고, 1863년 1월 중앙관리를 경주에 파견하여 최제우를 체포하였다. 처음에는 최제우를 서울에 데려다 처형할 계획이었다가 계획을 바꾸어 대구감영에 투옥시키고 1864년 2월 29일 참형을 결정하여 지시하였다. 대구감영은 1864년 3월 10일 최제우에게 참형을 집행하여 최제우는 자기가 창도한 東學에 순도하였다.

최제우는 의연하고 당당하게 참형을 맞으면서 경상관찰사를 훈계하여, "나의 하는바 道는 나의 私心이 아니오 天命이니 巡相은 그 뜻을 알라. 오늘날은 비록 순상이 나를 죽이나 순상의 손자대에 가서는 반드시 내 道를 따르고야 말리라"[14]고 최후의 말을 남겼다. 최제우의 자기 '동학'에 대한 자부심과 신념이 얼마나 확고부동했는가를 알 수 있다.

최제우의 순교 이후 1864년부터 동학은 제2세 교주 崔時亨에 의하여 지도되고 포교되었다. 최시형은 관의 탄압을 피하여 태백산맥과 소백산맥의 산촌에 잠행하면서 비밀리에 포교하였다. 조선조정은 동학을 사학으로 규정하여 완전히 불법화하고 동학에 입도하는 자들을 가혹하게 탄압했지만, 백성들은 정부의 가혹한 탄압에도 불구하고 계속 동학에 입도하여 동학세력은 꾸준히 증가하였다.

동학은 당시의 민족적 위기를 타개하고 백성들을 구제하기 위한 사상으로 형성되어, 당시 백성들이 죽음을 무릅쓰면서도 입도하고 싶어하는 사상적 요소를 갖고 있었기 때문이었다.

---

14) 吳知泳, 《東學史》, 18쪽.

3) 동학사상

동학사상의 가장 큰 특징의 하나는 강렬한 민족주의와 당시 백성들에게 강한 호소력을 가진 대외관이었다고 할 수 있다.

우선 동학의 서학과 서세에 대한 관점을 보면, 서양을 위정척사사상처럼 무조건 사학으로 보거나 奇技淫巧에 의존한 금수와 같은 세력으로 경멸하지 않고, 도리어 '道成德立하여 無事不成하고 전쟁과 전투에서도 無人在前하는'[15] 막강하고 두려운 세력으로 보았다. 또한 서학의 운수도 동학과 동일하게 융성하는 운이오, 道는 서학과 동학이 모두 '天道'라고 본 것은 동학이 가진 보편주의적 天道觀을 나타내는 것으로서, 하나님을 자기 종교의 것이라고만 생각하는 모든 종교들보다 훨씬 더 보편주의적 객관적 관점을 정립한 것이었으며, 위정척사처럼 서양문명을 금수·오랑캐의 문화라고 폄하하지 않고 동양문명과 서양문명을 대등하게 본 합리적 사고를 나타낸 것이었다. 그러나 서학은 천국을 지상에 건설하려 하지 않고 죽은 후에 건설하려 하고, 개인의 구원만 빌어 부모형제를 제사할 줄 모르며, 서세의 앞장 노릇을 하는 동학보다 부족한 종교라고 그는 지적하였다.

한편 최제우 동학의 천국에 대한 관점은 과거 청의 '병자호란' 침략에 대하여 "汗夷(만주 오랑캐)의 원수를 갚아보세"라고 하여 만주족의 침략사실에 대한 적의를 나타내었다.

> 대보단에 맹세하고 汗夷 원수 갚아보세. 重修한 汗夷碑閣 헐고나니 초개 같고 붓고 나니 박산일세(〈安心歌〉, 《龍潭遺詞》).

그러나 明·淸을 포함한 현실의 중원을 차지한 중국에 대해서는 이를 '입술과 이의 관계'로 파악하며, 서세와 서학의 침입으로 중국이 멸망해가는 추세에 대해서, 조선은 중국이라는 입술이 없어지는 근심에 직면했다고 설명하였다.[16] 여기서 주목할 것은 중국과 조선을 '입술과 이의 관계'로 파악하면서

---

15) 〈論學文〉, 《東經大全》.
16) 위와 같음.

도 '조선을 이', '중국을 입술'에 비유하여 언제나 조선중심적으로 파악하고 있다는 사실이다.

한편 최제우 동학의 일본에 대한 관점은 과거의 침략에 매우 강력한 적개심을 나타내었으며, '개같은 왜적놈'이라고 표현하였다.

> 기험하다. 기험하다 아국운수 기험하다. 개 같은 왜적놈아 너의 신명 돌아보라. 너희 역시 하륙해서 무슨 은덕 있었던고(〈安心歌〉, 《龍潭遺詞》).
>
> 내나라 무슨 운수 그다지 기험할고, 거룩한 내집부녀 자세 보고 안심하소. 개 같은 왜적놈이 전세 壬辰 왔다 가서 술싼 일 못했다고 쇠술로 안먹는 줄, 세상사람 누가 알고 그 역시 원수로다(〈安心歌〉, 《龍潭遺詞》).

특히 주목해야 할 것은, 최제우는 만일 미래에 일본의 재침략이 있을 경우에는 그가 죽은 후에 영혼이 되어서도 이를 멸하겠다는 굳은 결의를 노래하고 있다는 사실이다.

> 내가 또한 神仙되어 飛上天한다 해도, 개 같은 왜적놈을 하나님께 造化받아 一夜에 滅하고서 傳之無窮하여 놓고(〈安心歌〉, 《龍潭遺詞》).

최제우가 만일 그가 죽은 후에 일본이 재침략하는 일이 있으면 영혼이 되어서라도 이 '개같은 왜적놈'을 하룻밤 사이에 멸하겠다고 굳은 결의를 《龍潭遺詞》의 〈安心歌〉로 노래하여, 그후 모든 동학도들이 이 노래를 찬송가처럼 복창했으니, 동학이 얼마나 일본의 재침략에 저항하는 민족주의적 사상을 가졌었는가를 알 수 있다.

동학은 외세의 침략에 대해서는 한사코 이를 싸워 물리치려는 강력한 저항민족주의를 정립하여 갖고 있었던 것이다. 동학의 민족주의를 더욱 근대적으로 만들어 하위신분층과 농민층에게 열렬한 환영을 받게 한 것은 그 평등사상과 휴머니즘(인본주의)이었다.

동학사상은 우주와 만물이 모두 '至氣'로 구성되었다는 '至氣一元'論을 주창하면서 '天一合一'論을 도출하고 '侍天主'사상을 정립하여 매우 독창적인 구조의 평등사상과 휴머니즘을 만들어 냄으로써 사회신분제도의 폐지와 인간다운 대우를 갈망하는 농민층의 요구에 잘 부응하였다. 즉 최제우는 동양의 전통적인 '天一合一'사상에서 종래에는 '天'에 무게와 중심을 두었던 것을 그는 이를 역전시켜 '人'에 무게와 중심을 둠으로써 '人'이 모두 마음 속에 '天'을 모시고 있다는 '시천주'사상을 만들었다. 동학에 의하면, 사람은 누구나 마음에 하나님을 모시고 있는데, 이 하나님은 신분·계급·남녀·노소·빈부에 전혀 차별 없이 모두 똑같은 하나님이며, 모든 사람들이 바로 동일한 하나님을 모시고 있기 때문에 평등하다는 동학의 새로운 평등사상을 정립한 것이었다. 예컨대 신분평등의 경우를 보면, 양반도 그의 마음 안에 하나의 하나님을 모시고 있고, 양인(평민·상민)과 천민·노비도 마음 안에 똑같은 하나의 하나님을 모시고 있기 때문에 양반과 양인과 천민·노비는 서로 완전히 평등하다고 설파한 것이었다. 이러한 평등사상은 양인·천민·노비 등 하위신분층과 농민층의 열렬한 환영을 받았음은 물론이다.

동학의 제2세 교주 최시형은 더욱더 평등사상을 강조하고, "우리 도를 깨달을 자는 호미를 들고 지게를 지고 다니는 사람 속에서 많이 나오리라"[17] 고 했으며, "富한 사람과 貴한 사람과 글 잘하는 사람은 도를 통하기가 어렵다"[18]고 하였다. 뿐만 아니라 동학은 여성도 '하나님을 낳는 하나님'이라고 하여 남녀평등을 강조했으며, 어린이는 '어린 하나님'이라고 하여 어린이 존중을 강조하였다.[19]

또한 동학은 '사람이 곧 하나님이오 하나님이 곧 사람이다'라는 '人是天'사상을 정립하여 인간의 지고지귀한 존엄성을 강조하였다. 최시형은 최제우를 계승하여 "사람은 곧 하나님이다(人是天). 사람 섬기기를 하나님같이 하라(事人如天)"고 다음과 같이 강조하였다.

> 내 꿈인들 어찌 선생(최제우)의 遺訓을 잊으리오. 선생이 일찍이 遺敎가 있어 가로되 '사람은 하늘이니라. 그러므로 사람 섬기기를 하늘같이 하라' 하였도다(李能和, 《天道敎創建史》, 제2편의 37~38쪽).

---

17) 吳知泳, 《東學史》, 42쪽.
18) 위와 같음.
19) 崔時亨, 〈內修道文〉 및 〈內則〉.
愼鏞廈, 〈崔時亨의 '內則' '內修道文' '遺訓'〉(《韓國學報》 12, 일지사, 64쪽) 참조.

동학의 '사람이 곧 하나님이다'라는 '人是天'사상은 하나님을 사람 밖에 있는 별개의 主宰者로 설정하고 사람은 하나님 밑에서 그 지배를 받는 하나님의 '종'라고 가르친 모든 다른 종교들의 사상과는 크게 다른, 고도의 휴머니즘의 사상이었다. 동학은 인간을 지고지귀한 하나님과 同格에 설정함으로써 그 때까지 전세계 모든 종교들이 창안한 휴머니즘 중에서도 최고도의 휴머니즘을 창도한 획기적인 것이었다.

동학의 위와 같은 독특한 구조의 평등사상과 최고도의 휴머니즘은 당시 양반관료들로부터 차별받고 학대받으며 천시되어 오던 평민들과 천민들에게 인간의 평등성과 지고지귀함을 가르쳐 주어 그들에게 새로운 희망을 주고, 그들로부터 열광적 환영을 받았다.

또한 최제우의 동학은 '後天開闢' 사상을 정립하여 보급하였다. 최제우는 인류역사를 '先天'과 '後天'으로 나누어 '선천'의 시대 5만년이 다하면 時運에 따라 '후천' 5만년이 시작되는 '개벽'이 이루어진다고 설명하였다. 그는 조선왕조 말기 자기의 시대를 '선천'시대가 마지막 종언을 고하는 시대라고 보았으며, 그의 '동학'의 득도와 포교의 시작이 '후천세계'의 시작을 알리는 것이라고 주장하였다. 최제우 동학의 이러한 '후천개벽' 사상에는 일반적으로 '선천세계'를 모두 부정하면서 실제로는 조선왕조에 대한 부정의 뜻을 그에 내포했다는 의미에서 혁명성이 있었다고 볼 수도 있다.[20]

또한 최제우의 동학은 天國은 서학에서와 같이 죽은 후에 하늘에 세울 것이 아니라 생전에 地上에 세워야 한다는 '地上天國'사상을 정립하여 강조하였다. 최제우는 사람들이 '守心正氣'하여 수양을 하고 동학에 귀의하여 '地上神仙'과 '地上君子'가 되면 이 땅위에 '지상천국'을 건설할 수 있다고 설명하였다. 이것은 동학이 지상에다 동학에 입도한 교도들을 중심으로 '군자공동체'의 유토피아 건설을 추론한 것이었다고 볼 수 있다.

동학의 위와 같은 '후천개벽'사상과 '지상천국'사상은 당시 동학의 민족주의와 평등사상과 휴머니즘에 의하여 해방과 자유의 의지를 갖게 된 하위신분층의 농민들에게 외세를 몰아내고 새로운 국가와 사회를 이 땅 위에 건설

---

20) 金龍德, 〈東學思想硏究〉(《中央大論文集》 9, 1964) 참조.

하고자 하는 의욕을 고취했다고 볼 수 있다. 최제우는 후천개벽 후의 지상천국의 오는 시절을 다음과 같이 가사로 기록하였다.

> 富하고 귀한 사람 이전 시절 貧賤이오, 貧하고 賤한 사람 오는 시절 富貴로세(〈敎訓歌〉, 《龍潭遺詞》).

동학사상이 가지고 있는 이러한 독특한 구조의 민족주의와 휴머니즘과 평등사상과 개벽사상·지상천국사상 등은 당시의 시대적 요청에 부응한 근대적 사상이었을 뿐 아니라, 당시 열강을 비롯한 외세의 침입을 염려하면서 양반관료들의 학대와 차별 앞에서 신음하며 사회신분제 폐지와 평등과 인간적 대우를 갈망하고 있던 하위신분의 농민들에게 고도의 '선택적 친화력'을 갖고 결합되어 수용되었다. 농민들은 동학을 그들에게 무한한 희망을 주고 용기와 자부심을 주는 복음과 구세종교로 생각하여 연이어 입도하게 되었다.

그리하여 조선왕조 조정은 1864년 동학을 불법화하고 이의 시행을 엄금하여 가혹하게 탄압했지만, 하위신분층의 농민들은 죽음을 무릅쓰고 이에 입도하여 최제우의 순교 이후에도 산촌과 농촌을 중심으로 농민들 사이에서 동학세력은 날로 증대하게 되었다.

동학사상은 이상과 같이 서양 열강의 동양 및 조선왕국 침입에 대한 사상적 대응의 한 양식으로 형성 창도된 한국민족의 매우 독창적인 사상과 종교였다. 동학은 保國安民과 廣濟蒼生을 목적으로 독창적인 민족주의와 근대적 평등사상 및 휴머니즘을 정립하고 새 시대를 열려는 후천개벽 사상까지 갖추어 광범위한 하위신분층의 농민들을 장악했기 때문에, 이후에 동학세력이 서양 열강과 외세의 침입에 대응하고 체제를 개혁하기 위하여 실제로 '보국안민'·'광제창생'의 민족운동을 일으키며 거대한 영향을 전국에 끼치도록 성장하고 있었다고 볼 수 있다.

〈愼鏞廈〉

Ⅲ. 대원군의 내정개혁과 대외정책

1. 홍선대원군의 집권
2. 대원군의 내정 개혁
3. 대원군의 대외정책
4. 대원군 정치의 성격과 의의

Ⅲ. 대원군의 내정개혁과 대외정책

1. 흥선대원군의 집권

1863년 12월 8일 33세의 젊은 철종이 재위 13년만에 후사도 없이 죽었다. 그의 소생으로는 5남 6녀가 있었으나, 제4녀 永惠翁主를 제외하고는 모두 어려서 죽고 말았다. 왕위 계승자를 남기지 않은 채 왕이 죽었기 때문에, 신왕을 옹립하는 것이 초미의 급무로 떠올랐다.

이날 왕실의 최고 어른이던 대왕대비(翼宗의 妃) 趙氏는 왕위 후계자를 선정하기 위해 전·현직 대신들을 불러모았다. 이 자리에서 조대비는 "興宣君의 嫡嗣 第二子 命福으로 익종대왕의 대통을 入承키로 定하라"는 한글 교서를 내렸다.[1)]

조선왕조의 제26대 국왕으로 지목된 '명복'은 당시 12세의 소년으로서, 영조의 4세손인 興宣君의 둘째 아들이었다. 대왕대비 조씨는 신왕을 선왕인 철종의 후사가 아니라 자신의 지아비인 익종의 양자로 입적하여 그 후사로 삼았다. 이것은 풍양 조씨 가문 출신인 조대비가 신왕을 자신의 영향력 아래 두고자 한 의도에서 나온 것이었다. 왜냐하면 선왕인 철종은 안동 김씨 가문에 의해 왕위에 올랐고 그들 문중에서 왕비를 맞았기 때문이었다.

흥선군의 아들이 철종의 뒤를 이어 왕위 계승자로 지목될 수 있었던 것은 궁중의 최고위자인 대왕대비 조씨와 흥선군 사이에 묵계가 있었기 때문이며, 또 철종의 유지가 그러하였기 때문이라는 설이 유력하다. 하지만 당시 왕가의 계보로 보아 고종이 왕위계승 후보자로서 지극히 당연한 순번에 있었음도 아울러 고려해야 할 것이다. 그렇기 때문에 이 결정은 별다른 반대를 받지 않고 이루어질 수 있었던 것으로 보인다.[2)]

1) 《高宗實錄》 권 1, 고종 즉위년 12월 8일.

자신의 아들이 왕에 즉위함에 따라 홍선군은 大院君에 봉작되었다. 그러나 살아있는 대원군의 존재는 전례가 없었기에 그에 대한 예우는 대군의 예에 따라 시행되었다. 하지만 대군도 역시 종실이므로 정치에 관여할 수 있는 직위는 아니었다. 따라서 홍선군이 대원군으로 봉작되었다고 해서 곧 정권을 장악하였음을 의미하는 것은 아니었다.

12월 13일 고종이 즉위한 날, 대왕대비는 백관을 거느리고 垂簾聽政의 의례를 거행하였다. 대왕대비 조씨는 수렴청정의 권한을 갖기는 하였으나 독자적인 정치적 기반이 약하였다. 그의 친정인 풍양 조씨 가문은 이미 철종 治世中에 안동 김씨 세력에게 밀려서 영락하였고, 친정 조카인 趙成夏·趙寧夏 등이 있었으나 척신으로서 세도의 지위에 올라 보좌의 중임을 감당하기에는 나이도 힘도 부족하였다. 대왕대비는 풍양 조씨 세력을 끌어 올리고 안동김씨 세력을 억제해 줄 강력한 존재를 필요로 하였는데, 홍선군이 바로 그 사람이었다.[3]

대왕대비는 수렴청정의 명목 아래 실제로는 홍선군에게 모든 정사를 위임하였다. 즉 "嗣王이 年幼하고 국사가 多難하니 대원군이 大政을 協贊하고, … 百官有司로 하여금 대원군의 지휘를 聽하라"고 명령하였던 것이다.[4]

이렇게 해서 마침내 정권을 장악하게 된 대원군은 과연 어떤 사람인가. 홍선대원군 李昰應(자 : 時伯, 호 : 石坡, 1820~1898)은 순조 20년 12월 21일에 서울에서 태어났다. 그는 고종 즉위 초기 10년간에 '大院位大監', '國太公', '大老' 등으로 불렸으며, 사후인 1907년에 '大院王'으로 추봉되었다.

그의 가계는 영조의 아들 思悼世子에서 파생되고 있다. 사도세자가 세자빈 혜빈 홍씨에게서 얻은 아들이 정조이고, 궁녀에게서 얻은 아들 셋 가운데 둘째 아들이 恩信君이었다. 은신군이 후사가 없어 인조의 셋째 아들인 麟坪大君의 5대손 秉源의 아들을 양자로 삼았는데 바로 그가 대원군의 친아버지인 南延君 球였다. 대원군은 네 형제 중 막내였다. 이렇게 따져볼 때 대원군은 실세한 왕족이긴 하지만 그당시 얼마 안되는 왕족 가운데 당당한 왕손이었던 것이다.

---

2) 成大慶, 〈대원군 초기 집정기의 권력구조〉(《大東文化硏究》 15, 1982), 94쪽.
3) 田保橋潔, 《近代日鮮關係の硏究》 上卷, 朝鮮總督府中樞院, 244쪽.
4) 玄采, 《東國史略》 1906 권 4, 近世史, 朝鮮記, 下, 43쪽.

그는 15세(순조 34년, 1834)에 興宣副正에 봉해지고, 이후 몇 차례 加資를 통해 24세 (헌종 9년, 1843)에 興宣君으로 봉해졌다.

그는 격조높은 한시를 많이 남긴 사실로 미루어 유교적 소양을 충분히 갖추었음이 분명하다. 특히 그는 추사 金正喜에게 師事하여 글씨와 난초 그림을 배워 격조높은 서화 작품을 많이 남겼다.

주요 관직 경력을 보자. 대원군은 17세 때에 童蒙敎官 일을 하였다. 이어서 守陵官, 綏陵遷葬都監의 代尊官 직을 거쳐 28세(헌종 13년) 때 冬至使에 임명된 바 있으나 무슨 이유인지 使行에 참가하지는 못하였다. 그후 그는 典醫監, 司圃署, 典設司, 造紙署의 提調 직을 맡았다. 이것은 모두 종실들에게 녹봉을 나누어 주기 위한 의례적인 한직들이었다. 하지만 그는 실권있는 관직도 거친 바 있다. 종친부 有司堂上과 오위도총부 都摠管 직이 바로 그것이다. 이 직책들은 결코 한직이라고 볼 수 없는 것이었다. 그 중에서도 홍선군이 주로 활동하던 직책은 종친부의 유사당상이었다. 그는 헌종 13년 2월 종친부 유사당상에 임명된 이후 철종 연간의 대부분 시기에 그 직책을 수행하고 있었으며, 고종이 즉위할 당시에도 여전히 그 직위에 있었다.5)

대원군이 정권을 장악한 당시의 조선왕조의 국내외 정세는 복잡다난하였다. 국내적으로는 봉건왕조의 여러 모순이 말기적 현상을 드러내기 시작하여 왕조 지배체제의 쇠퇴는 만회하기 어려운 지경에 이르렀다.

봉건사회의 해체과정은 모든 사회부문에서 진행되었다. 이를 가능케 한 기본적 동력은 농업생산력의 발전이었다. 농업생산력의 발전에 따라 사회적 분업이 신전되었다. 그 결과 상품화폐경제가 발달하였을 뿐만 아니라, 그 성격도 변하였다. 종래의 상품화폐경제는 국가가 농민들로부터 조세를 수납하는 과정에서 발생하거나 또는 지주가 전호농민들로부터 지대를 수취하는 과정에서 형성되었기 때문에, 주로 관료나 양반지주들의 수요에 부응하는 사치품이 시장에서 유통되었다. 그러나 봉건 말기에 이르러 사치품 외에도 농민들의 농업생산에 필요한 농기구 면화 면포 미곡 등이 중요 상품으로 등장하게 되었다. 이 상품들은 농촌의 장시에서 교환되었고, 이를 토대로 상업적 농업

5) 유영익, 〈홍선대원군〉(《한국사 시민강좌》 13, 일조각, 1993), 88~91쪽.

을 영위하는 농민들이 출현하였다.

봉건사회의 위기는 신분제의 변동에 따른 봉건적 신분 질서의 동요, 지주제의 확대에 따른 지주와 전호 농민의 계급대립의 심화, 농민층 분해의 진전으로 인해 초래되었다. 이러한 변화로 인해 농촌 사회 내의 계급구성은 재편되었다. 지주계급은 구래의 양반특권지주와 새롭게 성장한 서민지주로 분화되었고, 농민층도 부농 빈농 농촌노동자로 분화되었다. 이러한 것들은 농촌사회내의 계급대립을 첨예화시켰을 뿐 아니라, 그 자체가 봉건사회의 위기를 조성하는 객관적 조건이 되었다.

더구나 상품화폐경제의 발전에 따라 토지의 상품화가 진전되었으며, 그 결과 토지에 대한 지배권이 강화되어 지주제가 확대·강화되었다. 19세기 중엽 경상도 진주지역의 사례연구에 따르면 관내 토지소유자 가운데 16%에 달하는 지주들이 전체 토지의 62%를 점유하고, 63%에 달하는 농민들이 18%의 토지를 소유하고 있었다. 이러한 토지소유의 집중현상은 지주와 전호농민의 토지소유관계를 둘러싼 대립을 더욱 격화시켰다.

봉건사회의 위기는 정치적인 면에서도 드러났다. 이 시기에 양반세력 일반의 광범한 참여가 보장되는 정치질서가 붕괴되었다. 19세기에 들어서면서 세도정치가 출현하였다. 1800년 정조가 사망하자 순조가 11세의 어린 나이로 왕위에 올랐다. 자신의 딸을 순조의 비로 책봉하는데 성공한 金祖淳은 안동 김씨의 세도정권을 성립시켰다. 순조 말년부터 헌종대까지는 풍양 조씨 일파의 외척세력이 대두하여 한때 안동 김씨 세력을 견제하였으나, 1849년 헌종이 죽고 철종이 즉위하자 정국은 다시 안동 김씨에 의해 주도되었다. 철종 재위시에 안동 김씨의 세도정치는 절정에 달하였다.

세도정치 시기에는 18세기 이래 진행되어 오던 권력의 집중현상이 서울의 소수 명문가문을 중심으로 더욱 심화되었다. 그리하여 정권의 지지기반은 더욱 축소되었고, 그 결과 지배계급 내의 갈등과 대립은 더욱 심화되었다. 정권을 잡은 세도가문은 자신의 권력을 이용하여 매관매직으로 부를 축적하였다. 벼슬자리가 중요한 치부 수단이 되었기 때문에 정권을 잡은 자들은 관직의 임기를 단축시켜 자주 교체하였다. 이러한 관직의 불안정 상태는 관리들에 의한 탐학행위를 더욱 조장하였고, 농민수탈은 가중되었다.

세도정치 시기에 국가재정의 위기가 만성화되었다. 국가재정 위기를 타개하기 위해 세도정권은 새로운 재원의 확보에 열중하였다. 大同米의 중앙 상납분을 늘리고, 환곡의 총액을 증가시키고, 심지어 주화의 질을 떨어뜨려 화폐발행에서 생기는 이익을 늘리는 등의 조치가 행해졌다. 이로 인해 지방관청의 재정상태도 허약하게 되어, 각종 잡세의 부과나 환곡, 고리대 등을 통해 재정부족을 보충하는 경향이 확대되었다. 이러한 일련의 현상은 19세기의 만성적인 삼정수탈의 한 계기로 작용하였다.

이와 더불어 봉건적 지배 이데올로기도 그 영향력을 서서히 상실해 갔다. 실생활과 유리된 채 四端七情論, 理氣論, 禮論을 둘러싸고 부단히 논쟁을 되풀이하는 성리학 일변도의 사상적 상황은 봉건체제 위기를 타개할 수 있는 방안을 만들어 낼 수 없었다.

새로운 사상적 모색이 정권에서 소외된 지식층에 의해 이루어졌다. 천문학, 曆算 등 자연과학의 연구에도 많은 업적을 남긴 鄭齊斗의 양명학은 소론 학자들에게 계승되어 李匡師·李忠翊에 이르러 더 한층 발전하였다.

또한 17세기에 발생한 실학사상이 18, 19세기에 이르러서는 하나의 독자적인 학문체계를 형성하게 되었다. 柳馨遠을 위시한 李瀷·洪大容·朴齊家·丁若鏞으로 대표되는 실학자들은 정치·경제·문화·군사 면의 현실적 모순을 구체적으로 비판·분석함으로써 인민의 생활수준을 향상시키고 나라의 부강을 목적으로 하는 여러 개혁안을 제시하였다. 하지만 經世致用의 실학 일파는 천주교 탄압 사건에 휘말려 노론 집권세력으로부터 가혹한 탄압을 받아 영향력을 상실하였고, 利用厚生의 실학 일파는 文體反正으로 몰려 쇠퇴하게 되었다. 현실문제를 외면하고 典章 制度 金石 연구로 몰입한 實事求是의 일파 만이 그 명맥을 유지할 수 있었다.

다른 한편 이제까지 지배의 대상으로만 치부되었던 농민들도 유교적 이데올로기에서 이탈하는 양상을 보였다. 鄭鑑錄의 영향력이 민중들 사이에 확대된 것은 그 보기이다. "이씨왕조가 망하고 정씨왕조가 도래한다"든가, "十勝地로 들어가면 가난한 사람은 살고 부자는 죽으리라"는 정감록의 예언은 의지할 곳 없는 민심 속에 깊이 뿌리내렸다. 그리하여 정감록에 의거한 모반사건도 잇달아 일어났다.

1860년에 崔濟愚에 의해 東學이 창시된 것도 이러한 사회적 배경 속에서 이루어진 것이었다. 〈中老少問答歌〉에 나타난 時運의 사상이나, 풍수지리관, 초인적인 운명관과 新生觀·救濟觀 등의 後天開闢사상은 정감록 사상보다 더욱 발전된 양상을 보여주고 있다. 농민들 속에서 지배이데올로기에 매몰되기를 거부하고 독자적인 사유체계를 형성하는 새로운 사상적 경향이 대두하게 된 것이다.

봉건왕조 지배체제의 위기는 19세기에 들어서 전국적 규모의 농민봉기에 의해 전면화되었다. 19세기는 민란의 시대였다. 그중에서도 1811년 洪景來가 지도한 농민봉기와 1862년 壬戌民亂은 두개의 커다란 봉우리를 이루었다.

1862년 2월에 경상도 단성에서 시작된 임술민란은 5월에 접어들어 전국으로 확산되었다. 경상도에서는 20개 군현에서, 전라도에서는 37개 군현에서, 충청도에서는 12개 군현에서 민란이 발생하였다. 그밖에 함경도 함흥, 황해도 황주, 경기도 광주 등지에서도 민란이 일어났다. 1862년 한해 동안 민란이 일어난 지역은 기록에서 확인되는 것만도 71개 군현에 달하였다.[6)]

민란의 주요 형태는 饒戶富民層과 상층부를 점하는 양반토호층에 의해 지도되고 가난한 농민층이 주력이 되는 것이었다. 토호층이 주도하는 항쟁은 대부분 향권 탈취에 그치는 경우가 많았으나, 일부 지역에서는 초군이나 두레와 같은 농민조직이 항쟁에 가세함으로써 鄕會 중심의 투쟁을 뛰어넘어 폭력적인 반봉건 항쟁으로 나아갔다. 초군이 주도한 민란의 진행과정에서 농민들이 스스로 조직하였던 民會 등은 농민층이 변혁주체로 성장할 가능성을 보여주었다.

안동 김씨 가문을 필두로 한 봉건 지배층은 민란을 가혹하게 탄압하는 한편 민란의 원인을 전면적으로 조사하고 대책을 마련하였다. 봉건 지배층은 민란의 원인을 부세제도 운영상의 문제로 파악하였다. 그해 윤 8월에 三政釐正廳을 설치하고 삼정의 폐단을 개혁하려 하였다. 이러한 삼정 개선책은 농민층의 부담을 어느 정도 덜어주는 것이었지만 본질적으로 지주층 중심의 개선방안이었다. 그나마 보수적인 지배층의 반발에 부딪쳐, 겨우 3개월 남짓

6) 망원한국사연구실 19세기 농민항쟁분과, 《1862년 농민항쟁》(동녘, 1988), 59～62쪽.

추진되다가 10월 말에 백지화되고 말았다. 봉건사회 위기를 초래한 사회모순은 미해결된 채로 더욱 심화되었다.

봉건지배체제의 위기는 대외적으로 자본주의 열강의 침투에 의해 더욱 심각하게 되었다. 1831~1860년까지 기록으로 확인된 것만 해도 30차례 가깝게 異樣船이 출몰하였다. 이들은 조선에 교역·통상할 것을 요구해 왔다. 중국과 일본 두 나라에 국한하여 事大交隣의 의례적인 사신왕래만 행하던 조선왕조의 봉건지배층은 다른 어느 나라와의 통교도 엄격히 금지하였다. 그러나 산업자본주의의 완숙기에 접어든 구미 여러 나라들은 상품판매 시장을 확보하고 식민지를 획득하기 위한 치열한 경쟁을 전개하고 있었으며, 이것은 거스릴 수 없는 막강한 힘을 수반한 것이었다.

특히 1860년 영국·프랑스 연합군이 애로우호 사건을 구실로 삼아 北京을 함락하고 청의 咸豊皇帝가 熱河로 피신하는 사태가 전개되자, 서양에 대한 조선 봉건 지배층의 위기의식은 더욱 심화되었다. 봉건 지배층은 西勢東漸의 위기를 斥邪衛正의 방법으로 막으려고 시도하였다. 봉건 지배층은 천주교의 신앙체계를 조선왕조의 정치적 정통성에 대한 엄중한 도전으로 간주하였으며, 그에 대한 엄중한 탄압정책을 견지하였다. 하지만 자본주의 열강에 의해 주어진 이 위기는 쇄국정책으로 극복될 수 있는 것이 아니었다.

이상에서 살펴본 바와 같이 국내외적으로 조성된 봉건왕조의 위기를 극복하고, 새로운 사회발전의 대안을 마련하는 것이 이제 막 정권을 장악한 대원군정권 앞에 제기된 시대적 임무였다.

특히 1862년 임술민란은 봉건체제의 위기가 얼마나 심각한 것인지를 단적으로 웅변해 주었다. 하지만 당시의 집권세력인 안동 김씨 세도정권은 이를 치유할 능력을 갖지 못하였다. 임술민란은 비단 안동 김씨 권력을 위태롭게 하는 정도에 머문 것이 아니라 지배체제 자체의 위기를 가져왔던 것이다. 이 때문에 왕조지배체제를 재편성하는 것이 이 시기 지배층 전체의 일치된 소망이 되었다.

다시 말해 대원군의 집권은 1862년의 전국적 농민봉기에 대한 진압대책에 자신을 잃은 지배계급 중추부의 동요가 있었기 때문에 성공한 것으로 보인다. 봉건지배층은 농민의 봉기에 의해 그들의 운명이 결정된다는 것을 깨달았다. 부패하고 무기력한 봉건 지배층은 왕조 자체의 붕괴를 방지하기 위해 서로 타협해서 강력한 구원자를 만들어 냈다. 대원군이 바로 그러한 존재였다. 대원군 집권의 의의는 그가 집권한 다음 추진하고 시행한 여러 정책이 당시의 봉건왕조 및 지배층의 요망에 전적으로 부응하고 있다는 점에서 찾을 수 있다. 대원군이 집권하게 된 원인도 여기 있으며, 그의 정책 수행이 강력한 독재적 형태를 취할 수 있었던 조건도 바로 여기에 있었다.

대원군과 대왕대비 조씨의 동맹으로 새 정치가 시작되었다. 그러나 대원군이 권력을 확고하게 장악하기까지는 얼마간의 시일이 필요하였다. 고종 즉위 당초에는 아직도 철종조 외척 벌열세력인 안동 김씨 가문의 영향력이 강력하게 작용하고 있었다. 철종 사망 당일에 발표된 宗戚執事와 葬儀都監提調의 명단은 거의 전부가 안동 김씨계 인물로 구성되어 있었다.

안동 김씨의 영향력은 대왕대비가 수렴청정을 시작한 직후 강진 신지도에 유배되어 있던 慶平君 李世輔를 석방하려 하였을 때 승정원 홍문관 대사헌 대사간 시원임 대신들이 일제히 상소를 올려 반대하고 나선 사실에서도 잘 나타난다.[7] 경평군 이세보는 철종 말년에 척족을 경유하지 않고 왕에게 직품하여 자신의 아우로 하여금 直閣 벼슬에 오르게 하려다가 대간의 논핵을 받아 작위를 환수당하고 유배된 바 있었다.

정치권력에서 밀려나게 된 척족 안동 김씨 세력은 국면의 반전을 꾀하였다. 그들은 홍선대원군을 정계로부터 격리시키려고 시도하였다. 고종이 즉위하고 조대비의 수렴청정 의례가 거행된 그날, 金左根과 金興根을 필두로 한 외척 안동 김씨 세력은 국왕에게 대원군의 칭호를 갖는 생부가 있었던 예가 일찍이 국조에 없었던 일임을 명분삼아 대원군의 정치 간여를 막아야 한다는 입장을 취하였다. 즉 왕의 사친인 대원군을 정치적인 일로 수고롭게 해서는 안되며, 대원군과 대신들이 대궐에서 마주칠 일이 없어야 한다는 논리에 입각하여, 대원군으로 하여금 국정에 전혀 참여하지 못하도록 하자고 주장하였다.

그러나 안동 김씨 세력에게는 이미 급선회하는 정치권력의 이동을 억제할

---

7) 《高宗實錄》 권 1, 고종 즉위년 12월 20일.

능력이 없었다. 당시 안동 김씨 세력은 둘로 분열되어 있었다. 金左根·金興根을 필두로 하는 세력과 金炳學·金炳國을 중심으로 하는 양 세력이 그것이다. 이 가운데 후자가 대원군의 집권에 협력하고 나섰다. 이 때문에 김좌근·김흥근 계열의 안동 김씨 세력의 반대원군 운동은 약화되었다. 안동 김씨 세력이 종래와 같은 권세를 회복하기란 이미 불가능한 일이 되고 말았다.[8]

독자적인 세력 기반이 없었던 대원군은 수렴청정의 권한을 쥐고 있던 조대비의 협력을 얻었고, 김병학·김병국 계열의 안동 김씨 세력의 지지를 얻은데 힘입어 집권에 성공하였다. 이들은 대원군의 권력이 취약하던 집권 초기에 대원군 정권의 중요한 지지기반이 되었다.

《日省錄》이나 《承政院日記》의 기록으로는 고종 초기의 정치가 대왕대비의 수렴청정으로 이루어지고, 이것은 고종 3년(1866)에 철회된다. 하지만 실제로는 고종 즉위 초창기부터 크고 작은 정무가 처음부터 대원군에게 위임되어 있었다. 그러나 대원군이 자체의 권력 기반을 확고하게 굳히기까지에는 중앙관제의 개편, 새 관료층의 발탁, 京外 胥吏의 포섭, 宗親 璿派人 중심의 병권 장악 등이 완료될 때까지 얼마간의 기간이 필요하였다.

〈成大慶〉

2. 대원군의 내정 개혁

1) 대원군의 인재등용

대원군이 정권을 장악한 뒤 맨먼저 착수한 일은 권력체제의 근간인 중앙정치기구를 개혁하는 것이었다. 이는 안동 김씨 가문의 영향력 하에 중앙관직에 진출해 있던 구관료를 퇴임시키고 신관료의 등장을 촉진시키기 위해서는 무엇보다도 우선해야 할 중요한 일이었다. 대원군은 중앙 정치기구의 개편을 조선왕조 초기의 중앙관제를 복구하는 형태로 추진하였다.

8) 成大慶, 《大院君政權性格硏究》(成均館大 博士學位論文, 1984), 13쪽.

조선왕조 초기의 중앙관제로는 법전상 최고의 권력기관으로서 국왕 아래 議政府가 있었고, 그 밑에 六曹를 설치하여 행정을 분장하였다. 군사기관으로는 三軍府와 五衛都摠府가 있었다.

하지만 대원군 집권 당초에는 모든 국가권력이 備邊司에 집중되어 있었다. 비변사는 원래 명종 때 창설된 군령기관이었는데, 임진왜란을 거치면서 그 권한이 확대되었으며, 결국 의정부와 육조의 업무까지 흡수하여 일국의 정권과 병권을 통합한 최고 국가기관으로 성장하였다. 조정의 모든 政令은 비변사에서 재단하게 되었다. 의정부는 기능의 대부분을 비변사에 넘겨주고 儀禮만을 담당하였으며, 육조도 정책 입안 기능은 상실한 채 비변사에서 결정된 사안을 집행하는 기구로 변모되었다.

비변사의 고위 당국자로 취임할 수 있는 직책은 극히 한정되어 있었다. 전직, 현직 三議政은 都提調가 되고, 工曹를 제외한 五曹 판서와 大提學, 4都유수, 군영 대장 등이 당연직 제조가 되었으며 이 밖에 정치적으로 중요한 위치에 있는 인물들이 제조가 되었다.

세도정치 시기의 척족 문벌세력은 비변사를 통하여 모든 국정사무를 처리하였다. 이들은 비변사 提調堂上에 취임하여 군사력을 통제함과 동시에 국가재정과 중요 관직 인사권도 통할하였다. 또한 八道 句管堂上을 통하여 지방행정을 제도적으로 총괄하였다. 게다가 비변사 당상은 相避규정의 제한도 받지 않았으므로, 몇몇 유력 가문이 비변사를 장기간 과점할 수 있었다.

보기를 들면 순조대 안동 김씨 가문의 대표자인 김조순은 순조 즉위년(1799)에 대왕대비의 특지로 비변사제조가 되었고, 순조 2년 국왕과 김조순 집안의 정혼이 결정되자 같은 해 10월부터 죽기 직전인 순조 32년 3월까지 영돈녕부사의 지위로 비변사 고위당상의 맨 윗자리를 차지하고 세도정치를 실행하였다. 또 철종대 안동 김씨 가문의 김좌근과 김흥근은 영의정, 좌의정, 중추부사의 직책을 가지고 비변사 고위당상 및 비변사 대신의 지위를 차지하였다.

세도정권 시기를 통해 비변사 제조당상 직위를 차지한 약 300명의 고위 당국자들은 핵심적 지배집단을 형성하여 국가운영의 모든 권력을 독점하였다. 이 집단은 安東金氏를 중심으로 하고 여기에 大邱徐氏·豊壤趙氏·延安

李氏·豊山洪氏·潘南朴氏 등 6대 가문이 가세한 강력한 혈연 연합적 집단이었다.

집권 초창기의 대원군은 자체의 권력 기반을 강화하기 위해서 유력 가문의 영향력을 약화시켜야 했다. 이를 위해 대원군이 채택할 수 있는 방법 가운데 하나는 비변사를 비롯한 기존의 주요한 행정관서를 자신의 정치세력이 장악하도록 하는 것이었다. 종래 세도정치 시기에 안동 김씨 세력과 풍양 조씨 사이의 권력교체는 이러한 방식으로 이루어졌다. 하지만 대원군에게는 문반 관료층내에 자신의 지지기반이 준비되어 있지 않았다. 이 때문에 대원군이 권력을 행사하기 위해서는 다른 방식이 필요하였다. 대원군은 외척 김씨 세력의 근거인 비변사의 기능을 중지시키고 왕조 초기의 정치기구인 의정부와 육조, 그리고 삼군부를 부활시키는 방안을 채택하였다.

비변사의 약화는 대원군이 집정한 직후인 고종 원년(1864) 정월부터 실행에 옮겨졌다. 그 첫단계 조치는 종래 국무 전반을 관할하던 비변사의 업무를 의정부와 비변사의 두 곳으로 분장하는 것으로부터 시작되었다. 이처럼 과도적인 시책이 채택된 것은 김좌근 계열의 안동 김씨 세력이 비변사를 거점으로 대원군 정권에 소극적이나마 대항세력으로 존속하고 있었음을 반영하는 것으로 보인다. 비변사를 축소·폐지하는 것은 김좌근 계열의 안동 김씨에 대한 정치적 도전이었으며 그들을 중앙정계에서 축출하고자 하는 시도였다. 그러므로 비변사의 축소문제가 최초로 거론되었을 때 당시 영의정이던 김좌근은 명분론에 입각하여 의정부와 비변사를 양립시키는 선에서 자신의 영향력을 잔존시키고자 하였다.

그러나 고종 원년 4월 그가 영의정에서 물러나고, 안동 김씨 문벌세력이 차츰 중앙정계에서 후퇴하면서, 비변사 폐지는 실행에 옮겨졌다. 비변사 기능 축소에 관련해 획기적인 조치가 취해진 시기는 고종 2년(1865) 3월이었다. 의정부와 비변사를 하나로 통합하되 비변사는 의정부의 조회 때 朝臣들이 임시 거처하는 대기실로 삼는다는 결정이 반포된 것이다. 비변사에 내렸던 '廟堂'이라는 현판은 의정부의 대청으로 옮겨 걸게 하였으며, 비변사의 印章을 영원히 녹여 없애고, 공문서 작성은 의정부를 頭辭로 삼을 것 등의 결정이 채택되었다.[1] 이것은 약 1년간 끌어온 비변사와 의정부의 양립상태를 없애고, 의정부를 명실상부한 국정 최고기관으로 확립하였음을 의미한다. 이로써 안동 김씨 세도정권의 근거였던 비변사는 사실상 폐지되었다.

중앙관제 개편과 함께 대원군이 취하였던 또 하나의 지지기반 강화책은 구 관료층을 퇴진시키고 신 관료층을 등용하는 것이었다. 먼저 안동 김씨 가문의 추종자로 간주된 관료들을 축출하였다. 고종 원년 초에 沈宜冕·沈履澤 부자가 탄핵을 받고 축출된 것은 그 사례였다. 이어서 김좌근 계열의 안동 김씨 세력이 퇴진하였다. 영의정의 직위에 있던 김좌근 자신이 이미 고종 원년 4월에 사직하였으며, 다음해 정월에는 영돈녕부사 김홍근도 은퇴하였고, 각조 판서를 역임하며 외척세도의 실질적인 대표자로 지목되던 金炳冀(김좌근의 아들)도 고종 원년 3월에 광주유수로 좌천되었다가 결국 정계에서 은퇴하였다.

대원군은 자신의 지지세력을 널리 발탁하여 중앙 정계의 요직에 배치하였다. 대원군의 관료 등용정책은 세도정치 시기의 그것과 비교해 볼때 일정한 차이점을 내포하고 있었다. 하지만 대원군의 인사정책이 비록 세도정치 시기에 볼수 없었던 몇몇 특징을 갖고 있었다고 하더라도, 그것은 부분적인 현상일 뿐이지 본질적으로는 종래의 그것과 별반 다를 바가 없었던 것으로 보인다. 이 점은 대원군이 등용한 신관료층의 사회적 구성을 세도정권 시기에 임용된 고위관료층의 그것과 비교해보면 드러난다.

먼저 대원군 집정기에 임용된 고위 관료층의 당파별 구성을 살펴보자. 순조·헌종·철종기(1800~1863)는 주로 노론 출신의 안동 김씨에 의한 세도정치가 행해지던 시기인데, 이 시기의 의정, 판서 취임자 총수는 256명이었다. 그 당파별 구성을 보면 노론은 162명(61.1%), 소론 81명(30.6%), 남인 14명(5.3%), 북인 8인(3%)이었다.

이에 반해 대원군 집정기(1864~1873)에는 의정, 판서의 취임자 총수가 139명이었는데, 그중에서 노론 78명(56.1%), 소론 34명(24.5%), 남인 12명(8.6%), 북인 13명(9.4%)이었다.[2)]

---

1) 《高宗實錄》 권 2, 고종 2년 3월 28일.

2) 糟谷憲一, 〈大院君政權の權力構造－政權上層部の構成に關する分析〉(《東洋史硏究》 49-2, 1990), 143·157쪽.

양자를 비교해 보면 세도정치 시기에 비해 대원군 집정기에는 고위 관료층 속에서 남인과 북인의 비중이 다소 증가되고 있음을 확인할 수 있다. 하지만 분명한 것은 이들의 관계진출이 정국의 향방을 좌우하는 영향력을 갖는 것은 아니었다는 점이다. 여전히 노론과 소론의 비중이 압도적이라는 점에 주목할 필요가 있다. 대원군 집정기에도 노·소론을 합한 숫자가 전체 고위 관료 가운데 80.6%를 점하고 있다.

뿐만 아니라 정부내 중요 직위에는 예외없이 노론이 취임하였다. 보기를 들어 재정의 중추를 쥐고 있는 호조판서와 선혜청 당상의 직위에는 거의 노론에 속하는 인사들만이 취임하였다. 게다가 여타 직위는 평균 재임 기간이 몇 달에 미치지 못하는 짧은 기간인데도 불구하고, 안동 김씨의 대표자 김병학은 고종 4년에서 9년까지 장기간 동안 영의정에 재임하였으며, 그의 동생 김병국도 1866년에서 1872년까지 6년 반 이상의 장기간에 걸쳐 호조판서 직위에 재임하였다.

또한 대원군이 남인의 명분이나 의리론을 회복해준 사실도 없음을 주목해야 할 것이다. 대원군은 그 동안 권력과는 거리가 멀었던 남인 및 북인을 등용하였으나 이들의 정치적 참여명분을 제공해주지는 않았다. 대원군 정권에 남인이 점차로 많이 등용되는 가운데 영남의 남인들이 남인 의리를 회복하려는 움직임을 보였다. 이에 대해 대원군은 직접 나서서 이를 저지하였다. 그는 남인에 속하는 관료층의 의리론 회복 움직임을 우호적인 설득이 아니라 강제력을 동원하는 위협적인 언사를 사용하여 진압하였다. 이것만 보아도 대원군 정권이 남인적인 성격이거나 사색당파를 고루 안배한 정권이라는 느낌을 받기는 어렵다.[3]

대원군이 전 시기에 비해 남인과 북인을 어느 정도 더 많이 등용한 것은 사색당파를 고루 섞어서 조정에 세워놓아야 특정 관료집단의 일당 전제를 방지하고 왕권의 강화를 도모할 수 있었기 때문이었다. 대원군이 노론의 강인한 세력을 끝내 제거치 못하였을 뿐만 아니라 훗날 노론세력의 견제를 받고 정권에서 물러나게 된 것은 오히려 남인·북인을 고루 등용치 못하였던 것에 한 원인이 있었던 것으로 보인다.

3) 연갑수, 〈대원군 집정의 성격과 권력구조의 변화〉(《한국사론》 27, 서울大, 1992), 273쪽.

다음으로 대원군 집정기에 임용된 고위관료들의 성씨별 구성을 살펴보자. 대원군 집정기인 1863년 12월에서 1873년 11월 시기에 재임하였던 3의정, 좌우찬성, 좌우참찬, 육조판서는 모두 141명이었다. 이들은 42개 본관, 24개 성씨의 출신자들이었다. 이 중에서 최대의 숫자를 점하는 성씨는 전주 이씨로서 전체의 12.4%를 차지하였고, 그에 뒤이어 안동 김씨가 10.1%를 점한다. 이밖에 대구 서씨, 남양 홍씨, 여흥 민씨, 진주 강씨, 평산 신씨, 기계 유씨, 해평 윤씨 등을 포함한 40개 姓貫이 이들 고위직을 점하고 있었다.[4)]

전주 이씨가 최대 다수를 점하는 현상은 대원군이 종친 선파인을 대동단결시켜서 이것으로 이씨 왕조의 울타리를 튼튼하게 쌓으려 하였음을 말해준다. 안동 김씨 세도정권 시기에 전주 이씨는 고위 관료층 속에서 점하는 비중이 높지 못하였다. 보기를 들어 철종연간에 비변사 당상에 취임하였던 68명 가운데 전주이씨는 3명으로서 전체의 4%에 지나지 않았었다. 이로 미루어 볼때 대원군 집정기에 종친 선파 세력의 비중은 급격히 증대되었음이 명백하다.

전주 이씨에 뒤이어 안동 김씨 문중 세력이 몰락하기는 커녕 제2위의 영향력을 갖고 있었다. 철종연간에 비변사 당상에 취임하였던 고위관리 가운데 안동 김씨는 18%를 차지하였다. 대원군 집정기에 안동 김씨 세력이 고위 관료층 내에서 점하는 비중은 그 이전에 비교하면 다소 줄어들기는 하였으나, 여전히 강력한 지배집단의 일원으로 존속하고 있었던 것이다. 이러한 사정은 대원군이 김좌근 계열의 안동 김씨 세력을 축출하였지만, 그렇다고 해서 모든 안동 김씨 문중을 적대시한 것은 아니었음을 보여준다. 김병학 계열의 안동김씨 문중 세력은 대원군의 집권과정에 협력하였을 뿐 아니라 대원군 집정기의 전 시기에 걸쳐 그와 정치적으로 제휴하였던 것이다.

결국 대원군은 종친 선파세력과 김병학 계열의 안동 김씨 세력을 양대 기둥으로 삼고, 전통적인 명문 거족인 40여 개의 여타 성관들을 대부분 그대로 온존시켜, 그들을 자체 정권의 지지 기반으로 만들었다고 볼수 있다. 몇몇 명문 거족의 고위 관리직 진출현상은 다소간의 등차 변화를 수반하기는 하

4) 안외순, 〈대원군집정기 인사정책과 지배세력의 성격〉(《동양고전연구》 1, 동양고전학회, 1993), 141~143쪽.

였으나, 대원군 집정기에 와서도 변함이 없었던 것이다. 변한 것이라고는 안동 김씨 대신 종친 선파인이 고위 관료층 내에서 주도권을 장악하여 새로운 세력으로 부상한 것이었다. 대원군 집정하의 새 정부의 고위관료들은 60여년간 정권을 독점해 온 외척 안동 김씨 세력까지를 포함한 종래 조선왕조의 명문 양반의 모든 씨족을 구태의연하게 재조직한 것이었다.[5]

대원군의 인사정책에서 종래 세도정치 시기에 비교할 때 가장 이채로운 것은 종친 선파세력으로 하여금 고위 관료층 사회에서 주도권을 장악케 하였다는 점이다. 대원군은 집권 직후 세도정권 시기에 위축되어 있던 종친 선파세력의 지위를 강화하는 일련의 시책에 착수하였다. 그는 집정하자 곧 안동 김씨 정권에 의해 유배되어 있던 경평군 이세보를 방면하고, 종친부의 직제를 개혁하였다. 즉 宗簿寺와 宗親府를 통합하여 규모를 확대하고, 종친부 건물을 개축하였다. 또한 璿派 102派의 璿源譜 총 350권을 간행하고, 항렬을 통일시키는 등의 조치를 취하였다. 게다가 종친은 4대(嫡) 또는 3대(庶)가 지나야 관료로서 정치에 참여할 수 있었던 종래의 법규를 무시하고, 璿派儒生應製 또는 종친부 宗科라는 과거제도의 변칙적 운용을 통해 종친과 선파인을 집중적으로 발탁하여 단시일내에 그의 권력기반을 공고하게 하였다. 이것은 태조 이성계의 후손인 璿派人들의 결속을 토대로 이씨왕조 체제의 재건을 도모하려는 대원군의 권력강화책의 일환이었다.[6]

또한 중앙관서 중에서 군사 및 경찰권에 관련된 중요한 직위에 선파출신의 무관을 대거 등용하였다. 선파중에서 무관 집안으로 이름난 茂林君派에서 李圭徹·李鍾承 부자를, 孝寧大君派에서 李景純·李鳳儀 부자를, 桂成君派에서 李南軾·李章濂 부자를, 德陽君派에서 李周喆을, 廣平大君派에서 李景夏를 발탁기용하였다. 이것은 조선왕조 후기의 역대 세도정권이 각기 병권을 장악하기 위해 자신의 문중에서 중요 직위에 부임케 하였던 것과 궤를 같이 하는 것이었다. 보기를 들면 철종년간 안동 김씨 세도정권 하에서 총융사·어영대장·훈련대장·금위대장 등의 직위에 오른 자들은 김좌근·金汶根·김병기·김병국 등 김씨 일족이었다. 또한 대원군 실각 후 도통사·총융사·

5) 成大慶, 《大院君政權性格硏究》(성균관대 박사학위논문, 1984), 36쪽.
6) 成大慶, 〈대원군정권의 과거운영〉(《대동문화연구》 19, 1985).

금위대장·친군통위영사 등 병권을 쥘 수 있는 직위에 오른 자들은 민겸호·민태호·민영익·민영휘 등의 민씨 일족이었다.

이와 같이 고위 관료층에 대한 인사권을 통해 중앙정계에 자신의 지지세력을 확고히 포치한 대원군은 일선 각 행정기관의 실무자층도 자신의 영향력 하에 두었다. 이들은 대원군이 추진한 각종 시책을 실무차원에서 보조하였다.

운현궁의 家令과 京外 胥吏 등이 그에 속하였다. 운현궁의 가령으로는 소위 '천하장안'이란 별명으로 불리는 패거리(千喜然·河靖一·張淳奎·安弼周)가 유명하였다. 이들은 정계의 동정을 비롯하여 궁중내의 동태, 시정인의 민심동향 등을 소상하게 조사하여 대원군에게 보고하는 정보망의 역할을 하였다. 이에 덧붙혀 公事廳 內侍인 李敏化도 대원군의 수족이 되어 활약하였다. 이들은 대체로 행정실무에는 밝으나 신분이 미천한 사람들로서 이전에는 주로 유력가문의 영향 아래 있었다. 대원군이 집권 초기부터 각 지방의 세세한 정보까지 정확하게 수집할 수 있었던 것은 이들을 적극적으로 활용하였기 때문인 것으로 보인다. 하지만 대원군 집정기에 이들이 직접 정치세력으로 성장하지는 못하였다.

대원군은 노련한 전문행정가인 중인신분 가운데서 명민한 자를 골라 의정부와 육조를 비롯한 중앙관서에 배속시켰다. 보기를 들면 형조집리에는 吳道榮을, 호조집리에는 金完祖와 金錫準을, 병조집리에는 朴鳳來를, 이조집리에는 李繼煥을, 예조집리에는 張信永을, 그리고 의정부 八道都執吏에는 尹光錫을 배치하였다. 이들은 모두 吏胥 집안의 후손으로 각 방면의 행정을 잘 아는 중인층으로서 대원군 정권의 지지기반이 되었다.[7]

대원군은 지방 행정관서의 서리층도 자신의 지지세력으로 포섭하였다. 대원군은 8도의 監營과 四都의 留守營門의 서리들과 기맥을 통하고 있었다. 그 중에서도 이름있는 지방 아전으로는 전라감영의 아전 白樂瑞·白樂弼 형제, 경상 감영의 아전 徐殷老 등이 있었다.

대원군은 중인서리층을 지배권력 강화에 활용하고 있을 뿐, 신분제도를 타

7) 朴齊炯, 《近世朝鮮政鑑》 上(1886), 18~19쪽.

파하여 능력에 따라 양반관료와 차별없이 고관현직에 발탁하는 제도적 변혁을 꾀한 적은 없었다. 이들 서리층 또한 행정대리인으로서 실리를 도모할 뿐 그들의 신분적 불평등을 개선하려는 어떤 노력도 보이지 않았다. 그들은 종래와 마찬가지로 행정실무자로서의 특권을 이용하여 중간착취적 기능을 발휘해서 막대한 부를 축재하는 일에 몰두하였을 뿐이다. 중인계급 또는 향리를 포함한 하급 이속층에서 근대시민적 성격을 갖는 새로운 지식계층이 대두하는 것은 갑오개혁 이후에야 비로소 가능하였다. 대원군의 집정 초기에는 아직도 선진적 지식인 계층으로서 민족사적 과제를 담당해 낼 힘은 그들에게서 보이지 않았다.

한편 대원군은 지방차별을 없애는 인재등용을 하였다고 평가받아 왔다. 하지만 대원군 집정 10년간에 송도인으로 실직에 등용한 사람은 王庭楊, 王性協 부자 뿐이었다. 평안도의 경우에는 과거에서 지역별로는 가장 많은 인원수의 급제자를 배출하고 있으면서도 이들 등과자를 실직에는 임용하지 않는 '收用法'을 적용하고 있는 것만 보아도 대원군이 인재등용의 문을 개방하여 지역적 차별을 철폐하였다는 주장은 인정하기 어렵다. 즉 고려왕실의 잔존후예를 우대한다는 명분을 걸어 개성지방의 민심을 수렴하려 하였을 뿐 이밖에 따로 서북인을 고위관료로 기용한 사실은 찾아볼 수 없는 것이다. 설령 지배자의 자의로 몇몇 인물이 특별히 발탁되었다 하더라도 계급적·지역적 차별을 철폐하고 능력 위주로 인재를 등용하는 제도상의 개혁이 수행되지 않은 이상, 이것으로 대원군의 인사정책을 높이 평가할 것은 못되는 것이다.

결국 대원군 집정기의 인사정책의 본질은 외척 벌열의 세도정치 시기의 그것과 다름이 없는 것이었다. 대원군은 농민층의 저항으로 인해 쇠잔해진 봉건지배층을 재조직하고, 이와 함께 그들의 실무자인 하급 관리 및 중인서리층을 포섭하였다. 특히 조선왕조의 흥망과 이해관계를 같이하는 종친 선파인을 단시일내에 육성, 재편성하여 이들에게 중앙과 지방의 군사력과 경찰력을 장악하게 함으로써 이들을 정권의 중추세력으로 만들었다. 대원군은 안동김씨를 포함한 기존 세력을 제거하기는 커녕 이들과 연합하여 왕조체제를 재건하려 하였던 것이다.

2) 서원 철폐와 경복궁 중건

우리 나라 書院의 효시는 중종 때 豊基郡守 周世鵬이 安珦을 제사하고 근린 자제에게 유학을 강론한 白雲洞書院이다. 그후 명종 때 이곳에 부임한 李滉이 건의하여 紹修書院이란 사액과 함께 서적과 면세전토 그리고 노비를 하사하였으니, 이것이 곧 賜額書院의 효시이다. 이후 이를 본떠서 전국 각지에 서원이 남설되기 시작하였다.

조선 후기에는 서원이 이미 광범하게 설립되어 국가재정에 역행적 작용을 하고 있었다. 서원에는 그것을 유지하기 위한 면세의 書院田과 군역을 면제받은 院奴를 비롯하여, 건물의 건축과 수리, 그리고 春秋祭享의 祭需를 지방관아나 국가에서 보조받는 특권이 있었다. 이러한 법외의 특권이 부여되기 때문에 남설, 첩설이 유행하여 수많은 서원이 설립되었고, 이 서원재산으로 무위도식하는 양반유생이 늘어나며, 서원의 위세로 관민을 협박하며 금품을 강요하는 비행이 자행되었다.

서원 외에도 鄕賢祠라는 것이 있었다. 향현사는 서원으로 하기에는 부족한 것을 일컫는 것인데, 서원과 동일한 기능을 하였다. 서원과 향현사의 남설은 곧 지방유림의 세력신장을 의미하는 것이었다. 이것은 왕권에 대한 도전세력의 증강을 뜻하는 것일 뿐 아니라, 국가재정에 대한 막대한 결손을 초래하였다.

이 때문에 봉건 정부에서는 가능한 한 서원의 증설을 막고자 하였다. 이미 임진왜란 당시 선조에 의해 전국 서원의 재산 몰수 조치가 행해진 바 있었고, 영조 재위시에도 300여 군데에 달하는 서원이 철폐된 바 있었다. 또한 철종 13년에도 신설 서원들을 일제히 철폐하는 조치가 취해졌다.

대원군도 서원을 정리할 것을 결심하였다. 그는 집권 직후에는 과다하게 설립된 서원을 제한하는 정책을 시행하였다. 고종 원년 7월에 대원군은 전국 서원과 향현사를 엄밀히 조사시키는 한편 그 존폐문제를 검토하라는 명령을 내렸다. 곧 이어서 서원과 향현사의 폐단이 매우 심하니 그들의 죄악상을 일일이 적발 처분하고 그 私設, 濫設을 엄금하라고 지시하였다. 결국 대원군은 집권 초에는 다만 서원의 남설을 막고 그 불법적 행태를 규제하려 하였던 것으로 보인다.

대원군은 자신의 권력기반이 확고해지자 고종 2년 3월에 큰 영향력을 갖고 있었던 萬東廟의 철폐명령을 내렸다. 서원중에서 가장 영향력이 있었던 것은 노론의 영수인 宋時烈을 배향한 청주의 華陽書院이었으며, 송시열의 유지에 따라 중국 명나라의 神宗, 毅宗을 추모하기 위해 설립된 만동묘였다. 특히 화양서원에서 임의로 발행하는 이른바 '華陽墨牌'는 그 누구도 감히 어길수 없는 권위를 갖고 있었다. 그래서 대원군의 이 조치는 충격적인 것으로 받아들여졌고, 전국 유림의 반대운동에 부딛혔다. 하지만 이 조치는 전국적 규모의 서원철폐령의 전주곡에 불과하였다.

대원군의 서원철폐 정책이 본격화한 것은 병인양요를 치룬 뒤 대원군 정권이 재정적으로 가장 큰 곤란을 겪던 1868년경 부터였다. 이 해에 서원전에 대한 면세규정을 폐지함으로써 서원의 물질적 기초에 규제를 가하였고, 사액서원을 유림의 영향력으로부터 벗어나게 하기 위해 각 군현의 수령이 직접 주관하게 하였다. 이는 대원군 정권이 향촌의 재지 지배층을 견제하고자 하는 의도를 갖고 있었음을 잘 나타내 주는 것이었다.

대원군의 서원철폐 정책이 최고조에 달한 것은 고종 8년(1871)이었다. 이해 3월에 마침내 전국의 거의 모든 서원을 철폐하는 명령이 발령되었다. 즉 1人 1院 이상으로 중복 설립된 서원과 향현사는 설혹 사액서원이라 하더라도 모두 없애고, 사액서원으로서 마땅히 존속시켜야 할 47개 처만 남기도록 하였던 것이다.8)

전국 각지의 유생들은 서원철폐 정책에 반대해 나섰다. 유생들은 '儒通'이라 불리는 격문을 돌려 반대여론을 규합하였으며, 대표자를 선출하여 서울에 집결하여 대궐 앞 시위를 벌였다. 이에 대해 대원군은 "백성을 해치는 자라면 공자가 다시 살아난다 하더라도 이를 용서하지 않을 것"이라고 단호한 결의를 표명하면서, 포도청에 명령하여 유생들의 집회를 해산시키는 등 탄압책으로 일관하였다.

---

8) 成大慶, 〈대원군의 서원철폐〉(《천관우선생환력기념한국사학논총》, 정음문화사, 1985).

서원철폐 정책의 본질은 지방의 토호권을 약화시키고 그 대신 전제왕권을 강화시키는 것에 있었다. 이러한 의도는 지방 관아의 서리에 대한 통제를 강화하는 것에서도 드러났다. 대원군은 자의적으로 부세를 운영하여 민폐를 야기하고 있었던 서리에 대한 통제를 강화하였다. 고종 원년(1864) 전국 還穀逋欠을 조사하는 과정에서 포흠서리에 대한 처벌 규정을 더욱 엄격히 하였다. 포흠량이 1,000석 이상인 경우는 모두 효수형, 900~200석까지는 등급을 나누어 정배형, 100석 이하는 감영에서 엄형하여 석방하도록 조치하였다. 이 조치는 그후로도 계속되어 환곡을 포흠하였다는 명목으로 효수된 서리들은 상당수에 달하였다. 이와 더불어 대원군 정권은 종래 향촌사회의 자치에 맡겨졌던 서리 임명도 중앙에서 간여하도록 하였다. 중앙통제력을 강화하여 향촌 사회를 안정시키고자 하였던 것이다. 요컨대 대원군 정권의 향촌 정책의 핵심은 수령-서리로 이어지는 봉건왕조의 공적 권력의 확립을 통하여 사적 권력을 배제하고 향촌사회의 운영권을 장악하고자 한 것이었다.

대원군이 집권 후 심혈을 기울인 다른 한 가지 사업은 임진왜란 당시 불탄 경복궁을 중건하는 것이었다. 이것은 왕실의 존엄을 과시하려는데 목적이 있었다. 그러나 경복궁 중건은 방대한 예산을 요구하는 사업이었으며, 당시 조선왕조의 재정상태에 비추어 보면 힘겨운 일이었다.

경복궁은 원래 조선왕조 건국 직후인 1394년 12월부터 이듬해 9월에 걸쳐 정도전의 지휘 아래 건립된 궁궐이었다. 경복궁은 그후 약 200년간 조선왕조의 정궁으로서 기능하다가 임진왜란 당시에 화재로 소진되고 말았다. 그후 250여년 동안 순조, 헌종년간에 두 차례 중건을 계획한 적이 있으나 재정궁핍으로 인해 중건을 이룩하지 못하였다.

대원군은 고종 2년(1865) 4월에 營建都監을 설치하였으며, 스스로 진두에서 사업을 지휘하였다. 이 공사에 필요한 재정을 충당하기 위해 대원군은 우선 왕실로부터 內帑金 11만 냥을 지출하고, 종친을 내세워 願納錢 36만 냥을 걷도록 하였다. 이어서 일반인들을 상대로 원납금을 염출케 하였다. 경복궁 중건에 사용된 개인 원납금의 총액은 1865년 4월부터 1868년 8월까지 약 750만 냥이었다.[9)]

대원군은 원납금의 납입을 독려하기 위해 1만 냥 이상의 금전을 헌납한 이들에게 벼슬자리를 주었다. 보기를 들면 1866년 3월 현재 53인의 고액 헌납자들에게 지위와 액수에 상응하는 직책이 부여되었다. 10만 냥을 원납한 3사람은 수령에 임명되었고, 3만 냥을 원납한 5인은 初任調用되거나 六品職에 임용되었으며, 1만 냥 이상을 납부한 45인도 모두 수령직이나 그 밖의 적당한 직책에 임용되었다. 가장 많이 임명된 직위는 수령직이었는데 53명 가운데 21명이 그에 임용되었다. 출신지를 보면 함경도가 가장 많았는데 咸興 출신이 4명, 利原과 洪原 출신이 각각 3인씩 모두 10인이었다.[10] 이처럼 고액의 원납전을 헌납한 자에게 관직을 제수하는 것은 경복궁이 완성될 때까지 계속되었다. 후기에 갈수록 원납 액수가 줄어들어 고액헌납자에게 더욱 후한 직첩으로 포상하였다.

원납전의 수금은 경복궁 중건 공사가 끝난 뒤에도 군비확장을 명분으로 계속 되었다. 이제 원납전은 일상적인 조세가 되어 가고 있었던 것이다.

그 밖에도 경복궁 중건 비용을 조달하기 위해 특별세가 신설되었다. 1결당 100문씩의 結頭錢을 새로이 부과한 것은 그 사례이다.

또한 當百錢을 주조하여 유통시켰다. 이 화폐는 고종 3년(1866) 11월부터 호조의 전관 아래 금위영에서 주조하였다. 명목가치가 실질가치의 1/20에 지나지 않은 이 악화는 약 6개월 동안에 총 1,600만 냥이나 발행되었다. 당백전은 막대한 주조차익을 얻을 수 있는 화폐였다. 당백전은 경복궁 중건 사업에 쓰였을 뿐만 아니라 병인양요로 인해 파괴된 강화부와 경기 연안의 문수산성을 비롯한 성곽 수리 등에도 사용되었다. 당백전은 직접 대원군이 관장하여 자신의 필요한 재정에 유용할 소지가 많은 화폐였다. 이 때문에 유통시장에 혼란을 가져와 인플레이션을 유발한 것은 당연한 일이었다. 당백전 발행으로 인해 사회경제적 폐단이 심각해지자 결국 이 화폐 발행은 6개월만에 중지되었다.

고종 4년(1867) 5월에는 값싼 淸錢(嘉慶通寶·同光통보·同治통보 등)을 수입해서 급증하는 재정수요에 충당하기 시작했다. 실질가치가 명목가치의 1/2 내지 1/3에 불과한 청전은 常平通寶를 유통시장에서 구축했다. 상평통보는

---

9) 成大慶, 《大院君政權性格硏究》(成均館大博士學位論文, 1984), 87쪽.
10) 《日省錄》, 고종 3년 10월 1일.

자취를 감추게 되고 악성 인플레이션 현상이 일어났다.

경복궁 중건사업은 농민층의 동요를 일으키는 주요한 원인이었다. 원납전 징수에서 상당한 문제가 야기되었다. 願納錢은 말 그대로 자원해서 바치는 돈은 아니었고, 오히려 빈부의 구분없이 매호마다 강징되는 '怨納錢'이었다. 대원군의 측근 가운데 하나인 張淳奎는 특히 원납전 염출에 악명이 높았다고 한다. 그는 마치 새를 숲에다 몰아넣고 그물로 사로잡는 방식으로 토색하였기 때문에 都城 사람들이 모두 싫어하였다고 한다.

원납전 징수를 빙자한 농민토색 사건도 빈발하였다. 고종 3년(1866)에는 영건도감 서리를 가칭하여 여러 읍을 돌아다니면서 수령을 위협하고, 평민을 침학하여 징수한 원납전을 횡령한 사건이 발생하였다. 고종 9년 평안도 정주에서는 지방의 유력자들이 원납전을 걷는다는 명목으로 농민들을 토색하였다고 고발한 사람이 무고 혐의로 처벌을 받은 사건도 발생하였다. 이 사건들은 원납전을 빙자한 농민토색이 널리 행해지고 있음을 보여주는 사례라고 볼수 있다.

이에 따라 원납전에 대한 농민들의 납부거부사건도 나타났다. 예컨대 고종 5년에 함경도 홍원군의 박인희·현익상 두 명은 원납전 납부 기피 혐의로 포도청에 끌려가서 처벌을 받았다.

또한 경기지역 농민들에게는 경복궁 중건 사업에 동원되는 부역이 큰 고통이었다. 특히 부민들이 원납전 만을 내고 부역에 동원되지 않았기 때문에, 일반농민들은 이중의 고통을 당하였다. 또한 중건사업에 필요한 기술인력이 모자라자 강제적으로 승려중의 장인들에 대한 동원령을 내렸으며, 나아가 자금부족이 심화되자 민간인 工匠도 강제 동원되었다.

그리하여 마침내 착공 3년되던 해인 고종 5년(1868)에 경복궁은 완공되었다. 그해 7월 고종은 창덕궁에서 경복궁으로 이사하였다. 하지만 대규모 토목사업은 경복궁이 완공된 뒤에도 계속되었다. 대원군은 종묘·종친부·육조 이하 각 관서는 물론이고, 동대문·북한산성 등의 성곽의 개축을 계속하였다. 영건도감은 고종 9년 9월까지 존속하였으니, 대원군 집정기 거의 전 기간 동안 도성 정비를 위한 대규모 토목공사가 지속되었던 것이다.

3) 재정, 군사제도의 개혁

대원군은 철종 말년에 전국적 규모로 발발한 임술민란에 의해 야기된 역사적 조건 속에서 집권자의 자리에 올라선 정치가였기 때문에 무엇보다도 먼저 민란을 수습해서 종식시키는 것이 요구되었다. 또한 그는 집권과 동시에 텅빈 국가재정을 떠안게 되었다. 국가재정을 확충하고 향촌사회를 안정시키는 것이 그에게 부과된 임무였다.

이 때문에 대원군은 재정·경제정책을 매우 중요시하였다. 그는 집정 직후 호조판서로 재직하고 있던 안동 김씨의 중심 인물인 김병기를 물러나게 하고 종친 선파인 李敦榮과 李藥重으로 하여금 호조판서와 참의에 임관 기용하여 이를 장악하였다. 다른 各司의 장관은 빈번하게 교체하면서도 호조판서만은 2년 이상이나 교체하지 않았다.

대원군은 1862년 임술민란 당시 가장 문제가 되었던 부세제도에 대해서 그 운영을 개선하고 제도를 일부 개혁하였다. 대원군 정권의 부세정책은 1862년에 설치된 三政釐正廳의 대책을 대체로 따르는 것이었다.11)

대원군 정권은 田政의 정비를 위해 전국적인 査結作業을 시행하였다. 그를 통해 토호, 지방 서리들의 隱漏結을 대대적으로 적발하여 收稅結로 편입하였다. 이 작업은 운현궁에서 직접 개입하여 추진하였는데, 전 시기에 비하여 상당한 성과를 올릴 수 있었다.

이러한 사결 작업의 성과를 토대로 일부 지역에 量田을 시행하였다. 양전이 시행된 곳은 강릉·동래·언양·영산·안악·평산·문화·영광이었는데, 이곳에서는 신 양안에 기초한 田政이 운영되기도 하였다. 세도정권기에도 일부 지역에서 양전이 행해진 바 있으나, 구양안보다 신양안의 수세량이 줄어드는 결과를 낳아, 결국 양전사업이 별 효과없이 끝나는 경우가 많았다. 그에 반해 대원군 집권기에는 양전 결과 수세결이 크게 늘어나, 정부에서도 양전사업의 결과를 수용하고 있었던 것이다.

---

11) 김용섭, 〈조선후기 부세제도 이정책〉(《증보판 한국근대농업사연구》 상, 일조각, 1982).

또한 대원군은 吏胥輩의 作奸을 징치하는데 힘썼다. 예를 들면 집권 직후 그는 황해도 지방 궁장토의 결세를 수납하던 중간관리자인 都捧色과 導掌을 혁파하고, 그 대신 지방관청에서 직접 수봉하도록 조치하였다. 또한 그는 각 도에서 전곡을 상납할 때 경사차인으로 하여금 수송하게 하던 것을 지방장관이 직접 주관하도록 함으로써 중간 작폐를 막고자 의도하였다.

대원군 정권은 還政의 정상화를 위해 전국적인 虛留 환곡의 조사에 착수하였다. 그리하여 120여 만 석에 달하는 포흠곡을 탕감하고 각 도별로 환곡 총수를 지정하며, 평안도와 충청도 지역에서는 환곡을 폐지하는 조치를 취하였다. 이 조치는 재정운영의 변화를 초래할 만큼 큰 변화였다.

그러나 병인양요와 신미양요를 거치면서 국방비 부담이 격증하는 상황이 빚어지자 부득이 환곡제도를 부활하지 않을 수 없었다. 1866년 내탕금 30만 냥을 기초로 삼남과 해서·호서지역에 분급된 丙寅別備穀, 그 이듬해 당백전 150만 냥을 기초로 전국에 분급된 戶曹別備穀이 그것이다.

호조별비곡이 마련됨과 동시에 새로운 운영방식으로서 社倉制가 도입되었다. 고종 4년에 실시된 사창제는 삼정 가운데 가장 문란한 것으로 지목되던 還穀制 대신 시행된 것이었다. 이때 의정부에서 정한 〈社倉節目〉에 따르면 다음 두가지 점이 특히 강조되고 있다. 첫째 향촌민들이 면단위로 社首를 뽑아 사창을 스스로 운영·관리케 함으로써 이속의 간여를 배제시켰다. 둘째 동리의 대소빈부를 헤아려 환곡을 차등 분배하되 반상을 가리지 않고 헤아려 등분케 함으로써 편중되거나 불공정한 폐단이 없도록 한 점이다.

이는 환곡의 운영을 민간에 맡기는 것으로 胥吏의 중간수탈을 예방하고자 한 조처였다. 이처럼 복구된 환곡제도는 그전과 달리 중앙에서 일률적으로 원곡을 관리하고, 민간에 그 운영을 맡기게 됨으로써 그전에 비해 수탈적 성격이 크게 완화된 것이었다.

다음으로 軍政의 정비를 위해 대원군 정권이 취한 정책에 대해 살펴보자. 대원군 집정 당초에는 洞布制라고 불리는 제도가 실시되고 있었다. 동포제란 한 동리의 민인이 귀천의 구별없이 軍布契를 조직하여 모두 出錢하고 利殖하여서 이것으로 자기 동리에 부과된 군포를 납부하는 제도였다. 이 제도는 군정이 문란해지자 백성들이 자신의 경험에서 우러난 지혜로 고안해 낸 자위적 대책이었다. 그렇기 때문에 이 동포제는 관청에서 강제하지 않아도 쉽사리 향촌사회에 수용되었다. 그래서 이미 철종 말년, 고종 초년에 널리 시행되고 있었던 것으로 보인다.

대원군 정권은 1871년에 동포제를 발전시켜 이를 호포라고 개칭하고 과세균등을 내세워 계급여하를 불문하고 매호당 2냥씩 균일하게 부담시켰다.

戶布制는 양반호와 상민호의 구별없이 군포를 받자는 것으로 조선왕조 후기에 이르러 그 채택 여부가 정부 당국자에 의해 계속 논의되어 왔었다. 조선 봉건왕조의 軍役制의 구조적 특질은 신분제를 고수하여 常民에게만 군역을 지도록 하는데 있었고, 또한 일정 군액수를 공동 부과하여 책임 상납토록 하는데 있었다. 왕조 후기에 이르면 두 차례의 참혹한 전란과 상품화폐경제의 발전으로 봉건사회의 신분제가 동요·해체되고, 따라서 군역민의 신분 변동이 피역 또는 농민저항의 현상을 야기시켰다. 공동체가 부담해야 할 군액은 일정한데 신분의 상승이라든가 가렴주구에 못이겨 도주자가 발생하면 이 피역자의 세액까지 공동체의 다른 농민이 부담해야만 하였다. 이러한 모순으로 인해 소위 白骨徵布·黃口簽丁·隣族侵徵의 군역 폐단이 생기고 이것이 민란의 중요한 원인이 되었다. 그렇기 때문에 왕조 역대의 관료와 지식인들이 군역의 개혁 문제에 대해서 많은 논란을 거듭하였던 것이다.

호포법 실시에 대한 찬반 양론은 끊이지 않았다. 호포론자들의 입장은 국가경비와 군국지용의 부족에 관계되는 일이니 양반에게 수포하여 농촌사회를 안정시켜야 한다는 것이요, 호포 불가론자의 입장은 봉건사회의 상하귀천의 질서를 부정하는 것이기 때문에 명분에 어긋난다는 것이었다.

호포법은 대원군이 양반과 양민을 평등하게 하려는 유토피아적 생각으로 실시한 것이 아니라,[12] 단지 구래의 군역제도를 개편하여 조세납부자층을 양반층까지 확대시킨 세원확장정책이었다. 대원군이 실시한 호포법은 구래의 군역법을 타파하고 새로운 제도로서 신설한 것이 아니라 향촌사회를 봉건적 수취단위로 한 구래의 동포징수의 방법을 그대로 온존시켰으며 양반과 양민간의 세액의 차등까지 둔 불완전한 세제였다. 대원군은 다만 양반지주층의

12) James B. Palais, *"Politics and Policy in Traditional Korea"*(Harvard University Press, Cambridge, Mass, 1975), p.86.

특권적 면세를 철회시킴으로써 불만에 찬 농민층에게 구원자로서의 환상을 심어서 민란을 미연에 방지하려고 하였던 것이다.

그렇기 때문에 호포법은 민란을 통한 농민층의 도전에 대응하기 위한 불가피한 정책이었으며, 따라서 그것은 농민들이 민란을 통해 쟁취한 전리품이라고도 말할 수 있을 것이다. 그러나 이때 시행된 호포제는 신분에 따라 군포 부담량의 차이가 현저한 것이 아니어서 하층 농민의 부담은 양반층에 비해 과중한 것이었다.

대원군 정권의 부세 운영 개선노력은 이전 시기의 삼정운영의 문란상을 다소나마 수습한 것이었으나, 당시의 수취관계의 모순을 완전히 해결하는 것은 아니었다. 그것은 다만 운영상의 개선에 불과한 조처였다. 당시의 향촌사회에서는 부세운영의 금납화, 부세의 토지집중, 공동납세의 강화라는 현상이 강화되면서, 부세 수탈의 토대가 자연경제와 신분제에 기초한 것이 아니라 상품화폐경제에 기초하는 것으로 변화되고 있었다. 따라서 대원군 정권이 취한 조치만으로는 부세수취와 상납을 장악한 수령과 서리의 중간수탈을 완전히 제어할 수 없었다.

더 근본적으로는 당시 수취관계의 모순이 단지 국가의 농민지배에서 비롯된 것이 아니라 봉건적 소유관계의 모순에서 비롯된다는 점을 염두에 둘 때, 봉건적 수취관계 모순의 완전한 해결이란 결국 봉건적 토지소유의 철폐 위에서만 가능한 것이었다. 그러므로 부세운영의 개선책은 일시적인 효과만을 거두었을 뿐, 향촌사회의 지속적인 안정을 가져다주는 해결책은 결코 될 수 없었던 것이다. 게다가 대원군 집권기의 재정 개혁은 두 차례의 양요로 인한 군사비용의 증가와 경복궁 중건사업에 따른 재정수요 증대로 인해 점차 그 내실을 잃어갔다.

대원군이 집권 이후 힘써 추진하였던 시책 가운데 하나는 군사제도의 개혁이었다. 집권 초기 대원군이 군사제도 개혁에 착수한 동기는 안동 김씨를 중심으로 한 외척세력을 견제하고 자신의 권력 기반을 강화하려는 정치적 의도에서 나왔다. 앞서 살펴 보았듯이 이러한 목표는 대원군의 중앙관제 개혁을 통해 실현되었다. 즉 비변사를 해체하고 의정부를 최고 권력기관으로 복원하였던 것이다.

비변사의 해체는 군사기관의 새로운 정비를 필요로 하였다. 중앙 군사기구의 정비는 비변사를 대신하여 군국기무를 전담할 군령기관인 三軍府의 부활을 통해 이루어졌다.

원래 '삼군부'라는 명칭은 조선 초기의 '義興三軍府'에서 유래하였다. 의흥삼군부는 고려 말의 삼군통제부가 개편된 것으로서 태조 2년(1393)에 성립되었다. 삼군부의 부활은 고종 5년에 이루어졌다. 그 해에 대원군은 삼군부를 부활하고 그것을 정일품 아문으로 승격시켰다.

삼군부가 관장한 군국사무는 이전에 비변사가 행사하던 기능들과 거의 동일하였다. 삼군부는 실질적인 최고의 군령기관으로 군국사무를 전담하였다. 왕의 陪扈와 궁성의 호위, 국경의 수비, 군사비 마련과 군수지원에 관한 사무, 수도의 치안도 삼군부가 총괄하였다.

삼군부는 치안 및 군사에 관련된 屬司를 두고 있었다. 병기제조를 주관하는 軍器寺, 왕의 행차시 한강의 浮橋를 담당하고 호남·호서의 조운을 맡아보는 舟橋司, 도성의 하천을 관리하는 濬川司, 훈련원, 좌·우포청, 左·右巡廳 등의 기관이 그것이다.

대원군 집권기 삼군부의 제조 및 유사당상으로 임명된 인사들은 무과 출신의 전문군인과 종친, 그리고 친대원군 계열의 무신들로 구성되었다. 척족 문벌세력은 거기서 철저히 배제되었다.

삼군부의 유사당상으로서 중앙군영을 지휘하였던 고위 무관직은 훈련대장·금위대장·어영대장·총융사 등 4군영의 대장들이었다. 대원군 집정기에 중앙군영의 대장으로 등용되었던 인물은 모두 15명이었다. 이들은 모두 무과 출신의 무반이었다. 자신의 본가뿐만 아니라 외가나 처가까지도 무반 가문인 경우가 대다수였다. 이들은 대부분 대원군 집권기에 발생한 두번의 양요에 참전하였다. 병인양요 당시 훈련대장이던 李景夏, 어영중군 李容熙, 총융중군 李元熙, 순무천총 梁憲洙, 총융사 申觀浩[申櫶], 강화유수 李章濂은 대원군 집권기에 중앙군영의 대장직에 등용되었다. 또 이들은 경복궁 중건사업에도 참가하였다. 훈련대장 任泰瑛, 금위대장 이경하, 어영대장 許棨, 총융사 李顯稷, 우포장 李周喆 등이 영건도감제조로 인명되어 경복궁 중건 사업에 적극 참여하였다. 이들은 경복궁 중건사업에 대한 공로로 특별히 加資되었다. 이들 가운데 4명(이경하·이주철·이규철·이장렴)은 종친이었다.

삼군부는 의정부에 비견되어 '武府'라고 일컬어졌다. 대원군은 이 '무부'를 통하여 자신이 의도하는 정책을 추진하였고, 자신의 권력 기반을 굳혔다. 대원군 집권기 '무부' 확립에 내포되었던 이같은 정치적 의도는 고종의 친정이 시작되고 대원군이 실각한 뒤로는 무위로 돌아갔다. 고종 친정 후 대원군 집권기에 활약하였던 무신들은 각 중앙군영의 대장직에서 후퇴하였으며, 외척들이 그 자리에 진출하여 삼군부 운영에 참여하였다.

대원군은 자신의 집권기간 동안 무신의 지위를 격상시키고, 이들을 자신의 주요한 정치적 지지 기반으로 삼았다. 대원군 집정기 동안 모든 군영의 대장은 모두 무신으로만 임명되었으며, 종래 문신들이 독점하던 병조판서 직도 문·무신이 번갈아 임명되었다.

고종 3년(1866) 4월에는 종2품이던 군영의 대장들을 판서와 같은 격인 정2품으로 높였다. 같은해 8월에는 무신의 체통을 높여줄 목적으로《三班禮式》을 편찬하였는데, 그 서문은 대원군 자신이 직접 썼다.

고위 무신으로 하여금 이권과 연관된 중요 직위에 진출할 수 있게 해 주었다. 보기를 들면 호남과 호서의 조운권을 장악하고 있던 舟橋司 당상직은 종래 세도정권 시기에는 척족 계열의 인사들이 임용되었는데, 대원군 집권기간동안에는 무신들이 독점하였던 것이다. 주교사 당상은 유력한 경강상인과 결탁할 수 있는 중요한 직책이었다.

조선 후기에 각 군영은 무장부대를 지휘할 뿐만 아니라 군포를 수납하거나 화폐를 주조하는 등의 권한을 갖고 있었다. 따라서 권력자들은 각 군영을 자신의 세력 아래에 두기 위해 힘썼다. 대원군도 수도 방위와 정권 보위의 임무를 띠고 있던 친위군영을 정비하는데 각별한 주의를 기울였다.

세도정치 하에서 국가방위 기능을 상실하고 척족 문벌의 정치적 기반이 되었던 훈련도감은 병인양요를 계기로 수도방위를 위한 주요 군영으로 전환되었다. 훈련도감 군대에 부여되었던 국왕 경호 임무를 면제한 대신에 포병과 보병에 대해 엄격한 훈련이 이루어지도록 배려되었다. 또한 장비와 군수 지원이 강화되었다. 그 대장직에서 척족세력들이 철저히 배제되고 무과출신

무신들이 등용된 것은 이같은 개혁을 더욱 적극적으로 추진하기 위한 조치였다. 대원군 집권기 훈련도감의 정비는 군사적인 측면과 정치적 측면의 두 가지 목적이 있는 조치였다. 군사적인 측면에서는 도성에 상주하는 군사력인 훈련도감 군대를 정예화하려는 것이었고, 정치적으로는 훈련대장 직에 대한 세도문벌 출신들의 참여를 철저히 배제하려는 것이었다.

왕권약화와 더불어 허실화되었던 龍虎營도 대원군 집권기에 그 권한과 지위가 보장되었다. 용호영은 국왕 친위의 禁軍이었다. 용호영 군대의 임무는 국왕의 侍衛와 陪扈 및 궁궐호위를 위한 入直과 儀仗이었다. 용호영의 책임자인 禁軍別將의 지위와 권한이 강화되었으며, 병조판서의 지휘만을 받았다. 병조판서의 권한도 강화되었다. 임기가 2년으로 보장되었고, 수하 친병인 牙兵이 설치되었다. 대원군 집권기에 병조판서 직위에는 친대원군 계열의 인물만이 임명되었다. 용호영의 강화 조처는 결국 대원군이 의도하는 왕권강화를 이룩하고, 동시에 자신의 지지기반을 확립하고자 하는 의도에서 나온 것이었다.[13)]

대원군 정권 시기에 군비가 본격적으로 확충된 것은 1866년 병인양요를 거친 뒤부터였다. 군비조달을 명분으로 새로운 특별세가 부과되고, 거기서 염출된 재정은 각 군영을 비롯하여 무장이 장악하는 군사기관에 할당되고 있었다.

보기를 들면 고종 8년(1871) 황해도 수영의 포군 설치를 위해 각 포구의 수세권을 황해수영에게 넘겨주었다. 또한 경복궁 중건을 위해 거두기 시작한 원납전을 그 이후에도 계속 징수하였는데, 이는 군비조달이라는 명분하에서 이루어졌다. 실제로 고종 6년에 지방 주둔 군대내에 砲軍을 설치하였는데 그 재원은 원납전에 의해 충당되었다.

또한 서울 도성내에 반입되는 물품에 대해 통행세를 징수하였다. 대원군은 고종 4년 2월 서울의 각 군영으로 하여금 도성 문에서 수세하여, 그 稅錢으로 군영의 비용에 보태게 하였다. 정확하게 수세된 내용을 알수는 없으나 어영청이 관할하던 홍인문과 혜화문을 합친 수세액은 연평균 8,500냥 가량이었

---

13) 金世恩, 〈대원군집권기 군사제도의 정비〉(《한국사론》 23, 서울대, 1990), 293~303쪽.

다. 이로 미루어 추정한다면 당시 4군영에서 수세하였으므로 수세액은 연간 약 3만 냥 가량이었을 것으로 보인다.[14] 당시 한성 5部의 호구수는 4만 5,646호, 약 20만 명이었는데, 이 성중 인구의 생활은 도성문을 통과하는 물자에 의존해서 이루어졌다. 도성인과 성외 농민, 상인들에게 다같이 불편과 고통을 주었던 이 특별세는 대원군이 실각하는 고종 10년(1873) 10월까지 계속 존속하다가 대원국 실각 후 혁파되었다.

이 시기 군비확장을 위한 재원 확대정책 중에서 가장 주목되는 것은 강화도 포군을 위한 포량미였다. 1871년 신미양요를 겪은 직후에는 강화도에 약 3,000~4,000명의 병력을 항상 주둔시키기 위해 새로운 특별세가 결정되었다. 沁都砲糧米가 바로 그것이다. 이것은 전국의 出稅結 총 70만 결에 각 결당 1두씩을 첨부해서 총 5만 석 가량을 매년 수세하는 것이었다. 그외에도 송도의 수삼세전 6만 냥 및 선혜청 등의 재정을 강화도의 군비로 사용하도록 하였다.

대원군 집정기의 군비강화 노력에도 불구하고 그 실질적인 효과는 그다지 크지 않았던 것 같다. 대원군은 집권하면서부터 서구열강의 침입에 대비하여 국방체제를 정비한 적도 없었으며 심지어 봄가을의 군사 조련마저도 시행하지 않았다. 보기를 들면 고종 5년(1868)에서 고종 10년까지 6년 동안 군사훈련은 한 차례도 실시되지 않았다. 훈련 정지 사유로는 오랫동안 정지하였던 군사훈련을 실시하려고 장정을 징발하게 되면 백성들이 불만을 품게 된다든가, 농번기이므로 농사에 지장이 있다든가, 무기가 부족하다는 점 등이 거론되었다.[15]

게다가 대원군에 의해 장려된 신무기 개발 노력도 이렇다 할 성과를 올리지는 못하였다는 점도 주목해야 할 것이다. 서양식 모형을 본뜬 대포를 제작하였으나 거기에는 운반시설이 결여되어 있었고, 통나무 위에 고정되어 있거나 포대위에 부착되어 있었다. 또한 申櫶이 제작하여 상을 받기까지 한 水雷砲 역시 이후 다시 그에 대한 기록이 없는 것으로 보아 그 효과는 별로 뚜렷하지 못하였던 것 같다. 서양식 기선을 본떠 鐵船을 제작하였으나, 선체는

14) 연갑수, 앞의 글, 243쪽.
15) 崔炳鈺, 〈고종대의 삼군부 연구〉(《군사》 19, 1989), 65쪽.

무거운데 증기력이 약해 움직이지 않았다. 배를 물에 띄우고 불을 당겼으나 배의 속도가 극히 더뎌서 한 시간 동안에 겨우 십여 보 정도를 떠갔을 뿐이었다.

결국 대원군 정권의 군사적 기능의 강화는 외래 침략자를 물리치기 위한 것이었다고 보기는 어렵다. 그것은 정치적 반대파 세력을 억누르고 정권의 무력기반을 강화하기 위한 것이었으며, 또한 당시 반봉건 농민세력이 점차 폭력적인 양상을 띠고 신장되고 있는 사실에 대응하기 위한 의미가 더 컸었던 것으로 보인다.

4) 민란 대책

1862년 전국적 규모로 전개된 임술민란에서 비롯된 사회문제들을 해결하는 것은 대원군 정권의 가장 중요한 과제였다. 그래서 집권 초기 대원군은 향촌사회의 토호들의 사적 권력을 억제하는 정책을 취하는 한편, 부세제도의 운영을 개선하여 향촌사회를 안정화하고자 하였다.

그러나 대원군 집권 초기에 실시한 정책들은 조선사회가 안고 있는 근원적인 모순이 치유되지 않는 한 소기의 성과를 볼 수 없었다. 지주제라는 기본적인 모순은 그대로 둔채 중앙권력을 강화하는 정책만으로는 이미 체제가 동요되고 있었기 때문이다. 대원군 집정기에 농민항쟁은 민란과 변란의 형태로 표출되었다.

대원군 집권 10년 동안 군현을 단위로 한 민란은 그전 시기에 비하여 많은 편은 아니었다. 그 성격도 일률적이지 않았다.

고종 원년(1864)에 발생한 황해도 豊川민란은 향촌사회의 지배권을 놓고 鄕任層과 서리·군교 층의 대립이 격화된데서 연유하였다. 향임세력은 부세운영의 권한을 획득하기 위해 기존에 그 권한을 쥐고 있던 서리·군교의 비리를 폭로하였다. 아울러 면·리 단위의 공동체적 결속력에 힘입어 농민들을 동원하여 합법적인 呈訴운동을 벌였다. 이 운동은 민란으로 전환되었다. 농민들은 관청을 습격하고 서리와 군교들의 집을 습격하였다. 부세운영 과정의 비리를 폭로한 세력이 바로 향임세력이었기 때문에 농민들의 요구사항이 다른 지역의 농민항쟁에 비해 매우 구체적이었다. 이 민란은 鄕戰이 민란으로 전화한 사례를 보여준다는 점에서 주목된다.

대원군 정권은 이 민란의 원인을 향촌사회 유력자층이 수령의 통제를 벗어나 벌이는 것으로 규정하였다. 그래서 문제의 발단을 야기한 향임층과 서리·군교 출신의 당사자들이 모두 처벌받았다. 그에 반해 민란에 가담한 농민층에 대해서는 철종조의 대책에 비하면 훨씬 관대한 조처를 취하였다.

고종 5년(1868)에 발생한 柒原민란은 수령의 부정탐학에 연유한 것으로, 농민들이 면·리의 공동체적인 조직을 기반으로 하여 수령을 몰아낸 사건이었다. 이 민란은 이 시기 광범하게 형성되고 있던 농민적 지식인층으로서 관에 의해 '營訴로 가산을 탕진하고 민폐에 가탁하여 수령의 정사를 헐뜯는 자'로 지목된 黃上基라는 사람이 주도하였다.

칠원민란에 대한 중앙정부의 대응은 풍천민란의 경우와는 달리 가혹한 처벌로 일관하였다. 이것은 1862 임술민란에 대한 강력한 탄압정책과 궤를 같이하는 것이었다. 이는 병인양요를 거치면서 동요하는 조짐을 보인 농민층을 강력한 탄압을 통해 통제해 보려는 대원군 정권의 의도가 엿보이는 것이었다. 결국 현감에 대해서는 파직처분에 그쳤지만 항쟁에 가담한 황상기 등의 지도층은 모두 효수하였다.

고종 6년에는 경상도 통영에서 민란이 발발하였다. 이 민란은 고성현의 戶籍監色이 통제영이 소재한 춘원면민의 호적을 엉터리로 작성하여 군전을 걷고자 하였다가 民所라는 농민자치기구의 주도하에 69개 동의 동민이 참여하여 문제의 호적감색을 타살한 사건이었다.

통영민란의 보고에 접한 중앙정부는 호적감색을 살해하는데 앞장 선 자들을 처형하였다. 또한 정부는 固城縣과 統制營의 관할 구역간의 대립이 민란을 야기한 원인이었다고 파악하고, 행정구역을 개편하였다.

대원군 집권기 민란에서 보이는 공통점은 폭력적 봉기로 발전하기 이전에 다양한 發通聚會, 정소운동이 행해지고 있다는 점이었다. 이 단계의 운동은 대부분 향촌의 유력자들로서 향임이나 民所와 같은 자치기구의 지도적 인사들이었다.

민란에서 군중을 동원하는데 활용된 것은 면·리 조직이었다. 이는 19세기에 들어오면서 면·리 단위의 부세 공동납이 강화된 것과 연관된다. 원래 면·리 조직은 자치적인 기구였으나, 봉건정부에 의해 하나의 말단 행정기구로 전환되었다. 그러나 국가권력과 재지 중간층의 수탈이 강화되자 이러한 말단 지배기구들은 농민의 저항을 조직화하는 기구로 기능하였던 것이다. 이때 面任이나 里任들이 주도적으로 농민동원에 앞장섰다는 점은 주목할 만하다. 하지만 이 양상은 1862년 임술민란에서도 유사하게 나타난 바 있었다.

민란이 폭력적인 봉기단계로 발전하는 과정에서 주도층의 변화가 나타났다. 면임, 리임들의 지도성은 소멸되고 그 대신에 농민들의 정소를 대리해주던 농민적 지식인층이나 몰락양반들이 전면에 부각되었다. 즉 민란의 지도층은 평소에 정소운동을 통해 농민들 사이에 신망을 얻고 있던 인물들이 담당하게 되는 것이다. 칠원민란의 지도자 황상기가 營訴로 가산을 탕진하였다는 것은 바로 이러한 점을 시사하는 것으로 보인다.[16]

대원군 집정기의 민란은 그 이전 시기의 민란과 비교하여 그다지 큰 차이가 없는 것이었다. 민란의 전개과정이나 군중의 동원, 민란의 지도층 등의 측면에서 1862년 임술민란의 특성들이 대원군 집정기의 민란에서도 그대로 나타나고 있다. 즉 향촌사회에 뿌리를 두고 생산활동이나 그 결과인 잉여생산물의 분배에 직접적인 이해를 갖는 사람들이 국가권력의 부세수탈이나 수령·이서 층의 부정부패에 대항하여 발통 취회, 정소 등을 거쳐 봉기를 일으키는 양상을 보였다. 이 시기의 민란은 고을 단위에 국한된 지역적 제한성을 보이고, 투쟁목표도 경제적 차원에 머무르며, 국가권력 자체를 적대시하는 것이 아니라 수령이나 이서층을 공격하고 읍권을 장악하는 범위 안에서 이루어졌다.

하지만 대원군 집정기의 농민항쟁에서 이전 시기에는 볼 수 없던 특징적인 것은 민란과는 구분되는 變亂이라는 형태가 두드러지게 표출되었다는 점이다 변란은 향촌사회에 뿌리를 내리지 못하고 의생, 훈도, 지관 등을 생업으로 삼아 각지를 편력하는 몰락양반 일부가 중심이 되어 조선왕조의 지배체제에 불만을 품고 鄭鑑錄類의 이단사상을 이념적 무기로 삼아 무장봉기를

16) 고동환, 〈대원군집권기 농민층 동향과 농민항쟁의 전개〉(《1894년 농민전쟁연구 2》, 역사비평사, 1992).

일으키는 것이 일반적이었다. 또한 변란은 특정 고을을 벗어나 지역 간에 연계된 조직에 기반하여 읍권을 장악하는데 머무는 것이 아니라 국가기구 자체를 전복, 장악하려는 동향을 드러내고 있었다.[17)]

고종 6년(1869) 3월에 전라도 光陽亂은 19세기에 들어 허다하게 기도된 모의 가운데 처음으로 거사를 일으키는데 성공한 사건이었다. 이 사건을 주도한 閔晦行은 20여년 전부터 異圖를 품고 영남과 호남을 편력하면서 동지를 규합해 왔으며, 또한 1년 전에도 이미 전라도 장흥에서 변란을 기도한 바 있었던 자였다. 변란 참가자들은 계획적으로 사전에 봉기를 준비하였으며, 봉건왕조 자체를 전복하려는 의도를 갖고 있었다.

대원군 집정기의 변란 사건들 가운데 가장 전형적인 것은 李弼濟의 亂이었다. 이필제는 고종 6년에서 9년에 걸쳐 충청도 진천, 경상도 진주·영해·문경 등 네 곳에서 연속적으로 변란을 기도하였다. 이중에서 영해 변란은 네 차례의 변란 시도 중에서 유일하게 거사에 성공한 사건이었다. 봉기 참가자들은 모두 무기를 가졌을 뿐 아니라, 투쟁양상이 격렬하였고, 관아습격을 끝낸 뒤 재빨리 다른 지역으로 이동하는 유격전술을 구사하는 등의 새로운 양상을 보여주고 있다.

이밖에도 崔鳳周·張赫晋에 의해 주도되던 변란세력은 일찍이 1850년대부터 조직적 결속을 시작하였고, 구월산과 일월산을 근거로 무장봉기를 준비하였으며, 영남·호남·황해도 일대의 세력을 규합하려 하였다는 점에서 주목을 끈다. 비록 거사를 일으키는데는 실패하고 사전에 적발되었지만, 조선왕조 자체를 적대시하고 있으며, 그 뿌리가 20년 이상 이어지고 있다는 점에서 19세기 후반 변란세력의 특성을 잘 보여주고 있다.

변란의 주도층은 세도정권이 성립함으로써 더욱 소외되고 그 몰락을 재촉받고 있던 몰락양반들이었다. 이들은 향촌사회에서 현실적인 모순을 해결하기 위해 노력을 하기도 하였지만 일부는 향촌사회를 떠나 각지를 편력하다가 동지들을 규합하여 변란을 기도하게 된 것이다.

변란의 이념적 배경은 주로 정감록이었다. 조선왕조의 멸망을 예언하는 정

---

17) 배항섭, 〈19세기 '변란'의 추이와 성격〉(《1894년농민전쟁 연구 2》, 역사비평사, 1992).

감록은 19세기 후반 자본주의 열강의 침공이 본격화하면서 조선사회에 급속히 확산되었다. 정감록이 내포하고 있는 조선사회가 안고 있는 모순에 대한 비판의식은 조선왕조 자체에 대한 부정과 결합함으로써 변란의 이념이 될 수 있는 근거를 마련해 주었다.

대원군 집정기의 변란은 종래의 민란에서는 찾아볼 수 없는 자체의 특성을 가지고 있었다. 그것은 고을 단위의 고립성을 벗어났으며, 장기간에 걸쳐 몇몇 인물이나 세력을 중심으로 조직적으로 준비되었으며, 봉건왕조 자체의 전복을 목표로 한다는 점에서 나타났다. 또한 병인양요 이후로는 반외세적인 구호도 이들에 의해 제시되기 시작하였다. 이러한 요소들은 농민항쟁을 전국적 차원의 농민전쟁으로 끌어올릴수 있는 조직적, 이념적 기반으로 성장해 갔다.

그러나 대원군 집정기의 변란세력은 농민대중과의 결합이 절연된 상태로 머물렀다. 변란주도층이 내건 왕조타도라는 구호는 농민들의 정서나 현실적인 요구와는 괴리가 컸다. 1862년 임술민란 당시 전국 70여 개 고을에서 농민항쟁이 일어났지만 이서배가 아닌 수령을 죽인 곳은 단 한군데도 없었던 데서도 알 수 있듯이 일반 농민들에게 왕조타도의 구호는 오히려 생각조차 할 수없는 불경한 것이었다.

이러한 한계성은 변란의 이념적 무기가 된 정감록의 성격과 변란주도층이 갖고 있는 속성에 기인하는 것이었다. 정감록에는 새로운 사회의 숙명적인 도래와 병란과 재해, 질병으로부터의 도피나 살아남는 방법만 언급될 뿐이었다. 새 사회의 도래 과정이나 방법이 제시되지 않았다. 또한 변란 수도층은 특권을 상실하였다고는 하나 신분적 속성은 양반이고 지식인이었다. 특히 이들이 처해있는 생활 역시 직접적인 생산자의 그것과 달리 대체로 떠돌이 생활이었다는 사실은 이들의 정서와 일반 농민의 그것 사이에는 일정한 차이가 있을 수 밖에 없었음을 뜻한다.

1869년 광양란과 1871년의 이필제의 난에서는 민란과 변란이 결합될 수 있는 단서가 마련되고 있었다는 점에서 주목된다. 하지만 변란주도층이 농민대중과 결합하게 된 것은 1894년 동학농민전쟁에서 비로소 가능하였다. 그러한 점에서 볼때 대원군 집정기의 변란은 철종 말년의 지방분산적 임술민란에서 전국적 조직과 지도체계를 갖춘 동학농민전쟁으로 발전해가는 과도적 양상을 띠고 있었다고 할 것이다.

〈成大慶〉

3. 대원군의 대외정책

1) 러시아의 남하 방어책

19세기 후반기 제정 러시아는 이른바 동방정책을 적극 추진, 마침내 北京條約(1860)에 의해 沿海州를 획득함으로써 조선과 국경을 접하게 되었다. 이로부터 러시아는 연해주를 남진정책의 군사적 근거지로하여 한반도에로의 진출을 기도하였다.

러시아인이 한반도에 처음으로 나타나기는 1864년 3월 20일(음 2. 13)이었다. 이날 러시아인 5명이 두만강을 무단으로 건너 慶興府에 와서 서신을 전했는데, 경흥부사 尹暎이 서함을 열어보니, "아라사인으로서 조선에 통상을 요구하며 이에 대한 회답을 바란다"라는 내용이었다.[1] 이에 경흥부사는 외국과의 통상여부는 일개 지방관이 마음대로 허락할 수 없는 중대사라는 이유로 그들을 타일러 돌려보냈다. 함경감사 李裕元은 경흥부사로부터 러시아인의 통상요구사실을 보고받고, 즉각 서신원본을 정부에 보고하면서 러시아 침략에 대한 대응책 강구를 촉구했다.[2]

이에 정부는 '아라사'라는 나라의 정체를 파악하기 위하여 연행사절편에 러시아에 관한 정세탐문을 지시하기에 이르렀다. 수역 李尙迪의 〈首譯別單〉(1864. 5. 23)에 의하면, "양이(영·불)들이 황성에 들어와 살게 되면서 아라사인과 聲氣가 서로 통하더니 거리낌없이 왕래하고 있다. 아라사 오랑캐들은

1) 《各司謄錄》 권 42(國史編纂委員會, 1990), 갑자 2월, 55쪽.

2) 《高宗實錄》 권 1, 고종 원년 2월 28일.
《承政院日記》 고종 1, 고종 원년 3월 2일.
李能和, 《朝鮮基督敎及外交史》(朝鮮基督敎彰文社, 1928) 하, 169~170쪽.

그 세력을 빙자하면서 점차 중국을 능멸하고 모욕하고 있다. 요사이 아라사 오랑캐는 그들의 관사를 넓히고자 민가를 강제로 매입함에 백성들은 이를 보다못해 議政王에게 공소하였으나 왕은 그 어떤 혼단(전쟁)이 발생할까 염려되어 어떻게 대처해야할지 결단을 내리지 못한채 주저하고 있다"[3]라고 북경에서의 러시아인의 동정에 대하여 자세히 전하고 있다.

연행사절편으로 입수한 아라사의 정세를 분석해보면, 러시아인들은 皇城에서 조차 방약무인하게 침략적 활동을 자행하고 있으며, 러시아와의 접경지대는 러시아의 침략위협에 직면하고 있다는 결론에 도달했다. 대원군은 섭정 첫해를 맞이하여 그 자신의 위엄을 내외에 선양하는 길은 외세침략에 대한 강경한 대응책수립이 급선무라 판단, 마침내 러시아 남침을 억지하겠다는 防俄策을 수립하기에 이르렀다. 대원군은 이유원으로부터의 보고에 의하면 러시아인이 방자하게도 국경을 함부로 넘나들면서 통상을 강요하고 있다는 것은 필시 내국인중 和應者가 있다고 보고, 내응자 색출을 긴급 지시하면서 러시아와의 통상관계는 절대로 허락할 수 없다고 선언했다.[4] 이에 함경도 관찰사 이유원은 러시아인 서신 투척시 화응 연루인 金鴻順·崔壽學 등 2명을 색출하여 국경침범을 내조한 '犯越罪人'으로 단죄, 6월 18일 두만강가로 끌어내어 처형하고 이를 강두에 효수했다.[5]

1865년에 이르러 러시아인의 국경침범은 한층 빈번해졌다. 이해 10월 31일 러시아인 수십 명이 작당하여 두만강을 건너옴에 일행중 청국인 한 사람이 '아라사 공문서'를 내보이면서 이 문서를 경흥부사에게 전달하러 왔다고 언명했다. 이에 경흥부 관리는 외국인이 함부로 국경을 침범하는 것은 범죄행위라고 설명하면서 이들을 되돌려보냈다.

12월 18일에는 러시아인 3명이 같은 목적으로 경흥부에 들어왔으나 이들을 달래어 보냈다. 12월 28일에는 말을 탄 러시아인이 보졸을 거느리고 각기

3) 《同文彙考》(國史編纂委員會, 1978) 권 4, 3822쪽, 「告訃請諡兼承襲奏請行首譯李象迪聞見事件」.

4) 《高宗實錄》 권 1, 고종 원년 3월 2일.
《日省錄(고종편)》 권 1(서울대출판부, 1972), 고종 1년 3월 2일.

5) 위의 책, 152쪽, 고종 1년 5월 15일.
李能和, 앞의 책, 하, 170쪽.

장총으로 무장하고 들어옴에 국경을 넘어온 연유를 물어보니 역시 통상을 요구하는 공문서를 전달하러 왔다고 대답했다. 경흥부 관리는 러시아공문서를 대신 경흥부사에게 전달하겠다고 말하면서 한사코 출입을 저지하자, 그들은 이 공문서에 대한 조선정부의 회답을 받으러 15일 이내로 다시 방문하겠다 하므로 90일 이내로 재방문할 것을 통고하자, 그들은 난색을 표하면서 되돌아갔다.6) 경흥부사 윤협은 러시아의 통상요청사실을 함경감사 金有淵에게 보고했고, 김유연은 이를 정부에 보고하면서 대책수립을 촉구했다. 이와 같이 1864~1865년 두 해 사이에 러시아는 네 차례나 국경을 함부로 넘나들면서 통상을 요청하는 등 豆滿江 변경지방의 국방 방위가 불안해짐에 따라 러시아의 한반도 침략위협에 대한 방아책수립이 당면과제로 대두되었다.

1783년 동지사 서장관으로 북경에 간 李承薰이 이듬해(1784)에 북경 천주교당에서 프랑스 예수회 그랑몽(Jean-Joseph de Grammont) 신부에게 영세를 받음으로써 로마 가톨릭교(천주교)가 조선에 전래되었다. 朱子學을 바탕으로 한 유교적 전통질서를 고수하는 衛正斥邪派는 천주교를 邪敎로 단죄하면서 포교를 전면 거부했고(斥邪), 조선정부는 대금압령을 내려 박해를 가하기 시작했다. 그 결과 辛亥珍山事件(1791)·辛酉邪獄(1801)·己亥邪獄(1839) 등 세 차례의 대금압령에 의해 천주교는 거의 발본색원되었다. 그러나 1845년 다블뤼 주교가 金大建의 안내로 해로를 통해 밀입국한 것을 시작으로 1866년까지 프랑스 예수회 소속 선교사는 주교 2명, 신부 10명 등 총 12명이 조선에서 포교활동을 벌이고 있었다. 이로써 천주교 신자수가 급증하기에 이르렀다. 심지어 왕실에까지 전도되어 府大夫人 閔氏(대원군 부인)·국왕의 유모 朴氏 등도 독실한 천주교신자가 되었고, 전국적으로 신자수는 대략 2만 3천명에 이르고 있다.7)

---

6) 《龍湖閒錄》(國史編纂委員會, 1979) 권 3, 480~481쪽, 925 : 北伯狀啓.

7) 《高宗時代史》 권 1(國史編纂委員會, 1967), 고종 3년 1월 21일~2월 7일, 182~189쪽.
샤를르 달레 저, 安應烈·崔奭祐 역주, 《韓國天主敎會史》 하(분도출판사, 1980) 385~485쪽.
朴齊炯저, 李翼成역, 《近世朝鮮政鑑》(탐구당, 1981), 56, 153쪽.
《근세조선정감》에는 "信者數十萬人"이라 주장하고 있지만, 이는 과장된 숫자이기에 신빙성이 없다. 병인사옥 당시 조선에서 선교활동중인 프랑스 선교사는 원래 대원군은 천주교에 대해 종교적인 관용정책을 취하고 있었다. 그 이유는 집정초기에 두만강 변경지방에로의 러시아의 남침기도, 그리고 조선에서 포교활동을 벌이고 있는 프랑스 선교사의 배후에는 일찍이 애로호사건(1856)으로 청국을 무력으로 굴복시킨 프랑스제국의 군사적 위력, 가능한한 러시아의 남침기도를 프랑스 세력을 이용, 以夷制夷策으로 견제하는 것이 현명한 방아책이라고 확신했기 때문이다. 실제로 대원군은 함경감사로부터 러시아의 통상요청 사실보고를 받는 자리에서 "만약 프랑스 선교사들이 러시아 사람들을 쫓아 낼 수만 있다면 종교의 자유를 보장하겠다"[8]라고 언명했다.

이제 천주교 지도자 洪鳳周·金勉浩(季浩)·李惟一 등은 프랑스 선교사들의 정치개입으로 러시아세력을 막아줌으로써 신앙의 자유를 획득하는 것이 최선책이라 결론을 내리면서 방아책을 수립하게 되었다. 이리하여 현재 조선에서 선교활동을 벌이고 있는 프랑스 선교사를 이용, 대원군이 고민하고 있는 러시아의 남침기도를 봉쇄하는 방책을 강구하기에 이르렀다. 이 같은 방안이 채택된다면 조선으로서는 프랑스 세력에 의해 러시아의 한반도침략을 막을 수 있겠고, 프랑스와 조선 천주교회로서는 러시아 남침저지의 대가로 '천주교 포교와 신앙의 자유'를 얻을 수 있다는 관점에서 호혜적인 조치라고 판단, 드디어 대원군에게 〈방아책 건의문〉 제출방안을 교섭하게 되었다. 홍봉주 등은 교섭통로의 인물로 부대부인 민씨·유모 박씨를 최대한 이용하기로 방침을 정했다. 홍봉주·김면호 등은 〈방아책 건의문〉이 채택된다면 프랑스선교사로서는 '포교의 자유'를 얻을 수 있는 호기일 뿐만 아니라 조선에서의 '신앙의 자유'가 실현된다는 일석이조의 정치적 효과를 거둘 수 있다고 낙관하였다. 이들은 당초에는 프랑스 세력만 끌어들이려고 했으나, 애로호사건 때 영·불 연합군이 북경침공을 벌인 사실을 감안, 방아책을 확실하게 보

다음과 같다. 괄호안 숫자는 입국연도이다. 주교 2명 : 다블뤼(Daveluy, 1845)·베르뇌(Berneux, 1855), 신부 10명 : 뿌르띠에(Pourthié, 1856)·쁘띠니꼴라(Petinicolas, 1856)·오매트르(Aumaître, 1863)·위앵(Huin, 1865)·브르뜨니애르(de Bretenières, 1866)·볼리외(Beaulieu, 1866)·도리(Dorie, 1866)·리델(Ridel)·페롱(Féron)·깔래(Calais).

8) Charles Dallet, *Histoire de L'Église de Corée*(Paris, 1874), vol. 1, p.502. 《한국천주교회사》, 앞의 책, 하, 360쪽.

장하기 위하여 영국 세력까지 끌어들이기로 방침을 정했다. 이리하여 홍봉주 등은 러시아 남침세력에 대항하는 유일한 방법은 조선이 영·불 양국과 동맹을 체결하는 것이 최선책이라는데 의견의 일치를 보고, 마침내 〈한·영·불 3국동맹안〉을 바탕으로한 〈방아책 건의문〉을 작성, 대원군에게 전달하기로 결의하였다. 홍봉주는 이 건의문을 趙基晉(대원군 사돈)을 통해 대원군에게 전달했다. 그러나 대원군은 이러한 방아책에 대해 처음에 부정적인 반응을 보이자, 홍봉주는 크게 당황하지 않을 수 없었다.

전 승지 南鍾三은 유모 박씨에게 부대부인으로 하여금 국면전환의 전기를 마련할 것을 당부했다. 이에 부대부인은 남종삼에게 "왜 가만히 있는거요. 러시아인들이 조선에 들어와 나라를 빼앗으려 하는데, 이 불행을 막을 수 있는 사람은 주교뿐인데도 그가 지방순회길에 떠나는구려. 내 남편에 올리는 편지를 쓰시오. 성공할 것이오"라고 격려했다.

이에 용기를 얻은 남종삼은 격식을 갖춘 〈새 건의문〉을 작성, 직접 대원군을 면알하여 바쳤다. 의외로 대원군은 긍정적인 반응을 보이면서, 천주교는 조상의 제사를 지내지 않는 점을 제외하고는 敎理가 진실하다고 전제하면서, "과연 베르뇌 주교가 러시아의 조선침략을 막을 수 있다고 확신하느냐"라고 다짐하자, 남종삼은 "확신한다"라고 단언했다. 이에 대원군은 하루 속히 지방순회중인 주교를 상경시켜 자기와 방아책을 협의하자고 제언했다. 이제 조선의 천주교 지도자들은 대원군의 긍정적인 반응에 고무되어 신앙의 자유를 누릴 미래가 도래하리라는 희망을 가지게 되었고, 심지어 성급한 신도들은 서울에 굉장히 큰 성당을 건설할 계획을 구상하기도 했다.[9)]

2) 천주교 탄압 : 병인사옥

전 승지 남종삼이 '한·영·불 3국동맹'을 체결하여 러시아의 남침기도를 저지하는 대가로 조선에서의 종교의 자유를 허용해달라는 〈새 건의문〉 을

---

9) Dallet, *ibid.*, vol. 1, p.522.
《한국천주교회사》, 앞의 책, 하, 387쪽.
李能和, 앞의 책, 하, 33~35쪽.

휴대하고 雲峴宮을 방문, 이를 올리자, 대원군은 매우 긍정적인 반응을 보이면서 "그렇다면 프랑스 선교사를 속히 서울로 불러와 나와 면담할 기회를 주선하라"는 명령이 내렸다. 이는 천주교인으로서는 고무적인 일이 아닐 수 없다. 이에 남종삼은 지방에 피신하고 있다가 상경한 김면호와 대책을 상의하였으나, 베르뇌 주교가 있는 平山에 긴급 연락원을 보낼 경비마저 마련할 수 없어서 시일만 천연하게 되었다. 앞서 홍봉주의 운현궁 방문을 주선한 조기진의 경비조달로 겨우 베르뇌·다블뤼 주교를 서울로 불러오게 되었으나 이미 시일이 너무 지나 대원군의 격노만 사게 되었다. 일찍이 부대부인 민씨가 베르뇌 주교에게 "북경주재 프랑스 공사에게 조선에서의 종교자유를 청하러 오라는 편지를 보내라"[10]라고 권유했음에도 불구하고 베르뇌 주교는 "선교사가 정치에 관여할 수 없다"는 태도로 소극적인 반응을 보였다.

병인사옥의 발생은 프랑스 선교사의 정치개입에서 비롯되었다는 설이 가장 유력시되고 있다. 그 이유는 첫째로 조선 천주교 지도자들은 선교사를 이용, 러시아의 남침을 막아주는 대가로 대원군으로부터 신앙의 자유를 얻어보자는 '3국동맹안'은 프랑스 주교와 사전 협의 없이 입안한 방아책이었다. 둘째로 대원군은 주교와의 방아책 협의까지 허용했음에도 불구하고 주교들의 소극적 대응으로 마침내 선교사들을 의심하게 되었다. 선교사는 단순히 포교만이 아니라 정치적 불안을 조성하고 있으며 무엇보다도 중요한 사실은 선교사들은 조선을 외국에 개방해야 한다는 조선개항을 주장하고 있다. 이는 대원군의 쇄국양이정책에 정면 도전이 아닐 수 없다. 셋째로 선교사의 정치개입설은 조·불 양국이 시인하고 있다. 駐上海 프랑스 영사도 선교사의 조선 정치간여를 시인하고 있다.[11] 병인사옥 후 조선정부가 청에 보낸 咨文에

---

10) Dallet, *ibid.*, vol. 1, p.512.
《한국천주교회사》 앞의 책, 하, 374쪽.

11) Ch. Martin, "Expédition de Corée－1866," *Le Spectateur militaire*, Ⅳ Série, t. 22(jouillet-septembre) 1883, pp.184～185.
Archives du Ministère des Affaires Estrangères and Archives Nationales, Marine(Paris) on Korean-French Relations Between 1866～1867 (〈韓佛關係資料(병인양요)〉, 《敎會史硏究》 2, 1979), 201～202쪽.
禹澈九, 〈19C 후반 프랑스의 대외정책과 병인양요〉(《누리와 말씀》 3, 인천가톨

서도 프랑스선교사 학살이유를 "우리 나라는 지난 겨울 이래 兇徒匪類들이 당을 모으고 糾結하여 不軌를 은밀히 도모했기에 법에 따라 처형했을 뿐이다"[12]라고 병인사옥의 정치적 연관을 시사해 주고 있다.

이와 같이 집정 2년여간(1864. 1. 17~1866. 3. 10) 천주교 관용정책을 견지해 온 대원군이 갑자기 대박해정책으로 급선회하게 된 동기는 무엇인가에 관심이 모아진다. 그것은 조선천주교 지도자들은 '외세개입'을 기도했다는 것, 그러므로 이들을 은밀히 不軌를 도모하는 '불궤집단'으로 인식했다는 것이다. 이에 대원군은 외국의 군사개입은 곧 정부타도와 왕조멸망으로 이어질 가능성이 있다고 전망하면서 '안보위기감'을 절감하지 않을 수 없었다는 것이다. 더군다나 北伯으로부터의 장계를 분석해보면 러시아의 국경침범(犯越行爲)과 통상요청은 지나친 기우에 불과하다고 판단한 대원군은 천주교 대박해정책을 수립하게 되었다.

남종삼은 그래도 일루의 희망을 포기하지 않고 베르뇌·다블뤼 주교와 대원군과의 면담여부를 타진하기 위하여 1866년 1월 31일 운현궁을 방문했다. 이 자리에서 대원군은 냉담한 반응을 보이면서 "고향에 돌아가 춘부장(南尙敎)에게 안부나 전해주게"라고 말하자, 남종삼은 "모든 일이 전혀 가망 없다"라고 직감하면서 크게 실망했다. 남종삼이 고향에 돌아가 부친께 대원군의 안부를 전하니, "네가 종교를 위하여 진력하는 것은 좋다마는 이미 너의 목숨은 위태롭게 되었다. 만일의 사태가 발생한다해도 종교를 욕되게 하는 언동은 삼가라"라고 유언으로 당부했다.

당시 수렴청정하던 趙大妃는 보수적인 여성이어서 西學·西敎를 싫어했고, 영의정 趙斗淳·좌의정 金炳學을 비롯하여 각부 대신들도 위정척사정신이 강해서 철종 이래의 對천주교 완화정책을 지양하고 강경한 금압책을 채택할 것을 촉구하기에 이르렀다. 이제 대원군의 천주교 대금압령이 내릴 분위기가 조성되었다. 조대비는 드디어 금압전교를 발표했다.

럭대학교, 1998), 67~68쪽.

12) 《日省錄(고종편)》 권 3, 328~330쪽, 고종 3년 7월 8일, 「回咨文」. 《高宗實錄》 권 3, 고종 3년 7월 8일.

요사이 서양 오랑캐의 일은 일대 변괴가 아닐 수 없다. 수만리 밖에서 온 兇種醜類(불 선교사)들이 함부로 출입하면서 邪術(천주교)을 자행하고 있다. 이리하여 나라를 원망하고 희망을 잃은 무리들이 함께 모여서 우리의 인륜을 무너뜨리고 우리의 風敎를 더럽히고 있다. 이는 天道로도 용서받지 못하고, 王章으로도 容赦할 수 없는 소행이다. 이들을 차례대로 잡아들여 빠짐없이 誅討하라(《承政院日記(고종편)》 권 2, 고종 3년 1월 24일. 《龍湖閒錄》 권 3, 496~497쪽, 938 : 大王大妃傳敎).

이리하여 대원군은 마치 로마 제정기 황제숭배를 거부했다해서 그리스도교도를 비공인 종교단체(religio illicita)로 단죄, 대박해를 가했듯이 천주교도를 유교적 전통질서에 반항하는 '不軌집단'으로 간주하게 되었고, 마침내 이를 邪敎로 규정, 대금압령을 내렸다. 병인사옥은 이미 조대비의 금압전교가 내리기 전부터 개시되었다. 2월 14일 포도청은 경복궁 중건의 재정염출을 위한 재산조사라는 명목으로 태평동 소재 홍봉주의 가택을 수색하면서 베르뇌 주교의 행장도구까지 엄밀하게 검색하기 시작했다. 이는 베르뇌 주교와 홍봉주 체포의 예비검속이었다. 조대비의 전교가 발표된지 이틀후인 2월 23일 홍봉주·베르뇌를 체포하였고, 이어 2월 25일에는 丁義培와 신부 브르뜨니애르를 검거하였고, 2월 27일에는 龍仁·廣州에서 볼리외·도리 두 신부를 체포하였으며, 3월 1일에는 남종삼을 체포함과 동시에 3월 2일 이들 전원을 義禁府로 송치하였다. 대원군이 직접 문초하면서 베르뇌 주교에게 천주교를 버리고 개종(背敎)할 것을 강요했으나, 베르뇌는 聖敎의 진리를 위해 죽는 것은 당연한 도리라고 강조하면서 結案書를 손수 작성하여 단호히 배교를 거부하자, 대원군은 이들을 처형하기로 결정했다.[13]

3월 7일 남종삼·홍봉주를 謀反不道罪로 서소문 밖에서 처형하고, 베르뇌·브르뜨니애르·볼리외·도리 등 4명은 '犯越入國傳道罪'로 露梁 사장에서 처형 효수했다.

정부는 3월 4일 천주교 대금압을 선선하는 조대비의 교령을 추가로 발표하면서 압수한 천주교 관계서적과 그 판본을 불살라 버리라고 전국 八道四都에 시행령을 내렸고, 3월 7일에는 五家作統法을 시행, 천주교도를 철저 수

13) 《高宗實錄》 권 3, 고종 3년 정월 9~16일.

색 검거할 것, 3월 10일에는 吏民 중에 사학도당을 고발하는 자에게는 공로를 표창하고 이들을 은닉하는 자는 중형을 내린다고 발표하는 동시에 海西湖西 연해를 왕래하는 모든 선박을 감시, 본국인과 다른 서양인이 있으면 선참후계하라는 엄명을 내렸다.[14]

3월 6일 충청도 堤川에서 뿌르띠에 · 쁘띠니꼴라를 체포, 서울로 압송하였다. 이날 全長雲 · 崔炯이 참수되었고, 3월 11일 뿌르띠에 · 쁘띠니꼴라 두 신부와 丁義培 · 禹世英이 노량 사장에서 처형되었다. 특히 전장운 · 최형 양인은 《聖教日程》과 《省察記略》 등 가톨릭교 서적을 간행, 천주교 발전에 공헌하였고 신앙심이 독실한 천주교 교인이다. 이날 충청도 內浦에서 黃錫斗와 함께 다블뤼 주교를 체포했고, 오매트르 · 위앵 두 신부는 스스로 자수하여 구금되었다. 특히 다블뤼 주교는 조선에 밀입국한 지 21년간 천주교 전도에 진력하였기 때문에 유창한 조선어로 천주교의 교리를 위해 변호했다. 이들 프랑스 선교사 3명은 保寧 公忠水營으로 압송, 황석두 · 張周基와 함께 3월 23일 처형되었다.[15]

이로써 프랑스 선교사 12명 중 9명이 처형되었고, 나머지 리델 · 페롱 · 깔래 등 신부 3명은 조선인 천주교도의 보호를 받으며 숨어 있었다. 정부는 남종삼 · 홍봉주를 처형한 후 후환을 미리 방지한다는 조치로 처자를 죽이는 형벌인 孥戮之典을 시행한다고 발표했다. 《근세조선정감》에는 병인사옥의 처참한 학살행위를 다음과 같이 전하고 있다.

> 이때 나라 안을 크게 수색하니 포승에 결박된 죄인이 길에서 서로 바라보일 정도였다. 捕廳獄이 만원되어서 이루 裁決할 수 없었다. 그중에는 어리석은 백성, 어리석은 아낙, 어린 아이들 등 무식자가 많았다. 포장이 민망히 여겨 천주교를 배반한다는(背教) 맹세를 하도록 설득했으나, 신도들은 듣지 아니했다. 이에 刑杖으로 때려서 기어코 회개시키고자 하니, 피부가 낭자하게 터지고 피가 청위에까지 튀어 올랐다. 신도들이 환호하기를 血花가 몸에서 나니 장차 천당에 오르겠다 하였다. 포장도 어떻게 할 수 없어서 죄인을 묶어 옥에 가두어 놓고 차례대로 목졸라 죽였다. 죽일때마다 배교할 수 있겠는가라고 신문하면, 비

14) 《高宗實錄》 권 3, 고종 3년 정월 18~24일.
15) 《高宗時代史》 권 1, 고종 3년 정월 25일, 185쪽.

록 어린아이들이라도 그들 부모를 따라 천당에 오르기를 원했다. 대원군이 듣고서 다 죽이도록 명하고 어린아이들만 살려주었다. 시체를 水口門 밖에다 버려서 산같이 쌓이니 백성들이 벌벌 떨며 威令을 더욱 두려워했다(朴齊炯 저, 李翼成 역, 《近世朝鮮政鑑》, 탐구당, 1981, 56~57 · 154쪽).

이러한 처참한 살륙행위는 서울만이 아니라 지방에도 자행되었다. 평양 永明寺구내에 서 있는 巡撫中軍 鄭志鎔의 〈斥邪紀績碑〉에 살륙참상이 기록되어 있다.

천주라는 가르침(종교)이 서양으로부터 우리 나라 안에 유입되었다. 선교사는 도시로 드나들며 민심을 어지럽히면서 유혹하기를 '귀신에게는 제사지내지 말고, 조상의 사당을 철폐하라'고 했다. 또 通貨(재물을 나누어줌) 通色(내외하지 않음)으로 상통하면서 남녀가 뒤섞여 생활하고 있다. 그들의 가르침은 墨子의 兼愛說과 불교의 허무설과도 비슷하다. 가가호호 방문하면서 천주교를 전도하니, 그 세력은 날마다 불어났다. 이에 순무중군 정지용은 병인년 정월 초하룻날 三門을 활짝 열고 군민을 모아서 수십 수백 명의 邪類들을 뜰 아래로 잡아다가, 그들 졸개들은 귀양을 보내고 괴수는 杖殺해서 강물에 던지고, 그들의 책과 牌(십자가)는 불태우고 부수어 버렸다. 그리고 나머지 무리들에게는 충효로서 가르치고 이해로서 타이르니 모두 감동하여 눈물을 흘리면서 새사람이 되겠다고 다짐했다(李能和, 《朝鮮基督敎及外交史》 下, 朝鮮基督敎彰文社, 1928, 44쪽).

"수구문 밖에 버린 시체더미가 산처럼 쌓였다"는 서울의 천주교도 학살행위와 "괴수를 쳐죽여서 강물에 던졌다"는 평양의 잔인상은 조금도 다를 바 없다. 병인사옥 당시부터 3년 동안 이같이 처형된 천주교도수는 약 8천 명이라고 전하고 있다.[16]

---

16) 《朴殷植全集》(단국대 동양학연구소, 1975), 상, 70쪽 : 《韓國痛史》, 제2편, 10쪽.
Homer B. Hulbert, *The History of Korea*(Seoul, 1905), vol. 2, p.211.
Joseph H. Longford, *The Story of Korea*(London, 1911), p.190.
《한국천주교연감》(한국천주교중앙협의회, 1955), 244쪽.
《한국통사》에 의하면, 대금압령이 내린 초기에 서울에만도 1만 명이고 전국 8도에서 체포된 교도 12만 명을 진살하도록 명령을 내렸다고 하나 이는 과장된 숫자이고, 천주교회측 자료의 공통된 숫자는 3년간 학살된 교인수는 대략 8천명이라고 집계하고 있다.

3) 병인양요와 대응책

1866년 프랑스제국의 조선원정(병인양요)은 나폴레옹 3세(Louis Napoléon)의 식민지정책과 대아시아 로마 가톨릭교 포교정책과 결부되어 발생한 제국주의적 침략전쟁이었다. 이해 조선정부의 천주교 금압책과 프랑스 선교사 학살사건(병인사옥)이 프랑스 조선원정의 직접적 원인이 되었다. 따라서 병인사옥은 대외 팽창정책을 추구하고 있는 프랑스제국으로 하여금 일찍이 1855년 게랭(De Guerin)이 수립한 '정한론' 구현을 위해 프랑스함대의 조선원정을 단행하는데 하나의 좋은 명분이 되었다.[17]

병인사옥 당시 프랑스 선교사 12명 중 9명은 처형되었으나, 페롱·깔래·리델 등 3명의 신부는 조선인 천주교도의 보호로 화를 면했다. 리델은 조선인 신자의 적극적인 후원으로 청국으로 탈출, 7월 6일 芝罘에 도착, 로즈 프랑스 함대사령관에게 병인박해의 참상소식을 전하면서 보복응징원정을 단행할 것을 촉구했다.

주청 프랑스 공사대리 벨로네(Henri de Bellonet, 伯洛內)는 恭親王에 보낸 서한에서 청·불간의 천진조약 제 13조에 따라 청국이 조선의 종주국 자격으로 병인사옥 해결에 개입할 것을 촉구하면서 청국주재 프랑스 선교사들이 조선에 입국할 수 있도록 護照(여권)발급을 요청했다. 그러나 총리아문은 "비록 조선은 중국에 조공을 바치고 있지만 일체 국사를 自主하고 있다"[18]라고 언명하면서 조선문제 개입을 거부했다. 이에 벨로네 공사는 청이 스스로 대한종주권을 포기한 것으로 간주하고, 1866년 7월 13일 총리아문에 보낸 조회문에서 "조선국왕이 나의 불운한 동포(선교사)를 처형한 날이 곧 조선왕조의 최후의 날이다. 며칠 안으로 우리 군대는 조선을 정복하기 위하여 출정할 것이다. 우리 황제만이 공석중인 조선국왕을 冊立할 권한을 가지게 될것이다"[19]라고 조선국왕 폐립을 선언했다. 청국 정부는 선교사 학살행위 연유를

17) 〈韓佛關係資料(1846~1856)〉(《敎會史硏究》 1, 1977), 189쪽.

18) Martin, *op. cit.*, p.185.

《淸季中日韓關係史料》(대만 : 중앙연구원근대사연구소, 1972) 권 2, 27쪽.

조사하는 것이 선결문제라고 지적하면서 프랑스의 조선원정계획을 적극 만류했으나 벨로네 공사는 이를 묵살하고 조선원정을 단행할 것임을 선언했다.

한편 총리아문은 이 같은 프랑스 함대의 조선원정계획을 조선 정부에 통고하자, 조선 정부는 예부에 보낸 자문에서 프랑스 선교사 학살이유를 다음과 같이 해명했다. "그들은 간사하게 변장해서 밀입국하여 은밀히 不軌를 도모하였고, 국법에 금지되어 있는 전도활동을 벌이고 있다"[20]라고 비난하면서 프랑스 선교사는 조선국법을 어긴 국사범이기에 처형했다고 밝히고 있다. 벨로네 공사는 "인류의 모든 법을 무시하고 우리 동포를 무참히 학살한 야만적인 조선정부에 대해 우리는 처벌방법을 강구할 것이다"[21]라고 천명했다.

벨로네 공사는 조선의 후임 국왕에 대원군을 책봉할 것이라고 선언하면서 즉각 로즈(G. Roze)사령관에게 조선원정은 공사자신의 책임하에 단행될 것임을 통고, 프랑스함대의 지휘권을 이양하라고 요구했다. 그러나 로즈 제독은 공사가 현지 사령관인 자신과 상의없이 대조선 선전포고와 조선국왕폐립선언은 월권행위라고 비난하면서 청국이 이미 대조선 종주권포기로 조선의 독립국을 인정했다는 것, 조선은 프랑스와는 미수교국이라는 것, 그러므로 조선원정은 공사주도가 아니라 현지 사령관인 자신의 주관하에 수행되어야 한다고 해군부에 보고하면서 조선원정 훈령을 요청했다. 이에 해군부는 1866년 9월 8일 조선을 굴복시키기 위한 조선원정을 로즈 사령관에게 명했다. 이어 프랑스 외무부는 로즈의 항의를 받아들여 11월 10일자 벨로네 공사에게 내린 훈령에서 선전포고와 조선국왕 폐립선언은 무효이며 조선원정은 프랑스 정부의 개입없이 해군부 및 로즈 사령관 주관하에 수행되었다고 통보했다.[22]

19) U.S. Department of State, *Diplomatic Correspondence, China · Japan* (Washington : Government Printing Office, 1866~1882), 1866, pp.420~423, Bellonet to Prince Kung, July 13, 1866.
W. E. Griffis, *Corea : The Hermit Nation*(N. Y., 1894), pp.377~378.
《淸季中日韓關係史料》 권 2, 27~28쪽.

20) 《高宗實錄》 권 3, 고종 3년 7월 8일.

21) 《韓佛關係資料(병인양요)》, 215쪽.
《同文彙考》 권 3, 2468쪽.

22) Martin, *op. cit.*, pp.187~188 · 258.
《韓佛關係資料(병인양요)》, 206~212쪽.

프랑스 조선원정은 두 차례 단행되었다. 제1차 원정은 강화해협을 중심으로한 수도 서울까지의 한강수로를 탐사, 조선정복(정한론)을 위한 예비적 정찰원정이었다. 로즈는 기함 프리모게(Primauguet)호 등 군함 3척, 총 200명의 병력을 이끌고 9월 18일부터 10월 1일까지 약 보름 동안 강화해협을 거쳐 한강을 거슬러 올라 서울 楊花津·西江까지 이르는 수로를 탐사하면서 海圖 3장을 제도하고 청국 芝罘기지로 돌아갔다. 정찰결과 보복대상을 강화도에 국한하지 않고 서울정복전쟁으로 확대했으며, 병력 1,500명 내지 2,000명을 동원한다면 무난히 서울 정복을 달성할수 있다고 전망했다.[23)]

정찰탐사를 완료한 로즈는 제2차 원정준비에 착수했다. 조선원정에는 프랑스함대의 전함정과 병력 그리고 요코하마(橫濱) 주둔군까지 총동원되었다. 병력규모를 보면 기함 게리에르(Guerriere)호를 비롯하여 군함 7척, 해군병력은 총 1,520명, 함재대포 66문이다.[24)]

로즈의 조선원정의 목적은 선교사학살에 대한 보복을 강화도에만 국한하지 않고 서울까지 진격, 조선을 정복하는 것이었다. 이같은 병력은 정찰원정시 "서울까지 진격하여 조선을 정복"하는데 필요했던 1,500명선을 충족시킨 숫자이다. 이리하여 로즈는 10월 5일 '한강봉쇄령, the blockade of the Han River'을 선언하면서 10월 10일 주청 영국함대 사령관 킹(King)제독이 지켜보는 가운데 해상작전연습을 실시한 후, 10월 11일 芝罘를 출항, 조선원정길에 올랐다. 로즈는 향도 및 수로안내인으로 리델신부와 망명 조선인 천주교도 3

23) 《韓佛關係資料(병인양요)》, 215~225쪽.

24) M. H. Jouan, "L'expédition de Corée en 1866," *Mémoire de la Société nationale académique de Cherbourg,* 1871, pp.156~157.
Jeanne Frey, Expédition de Corée, Tchē-Fou, le 12 Septembre, 1866, Extrait du Cahier de Jeanne Frey, p.2.
E. M. Cable, "The United States-Korean Relations, 1866~1871," *Transactions of the Korea Branch of the Royal Asiatic Society,* 28(1938), p.64.
W. E. Griffis, *A Modern Pioneer in Korea : The Life Story of H. G. Appenzeller*(N. Y., 1912), p.45.
케이블은 병력총수를 1,000명, 그리피스는 1,500명이라 했고, 주앙은 총병력 1,401명, 프레이는 1,520명이라 주장했다. 필자는 편의상 프레이의 기록에 따른 것이다.

명을 대동하고 강화도로 항진했다. 프랑스함대는 10월 16일 군함 4척 상륙군 병력 총 900명을 동원하여 갑곶이[甲串鎭]를 무혈점령했다.[25] 강화도를 점령한 로즈는 "서울까지 征戰하러 갈 것이다. 너희는 우리 프랑스인 9명을 살해했으니 우리는 너희 백성 9천 명을 죽이러 왔다"[26]라고 선언했다.

프랑스군이 강화도에 내침했다는 긴급보고를 받은 대원군은 10월 22일 軍民을 격려하는 回章을 발표했는데, "괴로움을 견디지 못하고 화친을 허락한다면 이는 곧 나라를 팔아먹는 행위이다(賣國). 그들의 독스러움을 이기지 못하고 교역을 허락한다면 이는 나라를 망치는 행위이다(亡國). 적이 도성을 침범하였을 때 도망친다면 이는 나라를 위태롭게 하는 행위이다(危國). 괴이한 술법으로 적을 쫓아내려 한다면 후일의 폐단은 천주교보다 심하리라(邪學)"[27]고 했다. 이상 네 가지 항전조건을 제시하면서 적군격퇴를 독려했다.

프랑스군은 한강봉쇄령을 발동했기 때문에 조선 선박의 출입이 통제된 가운데 강화도를 점령, 무인지경으로 횡행하고 있었다. 이에 巡撫營은 "우리는 우리의 學(종교)을 숭상하고 너희는 너희의 학을 행함은 마치 사람마다 각기 자기 조상을 숭상하는 것과 같다. 너희가 천주교를 전도하는 행위는 자기 조상을 버리고 남의 조상을 숭배하라고 강요하는 것과 같은 일이다"[28]라는 檄文을 로즈에게 전하면서 침략의 야만성을 규탄했다. 이같은 격문을 받은 로즈는 回狀에서 "선교사 학살관계 책임자 3명을 색출하여 엄중히 다스릴 것, 전권위원을 파견하여 조불조약을 체결할 것"[29] 등 두 가지 교섭조건을 수락하라고 촉구했다. 그러나 조선정부는 단호히 이를 거부하면서 항전결의를 다

25) *Diplomatic Correspondence*, pp.417 · 421, Notice of blockade of the river Seoul by the French naval squadron, Octover 5, 1866.
Dallet, *op. cit.*, vol. 1, p.567.
Jouan, *op. cit.*, p.166.
《同文彙考》 권 3, 2475~2476쪽.
26) 《高宗實錄》 권 3, 고종 3년 9월 10일.
27) 《龍湖閒錄》 권 4(국사편찬위원회, 1980), 44~45쪽. 九月十四日 自雲峴書送 政府堂上坐起處 輪示錄紙.
《高宗時代史》 권1, 고종 3년 9월 14일, 263쪽.
28) 《高宗實錄》, 권 3, 고종 3년 9월 11일, 巡撫營傳檄洋船都主.
《赤虎修攘錄》(필사본, 연세대 도서관), 병인 9월 11일.
29) 《同文彙考》 권 3, 2471쪽.

지고 있었다.

강화도가 실수됨으로써 서울 도성의 안보가 위태로워지자 정부는 순무영을 설치하는 동시에 대장에 李景夏, 중군에 李容熙, 千總(부대장)에 梁憲洙를 임명, 출정을 명하면서 강화도수복과 적군 격퇴를 다짐하고 있다. 양헌수는 濟州牧使로 근무하다가 천총에 임명되자마자 약 6백 명의 대군을 이끌고 通津에 진을 치고 강화도 수복작전계획을 수립했다. 강화도를 점령한 프랑스군은 10월 26일 이래 文殊山城전투에서 조선군을 압도적으로 제압하고 산성을 점령했다. 조선군은 프랑스군이 가진 근대적인 총포의 화력을 대적할 수 없어 프랑스군은 문수산성을 무난히 함락했다.

양헌수는 화력면에서 절대 열세인 조선군이 프랑스군을 제압하는데는 奇兵作戰이 아니고는 불가능하다고 판단하고, 禦戎方略으로써 강화도를 수복할 작전계획을 수립했다.

이는 약 6백 명의 병력을 야음을 이용, 강화해협을 잠도하여 통진 맞은편의 鼎足山城에 입성한 후 침공해오는 적군을 격파한다는 것이었다. 한강봉쇄령으로 주간에는 강화해협은 프랑스군의 독무대였다. 양헌수는 드디어 11월 7일 달도 없는 그믐밤을 이용, 潛渡作戰을 수행, 정족산성을 점령하고 정족진을 결성했다. 남문에는 哨官 金沂明 지휘하의 포수 161명, 동문에는 초관 李濂지휘하의 포수 150명, 서문과 북문에는 초관 李大興 지휘하의 京軍 및 鄕軍 157명을 배치, 프랑스군의 내침을 기다리고 있었다. 조선군이 야음을 이용, 강화해협을 도하하여 정족산성에 농성하고 있다는 보고를 받고 로즈는 올리비에(Ollivier)대령에게 정족산성 공략을 명했다. 11월 9일 올리비에는 조선군의 무기가 쓸모없는 노후한 병기임을 알고, 160명의 분견대를 이끌고 야포 없이 경무장한 채 정족산성 공략에 나섰다. 조선군이 동문과 남문으로 쳐들어오는 프랑스군에 일제히 포격을 가해 프랑스군을 제압, 승첩을 거두었다. 프랑스군은 전사자 6명을 포함하여 약 80명의 사상자를 내었으나, 조선군은 전사자 1명, 부상자 4명뿐이었다.[30]

---

30) 梁憲洙文書 : 《丙寅日記》·《鼎足山城接戰事實》.
《리델문서》Ⅰ(한국교회사연구소, 1994), 118, 120쪽.
金源模, 〈丙寅日記의 硏究〉(《史學志》17, 1983), 212~226쪽.

정족산성 승첩은 두 가지 의미를 가지고 있다. 첫째, 화력면에서 절대 열세인 조선군이 연전연패를 거듭하다가 양헌수의 기발한 어융방략에 의해 근대적인 병기로 무장한 프랑스군을 격멸했다. 둘째, 정족산성 패전을 계기로 프랑스군은 당초 계획했던 서울정복작전을 포기하고 철수했다. 이리하여 프랑스군은 10월 14일 강화도 상륙 이래 거의 한달 동안 강화도를 점령하다가 11월 10일 외규장각 고도서 340권, 197,231프랑 상당의 은괴 19상자 등 귀중한 문화재를 약탈하고 철수하면서 외규장각을 불태워 버린 것이다. 프랑스군은 11월 21일 전함대를 철수, 청국 芝罘기지로 돌아갔다.[31]

프랑스의 조선원정이 아직 진행중인 11월 11일 벨로네 공사는 총리아문에 보낸 서한에서 병인사옥은 변명할 수 없고 용서받을 수 없는 범죄행위라고 비난하면서 조·청 양국간의 전통적인 유대관계(조공관계)로 보아 이는 '공모행위'라고 다음과 같이 그 이유를 열거하고 있다. "첫째, 조·청 양국은 병인사옥의 공범자(serious suspicions of complicity)이다. 둘째, 지난 겨울 조선의 冬至使가 북경에 와서 청국정부에 천주교박해계획을 보고했고, 청은 이를 묵시적으로 승인(a tacit authorization and the approbation)했다. 셋째, 청국정부의 고위관리는 천주교금압계획을 직접 찬성했다. 넷째, 만리장성 밖 만주 병사를 모집 훈련하는 것은 바로 프랑스군에 항전을 벌이고 있는 조선을 돕기 위한 조치이다."[32] 이에 대해 공친왕은 조·청간의 사신왕래(동지사)는 전통적 외교적 의례관계라는 것, 만리장성 밖에서 군대를 모집 훈련

《한불관계자료(병인양요)》, 245~246쪽..
프랑스 해군부문서에는 프랑스군 부상자는 29~32명이고, 전사자는 1명도 없다고 기록하고 있다. 그러나 조선측《병인일기》에는 프랑스군 사상자는 80명 정도라고 집계하고 있다(至五里而死者十餘 十里而死 二十里而死者 假量爲六七十). 한편《리델문서》에는 "부상병과 간호하는 병사를 빼면 싸울수 있는 병사는 80명이 넘지않았습니다."라고 시인하였는데, 이는 올리비에군 160명 중 절반이 사상자임을 입증해 주고 있다

31) 《한불관계자료(병인양요)》, 249~252쪽.

32) *Diplomatic Correspondence(1866)*, pp.422~423, Bellonet to Prince Kung, November 11, 1866.
Park Il-keun, ed., *Anglo-American Diplomatic Materials Relating to Korea 1866~1886*(Shinmundang, 1982), pp.804~806.
Griffis, *Corea : The Hermit Nation*, p.378.

한다는 말은 '뜬 소문'에 불과하다고 해명한 조회문을 각국 공사관에 전달했다.[33]

프랑스의 조선원정은 두 차례 원정을 통해 무려 2개월간의 장기원정이었다(9. 18~11. 21). 원정을 끝내고 청국으로 철수한 로즈는 선교사학살에 대한 응징보복은 성공적으로 수행했다고 주장했다. 그러나 벨로네 공사를 비롯한 북경주재 각국 외교관들은 프랑스의 조선원정은 실패라고 평가했다. 그 이유는 첫째, 외교적 견지에서 보면, 수교관계가 없는 조선에 가서 조선개항을 위한 立約교섭조차 벌이지 못한 채 빈손으로 돌아왔다. 둘째, 군사적 시각에서 보면, 정족산성에서의 패전 다음날 로즈함대가 강화도를 철수했다. 셋째, 종교적 입장에서 보면, 조선원정의 지상목표가 선교사 학살에 대한 응징보복과 조선에서의 신앙의 자유구현인데, 보복은 커녕 오히려 흥선대원군의 천주교박해와 쇄국양이정책만 강화시킨 결과를 초래했다. 그럼에도 불구하고 프랑스정부는 공식적으로 조선원정은 성공이라고 간주하고 있다. 가령 1867년 3월 미국정부가 미국은 제너럴 셔먼호사건에서, 프랑스는 병인사옥에서 각각 공동피해를 입었으니 조선에 대한 미불공동원정을 단행할 것을 공식 제의했지만, 프랑스정부는 이미 조선원정을 통해 충분히 응징보복을 수행했기에 새삼스러이 미불공동원정은 필요없다고 거절했기 때문이다. 이는 5년뒤 미국아시아함대의 강화도 내침(신미양요)의 한 원인이 되었다.[34]

프랑스의 조선원정은 조・청 양국에 심각한 배외감정(anti-foreign feelings)만 고조시킨 결과를 초래했다. 청국에는 천주교를 적대시, 仇敎運動 즉 반그리스도교운동을 일으켜 天津敎案(1870)발생의 원인이 되었다. 침략을 받은 조선에는 대원군의 쇄국양이정책을 강화시키는 결과를 초래했다. 대원군은 양요를 치른 후 "강화의 관문을 굳게 지킬 것이며 외국배는 삼가 통과할 수 없다"라는 비석을 덕진돈대 앞에 세워서 閉關自守의 의지를 내외에 선포했다.

33) 《한불관계자료(병인양요)》, 256~258쪽.
34) 《한불관계자료(병인양요)》, 260쪽.

4) 신미양요와 대응책

1866년 8월 제너럴 셔먼호 소파사건은 미국이 한반도에 적극적인 관심을 가지게된 일대 전기가 되었다. 셔먼호는 원래 미국선적으로서 중국 천진에 기항했다가 영국 메도우즈(Meadows)상사와 용선계약을 체결함으로써 셔먼호는 영국상사에 위탁되었다. 이리하여 메도우즈상사는 조선과 통상교역할 서양상품을 잔뜩 적재하고 1866년 8월초 芝罘를 출항 조선으로 항진했다. 셔먼호의 구성원을 보면, 선주 프레스턴(W. B. Preston)·선장 페이지(Page)·항해사 윌슨(Wilson)등 미국인 3명, 통역 및 개신교목사 토머스(R. J. Thomas)·화물관리인 호가스(Hogarth) 등 영국인 2명, 중국인·말레이 선원 19명, 총 24명이었다.

셔먼호는 때마침 장마비로 불어난 大同江을 소항, 平壤에서 통상을 강요하면서 중군 李玄益을 납치하는 등 도발적 약탈행위를 자행함에 평양감사 朴珪壽의 火攻작전에 의해 선체는 소파되고 승무원 24명 전원이 몰살되는 참극이 발생했다. 셔먼호는 선주가 미국인이지만 메도우즈상사와 용선계약으로 계약기간에는 법률적으로 영국상사 소유라는 것, 시종일관 셔먼호의 실질적인 주역은 토머스 목사였음에도 불구하고 사건발생 후 영국은 소극적인 반응을 보인 반면, 미국은 선주가 미국인이라는 이유로 적극적인 강경반응을 보였다. 셔먼호사건을 계기로 미국은 조선개항문제에 적극적인 관심을 가지고 대한 입약교섭을 벌이게 되었다.

미국은 셔먼호소파사건 발생의 진상을 탐문하는 정찰원정을 즉각 단행했다. 1867년 1월 슈펠트(R. W. Shufeldt, 薛斐爾)는 와추세트(Wachusett)호로 서해안 甕津灣일대를 탐사하고 조선을 응징하는데는 무력행사에 근거한 해결책(a solution based on force)만이 최선책이라 강조하면서 대한 포함외교(Gunboat Diplomacy) 실시를 강력히 촉구했다.[35] 이어 1868년 4월에는 페비거

---

35) *Shufeldt Letters*(1866~1887), Library of Congress, Shufeldt to Bell, January 30, 1867.

F. C. Drake, *The Empire of the Seas, A Biography of Rear Admiral*

(John C. Febiger, 費米日)가 셰난도어(Shenandoah)호로 제2차 탐사를 강행했다. 이때 조선 수비군은 內江航行을 영토침략으로 규탄, 포격사건이 발생했다. 이에 페비거는 성조기를 게양한 함정에 대한 포격은 국기모독죄로 단죄하면서 포함책략에 의한 응징보복원정이 있을 것이라고 경고했다.36)

이와 같이 미국 해군부는 두 차례 탐문항행을 벌이는 가운데, 슈어드(William H. Seward)국무장관은 대한포함외교 책략에 의한 조선원정계획을 수립했다. 1867년 3월 슈어드는 프랑스는 병인사옥에서, 미국은 셔먼호사건에서 각각 피해를 보았으니 미불공동원정을 제안했지만, 프랑스는 조선원정(병인양요)으로 이미 응징보복을 했으므로 공동원정은 필요 없다고 거부함으로써 무산되었다. 슈어드 국무장관은 1868년 4월에는 슈어드(George F. Seward) 상해 총영사에게 조난선원구휼협정 체결과 대조선 통상교섭의 전권을 부여하면서 보복응징원정계획을 수립했지만, 해군부의 함대동원반대로 실행하지 못했다.37)

1869년 미국 그랜트(U. Grant)행정부가 발족되면서 피쉬(H. Fish)국무장관의 당면문제는 슈어드 전 국무장관이 입안한 조선원정을 결행하는 것이었다. 이리하여 그랜트 행정부는 셔먼호사건에 대한 응징보복원정을 단행하기로 최종 결정하고, 피쉬는 상해총영사 슈어드를 국무부로 초청, 조선원정계획 실행문제를 협의했다. 이 자리에서 슈어드는 첫째, 셔먼호와 같은 비참한 사건의 재발을 방지하기 위하여 조선과 조난선원 구휼협정을 체결하되, 가능한 한 통상조약을 체결할 것. 둘째, 조선과 교섭하기 전에 먼저 청의 협조와 중재역을 구할 것. 셋째, 조선원정 임무의 전권을 아시아함대 사령관에게 부여할 것 등 세 가지 방안을 제시했다. 피쉬는 이상 1안과 2안은 채택했지만, 원정임무의 전권을 아시아함대 사령관에게 부여하자는 3안은 거부하면서, 그 대신 조선과의 교섭을 성취하려면 무엇보다도 청의 중재와 협조가 절실히 필요하다고 판단, 주청미국공사 로우(F. F. Low)를 조선파견 전권공사에 임명

Shufeldt(University of Hawaii Press, 1984), pp.96~98.

36) *Febiger Letters* Library of Congress, Febiger to The King of Corea, April 22, 1868.

37) 金源模, 《近代韓美關係史》(철학과 현실사, 1992), 198~255쪽.

하면서 조선원정의 대임을 부여하는 한편 로저스(John Rodgers) 아시아함대 사령관에게 해군함대를 총동원 로우공사를 수행 호위할 것을 명했다.[38]

그랜트 대통령은 1870년 교서를 통해 "조선과 조난선원 구휼협정을 체결하기 위하여 로우를 조선에 파견하는 바이다. 로우 공사의 경호를 위해 로저스제독에게 아시아함대의 충분한 병력을 인솔하고 로우를 호위할 것을 명한다"[39]라고 조선원정 결행을 발표했다. 로우공사는 1871년 3월 7일 조선원정의 목적을 천명한 조선국왕에게 보내는 친서에서 "조선과 화호를 맺고, 조난선원 구휼협정문제를 상의하고자 조선에 간다. 미국은 화목을 간망하고 있으며 우리의 친선우호관계 수립에 대한 교섭을 거절한다면 전쟁(不睦)이 발생하더라도, 어느 누구를 원망할 수 없다. 3, 4개월 안으로 조선에 갈 것인즉 조선은 전권위원을 파견, 본인과 협상에 응해주기 바란다"[40]라는 친서를 총리아문을 통하여 조선정부에 전달했다. 여기서 미국은 만약 조선이 조난선원 구휼협정을 위한 협상을 거부할 경우 '물리적 힘' 즉 포함외교 책략에 따라 강제로 조약체결을 강행할 것임을 암시하고 있다.

친서를 접수한 조선정부는 1871년 4월 14일자 회신문에서 로우의 친서는 곧 조선에 대한 선전포고로 간주하면서, 제너럴 셔먼호사건은 미국상선의 도발행위로 파멸을 자초했다는 것, 조선은 柔遠之義에 의해 국적여하를 불문하고 조난선원을 인도적으로 구제하고 있기 때문에 새삼스러이 조난선 원 구휼협정을 체결할 필요가 없다는 것, 조선은 전통적으로 중국 이외의 다른 나라와는 외교관계를 수립할 수 없다는 것, 조선은 생산업이 빈약해서 미국과 교역할만한 상품이 없다는 것, 따라서 교역을 허락한다면 경제적 파탄이 발생할 것이기에 미국과 통상관계를 수립할 수 없다고 밝히고 있다.[41]

---

38) *Consular Despatches*, vol. 2, Seward to Davis, February 28, 1870. *Asiatic Squadron Letters*, Rodgers to Robeson, March 28, 1870.

39) James D. Richardson, ed., *A Compilation of the Messages and Papers of the Presidents, 1789～1908*(New York, 1908), vol. 8, p.145.

40) 《籌辦夷務始末》(六) 권 80 : 14～15, 1848～1849쪽.
《同文彙考》 권 3, 2489～2490쪽, 「美國信函」.

41) Cable, *op. cit.*, pp.158～162, Inclosure No. 5 : King of Korea To Board of Rites.
《淸季中日韓關係史料》 권 2, 173～176쪽, 동치 10년 4월 17일.

로우공사는 5월 초까지 전함대를 일본 나가사키(長崎)에 집결하라고 로저스제독에게 지시했다. 로저스는 기함 콜로라도(Colorado)호를 비롯하여 군함 5척, 수해병 1,230명, 함재대포 85문을 적재하고, 만약 조선에서의 전쟁발생에 대비, 나가사키에서 약 보름 동안 해상기동훈련을 실시한 후 1871년 5월 16일 드디어 조선원정에 올랐다. 로저스는 조선원정의 실상을 사진으로 남기기 위하여 나가사키 주재 이탈리아인 사진기사 비토(Felix Beato)를 대동하고 출정했다. 로저스는 일찍이 페리 제독의 포함책략에 의한 일본개항방식을 본받아 그 자신도 조선이 평화적 협상을 거부할 경우 무력시위 및 군사작전에 의해 강제적으로 立約을 성취시켜보겠다는 포함책략을 수립했다. 아시아함대가 제물포 앞바다에 도착, 무치섬(芍藥島)을 기함정박기지로 정하고, 로우공사는 5월 30일 조선관리에게 6월 1일 강화해협을 탐측하겠다고 일방적으로 통고하면서 그 자신의 조선사행임무를 밝힌 공한을 전달했다. 로우는 이 공한에서 조선과 협상을 위해 왔다는 것, 조선은 직위상 자신과 대등한 특사를 파견하여 교섭에 응할 것, 대형함정이 수도 서울 가까이로 이동항진하기 위한 예비작업으로 아시아함대 소속 소함정을 강화해협으로 파견 탐측활동을 전개한다는 것, 조선측이 탐측활동을 방해하거나 적대적 행동이 없는한 조선백성을 위해할 생각은 추호도 없다는 것을 밝히고 있다. 여기서 미국은 서울정복을 위한 군사적 확대작전수행을 암시하고 있다.[42)]

이같은 로우의 공한을 접수한 조선은 미국이 조선에 대하여 선전포고를 선언한 것으로 간주했다. "필요하다면 미국의 대형함정이 수도 서울까지 항진하기 위해 예비탐측을 실시한다"는 로우의 선언은 곧 아시아함대가 서울까지 침공 정복작전을 감행하겠다는 것으로 해석되기 때문이다. 이와 같이 일방적 통고를 한후 6월 1일 미군함대는 강화해협 탐측활동을 전개했다. 포함 2척이 손돌목(孫乭項)에 이르렀을 때, 강화도 포대는 조선당국으로부터의 通航허가없이 해협진입은 곧 영토침략으로 간주, 자위권을 발동, 일제히 기

42) Stephen White, "Felix Beato and the First Korean War, 1871," *The Photographic Collector*, vol. 3(Spring 1982), pp.76~85.
Cable, *ibid.*, p.142, Inclosure No. 6 : Note of May 30, 1871 to Corean Officials.

습포격을 가해 한미간 무력충돌이 발생했다(손돌목 포격사건). 강화포대에 설치된 약 200문의 대포는 일제히 약 15분간 집중포격을 가했지만 전근대적 노후한 병기라 미군함정에 치명적인 타격을 주지못했다. 이로써 미군은 조선의 병기는 아무 쓸모없는 노후한 무기임을 확인했다.[43]

손돌목포격사건이 발생한 후 조미간 교섭이 단절되었다. 그래서 조미 양측은 栗島 백사장에 긴 장대꼭대기에 편지를 매달아 꽂아놓고 서로 편지를 주고받는 이른바 원시적 통신수단인 '장대 외교문서교환'이 전개되었다. 로우는 평화적으로 탐측활동을 벌이고 있는 미군함대에 대한 기습포격은 비인도적 야만행동이라고 비난하면서 즉각 조선은 대표를 파견해서 협상에 응할 것, 기습포격에 대한 사죄 및 손해배상을 할 것, 만약 10일 이내로 이같은 요구조건을 거부하면 보복응징하기 위해 상륙작전을 단행하겠다는 편지를 장대에 매달아 전달했다.[44] 이에 대해 조선측은 강화해협은 조선의 국방 안보상 가장 중요한 수로이기 때문에 미군함대가 조선의 최고당국의 정식 허락없이 항행하는 것은 주권침해요 영토침략행위라고 규탄하면서 미국의 요구조건을 단호히 거부했다.

평화적 협상교섭이 결렬되자 로저스는 즉각 각군 지휘관회의를 주재, 마침내 6월 10일을 강화도 상륙작전의 '디 데이(D-day)'로 정하고 상륙작전계획을 수립했다. 로저스는 상륙군 부대를 10개 중대로 편성하고, 포병대·공병대·의무대 그리고 사진촬영반 등으로 진용을 갖추고, 원정군 지휘관에 블레이크(H. C. Blake) 해군중령·상륙군 부대장에 킴벌리(L. A. Kimberly) 해군중령을 임명하면서 6월 10일 초지진 상륙작전을 감행했다. 상륙작전에 644명, 해상지원작전에 190명이 동원되어 1시 45분에 상륙작전이 개시되었다. 당시 강화도 草芝鎭·德津鎭·廣城堡에는 조선 수비병 약 3천여 명이 배치되어 있었다.

---

43) Albert Castel and Andrew C. Nahm, "Our Little War With the Heathen," *American Heritage*, 19(1968), p.23.
W. M. Leary, "Our Other War in Korea," *U. S. Naval Proceedings*, 94(June 1968), p.49.
"Our Little Battle in Corean Waters : A Naval Officer's Story," *Overland Monthly*, 8(1886), p.127.

44) Castel and Nahm, *ibid.*, p.72.

조·미 양국의 병력을 대비해보면, 조선군은 숫적으로는 우세하지만 실전경험이 없는 오합지졸이었다. 게다가 대포로는 大碗口·佛狼機가 있고, 소총으로는 火繩銃이 있을 뿐이다. 이것 모두가 노후한 병기로서 파괴력(火力), 사정거리, 명중률, 기동성 등에서 미군의 병기에 절대 열세였다. 조선군의 선박은 재래식 평저선뿐이다. 이에 반해 미군은 남북전쟁에서의 실전경험이 있고, 무기는 대포, 야포, 레밍턴소총, 연발권총 등 남북전쟁에서 위력을 발휘한 병기뿐만 아니라 증기 동력선을 보유하고 있다. 조선군은 철두철미 籠城戰을 고수했고, 미군은 수륙 양면작전을 전개, 공격위주의 전투를 전개했다. 함재대포로 초지진 성채를 약 2시간 함포사격을 충분히 한 후 안전하게 상륙작전을 감행했다. 미군은 22척의 보트를 타고 상륙작전을 전개, 초지진을 조선군의 저항을 받지않고 무혈점령했다.[45]

초지진에서 하룻밤을 야영한 후 6월 11일 새벽에 덕진진을 점령하고 진사·무기고 등 군사시설을 모두 불태운 뒤 마지막으로 광성보 점령작전에 돌입했다. 광성보에는 魚在淵 중군의 휘하 조선수비병 6백 명이 배치되어 있었다. 미군은 해상에서 함포사격을 약 1시간 포격을 계속하여 초토화한 후 돌격작전을 전개했다. 어재연 중군은 손돌목돈대 札駐所(지휘본부)에 대형 '帥字旗'를 게양하고 폭우처럼 쏟아지는 탄우 속에 玉碎작전으로 용감하게 결사항전을 벌이다가 장렬하게 전사하였다. 《강도실기》에 의하면 어재연의 옥쇄작전의 실상을 다음과 같이 전하고 있다. "전세가 위급해지자 어공은 말하기를 '내가 나라의 후은을 입었으니 죽음으로써 내 직책을 지킬뿐이다.' 이에 몸을 일으켜 앞장서서 화포를 이끌고 있는 힘을 다해 공격하다가 탄환이 다 떨어지자, 계속 군도를 휘둘러 적군을 格殺하였다. 시살한 지 한 시각이 지나서 세궁역진 난군중에 순사하니 이때가 4월 24일(양 6. 11)이었다."[46]

---

45) *Marine Amphibious Landing in Korea, 1871*(Naval Historical Foundation Publication, 1966), pp.1~24.
J. F. TerHorst, "Our First Korean War," *Marine Corps Gazette*, 37(1953), pp.37~38.

46) 魚在淵文書 : 《雙忠集 : 江都實記》·《忠莊公遺事(乾·坤)》.
C. F. Runyan, "Captain M. Tilton and the Korean Incident of 1871," *Marine Corps Gazette*, 42(1958), pt. Ⅱ, pp.47~48.

한편 미군측은 "조선군은 전근대적 노후한 병기를 가지고 미군의 현대적 총포에 대항해서 용감하게 싸웠다. 조선군은 결사적으로 용감하게 싸우면서 아무런 두려움 없이 그들의 진지를 사수하다가 죽었다. 민족과 국가를 위하여 이보다 더 장렬하게 싸운 국민을 다시 찾아볼 수 없다"[47]라고 조선수비병의 용맹성을 찬탄하고 있다.

미국 상륙군 부대는 돌격작전으로 광성보 손돌목돈대를 함락, '수자기'를 내리고 성조기를 게양함으로써 육·해상의 장병들은 전승의 함성으로 환호했다. 광성보 전투에서 미군의 피해는 전사자 3명, 부상자 10명에 불과했다. 이에 반해 조선측 공식기록에는 조선수비병 전사자는 53~55명, 부상자 24명으로 기록하고 있지만, 미군측 통계에 의하면 전투가 끝났을 때 광성보 일대에 널려있는 시체 수는 243구, 해협에 뛰어내려 익사한 장병이 100여 명, 총 350명이라고 집계했다. 전투는 수백 명에 달하는 조선군의 전사자를 낸 가운데 모두 종식되고 1시 정각에 킴벌리 부대장이 연락장교를 기함으로 파견, 로저스에 전승소식을 보고했다. 미군은 광성보를 점령하고 6월 12일 작약도 기함정박지로 철수하면서 수자기를 비롯하여 각종 군기 50개, 각종 대포 및 화승총 481문을 전리품으로 약탈해 갔다.[48]

상륙군부대가 상륙작전을 성공적으로 수행한 후 모함기지로 귀환하자, 로저스는 〈전승축하훈령(Congratulatory Order)〉을 발표하면서 전승을 자축하고 있다. "본 사령관은 잔인한 포격(손돌목 포격사건)에 대해 일언반구 사죄하지 아니해서 6월 10일 원정군을 파견, 상륙작전을 감행했다. 작전결과 강화도 5개 요새지를 점령했다. 마침내 난공불락의 요새지 손돌목돈대를 함락하였으니 우리 장병의 용감성을 높이 찬양하는 바이다. 우리 장병들이 이룩한 빛나는 전승을 축하함에 있어서 본관은 우리 나라 성조기의 명예를 수호하다가

---

47) W. S. Schley, *Forty-Five Years Under The Flag*(N. Y., 1904), p.95.

48) 《高宗實錄》, 권 4, 고종 8년 4월 28일.
〈鎭撫中軍魚公在淵殉節碑〉.
U. S. Department of the Navy, *Annual Report of the Secretary of the Navy on the Operations of the Department for the Year 1871*(Washington : Government Printing Office, 1871), p.287.
Cable, *op. cit.*, pp.150~153, No. 35 : Low to Fish, June 20, 1871.

산화한 용감무쌍한 전몰장병들에게 충심으로 애도하는 바이다."[49]

로저스 제독이 강화도 상륙작전을 감행, 조선군 수백 명을 학살한 것은 어디까지나 조선을 군사적으로 압도 굴복시킴으로써 조선대표를 협상 테이블로 나오게 하려는 포함외교적 책략이었다. 로저스는 무려 20일간 작약도 기함에서 조선대표가 파견되기를 고대했지만 대원군의 강력한 쇄국양이정책에 부딪쳐 조선과의 입약교섭을 단념하고 7월 3일 함대를 철수하고 말았다. 대원군은 이러한 엄청난 인명피해가 발생하고 5개 요새지가 함락되는 참패에도 불구하고 미군함대의 철수는 곧 미군의 敗退로 간주, 오히려 조선군이 미군을 격퇴했다고 주장했다.

조미전쟁 결과 排外感情은 더욱 고조되기에 이르렀다. 대원군을 비롯하여 조야의 당로자는 철저하게도 華夷論的 對美認識을 고수하고 있었다. 조선은 미군을 가리켜 洋賊·洋醜·兇賊·쑥대강이(short-hairs, 蓬頭)·黑鼓子 등 온갖 경멸적인 호칭으로 비하하면서 犬羊처럼 인간동물로 취급했다. 영의정 金炳學은 "彌利堅(미국)이라는 나라에는 단지 부락만 있을 뿐이다. 중간에 워싱톤(華盛頓)이 생겼다고 한다. 城址를 개척하고 기지를 얻어서 해외의 양이들과 통섭하고 있다. 이들이 海島를 왕래할 때 劫掠의 습성이 있으므로 海浪賊과 다를바 없다. 이들이 교역을 운운하는 것은 더욱 해괴한 말이다"[50]고 했다. 이처럼 미군을 약탈을 일삼고 있는 해적시함으로써 미군에 대한 적개심은 절정에 다달았다.

미군의 강화도 내침은 분명히 제국주의적 침략전쟁이라는데는 이론의 여지가 있을 수 없다. 그러나 그것은 미국이 처음부터 군사적으로 조선을 정복 지배하여 영토분할이나 한반도를 식민지화하기 위한 침략전쟁이 아니고, 오로지 포함책략에 의해 조선을 무력적으로 굴복, 조선개항을 실현시켜보려는 일시적 침략전쟁이었다는 점에서 서구 열강의 식민주의적 침략전쟁과는 그 성격이 근본적으로 다르다 하겠다. 그러므로 미국은 한시적·국지적 전쟁을

---

49) *The New York Times*, August 22, 1871.
김원모, 〈로저스함대의 來侵과 魚在淵의 抗戰〉(《東方學志》, 29, 1981), 265~307쪽.

50) 《日省錄(고종편)》 권 8, 고종 8년 4월 20일.

통해 조선을 개항, 한반도에까지 통상무역의 범위를 확장시켜 보고자 포함외교책략에 의해 조선원정을 단행했지만 대실패로 끝난 것이다.

미국이 남북전쟁 이래 최대규모의 해군병력을 동원하여 조선원정을 단행하게된 궁극적 지상목표는 조선개항이었다. 그러나 미국은 압도적 전승을 거두었음에도 불구하고 입약시도는 무위로 끝났다. 미국의 조선개항 실패원인을 분석해보면, 첫째, 미국은 조선당국과의 입약교섭에서 화해적 교섭방법을 지양하고 시종일관 호전적 포함책략으로 대응했다. 물리적 함포의 힘에 의하여 무력적으로 조선을 굴복, 조선개항을 강요했다. 둘째, 문화적 배경에 대한 상호 이해가 부족했다. 양이에 대한 불신감이 강한 조선은 미군을 '인간동물, 해랑적'으로 비하 경멸한 반면, 미군은 백인 우월감을 가지고 조선군을 적개심이 강한 야만족으로 천대했다. 여기에서 상호 불신감이 증폭될 수밖에 없었고, 그 결과 화해적 교섭은 불가능하여 전쟁만이 유일한 해결방편이 되었다. 셋째, 조선은 철두철미 對美不交涉태도를 고수하고 있었다. 셔먼호사건(1866)·병인양요(1866)·南延君墓盜掘事件(1868) 등 일련의 양요를 치르면서 양이에 대한 배외감정이 격화된 조선 지도층은 양이와는 일체 교섭을 않겠다고 불교섭정책을 확립했다. 넷째, 미국은 조선원정을 단행할 때, 처음부터 조선과 전쟁을 각오하고 강화도에 내침했다. 강화해협은 역사적으로 외국 선박의 출입항이 금지되어 있는 '군사적 제한지역'이다. 그러기에 병인양요 직후 대원군은 〈海門防守他國船愼勿過〉라는 '항행금지 비석'을 세워 놓았다. 이처럼 국가안보상 중요한 수로에 정식 허가 없이 미군함대가 항행한 것은 엄연한 주권침해요 영토침략행위가 아닐 수 없다. 그러므로 조선측은 이를 '闖入' 또는 '內犯' 등 영토침범으로 단죄하고 있다.

다섯째, 1871년 조선은 아직도 개항여건이 조성되지 못한 가운데 미군함대를 맞이했다. 로저스는 1854년 페리(M. C. Perry)의 일본개항 성공을 역사적 교훈으로 삼고 조선에도 동일한 역사적 결과를 기대하면서 조선원정을 단행했지만 그 결과는 정반대였다. 일본은 피 한방울 흘리지 않고 개항을 성취했지만 조선은 엄청난 피의 대가를 지불했음에도 불구하고 실패했다. 뿐만 아니라 일본은 이미 개항여건을 갖추고 있었다. 일본은 1641년 나가사키(長崎)에 和蘭商館을 개설, 유럽 각국과 교역을 통해 민족자본을 축적해 왔고, 이를 통해 서구 선진문물을 수용함으로써 일본 토쿠가와 막부(德川幕府)는 이미 개항태세를 갖추고 있었다. 그러나 조선은 나가사키같은 교역항구도 없었고, 양반 지도층 인사는 태서문물에 어두워 화이론적 대미인식을 바탕으로 대응했기 때문에 개항은 곧 망국인양 閉關自守를 고수하고 있었다.[51)]

무엇보다도 가장 중요한 것은 조선개항의 관건을 쥐고 있는 청나라가 조선개항을 반대했다는 사실이다. 만약 조선이 개항해서 구미 각국과 통상교역을 하게 되면 조·청간의 전통적 유대관계(조공관계)가 단절되고, 이로 인해 對韓宗主權이 상실될까 우려했기 때문이다. 청국은 조선이 계속 쇄국정책을 고수함으로써 전통적 宗·屬관계를 유지하기를 희망하고 있었다.[52)] 주자학을 지키고 邪學(천주교)을 배척한다는 이른바 衛正斥邪의 고루한 인습에 안주하고 있는 대원군은 7월 3일 미군함대가 철수하자마자 "서양 오랑캐와 화친을 주장함은 나라를 팔아먹는 행위이다"라는 斥和碑를 경향각지에 세우면서 척사·척양으로서 쇄국양이정책을 더욱 강화했다.

5) 대일 강경책

조선시대의 대외관계는 중국에 대해서는 사대외교를, 일본에 대해서는 교린외교를 고수하고 있었다. 조선정부는 事大交隣정책에 따라 중국에는 매년 정기적으로 동지사 등 燕行使節을 파견함으로써 대중 사대의례를 고수했고, 일본에는 通信使를 부정기적으로 파견해서 대일 교린관계를 유지해왔다. 특히 일본의 경우 일본의 왕이 즉위한다든가 새 장군이 교체된다든가 국가적 행사시에 통신사를 부정기적으로 파견하기 때문에 평소에는 草梁 倭館(부산시 중구 동광동 龍頭山 公園 일대) 또는 對馬島主를 중개로 대일 교섭을 벌이고 있었다.

19세기 후반기 제국주의 시대를 맞이하여 일본의 토쿠가와막부(德川幕府)는 쇄국정책을 타파하고 개항정책을 채택, 구미 여러 나라와 수교하면서 문

---

51) 《高宗實錄》 권 4, 고종 8년 4월 16일.
金源模, 《近代韓美關係史》, 551~559쪽.

52) *China Despatches*, vol. 30, August 3, 1871.

호를 개방했다. 토쿠가와 막부는 미·영·프·러 등 구미 제국과 입약한 후 그 사유를 조선에 통고하자, 조선은 "구미 4개국과 통상하는 일은 柔遠之道에 해로움이 되지 않는다"[53]라고 호의적 반응을 보였다. 일본은 철종이 승하함에 哲宗弔慰使를 파견, 대한 선린외교의례를 지켰다. 1866년 11월 프랑스 함대를 물리친 후에도 조선은 병인양요 전말을 적은 書契를 대마도주를 통해 토쿠가와 막부에 전달하면서 조일간 우호관계를 돈독히 했다.[54]

1867년 토쿠가와(德川慶喜)장군은 조선의 병인양요 통고에 대한 회답국서를 작성하여 히라야마(平山圖書頭)·고가(古賀筑後守) 등 친선사절단을 파견한다고 통고했다. 국서에서 병인양요와 제너럴 셔먼호 사건으로 邊海가 소요해진데 대한 위로와 이웃 나라의 의리로 보아 사절단을 파견하니 접수하라는 것이었다. 그런데 그 당시 홍콩(香港)에 머물고 있던 일본인 하치노헤(八戶順叔)가 친선사절단 파한설을 침공설로 과장 날조해서 廣東발행《中外新聞》에 투고하여 보도했다. 이같은 일본의 한반도 침공설이 기사화되자 청국정부는 예부를 통해 조선에 보도내용을 기록한 咨文을 보냈다. 1867년 4월 10일자 자문에 의하면, "근래 일본은 무비가 번성하여 현재 화륜군선 80여 척을 보유하면서 해외의 조선을 征討할 뜻을 가지고 있다. … 조선국왕은 매 5년마다 반드시 에도(江戶)에 가서 大君을 배알하고 獻貢하는 것이 古例로 지켜오고 있다. 조선국이 이같은 고례를 폐지한지 오래 되므로 군사를 일으켜 죄를 묻겠다는 것이다."[55] 이같은 자문을 접수한 조선정부는 대마도주에게 〈일본의 조선침공계획설〉의 사실여부를 질문하면서 해명을 요구하는 동시에 토쿠가와 막부의 사절단 파견을 정식으로 거부하기에 이르렀다.

일본은 1868년 1월 3일 王政復古를 선언하면서 대마도주 소오(宗義達)를 外國事務補로 임명하고(4. 15), 메이지(明治)維新의 뜻을 조선정부에 통고케 했다. 이에 소오는 1월 23일 히구치(樋口鐵四郎)를 大修大差使에 임명하면서

53)《哲宗實錄》권 12, 철종 11년 8월 8일.
《通文館志》(조선총독부, 1944), 229쪽, 철종 11년조.
54)《龍湖閒錄》권 4, 68~69쪽, 1007 : 10월 14일.
55)《龍湖閒錄》권 4, 163~166쪽, 1029 : 禮部咨文(3월 6일).
《同文彙考》권 3, 2479~2480쪽.
《日本外交文書》권 1-1, 69~79쪽.

부산 草梁왜관에 보내어 국서를 전달케 했다. "요사이 우리 나라에는 시세일변하여 大政이 황실에 귀일하였다. 귀국과의 정의가 돈독하므로 귀국에 別使를 파견, 그 전말을 알리고자 하니 양해하기 바란다"[56]라는 국서를 조선에 보냈다.

조선정부가 국서를 열어보니 종래 조일간 교린외교문서와는 서식상 큰 변화를 발견하게 되었다. 우선 문구의 변화이다. "우리 나라 황조는 연면하여 한줄기로 계승해오고 있다"는 것, 대마도주 이름 밑에 '朝臣'을 붙였다는 것, '皇上之誠意'와 '奉勅'등 생소한 용어가 나열되어 있었다. 뿐만 아니라 대마도주 소오씨(宗氏)의 직함을 '左近衛少將'이라 변경했고, 가장 중요한 사실은 종래 대마도주는 조선정부가 새겨서 보낸 圖書[印符]를 사용해 왔는데, 이제 새로 새겨서 사용한다는 것이다. 조선정부가 이같은 격식에 맞지않은 '格外國書'를 수리한다면 조일간 교린형식이 對淸 사대형식과 동일하게 된다고 간주, 대일강경정책을 강구하게 되었다. 동래부사는 1868년 4월 8일 이같은 격외의 서계를 수리할 수 없다고 단언하면서 국서와 함께 일본사신을 되돌려 보내고 말았다.[57]

조성정부는 일본이 왕정복고를 선언할 때까지 도서와 歲賜米를 급여하면서 대마도 島守를 藩臣대우하고 있었다. 그러나 메이지유신 직후 대마도의 藩士(對州參政) 오시마(大島友之允)는 歲遣米와 함께 도서문제도 改新할 것을 일본 외무성에 건의한 바 있다. "文引은 조선에서 보낸 도서(인부)를 말한다. 이는 조선국 군주가 관직을 신하에게 줄 때 급여하는 銅印인바, 각기 성명을 새긴 도장으로서 勘合之印이라 칭한다. 이같이 도수가 전례대로 받아왔으니, 이는 對州의 無知不文의 소치가 아닐 수 없다. 조선이 대마도주를 藩臣대우함은 非禮로서 참을 수 없는 유감지사이다."[58]

조선시대 수백년 동안 조선은 교린정책 아래 회유와 무마라는 강온 양면으로 대일 교린외교를 전개해왔는데, 이제 메이지유신 후 일본은 외교문서의 서식을 청국황제와 동등한 격식으로 작성하고 있다. 이에 부산 倭學訓導 安

56) 《龍湖閒錄》 권 4, 211~212쪽, 1060 : 對馬島主 書契.
57) 《龍湖閒錄》 권 4, 214~215쪽, 1064 : 東萊府使謄報草(3. 16).
58) 《日本外交文書》 권 2-2, 261~265쪽, 320 : 附記 7.

東晙은 국서수리 거부 이유를 다음과 같이 밝히고 있다. 대마도주 성씨 밑에 '朝臣'이란 문구, 조선정부가 만들어 보낸(鑄送) 도서를 반납하고 새 도장을 만들어 사용한다 함은 용납할 수 없다는 것, 더군다나 도서주송은 일본의 소청에 따라 시행한 것인데, 갑자기 이를 변개하여 새 도장을 만든다함은 舊章을 지켜서 이웃 나라와 우호관계를 돈독히 하는 처사라고 볼 수 없다고 해명했다. 이에 동래부사 鄭顯德은 1869년 2월 두 가지 이유를 들면서 왕복서계의 문구를 격식에 맞게 개수한다면 수리하겠지만 그대로는 접수할 수 없다고 강조, 일본의 국서와 差使를 되돌려보내고 말았다.[59]

일본은 1869년 8월 15일 외무성을 설치하면서 대마도주에게 왕정복고를 알리는 서계를 조선정부에 전달하라고 지시했다. 그러나 조선정부는 서식상 격식이 맞지 않는다는 이유로 소 요시아키라(宗義達)의 서계를 반환하고 말았다(12. 20). 이와 같이 메이지정부의 국서수리여부 문제는 1년 동안 교섭해 보았지만 조선의 강경한 대응조치로 결국 실패로 끝나자, 일본은 대마도주 소오씨 宗氏의 직임을 회수하고 정부가 직접 나서 대한 외교교섭을 절충해 보기로 방침을 정했다. 이리하여 일본은 1870년 1월 7일 權大錄 사다 모토이치로(佐田素一郞)·少錄 모리야마(森山茂)를 대표로 부산에 파견했다. 그러나 역시 동래부사는 종전과 같이 편지를 고쳐 쓰라는 '書契改修'를 요구하면서 수리를 거부했다. 이들 일본 대표는 부산 초량 왜관에서 동래부사를 상대로 국서 수리교섭을 벌여 보았지만 끝내 실패하고 1870년 4월 본국으로 돌아갔다. 그 당시 일본에는 대한 온건정책을 지양하고 대한 강경정책으로 대응해야 한다는 여론이 일고 있었다. 메이지유신 직후 대마도수의 '도서 개정'을 건의한 바 있는 오시마(大島友之允)는 조선정부의 국서수리 거부를 계기로 대한 소극정책을 지양하고 대한 적극정책으로 침략전쟁에 의해 정복한 한반도를 발판으로 삼아 동양제패를 주장했고, 나아가 가쓰(勝海舟)는 해군확장으로 한반도를 근거지로하여 청국까지 정복할 것을 주장했다. 이와 같이 국서수리 교섭이 교착상태에 빠지자 마침내 征韓論이 대두되었다.[60]

대한교섭에 실패하고 돌아온 사다(佐田) 등은 동년 3월 대한온건책을 지양

59) 《龍湖閒錄》 권 4, 212~213쪽, 1062 : 東萊府使狀啓.
60) 《日本外交年表竝主要文書》 (외무성, 1965) 상, 60~61쪽.

하고 조선정벌을 주장하는 建白書를 정부에 제출했다. 건백서 내용은 다음과 같다. 조선은 무관을 중용하면서 兵制를 개편하고 있다. 문관은 일본과 수호를 희망하지만, 무관은 일본과의 국교수립을 반대하면서 서계수리를 방해하고 있다. 그러므로 실력으로 문죄, 정벌하지 않으면 皇威가 서지 않는다. 병력 30개 대대를 편성하여 전후 4路로 침공한다면 조선을 정복할 수 있다. 만약 청국이 조선을 원조한다면 청국에 까지 진격해야 한다. 국제관계로 보아도 불·로·미 3국이 한반도 침공계획을 수립해 놓고 있어서 이 기회를 놓치면 脣亡齒寒의 후회를 하게될 것이다. 재정면을 따지더라도 조선정벌은 北海道개척보다 유익한 일이다.[61] 위에 든 건백서는 3백년전 토요토미 히데요시(豊臣秀吉)의 한반도 정복야망을 근대화한 정복 이론으로서 정한론의 이론적 근거가 되었다.

1870년 6월 1일 주일독일공사 브란트(Von Brandt)는 3백 명의 장병을 태운 군함 헤르다호를 이끌고 부산에 기항하면서 조선이 영·프와 전쟁을 할 경우 독일 조난선원 구제를 보장하라고 촉구했다. 조선측은 일본인 5명이 동승한 것으로 보아 필시 館倭가 洋醜등과 화응했다고 간주, '倭洋同類'라고 규탄하면서 교섭을 거부했다.[62]

한편 일본정부도 1870년 10월 12일 外務權少丞 요시오카(吉岡弘毅)·權大錄 모리야마(森山茂)·히로조(廣津弘信) 등을 파견했다. 이들은 1870년 12월에 부산에 도착, 1871년 5월 17일까지 6개월간 머물면서 훈도 안동준과 서계수리문제를 교섭했지만 동래부사 정현덕의 대일강경책으로 회담은 결렬되고 말았다. 이와 같이 조일간 교섭이 교착상태에 빠지자 일본은 대한 무마책으로 현직 외무대승 마루야마(丸山作樂)가 조선침공을 기도했다 해서 이들에게 禁獄처분을 내리기도 했다. 이에 대마도주는 通詞 우라세(浦瀨最助)를 파한하는 동시에 도주자신이 직접 방한, 국면전환을 시도해보려 계획했지만, 때마침 미국 아시아함대의 강화도 침입(신미양요)으로 말미암아 중단되었다. 1872년 7월 14일 요시오카(吉岡) 등은 조선과 이 이상 서계수리교섭사를 재론할

---

61) 《日本外交文書》 권 3, 138~140쪽, 88 : 附屬書 1(庚午 3월).

62) 《高宗實錄》 권 7, 고종 7년 5월 11일.
《同文彙考》 권 3, 2488쪽.

수 없다고 선언하고 전원 철수하고 말았다. 이로써 조일 교린관계는 일시 단절되기에 이르렀다. 이에 일본은 국면전환을 위하여 外務大丞 하나부사(花房義質)를 초량 왜관에 급파하면서 대한교섭의 전권을 부여했다.63)

일본이 1871년 청일조약을 체결하고 1873년 3월 일본외상 소에지마(副島種臣)가 비준서 교환차 청국을 방문, 李鴻章과 교섭하면서 조청간의 관계에 언급, "조선의 和戰권리에 청국이 간여하지 않는다"는 확약을 받고 7월 26일 귀국했다. 한편 일본의 침략위협을 우려하던 대원군은 동지사 閔致庠으로부터 "일본은 이미 중국의 臣服之國이 아니기에 청황제에 대해 稱臣하지 않는 것같다"는 보고를 받고, 일본을 더욱 경계하게 되었다. 이리하여 신미양요를 치른 직후라 대원군은 일본은 서양오랑캐와 다를바 없다는 '倭洋一體'라 규정하면서 대일 강경책을 강화하기에 이르렀다. 대원군은 예부상서 萬靑藜에 보낸 서한에서 "우리 나라는 文事와 武備를 일신하여 안으로는 정치를 개수하고 밖으로는 외침을 막으리라"라고 전제하면서, "지키며 싸우되 결단코 왜의 跳梁을 방치하지 않겠다"라고 강경한 斥倭政策을 강경책을 밝히고 있다. 심지어 대원군은 경제봉쇄령을 내리면서 동래 왜관에 양곡과 薪炭공급마저 거부하기도 했다. 그러나 왜관은 자구책으로 밀무역(潛商) 암거래로 식량난을 타개하려 했다. 이에 대원군은 1873년 6월 "잠상 암거래행위를 철저히 단속하라"는 傳令書를 내리면서 밀무역을 단속했다. 일본정부는 "조선정부가 이같은 무례한 政令을 공포한 것은 일본 거류민을 축출하려는 의도이다"라고 비난하면서 실력행사로 대한 강경대응책을 강구하기에 이르렀다.64)

정한론은 이같은 조일간 서계수리문제를 둘러싸고 대두되었다. 1873년 8월 17일 삿슈우(薩州)軍閥 사이고(西鄕隆盛)·이다가키(板垣退助)·외상 소에지마(副島種臣) 등 정한파는 지금 당장 특사를 파한, 조선과 담판해보다가 조선이 불응할 경우 대병을 동원 조선을 정벌하자고 주장했다. 한편 이와쿠라(岩倉具視)·기도(木戶孝允)·오쿠보(大久保利通)·이토(伊藤博文) 등 遣外使節團이 구

63) 《高宗實錄》 권 9, 고종 9년 6월 7일.
《日本外交年表竝主要文書》 상, 64~70쪽.
64) 《日本外交文書》 권 6, 282~283·303쪽.
《日省錄(고종편)》 권 9, 고종 9년 4월 4일.
《日本外交年表竝主要文書》 상, 71~72쪽.

미 선진문물을 시찰하고 2년만에 귀국하면서 성급한 정한론강행에 이의를 제기했다. 이들 문치파(비정한론파)는 外征에 국력을 소모함은 시기상조이며 현재 일본은 무엇보다도 내치에 충실을 기하면서 국력을 배양할 때라고 강조했다. 조선에 遣韓사절파견을 주장하는 정한파와 이를 반대하는 문치파간에 일대 논쟁이 벌어졌다. 문치파 參議들은 사표를 제출하면서 정한론을 반대했기 때문에 결국 1873년 10월 24일 '遣韓使節件'은 칙명으로 무기연기되었다.

이와 때를 같이하여 1873년 12월 14일 同副承旨 崔益鉉은 時政의 폐단을 논하면서 대원군을 배척탄핵하는 상소를 올렸는데, 이에 의하면, 대신 六卿은 建白의 논의가 없기 때문에 정치가 문란하고 정론 직언이 없다는 것, 가혹한 세금을 거두어 들이니 생민은 어육이 되고, 공직자는 사리에 어긋난 짓을 서슴없이 자행하고, 私人들은 계책만 추구하고 있어서 민생은 도탄에 빠져 있다고 주장했다.[65] 최익현은 1873년 12월 22일(음 11. 3) 2차상소문을 올리면서 대원군의 "國政干預를 금지할 것"을 주장, 대원군은 하야했다.

이로써 대원군의 10년 집정은 종식되고, 국왕의 친정이 개시되었다. 12월 24일(음 11. 5) 정부는 "국왕이 서무를 親裁한다"는 것을 재확인하고 있다.[66] 심지어 영의정 李裕元은 "우리 나라가 일본과 통신한 지 3백년, 그동안 양국간 전쟁이 없었고, 오로지 화호만 있었더니, 지난 3년간 양국간 무단히 隔阻가 발생, 이제 양국관계가 단절되기에 이르렀다"[67]라고 대원군의 척왜정책은 실책이라고 규탄했다.

대원군의 실각을 계기로 일본은 정한론 구현을 위해 적극적인 대한강경책을 수립, 마침내 1876년 대한포함책략에 의해 조일조규를 강제로 체결함으로써 조선을 개항, 한반도 침략의 발판을 구축했다.

〈金源模〉

---

65) 《高宗實錄》 권 10, 고종 10년 10월 25일.
《龍湖閒錄》 권 4, 291~292쪽, 1113 : 同副承旨崔益鉉上疏.

66) 《高宗實錄》 권 10, 고종 10년 11월 3일.
《龍湖閒錄》 권 4, 297~303쪽, 1115 : 戶曹參判崔益鉉疏略.

67) 《高宗實錄》 권 11, 고종 11년 6월 29일.

4. 대원군 정치의 성격과 의의

19세기 중엽의 조선왕조는 봉건말기적 제 모순의 심화로 붕괴에 직면해 있었다. 대내적으로는 반봉건 농민항쟁이 전국을 휩쓸고 있었으며, 대외적으로는 자본주의 열강이 침입의 기회를 노리고 있었다. 당시 역사에 제기된 과제는 봉건왕조체제를 지양하고 새로이 싹트고 있는 근대적 요소들을 보호·육성하는 일이었다. 그러나 순조·헌종·철종 연간에 정권을 장악하였던 외척 문벌세력은 봉건체제의 위기를 치유할 능력을 갖지 못하였다. 1862년의 임술민란은 비단 안동 김씨 세력의 권력을 위태롭게 하는 정도에 머문 것이 아니라 지배체제 자체의 위기를 가져왔다.

봉건 지배층은 왕조 자체의 붕괴를 방지하기 위해 서로 타협해서 강력한 구원자를 만들어 냈다. 대원군이 바로 그러한 존재였다. 안동 김씨 가문을 대신해서 새로이 정권을 장악한 대원군으로 인해 정국은 새로운 양상으로 전개되었다. 전진적 세력들을 규합하여 새로운 근대 국가의 수립을 지향하는 길과 멸망의 경지에 빠진 봉건왕조체제를 옹호재편하는 두 가지 길이 대원군의 앞에 놓여 있었다. 대원군은 두번째 길을 걸어갔다.

대원군의 집권은 정변으로 쟁취한 것도 아니며 사회혁명적 방법으로 이루어진 것도 아니었다. 대원군은 신속하게 새 정치권력을 조직해야 하였다. 그는 선파 종친세력과 고위 무신들을 중용하여 자신의 권력 기반을 강화하였다. 그는 일부 안동 김씨 세력, 풍양 조씨 세력과도 타협하였으며, 과거제도를 활용하여 자신의 지지기반을 형성하였다. 또한 중인·서리층도 포괄하였다. 대원군이 새로이 조직한 정치권력은 조선봉건왕조에서 전통적으로 지배집단에 포함되어 온 기존 문벌세력의 재편성에 불과하였다.

대원군은 무엇보다도 우선 왕조체제를 재건하려 하였고, 이 일은 그에게는 곧 왕실을 강성하게 하는 일로 인식되었다. 대원군은 조선왕조 초기의 중앙관제를 복원시켰으며, 경복궁 중건을 통해 왕실의 권위를 강화하였다.

대원군 정권은 임술민란이란 미증유의 농민봉기를 겪은 직후에 형성되었기 때문에 향촌사회를 안정화하는 시책에 착수해야 하였다. 대원군은 이를 위해 향촌사회의 토호무단을 금압함으로써 사적 지배권력을 억제하고 수령을 중심으로한 공적 지배권력의 공고화를 꾀하였다. 서원철폐령을 내린 것은 이와 무관하지 않았다.

대원군은 민란의 직접적 동기로 작용하였던 삼정의 문란을 부세운영의 합리화를 통해 해결하고자 하였다. 대원군 정권은 전정의 합리화를 위해 전국적인 査結작업을 통해 收稅結을 확대하였고, 還政과 관련해서는 社倉制적 운영방식을 도입하였다. 또한 軍政을 정비하기 위해서 양반에게도 군포부담을 지우는 戶布制를 실시하였다. 대원군 정권의 부세운영 개선노력은 이전 시기 삼정운영의 문란상을 개선한 것이지만, 당시의 수취관계의 모순을 완전히 해결하는 것은 아니었다. 부세운영의 개선책은 일시적인 효과만을 거두었을 뿐, 향촌사회의 지속적인 안정을 가져다 주는 해결책은 되지 못하였다.

대원군의 향촌사회 안정화 정책은 임술민란에 분출된 농민들의 저항에 겁먹은 양반 부호층을 위협해서 봉건수취체제 안에서의 중간착취자의 자의적 수탈과 횡포를 일시적으로 억제하는 효과가 있었다. 그리고 이것은 지금까지 정치적 압제와 경제적 착취 속에서 절망적인 불안감에 사로잡혀 있던 백성에게 대원군이 마치 그들의 소망을 풀어줄 수 있는, 즉 그들이 의지할 수 있는 권력자인 것 같은 환상을 갖게 하였다. 그리하여 대원군 집권기에는 종래와 같은 형태의 민란의 발발은 줄어들었다.

하지만 그의 향촌사회 안정화 정책은 봉건적 토지소유관계의 변혁을 전제로 하지 않았고, 부세체제의 운영을 개선하는 수준에 머물렀기 때문에, 민란의 재발을 근본적으로 막을 수는 없었다. 대원군 정권 후반기에는 민란이 다시 발발하기 시작하였다. 또한 전에 보기 어렵던 새로운 형태의 농민항쟁이 대원군 집권기에 더욱 격화되었다. 종래의 민란에서는 찾아볼 수 없던 새로운 특징이 대원군 집정기 농민항쟁 속에 표출되었다. 그것은 고을 단위의 고립성을 벗어났고, 장기간에 걸쳐 몇몇 인물이나 세력을 중심으로 조직적으로 준비되었으며, 봉건왕조 자체의 전복을 목표로 하는 변란이었다. 변란의 주도세력은 병인양요 이후로는 반외세적인 구호도 제시하기 시작하였다. 이러한 요소들은 농민항쟁을 전국적 차원의 농민전쟁으로 끌어올릴 수 있는 조직적 · 이념적 기반으로 성장해 갔다.

대원군의 쇄국양이정책은 대외적 위기에 직면한 대원군 정권이 봉건제도를 수호하기 위해 위정척사사상에 의거하여 전개한 정책이었다. 위정척사사상은 외래침략에 대해 일시적으로 강고한 저항사상이 될 수는 있으나 변혁사상은 결코 될 수 없는 것이었다. 천주교도에 대한 탄압도 대원군이 봉건왕조의 옹호자라는 역사적 시각에서 보아야 이해할 수 있다. 봉건지배층은 천주교를 유학의 가치관과 고유질서를 파괴하는 이단세력으로 간주하였다. 대원군의 천주교 탄압도 봉건왕조 이데올로기의 순수성을 고수하고 종묘사직을 보호하기 위한 동기에서 취해진 조치였다. 봉건왕조 지배체제의 안정화를 위해서는 위정척사 사상과 쇄국양이정책이 불가피하였던 것이다.

19세기 중엽의 역사적 조건 속에서 나라를 제국주의 열강의 식민지로 전락시키지 않으려면 스스로 중세적 봉건제도를 지양하고 조선후기 사회의 태내에서 자생적으로 생성발전하고 있던 근대적 요소들을 보호 · 육성하는 것이 필요하였다. 또한 외부로부터 거세게 밀어닥치는 자본주의 열강의 침투를 주체적으로 수용하면서 세계자본주의 체제에 능동적으로 적응해 가는 것이 요구되었다.

그러나 대원군 정권은 이러한 요구에 부응하지 못하였다. 대원군 정권은 근본적으로 양반관료 지주계급의 이익과 요구에 기초하여 그들의 물질적 기초인 봉건제도를 지키려 하였고, 국제관계에서 새롭게 조성된 민족적 위기를 전진적으로 인식하지도 못하였으며, 또한 이에 대처하기 위한 민족역량도 키워내지 못한 보수반동정권이었다.

〈成大慶〉

Ⅳ. 개항과 대외관계의 변화

1. 강화도조약과 개항
2. 개항 초기의 조청관계
3. 조미조약의 체결
4. 유럽 각국과의 조약체결
5. 개항의 역사적 의의

Ⅳ. 개항과 대외관계의 변화

1. 강화도조약과 개항

19세기 중엽 동아시아지역에서 자본주의 열강들의 시장개방 요구는 무력전쟁으로 이어졌고, 청국과 일본은 각기 1842년과 1854년 이에 굴복하여 통상조약을 체결하고 국내시장을 개방하였다. 1866년과 1871년 프랑스와 미국은 포함과 상륙부대를 앞세워 수도 서울의 관문인 강화도를 점령하고 조선에 대해서도 개방을 요구하였다. 조선정부는 프랑스와 미국의 무력도발로 다수의 사상자와 막대한 피해가 발생했음에도 불구하고 끝내 이들의 요구를 거부하였다. 오히려 자본주의 세력의 막강한 힘을 전쟁에서 뼈저리게 겪은 직후 "서양 오랑캐의 침략에 맞서 싸우지 않는 것은 화의하는 것이며, 화의를 주장하는 것은 곧 나라를 파는 것이다"라는 내용의 척화비를 전국 군현에 건립함으로써 정부의 반개방의지를 천명하였다. 그 결과 조선은 그때까지 지구상에서 자본주의 시장권에 공식적으로 편입되지 않았던 유일한 지역이 되었다.

최근의 연구들은 조선이 개항을 결정하게 되는 주요 요인으로 메이지유신(明治維新) 이후 일본의 조선에 대한 개방압력과 조선에 대하여 전통적으로 외교적인 후원자였던 청의 권고 등 외부의 영향과 함께 이후 고종 친정 이후 집권관료층 가운데 주체적으로 개항을 주장하였던 세력의 존재에 대해 주목하고 있다. 이 글은 조선정부가 대외정책을 쇄국에서 개방으로 전환하기까지의 시기에 집권세력의 대외인식을 검토하고, 이를 토대로 대내외적 상황의 변화와 그들의 집권세력화과정이 어떻게 맞물리면서 실제 대외정책의 변화로 연결되는가 하는 과정을 중심으로 기술하고자 한다.[1)]

1) 이 글을 쓰는 데 참고하였던 주요 연구성과들은 다음과 같다.

서구 열강의 문호개방 요구를 끝까지 거부하였던 조선을 우회적으로 자본주의 시장체제에 편입시켰던 세력은 동일 문명권의 인접국가 일본이었다. 또한 조선은 자본주의 시장체제에 편입된 뒤에도 개방의 양상이 청국과 일본과는 다른 경로를 밟았다. 즉 청국과 일본이 서구 열강들 가운데 특정의 국가와의 조약을 체결한 뒤 곧 바로 다른 국가와도 이에 준하는 조약체제를 수용하여 국내시장을 전면적인 개방하였던 사실과 달리 조선은 상당기간 문호개방을 거부하였다. 조선이 서구자본주의 열강에 대한 개방을 시도한 것은 일본과 조약을 맺은 지 6년이 지난 다음이었고 미국과 통상조약을 맺은 이후에도 서구 각국에 대하여 전면적인 개방을 시도한 것은 아니었다. 19세기 후반 선진자본주의 세력들이 이미 동아시아 지역에 진출하여 교두보를 확보하고 그들의 세력권 확장을 위한 경쟁이 치열하였던 상황에서 조선의 이와 같은 외교적인 자세는 기존의 세력판도 변화에 매우 민감한 영향을 불러일으킬 수 있는 것이었다.

1) 조약체결 전의 국내외정세

19세기 후반 조선에 대한 서구세력의 개방 압력은 주체와 계기, 그리고 시기적으로 동아시아지역의 청국·일본과 비교하여 공통점과 아울러 상이한 점이 있었다. 조선 연근해에 서양 선박들이 출현했던 시기는 인접국가와 동일한 시기였다. 18세기 중엽 이후 네덜란드를 비롯한 유럽의 상인들은 중국의 廣東지역과 일본의 나가사키(長崎)에 교역근거지를 확보한 이래 교역활동을 계속하였으나, 조선왕조는 이들과의 접촉을 금지하였다. 조선에 대한 서

田保橋潔, 《近代日鮮關係の研究》上·下(朝鮮總督府 中樞院, 1940).
李瑄根, 《韓國史》 最近世篇(震檀學會, 乙酉文化社, 1961).
彭澤周, 《明治初期日韓淸關係の硏究》(塙書房, 1969).
Martina Deuchler, *Confucian Gentlemen and Barbarian Envoys,* Unversity of Washington Press, 1977).
崔永禧, 〈江華島條約의 締結과 그 影響〉(《한국사》 16, 국사편찬위원회, 1981).
李光麟, 《韓國史講座》Ⅴ 近代篇(一潮閣, 1981).
金基赫, 〈江華島條約의 歷史的 背景과 國際的 環境〉(《國史館論叢》 25, 國史編纂委員會, 1991).
金敬泰, 《근대한국의 민족운동과 그 사상》(이화여자대학교 출판부, 1994).
原田環, 《朝鮮の開國と近代化》(溪水社, 1997).

구의 직접적인 통상개방 요구는 1832년 영국의 동인도회사 소속 상선 로오드 앰허스트(Lord Amherst)호에 의해 처음으로 시도되었다.

로오드 앰허스트호가 조선에 대하여 통상을 요구하였던 1832년이라는 시점은 영국정부가 동인도회사의 대중국무역 독점권을 폐지하고 중국시장의 개방을 본격적으로 추진하였던 시기였다. 이 시기 영국산업자본주의 세력이 동아시아지역에서 전개하였던 시장개방 압력의 대상에 조선도 예외일 수는 없던 것이다. 즉 조선에 대한 자본주의 열강의 개방요구는 중국 및 일본시장에 대한 개방요구와 동일한 시기에 시도되었다.

그러나 청국과 일본이 이들의 무력행사에 굴복하여 각기 1842년과 1854년 불평등조약체제를 수용함으로써 국내 시장을 개방하였으나 조선은 다른 경로를 밟기 시작하였다. 앞에서도 지적한 바와 같이 인접지역의 국가와 달리 조선에 대한 서양의 결정적인 개방 압력은 그로부터 20여년이 지난 1866년과 1871년을 전후한 시기에 집중적으로 나타났다. 또한 조선에 대한 개방요구는 병인·신미년(1866~1871) 간의 미국과 프랑스의 무력도발로 시작되었으나, 실제 개항은 조일수호조규(1876) 이후에도 공식적으로는 이루어지지 않았고 1882년 조미수호통상조약과 1883년 조영수호조약 체결을 통해 비로소 구미자본주의 열강에 대해 조선시장을 개방하기에 이르렀다.

이와 같이 조선에 대해 개항과 통상을 요구하였던 세력은 선진자본주의 국가로 이 지역에서 세계최강의 해군력을 보유하고 있었던 영국이 아니라, 1830년대 내지 1840년대 국내산업혁명을 경험하였던 후발자본주의 국가 프랑스와 미국이었고, 조선을 자본주의 시장체제에 강제적으로 편입시키는 데 선도적인 역할을 한 것은 동일문명권내의 인접국 일본이었다.

조선이 강화도조약체결을 통해 개항에 이르게 된 배경으로는 첫째, 청정부의 권고 및 운요호(雲揚號)사건 이후 일본의 개항 요구 등 외부로부터의 요구와 둘째, 병인양요와 신미양요를 경험하면서 국내 지식인과 관료 가운데 개항과 통상을 주장하는 세력이 성장하고 있었던 점을 들 수 있다.

따라서 개항의 배경으로 메이지유신 이후 일본의 대조선정책을 먼저 검토하고, 이와 관련하여 조선내 이른바 개항론자들의 대외인식의 변화과정과 조선정부의 대응을 다루고자 한다.

(1) 메이지유신과 일본의 조선정책

메이지유신 이후 강화도조약 체결까지 조·일간의 외교관계의 전개과정은 대체로 3시기로 구분할 수 있다. 첫 번째 시기는 조일간의 외교창구가 전통적인 통로 즉 쓰시마번(對馬藩)을 매개로 이루어지던 시기(1868~1870), 두 번째로는 메이지정부가 국내체제의 정비과정에서 조선과의 교섭사무를 중앙의 외무성 관할로 흡수하면서 외무성의 관료가 파견되어 교섭을 추진하였던 시기(1870~1873), 끝으로 조선에서 대원군이 물러나고, 운요호사건을 거쳐 조약을 체결하였던 시기(1874~1876)이다.

앞에서 서술한 바와 같이 토쿠가와(德川)막부는 열강의 무력시위에 굴복하여 1854년 화친조약을, 1858년에는 미국·네덜란드·러시아·영국·프랑스와 각기 수호통상조약을 체결하였다. 이 조약의 주요내용은 영사·공사의 교환과 내지여행권, 카나카와(神奈川)·나가사키·니이카타(新潟)·효고(兵庫)·시모타(下田) 등 5개 항구의 개방, 도쿄(東京)·오사카(大阪) 지역에서 외국인의 상업활동 허용, 외국인 거주권·임차권인정, 개항장에서의 자유무역과 협정관세, 아편무역금지, 화폐교환규정 등을 설정하고, 외국인의 유보규정 폐지와 영사재판권 등을 인정하였다. 이로써 열강은 일본에서의 자유무역을 규제하는 조항을 거의 대부분 해결할 수 있었다. 일본은 이를 계기로 자본주의 세계체제에 종속적으로 편입되었던 것이었다.[2]

이와 같이 막부가 열강의 무력시위에 굴복하여 불평등조약을 체결하자 굴욕외교를 비판하면서 막부와 대립해왔던 사츠마(薩摩)·쵸슈(長州) 연합세력은 攘夷를 기치로 그들의 세력기반을 확장해 나갔다. 막부의 지방영주에 대한 통제력 약화와 국내 불안을 계기로 반막부세력은 마침내 1867년 12월 23일 尊王攘夷를 내걸고 쿠데타로 왕정복고(메이지유신)를 선언하였다. '洋夷'를 내세운 유신정변에 대하여 막부는 1868년 1월 10일 영국·프랑스·미국·네덜란드·이탈리아·프러시아 6개국 대표와의 회담에서 정변의 불법성을 강조하고, 기존의 조약체제 준수를 약속하면서 열강의 지지를 호소하였으며, 이에 각국 대표 또한 막부가 정통정권임을 인정하였다. 이어 17일 막부는 미

2) 宮地正人,《國際政治下の近代日本》(山川出版社, 1987), 20~26쪽.

국 공사관원 포트만에게 에도(江戶)-요코하마(橫浜)간 철도부설권을 주었다. 막부와 천황정권의 대립은 곧 전국적인 내전으로 확대되었다(戊辰戰爭).

내전 초기 양이를 기치로 봉기하였던 유신정권은 열강의 지지를 얻기 위하여 1월 17일 불평등조약체제의 유지를 보장함으로써 외국과의 화친을 국내외에 선포하기에 이르렀다. 이에 대해 열강은 자국민의 보호와 내전 이후 자국의 이익 확보를 위해 국외중립을 선언하여 불간섭의 자세를 취하였다.

이 시기 구미열강은 과격한 수단에 의한 개국과 자유무역의 강제가 상대국 국내의 혼란과 기존정권의 약체화를 초래하여 무역의 확대를 저해하는 무정부상태를 초래할 우려가 있다는 것을 세계 각 지역에서의 경험을 통해 잘 알고 있었다. 따라서 열강이 취한 외교정책의 기본방침은 국내세력 중 대외강경파의 반발이 강할 때에는 압도적인 무력으로 강경 대처하되, 자유무역체제를 유지하고자 하는 기존정권에 대해서는 정권의 존립을 지원하는 것이었다. 만약 기존 정권의 유지가 불가능해질 경우에는 그와 같은 정권을 비폭력적으로 위로부터 조기에 수립시키도록 하는 것이었다.

내전에서 천황세력이 전세를 유리하게 끌어가는 가운데 신정부는 1868년 3월 막부체제 하에서 조선외교를 담당하던 쓰시마번의 특별한 권익과 지위를 인정하고 신정부 하에서도 조선외교를 위임할 것임을 통고하였다. 신정부는 쓰시마번으로 하여금 일차적으로 조선정부에 대하여 천황정권의 성립과 신정부가 외교권을 행사한다는 사실을 통고하도록 명령하였다. 쓰시마번으로서는 신정부의 명령이 도착하기 이전부터 조선외교의 중요성을 감안하여 이에 대한 준비를 시작하고 있었다. 쓰시마번은 왕정복고 통고가 조·일간의 새로운 외교관계의 시작이라는 중요성을 감안하여 중앙정부의 외교담당관과 상의하여 왕정복고를 알리는 외교문서의 원안을 작성하였다.

쓰시마번으로서는 특히 조선정부로부터 받아 사용하였던 圖書의 변경 등을 조선정부가 승인하리라는 것은 거의 기대할 수 없는 것도 알고 있었다. 그리하여 쓰시마번은 조선국 담당관리의 양해를 얻기 위하여 정식 사절(大修大差使)의 파견에 앞서 선발관원(幹事裁判)을 파견하기로 결정하였다. 간사재판이 전달할 외교문서는 신정부와 협의하여 작성하였던 大修大差使 서계의 원안에 덧붙여 가까운 시일내 정식 사절을 파견하여 왕정복고를 통지한다는 사실과 외교문서에는 신정부가 수여한 新印을 사용한다는 점을 미리 알리는 것이었다.

간사관 가와모토 큐자에몬(川本九左衛門)가 1868년 9월 29일 조선을 향해 출발하였다. 정식 사절 히구치 테츠시로(樋口鐵四郎) 일행은 12월 19일 초량왜관에 도착하였고, 이에 앞서 문정을 위해 입관한 동래부 왜학훈도 安東晙에게 가와모토는 재판서계 등본을 제시하고 왕정복고와 이에 대한 통지를 위한 대수대차사의 파견, 그리고 신인 날인의 이유 등을 설명하였다. 서계의 내용은 다음과 같았다.

> 日本國 左近衛小將對馬守 平朝臣義達
> 呈書 朝鮮國 禮曹參議公 閤下
> 아뢰올 바는 우리 나라의 시세가 크게 바뀌어서 정권이 황실에 돌아갔다는 것입니다. 이는 귀국과의 隣宜를 굳게 하는 데에도 크게 기뻐할 일이라 하겠습니다. 머지않아 別使를 보내어 그 전말을 具陳할 것이므로, 여기서는 갖추지 않겠습니다. 제가 지난번에 교토(京都)에서 조정으로부터 勅命을 받아 특별히 상을 받고 작위를 올려 받아 좌근위소장으로 進官하였습니다. 거기에 또한 교린의 직을 영원토록 담당하도록 명을 받았습니다. 또한 證明印記를 받았으니, 요컨대 양국 교제는 더욱 誠信을 두터이 하고 영원히 변함이 없도록 하라는 叡慮(천황의 뜻)이니 은혜가 지극합니다. 이번 서한에는 특히 신인을 찍어 조정에 성의를 표합니다. 귀국 역시 마땅히 받아들여야 할 것입니다. 지난날 圖書를 받아 (교제를 해) 온 것은 후의에서 나온 것으로 알고 있으며 따라서 쉽게 바꿀 수 없습니다. 그러나 조정의 특명이니 어찌 以私害公할 이유가 있겠습니까. 제 뜻이 이와 같습니다. 귀조가 다행이 이를 체량하시길 깊이 바라는 바입니다(《日本外交文書》 1권, 690쪽).[3]

조선측 접대관인 동래부 왜학훈도 안동준은 '황실'·'봉칙' 등 종래 사용하지 않았던 용어와 함께, 전통적으로 교역에 사용하였던 조선으로부터 받은 도서를 무단으로 폐지한 것 등은 외교 격식에 어긋나는 사실임을 들어 접수를 거부하였다. 왜관의 관수와 간사관은 거듭하여 일본국내의 정치상황을 설명하고 서계의 접수을 요청하였으나 훈도는 받아들이지 않았다.

---

3) 玄明喆, 〈개항전 한·일 관계의 변화에 대한 고찰〉(《國史館論叢》 72, 國史編纂委員會, 1996)에서 재인용.

간사재판이 왜학훈도를 면접하였던 다음날 대수대차사가 왜관에 도착하였다. 같은 달 21일 대수대차사 히구치는 간사관이 언급하였던 일본국내의 사정을 설명하고 선례에 따라 대수대차사를 위한 접위관과 차비역관의 파견과 연향설행을 요구하였다. 그러나 훈도는 대수대차사는 규외의 것이며, 또 서계 내용 중 위격의 문자가 많이 포함되어 있음을 지적하여 즉각 귀환을 요구하였다.4)

동래부의 외교문서 접수 거부에도 불구하고 일본측은 외교문서의 접수와 회답을 거듭 요청하였다. 쓰시마번주의 거듭되는 서계접수 요청에 2월 7일 훈도 안동준은 다음과 같이 회답하였다.

> 대개 귀국과 폐방이 교호한 이래 義理가 형제의 孔懷와 같고 信義가 강산이 帶礪한 것과 같아서 왜관을 설치하여 서로 交隣하는 데 힘쓰니, 진실로 이는 大經이요 大法이다. 이후 300년 간 어찌 조금이라도 경법상에 소홀한 점이 있었는가. 이는 비단 위에서 행했을 뿐만 아니라 밑에서 본받는 것도 역시 그러하여, 양국에서 主幹하고 斡施하는 사람들이 經法을 服膺하여 전에 닦은 것에서 어긋남이 없으니, 오늘날 그 직을 맡고 그 일을 장악하는 사람이 이를 버리고 무엇을 구하겠는가. 그런데 지금 순부된 서계가 왜관에 도착한 후 여러 달 동안 수리되지 못하고 있다. 그러나 한마디로 말하자면 서계의 왕복은 매우 소중한 일이며, 대격식에 非違하지 않는다면 왜 지체하여 봉납하지 않겠는가. 貴船이 온 것을 조정에 전달하고 또 가져온 서계도 역시 당연히 南宮(예조)에 올려보내야 할 것이다. 그리하여 우리들이 먼저 살펴보았는데, 외면상 직함이 전과 다르고, 비록 승진하였다는 것을 안다고 하여도 姓字 밑에 朝臣이라는 두 글자를 붙이는 것은 무슨 格例인가. 이를 따라서 회답한다고 하면 상관이 없겠지만, 아마 각국에서 듣고 조롱할 것이다. 이는 오히려 두 번째 문제이다. 또 서계 문자에 격외의 단어가 많고, 심지어는 以私害公이라는 말과 그리고 우리나라가 鑄送한 圖書를 還納한다는 說에 이르러서는 不覺 중에 입이 열려서 다물어지지 않고 혀가 올라가서 내려 오지를 않는다. 당초에 주송해 주기를 청한 것은 貴方이며 우리 나라가 총애하여 내려준 것인데 갑자기 변개하여 새로 주조한 新印을 찍도록 요구하는 것이 과연 舊章을 따르고 隣好를 두텁게 하는 뜻이라 할 수 있겠는가. 그것이 모두 봉출할 수 없는 大旨이다. 그러므로 일찍이 동래부와 부산 양 사또께 이미 아뢰어 來船 啓聞 중에 거론한바, 回下한 것을 삼가 보니 '퇴각시킴이 가하다'는 가르치심 말씀 뿐만 아니라 다시 번거롭

4) 田保橋潔, 앞의 책, 상, 150~156쪽.

> 게 하지 말라는 책망이 있었다. 우리들은 정상이 황공하여 대죄하여도 부족하였다. 그러므로 왜관의 여러분께 말하니 마땅히 이 사정을 貴州(대마주)에 통고하여 갑자기 新印을 찍어서 무한한 공한을 만들어 다만 事面을 손상하는 일이 없기를 깊이 바라는 바이다. 1869년 2월 훈도.[5]

전통적으로 조선의 대일외교 창구였던 동래부와 왜학훈도의 입장에서는 구래의 예를 벗어나는 서계를 수용할 수 없었던 것이다. 왜학훈도의 회답에서 드러난 것처럼 조선의 입장에서 특히 문제가 되었던 부분은 쓰시마 영주의 직함이 다른 점, '朝臣'·'皇'·'勅' 등 일본왕을 황제의 예로 전제한 용어, 그리고 종래 일본측의 요구에 의하여 무역과 외교에 사용하였던 확인 인장을 자의적으로 변경하여 사용한 점 등이었다.

메이지유신 이후 강화조약 체결시까지 양국 외교의 가장 중요한 걸림돌이었던 이른바 '서계문제'는 서계의 내용과 표현 가운데 국내외 정세변화에 따라 때때로 외교적 분쟁의 핵심부분이 달라질 때도 있었지만 대체로 위와 같은 점을 둘러싸고 진행되었다.

쓰시마의 거듭되는 서계접수 요청에 동래부는 조정에 이와 같은 사실을 보고하였고, 동래부의 장계를 받은 조정은 중신회의를 거쳐 다음과 같이 고종에게 최종적으로 보고하고 처리하였다.

> 의정부가 아뢰기를 "방금 동래부사 정현덕의 장계를 접해보니, '훈도와 별제 등의 수본을 하나하나 거론하면서 말하기를, 대마도주 평의달의 서계 가운데, 좌근위소장이라고 써서 보낸 것에 대해서는 그런대로 끌어댈 만한 사례가 있다고 하겠으나, 평자 아래 조신이라는 두 글자는 일찍이 없었던 일로 격례에 크게 어긋난다. 통역을 맡고 있는 무리들로 하여금 책임있게 타일러서 다시 수정하여 올리게 해달라'고 하였습니다. 관직의 명칭이 이전과 다르니 이미 일정한 법식과 예가 아닙니다. 3백년 간이나 약속해 온 본래의 취지가 어찌 일찍이 이와 같은 것이었겠습니까. 특별히 말로 타일러서 깨우쳐 주어 서계를 다시 수정하라는 뜻으로 분부하는 것이 어떠하겠습니까"하니 윤허한다고 전교하였다(《承政院日記》, 고종 6년 12월 3일).

1869년의 시점에서 메이지 신정권의 외교문서에 대한 동래부와 왜학훈도

---

5) 玄明喆, 앞의 글, 250쪽에서 재인용.

의 입장과 의정부를 비롯한 집권세력, 그리고 국왕 고종의 대일외교자세는 서계의 접수를 전혀 고려하지 않고 있었다. 사건은 해결의 실마리를 찾지 못한 채 장기화되고 있었다.

1869년 6월 27일 천황정부군이 하코다테(箱館)를 점령함으로써 천황정부에 의한 일본의 정치적 통일은 일단 완성되었다. 7월 25일 천황은 제번의 版籍奉還을 받아들여, 藩主를 藩知事에 임명하고 정부에 의한 권력집중을 한층 강화시켰다.[6] 태정관은 10월 28일 이즈하라(嚴原)번지사 소 요시아키라(宗義達)에게 이후 조선교제는 외무성이 직접 관할하므로, 쓰시마번이 조선에 사절을 파견하지 않도록 명령하였다. 이로써 쓰시마가 가지고 있었던 대조선외교의 특권은 박탈되었고, 외교는 중앙정부의 관할로 들어갔다.

천황정부는 1870년 1월 7일 外務省出仕 사다 하쿠보(佐田白茅), 外務少錄 모리야마 시게루(森山茂) 등을 조선에 파견하였다. 유신정부의 외무성 관리로서는 처음으로 조선에 파견된 이들은 부산에 도착한 뒤 자신들을 서계수리를 독촉하기 위한 일본정부의 관리라고 설명하고 그간의 경위에 대한 설명을 요구하였다. 그러나 동래부 왜학훈도 안동준은 동래부사와 협의하여 대수대차사 척퇴가 조정의 뜻임을 확실히 하였다. 이리하여 이들은 1868년 12월에 쓰시마주를 통해 파견한 사신에 대하여 조선정부가 최종적으로 거절한 것을 확인하고 외무대신에게 보고하였다.[7] 조선정부의 서계거부에 대하여 일본 조야에서는 이른바 征韓論이 비등하였다. 사다와 모리야마는 귀국 후 복명서에서 천황정부가 무력을 배경으로 직접 사절을 파견할 것을 건의하였다. 특히 사다는 50일만에 약 30개 대대 병력으로 조선정복이 가능하다고 주장함으로써 幕末과 유신내전(戊辰戰爭)기의 정한론이 일본정부 내외에서 다시 논의되는 계기가 되었다.

---

6) 메이지정부는 8월 15일 '정부령'을 공부하여 중앙정부 관제를 혁신하였다. 그것은 겉으로는 복고적이고 신권적인 색채를 띠는 것으로 백관의 위에 신기관을 두고 별도로 대정을 통리하는 태정관을 설치하였다. 태정관의 밑에 민부·대장·병부·형부·궁내·외무의 6성을 두었다. 이 때 처음으로 외무성이란 명칭이 생겼다.

7) 《日本外交文書》 3권 〈朝鮮國交際始末〉 동 88호 부속서 1·2·3, 131~143쪽 참조.

사절단의 의견서를 바탕으로 외무성은 교착 상태에 빠진 조선문제를 해결하기 위한 방안으로 다음과 같은 세 가지 안을 마련하였다. 즉 제1안은 조선과 단교하여 사태를 방임한다는 斷交論이었다. 그러나 이 안을 실행에 옮길 경우의 문제점은 러시아가 조선을 합병할 우려가 있다는 것이었다. 제2안은 '皇使'를 파견하여 '開港開市兩國往來自由'를 보장하는 조약 체결을 요구하며, 조선측이 거절할 경우에는 무력을 사용한다는 안, 제3안은 對淸交涉先行論으로, 조선과의 수교에 앞서 청국과 대등한 관계를 구축한 다음 조선과 교섭한다는 우회적으로 접근하는 안이었다.[8] 청국과 대등한 입장에서 조약을 체결한 다음 일본이 조선에 대하여 개항을 요구하면 받아들일 수밖에 없을 것이고, 만약 거절하면 전쟁을 일으켜도 청국이 개입하지 않을 것으로 예상하였다. 메이지 정부 성립 초기의 대조선정책은 위와 같은 이른바 사절파견을 통한 직접교섭론과 무력정한론, 그리고 청국과의 교섭을 선행시키는 우회안 등이 각 시기 정부내 여러 세력의 정치적 위상과 맞물리면서 시도되었다.

위의 세 가지 정책안 가운데 특히 우리의 주의를 끄는 것은 1871년 당시에 이미 조선과의 교섭 목적이 국교 재개라는 한정된 것이 아니었고, 개항과 개시 및 일본인의 자유 왕래를 요구하는 조약이었다는 점이다. 서계를 문제삼던 당시 조선의 입장과는 거리가 먼 것이었다.[9] 외교문서의 형식과 격식의 문제에 집착하고 있었던 조선의 태도와 비교하면, 일본의 대조선외교의 목표와 해결방안은 대단히 구체적이었고 다양한 접근방법을 구상하고 있었음을 알 수 있다.

1873년 일본정부는 외무성 7등 出仕 히로츠 히로유키(廣津弘信)를 조선주재 외교관으로 임명하고, 부산의 왜관을 일본공관으로 이름을 바꾸어 조선외교를 완전히 외무성 관할 하에 두었다. 쓰시마번 소속의 관원과 한정된 상인의 근거지였던 왜관을 중앙정부가 관할하게 되면서 쓰시마상인이 아닌 도쿄의 상인이 공공연히 무역을 시도하였다. 이에 대해 조선정부는 쓰시마상인이 아닌 상인의 불법적인 상행위와 밀무역을 엄격히 규제할 것이라고 통고하였

8) 《日本外交文書》 3권 89호, 144~145쪽.

9) 高橋秀直, 〈維新政府の朝鮮政策と木戸孝允〉(《人文論集》, 26-1·2, 神戶商科大學, 1990), 93~94쪽.

다. 일본정부는 동래부가 왜관 앞에 게시한 방문의 내용 중 일본을 '무법지국'으로 표현한 점 등을 들어 강경한 대응책을 모색하였다.[10]

일본정부내에서는 이를 기회로 무력으로 조선문제 해결을 주장하는 강경론이 비등하였다. 각의에서 太政大臣 산죠 사네도미(三條實美)는 거류민 보호를 명분으로 파병을 제안하였는데, 參義 사이고 다카모리(西鄕隆盛)는 먼저 사절을 파견하여 교섭하되, 교섭이 결렬될 경우 곧바로 개전할 것을 주장하였다. 그는 만약 파견된 사절이 조선에서 '폭살'이라도 당한다면 천하의 인심이 이에 집중하여 유신정부에 대한 국내 사족과 농민의 반감을 밖으로 돌릴 수 있는 호기가 될 것이라고 파악하였다.[11]

각의는 8월 17일 사이고를 조선에 파견할 대사로 결정하여 천황의 재가를 얻었다. 다만 출발은 당시 메이지정부의 중심 세력이었던 이와쿠라 토모미(岩倉具視), 기도 다카요시(木戶孝允), 오쿠보 도시미치(大久保利通), 이토 히로부미(伊藤博文) 등이 서구열강들과의 불평등조약 개정의 예비교섭 및 문물제도 시찰을 위해 구미에 파견 중이었던 관계로 이들의 귀국 이후로 미루었다. 9월 13일 1년 10개월 만에 귀국한 이와쿠라·오쿠보 등은 사이고의 征韓策이 성공할 경우 자파의 정치적 위상 약화를 우려하여 정한책에 제동을 걸었다. 外遊派의 중심인물이었던 이와쿠라는 樺太優先解決論을, 오쿠보는 內治優先論을 내세워 사이고의 조선파견에 반대하였다. 이와쿠라와·오쿠보 등은 정치 공작 끝에 천황의 동의를 얻어 정한책을 물리쳤고, 이에 정한론을 주장하였던 사이고 이하 참의 소에지마(副島種臣)·이타카키(板垣退助)·에토(江藤新平)·고토(後藤象二郞) 등은 일제히 사직하였다. 조선문제는 정부 내의 파벌 대립과 얽혀, 마침내 메이지정부의 정변으로 비화하였던 것이다.[12]

---

10) 《日本外交文書》 6권 282-283 〈일본상인 조선무역에 대한 취체방법에 관한 초량공관수문장에 대한 전령서〉. 이른바 정한론의 직접적인 계기가 된 이 '전령서'의 실재 여부에 대해서는 우리측 관련사료에는 나타나지 않는 점 등을 들어 의문이 제기되고 있다.
李瑄根, 앞의 책, 332~334쪽.

11) 《大西鄕全集》 2권 754~756쪽, 1873년 8월 17일자 板垣退助 앞 西鄕隆盛 서간(田村貞雄, 〈「征韓論」政變の史料批判〉(《歷史學硏究》 615, 1991, 19쪽 재인용).

12) 藤村道生, 〈征韓論爭における外因と內因〉(《國際政治》 37, 1967. 日本外交史の諸問題3 ; 毛利敏彦, 《明治六年の政變硏究》 일본정부가 征韓 정책 대신 주장된 화

(2) 고종친정과 대외정책

정한론을 둘러싼 메이지정부의 분열이 있은 지 약 한 달 후, 조선에서도 집권세력이 교체되는 큰 정치적 변동이 있었다. 고종은 1873년 10월 崔益鉉을 승정원 동부승지로 임명하였다. 이에 대하여 최익현은 동부승지를 사직하는 상소에서 "현재 나라 일이 폐단 없는 곳이 없으니, 명분이 바르지 못한 것과 말의 순하지 못한 것을 글쓰는 사람을 번갈아 기록하더라도 다하지 못할 것입니다"라고 하여 대원군의 치세 전반에 대해 총체적으로 비판하였다. 그는 대표적인 실정의 사례로 만동묘철거, 서원폐쇄, 國賊의 伸寃, 청전의 사용 등을 들었다. 최익현은 상소의 끝에서 "친친의 열에 속한 사람은 다만 그 지위를 높히고, 나라 정사에는 간여하지 말도록 할 것"을 되풀이 하여 주장함으로써 대원군의 하야와 고종의 친정을 요구하였다.[13] 고종은 최익현의 동부승지 사직상소를 물리침과 동시에 그를 호조참판으로 승진시키라는 지시를 내림으로써 최익현의 입장을 옹호하였다. 그러나 11월 15일과 16일 좌의정 姜渷와 우의정 韓啓源, 영돈영사 洪淳穆 등 고위관료들이, 17일에는 호조·예조·공조·병조판서들이 사직서를 제출하였고, 나아가 성균관의 유생들이 이른바 捲堂(맹휴)으로 고위관료들의 최익현 규탄에 가담하였다. 이어 12월 16일에는 승정원의 구성원과 홍문관·사헌부·사간원의 대간들이 동시에 사임함으로써 최익현상소를 둘러싼 정치문제는 중대한 고비를 맞이하게 되었다.

고위관료들의 반발에 부딪쳐 고종은 최익현을 일시 관직에서 해임하였으나, 최익현을 비판하는 세력들은 상소가 인륜을 그르치는 내용이라며 강경한

태 문제 해결에 착수할 즈음 일본국내에서는 사족의 반정부운동이 점차 강해지고 있었다. 사이고를 제외한 사직 참의들은 이타카키를 중심으로 민선의원설립 건백서를 제출하여 '자유민권운동'을 개시하였고, 또 조선의 무례를 심문한다는 명분으로 사가(佐賀)지방에서 무장봉기하였다. 충격을 받은 정부는 정한파의 불만을 국외로 돌릴 필요가 있음을 절감하고 마침 표류한 유구인을 대만원주민이 살해한 사건을 이유로 대만침공을 계획하였다. 그리하여 사이고의 난이 3월 1일 진정되었음에도 불구하고, 정부는 대만출병을 서둘러 5월 2일 대만을 무력으로 침공하였다.

13) 李瑄根, 앞의 책, 338~340쪽.

처벌을 요구하였다. 마침내 11월 24일 의정부와 비변사의 상층관료 57명이 연명한 賓啓를 접하여 고종은 최익현에 대한 심리를 집행하라고 명령하여 이들의 반대를 수용하였으나, 동시에 최익현을 반대한 세 명의 하위관리에 대해서도 유배를 명령하여 사태를 수습하려 하였다.14)

의금부는 최익현을 대역죄로 다스릴 것을 주장하였으나, 고종은 최익현이 단지 시골의 몰지각한 인물에 불과하며 섭정 조대비가 최익현을 가볍게 처벌하라고 지시했다는 이유를 내세워 제주도 유배를 명하였다. 승정원에서는 이 결정에 항의했으나, 고종은 결정을 번복하지 않았다. 11월 28일 의금부의 주요 관리 중 홍순목·강로·한계원·金世均·朴珪壽 등은 사직서를 제출하였고, 고종은 홍순목·강로·한계원 등을 해임함으로써 자신의 결정을 공식화하였다. 결과적으로 최익현의 상소 이후 한 달여 안에 조정내 대원군 지지세력이 축출되기에 이르렀던 것이다.

대원군의 실각 소식을 접한 일본정부도 즉각 外務6等 出仕 모리야마를 재차 조선에 파견하여 조선 정정의 변화를 파악하도록 지시하였던 사실은 앞에서도 지적한 바와 같다. 이 시기 정치세력의 교체를 단적으로 보여주는 것이 대원군파 홍순목의 축출과 李裕元·박규수의 중용, 그리고 군사권의 장악이었다. 고종은 이와 같이 조정내 집권세력을 교체하고 1874년에 접어들면서 각지방에 암행어사를 파견하여 지방에 대한 중앙정부의 통제를 강화하고자 하였다.15)

이 시기 암행어사 파견의 정치적 목적은 크게 두 가지 점에 있었던 것으로 보이는데, 경상좌도 암행어사로 파견되었던 朴定陽이 대표적인 사례라 하겠다. 박정양의 주요 활동은 크게 경상도관찰사 金世鎬, 동래부사 鄭顯德, 왜학훈도 안동준 등 대일외교를 담당했던 관료들에 대한 조사와 다른 하나는 부산에 설치되어 있었던 왜관주재 일본관리와의 접촉이었다. 박정양 활동에서 드러나는 사실은 신정권이 중앙과 지방에서 대원군 세력을 약화시키면서

14) James B. Palais, 李勛相 譯, 《傳統韓國의 政治와 政策》(신원문화사, 1993), 295~332쪽.

15) 한철호, 〈고종 친정초(1874) 암행어사 파견과 그 활동〉(《사학지》 31, 1998), 193~244쪽.

대외적으로 일본과의 관계개선을 급속히 추진하였다는 것이다. 이와 같은 조선정부의 방침은 공식적인 접촉 또는 개인적인 친분을 통해 그리고 지방세력들 사이에서도 다양하게 전개되었다.

조선정부가 이 시기 일본과의 관계개선에 나섰던 것은 대략 두 가지 이유에서 비롯된 것으로 생각된다. 즉 일본의 대만침공에 관한 소식과 대만사태에 뒤이은 청국 자문의 영향을 들 수가 있을 것이다. 조선정부는 신임 왜학훈도 玄昔運에게 일본과의 교섭을 지시하였다. 1874년 9월 3일 현석운과 모리야마는 국교재개 문제에 대해 회담하였다. 이것은 메이지유신 이후 조선과 일본 양국 관리간에 이뤄진 최초의 공식회담이었다. 회의에서는 국교 재개를 위해 조선국 예조판서에게 일본 외무성의 외무경이 예조참판 앞으로, 또한 舊쓰시마번주가 예조참판에게 각각 새로 서계를 보낼 것을 합의하였다.

모리야마는 10월 하순 東京에 도착하여 조선에 관한 상세히 보고를 하였다. 그는 일본정부가 기회를 놓치지 말고 적극적으로 조선문제를 해결해야 한다고 주장하였다. 외무성은 그 건의를 채택하여 이미 결정되었던 舊쓰시마 번주의 파견을 철회하고, 12월에 가서 모리야마를 外務少丞으로 승진시킨 뒤 다시 부산에 파견하여 국교재개 교섭을 적극적으로 추진하도록 하였다. 이것은 대만문제를 성공적으로 종결지은 오쿠보 정권의 대외적 자신감을 반영한 것이라고 할 수 있으나, 좀더 직접적인 요인은 상술한 바와 같이 대원군 실각 후 조선정부의 대일외교 변화를 틈탄 일본정부의 적극정책이라 할 것이다.16)

앞의 합의에 따라 모리야마는 1875년 2월 하순에 부산에 도착하여 서계를 제출하고 현지 조선 당국자들과 교섭을 시작하였다. 동래부의 보고에 대해 조정에서는 다음과 같은 논의가 진행되었다.

> 상이 이르기를, '올라온 서계를 끝까지 받아 보지 않는다면 자못 誠信의 도리가 아닌 듯하다. 또한 저 왜인이 받아 본 뒤에 만일 따르기 어려운 일이 있으면 비록 백 번을 물리치더라도 마땅히 도로 받아서 가겠다고 약조를 하였으니, 이번에는 가져와 보게 해서 실로 격식을 어긴 점이 있으면 다시 물리치는

---

16) 金基赫, 앞의 글, 25~26쪽.

> 것이 불가하지 않을 듯하다. …' 김병국이 아뢰기를, '倭情이 본래 교활하니, 전의 말을 準據해 믿거나 서계에 眞書와 諺書가 서로 섞여 있는 것은 전에 없던 일입니다만, 한번 자세히 살펴본 뒤에 과연 격식에 어긋난 점이 있으면 사리에 의거해 물리치는 것이 실로 일의 체모에 합당할 듯합니다' 하였다. … 상이 이르기를, '狀啓가 올라온 지 이미 여러 날 되었으니 즉시 품처하지 않으면 안된다. 왜인의 실정은 별로 의심할 만한 것이 없음을 분명히 알 수 있겠다'(《承政院日記》, 고종 12년 2월 5일).

> 이용우가 의정부의 말로 아뢰기를, … '彼國의 官制가 변경되었다고 핑계대고는 있지만 도서를 만들어 주는 것은 서로 믿기 위해서 그렇게 하는 것만이 아니라 이미 바꿀 수 없는 법규가 되었는데, 당초 두 나라가 講定하지도 않고 이제 와서 새로 행하고자 한단 말입니까. 비록 노인으로 말한다 해도 정식을 고치는 것 또한 격식에 어긋나는 것이니 모두 좋은 말로 효유하여 다시는 시끄럽게 하지 말도록 하고 형세를 속히 馳聞하도록 알리는 것이 어떠하겠습니까' 하니, 윤허한다고 전교하였다(《承政院日記》, 고종 12년 2월 9일).

위의 기록에서 드러나는 바와 같이 대략 두 가지 입장이 있었던 것으로 보여진다. 하나는 전통적인 조일외교의 형식을 주장하며 이를 받아들여서는 안된다는 입장이고, 다른 하나는 서계의 접수 자체를 거부해서는 안된다는 입장이었다. 1868년 서계접수 거부 시기의 논의와 다른 점은 외교문서를 일단은 접수하여 검토해보자는 입장이 새로 나타났다는 것이다. 주목되는 사실은 이와 같이 서계를 접수하여 적극적으로 대일외교를 풀어가자는 입장의 선두에 고종이 있다는 점이라 할 것이다.

고종은 서계의 내용에 문제가 있다하더라도 서계접수 자체의 거부는 "誠信에 어긋난다", "왜인의 실정은 별로 의심할 만한 것이 없음을 분명히 알 수 있겠다", "이번의 서계는 개수한 곳이 있다"라고 함으로써 서계 접수를 주장하고 있다. 그러나 의정부 대신 이용우와 시원임대신들은 고종의 태도와 달리 동래부 장계의 회답을 지연시키고 있었고, 여전히 '皇'·'大' 등의 용어와 新印의 사용 등을 들어 거부하고 있었다. 고종은 개인적으로 적극적인 태도를 분명히 하였으나, 조정대신들의 여론은 여전히 서계 접수를 거부하는 쪽이 다수였다고 하겠다.

2) 강화도조약의 체결

(1) 운요호사건과 조선정부의 대응

조선정부는 결과적으로 1875년 2월의 서계에 대해서 여전히 '大日本'·'皇上' 등의 용어와 그 本文이 日本語로 된 점, 그리고 조선에서 쓰시마에 주었던 圖書의 還納, 사신접대를 위한 연회석상의 양복 착용 등을 들어 접수를 거부하였다. 조선정부의 입장을 확인한 모리야마 일행은 그동안의 협상결과를 보고함과 동시에 4월 다음과 같은 정책을 제안하였다.

〈군함을 파견하여 쓰시마 근해를 측량케 하면서 조선의 내홍에 편승하여 우리들의 협상에 대한 후원을 해 줄 것을 청하는 일〉

조선국에 파견된 우리들 모리야마 시게루와 히로츠 노부히로 두 사람은 2월 25일부터 이달 1일까지 사이의 협상 진전 상황을 보고합니다. 이 나라는 정치싸움 때문에 지난 9월 우리에게 약속한 조건을 아직도 이행하지 않고 있는 상태인데, 동래 훈도 현석운은 상경하여 돌아올 날짜를 연기한다고 전해 왔습니다. 서울에서 돌아와도 그가 내놓을 제안이란 또 어리석은 내용일 것으로 예상됩니다. 이에 대한 우리의 태도에 관해서 훈령을 바라는 몇 통의 글은 저희들이 이미 보낸 바 있고, 그 중 몇 가지 문제에 대해서는 각하의 검토를 거쳐서 내려진 결정을 통고받은 적도 있습니다. 모리야마가 진작에 청하였던 것과 같이, 우리를 지원해 줄 문제에 관해서는 지금이야말로 가장 좋은 기회라고 판단합니다. 지금이야말로 전광석화와 같이 행동할 때이므로, 어째서 그러지 않으면 안되느냐 하는 이유를 다음과 같이 설명합니다.

히로츠가 지금 이 나라의 정황을 탐지하건대, 재상은 횡사하고 대원군이 입성하여 바야흐로 두 세력이 생사를 다투고 있는 형편입니다. 한 쪽은 재기를 꿈꾸고, 다른 쪽은 이를 저지하고자 서로 안간힘을 다하고 있습니다. 그런데 이 나라의 백성은 거의 반이 대원군의 가렴, 폭정에 원한을 품고 있는 까닭에 갑자기 과거로 돌아갈 수는 없습니다. 그렇기 때문에 우리로서는 적절히 행동하기만 한다면 암암리에 개화의 기세를 도울 수 있을 것으로 봅니다. 만일 훗날 대원군이 득세하여 전에 한 약속을 이행하지 않게 된다면, 우리도 부득이 크게 힘에 호소하지 않을 수 없는 사태가 올 것입니다. 정황이 그러한 즉, 지금 저들이 서로 싸우고, 쇄국파가 아직 그 기세를 되찾지 못하고 있을 때에 힘을 사용한다면 가벼운 힘의 과시로써도 목적을 이루기는 용이하다고 판단합니다. 그렇기 때문에 지금 우리 군함 한두 척을 급파하여 쓰시마와 이 나라 사이를 드나들게 하고, 숨었다 나타났다 하면서 해로를 측량하는 체하여 저들로 하여금 우리가 의도하는 것을 헤아리지 못하도록 하는 한편, 가끔 우리 정부가 우리들 사신의 협상 처리의 지연을 힐책하는 듯한 표시를 보임으로써 저들에게 위협적으로 받아들여질 언사를 쓴다면, 안팎으로부터의 성원을 방패삼아 일 처리를 다그칠 뿐 아니라, 국교 체결상 웬만큼의 권리를 얻어낼 수 있으리라는 것도 틀림없는 일입니다. 미리미리 저들의 바다를 측량해 두는 것은 훗날에 일이 있건 없건 우리에게는 필요한 일입니다.

우리의 힘을 저들에게 행사할 수 있는 절호의 시기는 바로 지금입니다. 이처럼 무력 시위를 요청하는 이유는 오늘 한두 척의 작은 출동으로 능히 훗날 대규모의 출동을 하지 않을 수 없는 사태를 미연에 방지하고자 하는 것이지 결코 경솔하게 이웃 나라를 흉기로 농락하려는 생각에서는 아닙니다. 삼가 이상과 같이 상신하오며, 지체없이 영단을 내리시기를 간절히 바라나이다.

8년 4월 외무성 6등 출사 히로츠 노부히로(《日本外交文書》 8권, 71~72쪽).

이것은 무력을 동원한 현상타개를 주장한 것으로, 서구 열강의 포함외교에 의해 개항하였던 일본의 경험을 조선에 적용한 것이었다. 일본정부는 모리야마와 히로츠의 보고를 수용하여 조선정책을 추진하였다. 외무경 데라시마(寺島宗則)는 정부의 수반인 태정대신 산죠와 우대신 이와쿠라의 승인을 얻어 해군 군함을 조선에 파견하기로 결정하였다.

이 결정에 따라 4월 20일 운요호가 부산에 입항하였다. 동래부는 역관 현석운을 보내어 예고 없는 군함의 입항에 대해 항의하였으나, 일본측은 모리야마 등 일본 외교사절을 보호하기 위해 입항한 것이라하여 조선측의 요구를 거부하였다. 5월 9일에는 군함 제2테이보호(第二丁卯號)가 부산항으로 들어와 운요호와 합류하였다. 이에 대해 동래부는 현석운을 다시 파견하여 항의하였으나 이것 역시 거부당하였다. 또한 현석운 일행이 군함에 승선하였을 때 두 군함이 연습을 핑계로 동시에 함포사격을 감행함으로써 부산과 동래부민들로 하여금 위기감을 갖게 하였다.

일본측의 군함파견으로 조야에 위기의식이 고조되는 가운데 조정에서 서계문제에 대한 논의가 재개되었다. 부산에서 일본군함이 무력시위를 감행한 다음날인 5월 10일 고종은 시원임대신과 6조의 3품 이상 고위관직자 전원을 불러 외무성 서계문제에 대한 회의를 진행하였다.

상이 이르기를 '倭館 서계의 回啓에 관한 일로 널리 물어 결단해야 하겠는데, 邊情에 관계된 일이라 짚고 넘어가야 할 점이 있어 이렇게 모이라는 명을 내린 것이다' 하였다.

이유원이 아뢰기를, '왜관에 관한 일이 여전히 결말나지 않고 있는 지가 이미 한 해도 넘게 되었습니다. 신이 이 일로 여러 차례 아뢰어 큰 거조가 있기까지 하였습니다. 현재의 방법은 오직 서계를 받느냐 하는 데 달려 있는데, 외간에서는 이 일로 논의가 한결같지 않습니다. 正道를 지키자는 논의를 따르자면 權宜의 정사가 물리쳐지고, 권의의 정사를 따르자면 정도를 지키자는 논의가 물리쳐지니, 邊釁의 완급이 실로 이 문제에 달려 있습니다. 서계를 받는다면 임기응변의 방법이야 될 수 있겠지만 장래의 무궁한 근심이 이루 말할 수 없을 것입니다. 이렇게 하든 저렇게 하든 매우 어렵고 신중히 해야 하는데, 신처럼 용렬한 사람은 이미 원대한 사려가 모자라므로 가까운 근심을 결단할 수가 없습니다. 오직 전하께서 십분 헤아려 결단하여 처분을 내리소서' 하고,

김병학은 아뢰기를, '영부사가 이미 아뢴 바 있습니다만, 서계를 받아들이지 않고 있는 것은 서너 구절의 말 때문에 그러한 것입니다. 춘추 시대에 吳나라와 楚나라가 왕을 僭稱하였으나 자기 나라에서만 왕을 칭하였을 뿐 列國에 사신을 보냄에 미쳐서는 '왕'이라 하지 않고 '寡君'이라고 하였으며 '大國'이라 하지 않고 '敝邑'이라 하였습니다. 이번의 서계의 호칭은 놀랍고 망녕되며 300년 동안 없던 일 뿐만 아니라 지난날의 書牒에도 없던 바이니, 이 때문에 한 해 넘게 허락하지 않고 있는 것입니다. 또 연향 때에 저들이 만약 전에 입던 옷을 입지 않는다면 실로 뒷 폐단에 크게 관계가 있을 것이니, 이것이 더욱 십분 삼가고 살피지 않으면 안되는 점입니다. 신의 얕은 견해는 대개 이와 같습니다' 하고,

홍순목은 아뢰기를, "서계의 일은 받느냐 받지 않느냐 하는 데 관한 설이 달라 질질 끌어온 지 이미 오래되었는데 아직도 결론이 나지 않았으니, 어렵고 조심스럽기가 이미 이와 같습니다. 받아야 한다는 논의는 '예로부터 중국이 오랑캐를 대하던 방법은 다스리지 않는 것으로 다스리는 것이었는데, 트집거리를 만들지 않고자 해서였다. 이번의 이 일은 이웃 나라끼리 강화를 닦자는 것이니 포용하는 것이 마땅하지 굳이 우리가 먼저 트집을 만들 필요는 없다'는 것이고, 받지 말아야 한다는 논의는 이 문자는 크게 격식을 어겼으니 갑자기 받아들이기를 허락해서는 안된다. 뿐만 아니라 또한 저들이 만든 조항에 구애되어 연향을 베풀 수 없었으니 실로 전례를 살펴 서계를 받을 수가 없다. 그런데 혹 서계를 받는다고 답한다면 다시 다른 일이 없을 줄을 어찌 알겠는가. 변정에 관계된 일이니 가볍게 하지 말고 신중히 해야 한다'는 것입니다. 신의 얕은 견해로는 감히 지적하여 말씀드릴 수가 없으니 오직 깊이 생각하여 처분하시기를 바랍니다" 하고,

박규수는 아뢰기를, '일본의 서계에 관해 이렇게 버틴 것이 지금 이미 일 년이 되어 가니 먼 나라 사람이 체류하는 번거로움과 시끄러움이 실로 작은 근심이 아닙니다. 이제 이렇게 하문하시니 여러 대신들이 아룀에 있어 깊이 생각하지 않음이 없습니다. 저들의 서계에 칭호를 참람하고 망녕되게 한 것은 매우 놀라운 일입니다만, 과군이니 폐읍이니 하는 禮讓하고 謙恭하는 말은 저 섬 오랑캐에게 갖추기를 요구하기 어려운 일인 듯합니다. 그 나라에서 황제라고 칭한 것은 周나라 平王 시대부터 시작하여 지금 이미 수천여 년이 되었습니다. 저들의 서계에서 본국이 칭하는 대로 따른 것도 신하로서 부득이하여 그렇게 한 것이니, 이는 오직 성상께서 어떻게 포용하시느냐에 달려 있는 것일 뿐입니다. 저 사람들이 스스로 國制를 변경하여 크게 隣好를 닦자고 한 것이 지금까지 저지당하여 許接하지 못하고 있으니, 필시 한스럽게 여기는 바가 있을 것인바 문제를 일으킬 만한 단서가 십분 염려스럽습니다. 지금 상께서 하문하시는 것도 오직 처분을 내리시기 어렵고 신중히 해야 하기 때문인 것입니다. 앞으로의 뒷 폐단도 실로 염두에 두어야 할 것입니다만, 그 때 가서 거절하는 데 그 방법이 없지 않을 것입니다. 현재의 사단은 저들이 반드시 말을 물고 늘어질 것이니, 구구한 염려가 실로 여기에 있습니다. 지금 前席에서 감히 장황하게 늘어놓을 수 없으니, 서계 가운데 성상의 마음에 걸리는 무슨 구절 무슨 조항을 일일이 하문하시면 筵席에 오른 대신과 여러 재신들이 모두 분석하여 아뢸 것입니다. 엎드려 바라건대 좋은 것을 취하여 처분하소서'(《承政院日記》, 고종 12년 5월 10일).

위의 기록을 검토해 보면 대체로 박규수·이최응 등은 서계접수를 주장하였고, 김병국 등 7명은 반대, 나머지 24명은 유보하거나 분명하지 않은 태도를 보이고 있다. 일본의 무력시위가 시작된 이후에도 조정대신들 주류의 입장은 여전히 서계 접수자세를 거부하고 있었던 것이라고 할 것이다. 서계접수를 주장하는 박규수 등 소수의 견해도 가장 중요한 근거는 일본측과의 무력분쟁을 피하기 위해서 서계를 일단 접수하여야 한다는 것이었다. 일본의 무력동원 조짐에 대한 조야의 위기의식이 고조되는 가운데 우려하였던 사태가 실제로 발발하였다.

운요호가 8월 21일 한강 하구 강화도 해안에 정박하였다가 선원 일부가 작은 배로 사전 예고없이 한강하구를 거슬러 항해하자 초지진 포대에서 포격을 감행하여 이를 저지하고자 하였다. 초지진 대포의 사정거리 밖에 있었던 운요호는 초지진의 포격으로 전혀 피해가 없었으나 운요호는 함포사격으로 초지진을 파괴하였으며, 다음날 영종도에 상륙하여서는 다수의 민간인을 살상하고 관아와 민가를 노략질한 뒤 일본으로 돌아갔다.

이른바 운요호사건은 앞에서 제시하였던 모리야마의 정책제안을 그대로 실행에 옮긴 것이었다. 일본은 미국의 강압에 의해 문호를 개방하였던 역사적 경험을 역으로 이용한 것이었다. 일본정부는 운요호사건을 빌미로 조선외교문제를 해결하기 위한 정책을 구체적으로 추진하기 시작했다. 일본정부는 운요호사건 처리와 수교 교섭을 위해 육군중장겸 참의 쿠로다 기요타카(黑田淸隆)를 특명전권대신으로, 원로원의관 이노우에 카오루(井上馨)를 특명부전권변리대신으로 임명하였고, 전권단 일행은 1876년 1월 9일 도쿄만을 출발하였다. 쿠로다 일행이 출발하기에 앞서 일본정부는 청국이 종주권을 구실로 개입할 것을 우려하여, 외무소록 모리 아리노리(森有禮)를 주청특명전권공사로 임명하여 청국과 교섭하도록 하였다. 또한 일본에 주재하는 서구 각국의 공사들에게도 이를 알리고 동의를 얻었다.

이와 때를 같이 하여 외무성관리인 히로츠 히로유키는 全權代表團 파견을 조선정부에 통고하기 위하여 부산에 도착하였다. 그는 현석운을 만나 일본 특명전권대신이 강화도를 경유하여 서울에 들어 갈 것이라 통고하였다. 현석운은 왜관으로 히로츠를 방문하여 조선정부가 일본 외무경의 서한을 수납하기로 결정했음을 전하고, 일본 전권대표단이 강화도로 가는 것을 중지해 달라고 요청하였다. 히로츠는 이를 양해하고, 쓰시마에 가서 대표단의 도착을 기다려 이를 쿠로다·이노우에 양 대표에게 전하였다. 그러나 이미 때는 늦어 조선정부의 전면적 양보도 소용이 없었다. 일본대표단은 예정대로 1875년 12월 19일 부산으로 가서, 약 일주일 후 그곳을 떠나 北上, 12월 말에 仁川·南陽 앞바다에 나타났다.

운요호사건에 이어 일본함대의 출현으로 항간에서는 위기감이 확산되었고, 정부는 대응책을 마련에 고심하였다. 당시 조야의 위기의식과 조선정부의 대응상황은 다음과 같은 자료에 잘 나타나 있다.

> 전정언 최병대가 상소하기를 대략 '신은 재주와 식견이 짧아서 당세의 일을 다시 의논할 만하지 못합니다만, 궁벽한 마을에 물러가 엎드려 거리에서 전하

는 말을 들으니, 안으로는 근교의 야촌에서 明火强盜가 약탈을 그치지 않고 밖으로는 경기의 연해에 바다를 건너온 이선이 여러날 정박하여 있다 합니다. 신은 묘당의 승산에 어떤 政策이 있는지 모르겠으나, 여러날 귀를 귀울이고 들어봐도 한 장수를 명하거나 한 사람을 보내어 요해를 방수한다는 말을 아직 듣지 못하였으니, 배회하는 군사를 우려할 것 없어서 그런 것입니까. 또는 무사할 것이라고 믿어서 그런 것입니까. 인정이 몹시 근심하고 항간의 의논이 떠들썩하므로 분수에 넘치고 경망한 것을 무릅쓰고 글을 올립니다'(《承政院日記》, 고종 13년 1월 4일).

정부로서는 실로 내우(民擾)외환의 위기에 직면한 것이었다. 이 시기 《承政院日記》의 기사 중 가장 빈번하게 등장하는 내용은 한강 입구 양화진 등지의 안위에 대한 보고와 이양선 출현에 관한 보고를 지체한 지방관에 대해 추고를 시행하라는 것이었다.

일본전권대표가 군함을 앞세워 경기연안에서 시위를 계속하는 사태에 대하여 조선정부도 계속하여 이를 외면할 수는 없었다. 고종은 의정부의 건의를 받아들여 1876년 1월 5일 접견대신과 부관을 임명하였다.

의정부가 아뢰기를, '잇달아 정상을 물은 사연을 들으니, 반드시 우리 나라의 대관을 만나려 한다고 합니다. 먼데 사람을 어루만지는 뜻에서 그 바라는 대로 한번 만나 이야기하는 것이 마땅할 듯 합니다. 판중추부사 申櫶에게 하직은 그만두고 나가도록 하되 접견하는 장소는 그때그때 편한대로 하게 하는 것이 어떠하겠습니까' 하니 윤허한다고 하였다. … 또 의정부의 말로 아뢰기를, '접견대관은 이미 계품하여 윤허받았습니다. 부관이 없어서는 안되겠으니 부총관 尹滋承을 하직은 그만두고 함께 내려가게 하는 것이 어떠하겠습니까' 하니 윤허한다고 전교하였다.

조선정부는 일본의 무력시위에 직면하여 급히 접견대관과 부관을 임명하여 일본의 전권대신을 만나게 하였다. 의정부의 입장에서는 두 차례 서양 열강의 무력침공을 경험한 바 있었고, 이 양차의 양요를 치른 경험자로서 무관 신헌을 접견대관으로 선정하였던 것으로 파악된다. 두 대신은 2월 5일 江華府에 도착하였다. 그러나 신헌을 접견대관으로 임명하는 과정에서도 알 수 있는 바와 같이 당시 조선정부는 쿠로다 일행의 출현 의도를 파악하지 못하고 있었다. 고종과 의정부 대신들은 새로운 조약에 대한 일본측의 의도를 예상하지 못한 상황에서 먼데 사람을 어루만지는 뜻에서 그 바라는 대로 한번 만나 이야기하는 것이 마땅하다는 판단 아래 신헌을 파견하였던 것이었다. 따라서 신헌과 윤자승에게는 조약체결을 전제로 한 권한이 주어지지 않았고, 파견 당시 그들의 유일한 임무는 일본인들을 접견하고 돌아와 조정에 보고하는 것이었다.

그러므로 신헌은 쿠로다 일행이 2차 회담에서 13개 조항의 조약 초안서를 제출하고 조약체결을 요구하였을 때, 조선은 세계의 외교 관례를 알지 못하고 일본과 300년 동안 교역을 하였는데 왜 새로이 교역을 주장하는 조약이 필요한가에 대해 이의를 제기하였다. 그리고 조약체결에 대해서는 협정 초안을 조정에 보고하고, 조정의 지시에 따라야 한다는 내용을 명시하였던 것이다.

회담은 공식적으로는 3차에 걸쳐 진행되었다. 1차 회담에서 일본측은 운요호사건에 대한 책임문제를 제기하였고, 2차 회담에서 운요호사건에 대한 해결책으로 조약체결을 요구하였다.[17)]

일본측은 2차 회담에서 양국간의 友誼를 친밀히 하여 다시 隔阻됨을 방지하기 위하여는 조약을 맺는 것이 최선의 방법이라고 말하며 全文 13조로 된 조약 초안을 제출하였다. 이와 같은 요구는 조선이 전혀 예상하지 못하였던 것이었다. 실제 일본이 조약의 초안을 제출하였을 때 조선측은 조약이라는 것은 무엇이냐고 물었다고 한다. 이에 대해 일본측이 그것은 두 나라가 國際間의 '通義'에 의거하여 항구를 개방하고 서로 무역을 하기 위한 약정이라고 설명하자 조선측 대표는 조·일 양국은 조약없이 300년 동안 互相交易하여 왔는데, 왜 지금 갑자기 조약이 필요한가라고 반문하였다고 한다. 덧붙여 조선은 貧國이고 그 백성들은 새 법을 좋아하지 않으니, 양국간의 무역이 확대되면 여러 가지 문제가 발생할 것이며, 일본에는 별로 이익이 없을 것이나, 조선은 所失이 클 것이니 舊例에 따라 부산에서 교역하는 것만 같지 못하다고 주장하였다. 그러나 일본측은 호상교역을 하는 국가들 사이에 조약을 맺는 것은 국제적 관행이라 주장하며, 조약 초안을 서울에 전달하여 그 수락여부를 10일 내에 회답하라고 일방적으로 요구하였다. 3차 회담에서 일본은 일본의 제안에

17) 金基赫, 앞의 글, 34~36쪽.

대한 회답이 지연될 경우 무력을 사용할 수 있음을 통고하였다.

일본측의 조약체결 요구에 대하여 2월 14일 고종은 領敦寧府使 金炳學, 領中樞府使 이유원, 判中樞府使 홍순목과 박규수, 그리고 領議政 이최응, 右議政 金炳國 등 時原任大臣들을 소집하여 대응책을 논의하였다.

> 상이 이르기를, '일본은 3백 년 동안 修好하던 곳인데, 이제 서계의 일로 이처럼 여러 날 동안 서로 버티니 매우 불측하다. 정부에서 미리 강구하여 타결할 방책을 만드는 것이 좋을 듯하다' 하니, 이유원이 말하기를, '신들이 나날이 정부에 와서 모여 상의한 지 오랩니다마는, 지금 저들이 교활한 것을 보면 마침내는 귀순하지 않을 듯합니다' 하고, 김병학이 아뢰기를, '저들이 수호하러 왔다고는 하나, 허다한 정상은 수호가 아니라 말썽을 꾸미는 것입니다. 마침내 어떻게 할는지는 모르겠습니다마는, 신들이 현재 날마다 모여서 상의합니다' 하고, …
>
> 박규수가 말하기를, '일본이 수호한다고 말하나, 兵船을 거느려 왔으니, 그 정상이 불측합니다. 이미 수호하러 온 사자라 하였으니 우리가 먼저 칠 수 없으나, 뜻밖의 일이 있으면 군사를 쓰지 않을 수 없을 것입니다. 다만 생각하건대, 삼천리의 강토에서 과연 안으로는 정치를 잘하고 밖으로는 오랑캐를 물리치는 방도를 다하여 나라가 풍부하고 군사가 강성한 보람을 이룬다면, 작은 섬나라가 어찌 감히 와서 京畿를 엿보고 방자하게 공혁하는 것이 이 지경에 이를 수 있겠습니까. 참을 지극히 분하고 슬퍼 못 견디겠습니다' 하고, … '저들의 정상이 과연 수호를 수행하느라 그런 것이겠습니까. 내려간 대관이 날마다 잇달아 서로 만나니, 그 알려 오는 것을 기다리면 강구할 방책이 있을 것입니다' 하니, 상이 말하기를, '오늘 시임대신과 원임대신이 입시한 것은 바로 이 일 때문에 그런 것이다. 대신들이 익히 더 상의하여 잘 타결하라'했다. 상이 이르기를, '지금 강화부의 장계를 보니, 저들에게 13건이 있다 하는데, 아직 신보하여 오지 않았으므로 확실히 알지는 못할지라도, 첫째가 관을 설치하여 통상하는 것이다. 이미 왜관의 開市가 있으니, 다시 설치할 것이 어디 있는가'(《承政院日記》, 고종 13년 1월 20일).

김병학은 일본의 태도와 행동으로 보아 그 목적은 修好에 있는 것이 아니라 戰爭을 도발하는 데 있는 것이라고 비난하였고, 이유원·홍순목·이최응 등도 이에 동의하였으나, 누구도 구체적인 대응책을 제시하지 못하였다. 다만 "일본이 수호를 칭하면서도 군함과 군사를 대동하고 왔으니 그 의도를 파악하기가 쉽지 않다. 그러나 수호를 위한 사신이라고 말하고 있으니 우리가 먼저 이를 공격할 수는 없는 일이다. 만약 예상치 못한 사태가 발생한다면 병사를 동원할 수밖에 없을 것"이라는 박규수의 주장은 일본이 무장호위병을 대동하고 강화부에 들어와 조약체결을 요구하고 있는 상황에 대해, 그들을 힘으로 제압할 수 없는 조선의 입장을 보여주고 있다. 회의는 우의정 김병국의 제의에 따라 접견대관 신헌의 보고를 기다려 대책을 결정하기로 하였다.

제3회 회담에 관한 접견대관의 보고와 일본측의 조약안 한문번역본이 다음날 보고되었다. 고종과 의정부 대신들은 일본측의 조약체결 요구가 예기치 못했던 것이었고, 또한 공식적인 묘당회의에서는 개항에 대한 어떠한 합의가 이루어지지 않은 상황에서, 사흘 만에 일본측의 통상조약 체결 요구를 받아들일 것을 결정하고 이를 접견대관에게 통보하였다.

> 의정부가 아뢰기를, '지금 接見副官의 謄報를 받으니, 일본 사신이 수호하고 통상하는 일 때문에 조규를 베껴 올린 책자인데 묘당을 시켜 稟處하기를 청하였습니다. 우리 나라가 일본과 3백 년 동안 사신을 보내어 친목을 닦고 왜관을 설치하여 교역하였는데, 연래로 서계의 일 때문에 서로 버티기는 하나, 이제 계속하여 수호할 처지에서 그 통상을 굳게 물리칠 수 없습니다마는, 수호약조의 절목으로 말하면 익히 상의하여 양편이 서로 편의하게 하지 않을 수 없으니, 먼저 이 뜻을 접견대관에게 알리는 것이 어떠하겠습니까' 하니, 윤허한다고 전교하였다(《承政院日記》, 고종 13년 1월 24일).

즉, '황'과 '칙'의 용어와 신인사용 등 외교문서의 형식이 문제가 되어 8년 간 타협점을 찾지 못하던 조선과 일본과의 외교교섭이 새로운 전환점을 맞이한 것이었다. 서계문제와 운요호사건 이후 일본측의 신조약체결안에 대해 조선정부의 공식적인 회담에서는 여전히 외교문서의 접수 거부를 주장하는 논의가 대세를 이루고 있었던 점을 감안하면 이와 같은 결정은 돌출적인 사건으로 비추어질 수도 있는 것이었다. 전권대신의 보고를 접하고 조약체결을 결정을 확정하기까지 사흘이 걸렸고, 이 기간 동안 공식적인 회의 기록을 찾을 수 없다면, 개항 정책으로의 전환을 전격적으로 결정한 것은 고종을 비롯한 의정부의 핵심인물들이었다고 볼 수 있다. 서계문제를 둘러싼 묘당의 공식적인 기록들을 검토해보면 박규수·이최응·이유원 등 소수의 개항론자들이 고종의 지지를 바탕으로 결정한 것으로 파악할 수 있을 것이다.

고종과 시원임대신 회의에서 개항에 대해 적극적으로 검토하기 시작했을 때 대원군 세력 및 재야유림측의 개항 반대 여론도 구체화되기 시작하였다. 대표적인 인물이 최익현과 前司諫 張皓根 등이었다. 고종 친정의 결정적 계기를 마련했던 최익현이 고종이 선도하고 있는 대일수교에 적극적으로 비판을 하고 나선 것이었다. 그는 상소에서 다음과 같이 수교 방침에 대한 반대의 입장을 분명히 하였다.

> 정자·주자의 가르침으로 오늘의 일을 헤아린다면, 적과 강화하면 반드시 난망의 화를 가져올 것이 다섯 가지나 됩니다.
>
> 화의가 저들의 애걸에서 나왔다면 우리가 강한 처지여서 우리가 넉넉히 저들을 제어할 수 있을 것이므로 그 화의를 믿을 수 있으나, 이제 화의가 저들의 애걸에서 나온 것입니까, 우리가 약한 것을 보인 것입니까. 우리가 대비하지 못하고 두려워서 화호를 구한다면, 당장은 편히 넘어가겠으나, 앞으로 만족할 줄 모르는 욕심을 어떻게 채워 주겠습니까. 이것이 난망하는 까닭의 첫째입니다. 저들의 물건은 다 지나치게 사치한 것과 기이한 노리개인데, 우리 물건은 백성의 생명이 의지하는 한정이 있는 것이니, 몇 해 못가서 우리 땅 수천 리가 더 지탱하지 못하고 나라가 따라서 망할 것입니다. 이것이 난망하는 까닭의 둘째입니다. 저들이 왜인이라고는 하나 실은 洋賊이니, 화호하는 일이 한번 이루어지면 邪學이 전수되어 전국에 두루 찰 것입니다. 이것이 난망하는 까닭의 셋째입니다. 저들이 뭍에 내려 왕래하며 臺를 쌓아서 있으려 하는데, 講和를 거절할 말이 없다 하여 버려둔다면, 재물과 부녀의 약탈을 바라는 대로 할 것입니다. 이것이 난망하는 까닭의 넷째입니다. 이 말을 앞장서 하는 자는 병자년 南漢의 일을 인용하여 말하기를, '강화한 뒤에 피차 서로 사이좋게 지내는 것이 이제까지 盤石과 같은데, 오늘날 저들과만은 어찌 그렇지 않겠는가' 하나, 저들은 재물과 여색을 알 뿐이고 다시는 사람의 도리가 없으므로 참으로 짐승이니, 짐승과 화호한다는 것은 그것이 무슨 말인지 모르겠습니다. 이것이 난망하는 까닭의 다섯째입니다. … 전하의 뜻으로는 어찌 '저들 온 자는 왜인이고 양인이 아니며, 그 거듭 말하는 것이 이미 수호라 하였으니, 왜인과 修舊하는 것이 또한 무엇이 해로운가' 하시지 않겠습니까. 그렇다면 신의 어리석은 소견으로는 크게 그렇지 않은 것이 있습니다. 저들이 참으로 왜인이고 양인이 아니라도 예와 이제가 아주 다르므로 살피시 않아서는 안되는데, 연전에 북경에서 온 摠理司의 글에, '法國, 美國과 왜국이 함께 나왔다'는 말이 있고, 지난해에

東萊訓導가 전한 말에, '왜인이 靈祠를 세우겠다고 청하고 異服한 사람을 금하지 말기를 청한다' 하였는데, 이제 온 왜인이 양복을 입고 洋砲를 쓰고 洋船을 탔으니, 이것은 왜인과 양인이 마찬가지라는 명백한 증거입니다. 더구나 지난달의 북경의 咨文은 오로지 이번에 온 왜선 때문이었는데, 그 가운데에 '병인년에 패하여 돌아간 것은 양인이고 왜인이 아니다'고 하였으니, 왜인과 수구하는 날이 바로 양인과 화호를 맺는 날일 것입니다(《承政院日記》, 고종 13년 1월 23일).

고종과 집권층이 개항을 결정하는 시기 최익현은 개항정책에 대해 다섯가지 이유를 들어 반대하고 있다. 최익현의 개항반대론은 이른바 왜양일체론이 그 핵심을 이루고 있다. 최익현은 상소에서 "전하의 뜻으로는 어찌 저들 온 자는 왜인이고 양인이 아니며, 그 거듭 말하는 것이 이미 수호라 하였으니 왜인과 修舊하는 것이 무엇이 해로운가 하시지 않겠습니까"라고 하여 고종의 개항 명분을 정면으로 비판했던 것이다.

최익현의 이와 같은 비판에 대해 고종은 다음과 같이 자신의 입장을 분명히 하고 최익현을 흑산도로 유배시킬 것을 명하였다.

전교하기를, '왜인을 제어하는 일은 왜인을 제어하는 일이고, 양인을 배척하는 일은 양인을 배척하는 일이다. 이번에 왜선이 온 것이 양인과 합동한 것인 줄 어떻게 확실히 알겠는가. 왜인이 양인의 척후라 하더라도 각각 응변할 방도가 있을 것이다. 최익현의 상소에 문득 내가 사악한 것을 물리치는 일에 엄하지 않은 것처럼 말하여 한 세상을 현혹하는 계책을 앞장서 만들고 이렇게 임금을 터무니없이 핍박하는 말을 만들어 방자하게 배척하고, 배척하는 것도 모자라서 恐動하기까지 하고, 공동하는 것도 모자라서 헐뜯어 욕하였으니, 그 중의 두세 어구는 이것이 어찌 신하로서 감히 차마 말할 수 있는 것이겠는가. 정상이 황홀하고 품은 것이 음흉하므로 본디 常刑으로 결단해야 하겠으나, 참작할 것이 있으니, 최익현에게 한 가닥 남은 목숨을 용서하여 黑山島에 圍籬安置하고 三倍道로 당일에 압송하라'하였다(《承政院日記》, 고종 13년 1월 27일).

고종의 명분은 양인은 양인이고 왜인은 왜인이다는 점에 있었다. 즉 왜양일체론을 부인하는 것이었다. 의정부의 보고로 기록되어 있는 관련기록을 검토해보면, 쇄국에서 개항으로 정책을 전환과정에서 정부는 조약체결이라는 큰 틀에서의 결정 외에 실질적인 조약안의 확정과정에 대해서도 직접 관여하지 않고 전권대신에게 전권을 위임하여 신속하게 이를 처리하도록 하는 태도를 보이고 있다.18) 조약체결을 결정한 다음날 의정부 장계는 접견대관 신헌이 일본측의 제안에 대해 이를 보고하고 의정부의 심의의 의결을 요청하자 조약안을 일일이 검토하고 이를 확정하자면 번거롭고 시일이 지연되므로, 전권대신이 중앙정부와의 상의없이 이를 전결토록 하자고 건의하자 고종은 이를 받아들였다.19)

임지에서 조약체결에 대한 정부의 사전지침도 없이 접견대관으로 임명되어 강화부에서 회담에 임했던 신헌에게 일본정부가 치밀하게 준비하였던 조약안에 대하여 독자적으로 결정할 수 있는 전권이 부여된 것이었다. 이와 같은 정부의 통고를 접한 신헌은 중앙정부의 결정을 재고해 줄 것을 간곡히 상신하였다.

신헌이 상소하기를 대략, '지금 의정부 관문의 사연을 보니 수호통상의 조규를 강정할 때에 번번이 번거롭게 묘당에 공문을 보내므로 절로 날짜가 늦추어지는데 백성을 편하게 하고 나라를 이롭게 할 수 있는 것이면 일에 따라 재량하여 결단토록 윤허받았다 하였습니다. 명을 듣고 놀라워 어쩔 줄 모르겠습니다. 저들이 지금 사신이라는 이름을 핑계삼아 바다를 건너 왔으니, 반드시 쉽사리 돌아갈 자가 아닙니다. 이 유감을 품은 적이 순하고 또 무사할지라도, 한낱 사신의 말로 처리할 것이 아니니, 한결같이 묘당의 계책을 따라서 저들에게 알려도 오히려 임무를 견디어 내지 못할세라 두렵습니다. 이때에 이 직임이 얼마나 지극히 무거운 것인데 도리어 신처럼 여리고 어리석은 자에게 맡기겠습니까. 재기를 헤아리고 事體로 헤아려도 감당하지 못할 것이니, 성명을 거두시기 바랍니다. 신은 못견디게 …' 하였는데 답하기를, '상소를 보고 잘 알았다. 사명이 중한 것은 어느 때인들 그렇지 않으랴마는, 이번 왜국 사신이 온 것이 수호 때문이라고 하나 안위에 관계되는 것이 없지 않은데, 경은 문무의 재주를 갖추어 일찍부터 중망을 나타냈으므로 조정의 논의가 다 이 사람이 아니면 안

18) Martina Deuchler, 앞의 책, 40~41쪽.

19) 의정부가 아뢰기를, "어제 수호하고 통상하는 일 때문에 계품하고 關文을 보냈습니다. 條規 등 모든 講定을 번번이 번거롭게 묘당에 공문을 보내므로 절로 날짜가 지연되는데, 백성을 편하게 하고 나라를 이롭게 할 수 있는 것이 있다면 전결하여도 괜찮을 것입니다. 옛 가르침은 그러하니, 편리한대로 일에 따라 재량하여 처치하라는 뜻으로 接見大官에게 알리는 것이 어떠하겠습니까"하니, "윤허한다"고 전교하였다(《日省錄》, 고종 13년 1월 25일).

된다 하고, 임기응변은 專管하도록 맡기지 않을 수 없으므로 강토 밖으로 나가는 것은 아니나 古例를 원용하였거니와, 경은 어찌하여 이토록 사양하는가. 묘당에서 覆議한 것은 계책이 함께 공경하며 使事가 이제 이미 완성되었으니, 어찌 국가의 慶幸이 아니겠는가. 내가 경을 長城처럼 높이 믿으니, 경은 내 지극한 뜻을 잘 알아야 한다' 하였다(《承政院日記》, 고종 13년 1월 30일).

신헌의 상소에 대해 고종은 일본이 겉으로는 수호를 위해 왔다고 하지만 실제로는 국가의 안위 즉 전쟁으로 확산될 수 있는 사태이고, 이와 같은 상황에 양차의 양요에서 공을 세웠던 신헌이 가장 적합한 인물이라고 평가하였던 것이다. 그리하여 고종은 신헌에게 절대적인 신뢰를 표현하고 접견대관으로서 교섭전권을 맡을 것을 명하였다. 일본측의 입장으로서는 전권대신 개인을 상대로 신속하게 교섭을 타결지을 수 있는 계기가 주어진 것이었다.

묘당의 결정에 따라 이후 신헌은 일본측과 조약문 내용에 구체적인 협의를 거쳐 2월 3일 조약을 강정하고, 2월 6일 조인식을 가졌다. 조약체결에 이르는 과정을 검토해보면 조선정부도 일단 조약체결을 결정한 이후에는 몇가지 사안에 대해 이의를 제기한 이외에는 신속하게 회담을 타결짓고자 하는 모습이 역력하였다. 한편 재야에서는 개항에 대한 여론이 비등하기 시작하였다. 일본측과 비교[20]하여 사전 준비없이 회담에 임한 전권대신에게 전권

20) 당시 全權大使 黑田淸隆과 副使 井上馨에 내려진 일본정부의 訓令은 운요호사건에 대한 책임은 전적으로 조선정부에 있으니, 이에 대한 응당의 賠償을 받아야 한다는 것을 강조하고 있다. 그러나 사건 발생 이후 釜山 居留 일본인에 대한 대우가 전과 다름 없으며, 조선정부과 일본과의 관계 단절을 선언한 바도 없었음을 고려하여, 만일 조선정부가 수호조약의 체결과 무역확장을 포함한 일본의 요구를 수락하면 이것을 사건에 대한 충분한 '사과'와 '배상'으로 인정하여 수용하라는 것이었다.

조약내용에 대해서는 과거 德川幕府의 舊例에 구애됨이 없이, ① 韓日 양국의 對等條件으로 수호조약을 체결하고, ② 부산과 강화도 또는 서울 부근에 무역항을 개설하며, ③ 일본군함과 상선에 대하여 조선영해 내에서 航行과 측량의 자유를 확보할 것을 지시하였다. 이를 위한 교섭 진행 방법에 대해서는 조선측이 ① 全權代表를 모욕하거나 폭행을 가할 경우에는 적절한 방위수단을 취한 다음, 對馬島로 물러나 동경에 이를 보고하고 訓令을 기다릴 것, ② 폭행은 가하지 않으나 교섭을 거절할 경우에는 상대방의 무성의를 책하고 조선 영토내에 머물면서 東京에 請訓하고 훈령을 기다릴 것, ③ 淸韓從屬關係를 빙자하여 일본측의 요구에 대한 회답을 지연시킬 경우에는 중국의 회답이 도착할 때까지 서울과 강화도에 駐兵하는 권리를 주장할 것, ④ 조선측이 전례에 따라 일본의

을 부여한 조선정부의 결정은 실제 조약안 강정 이후 시행과정에서 여러 가지로 문제점을 드러내고 있었다.

(2) 조일수호조규의 내용과 성격

일반적으로 강화도조약 또는 강화도조약체제라고 지칭하는 조약의 구체적인 문건은 다음의 것들을 통칭하는 것이다. 즉 1876년 2월 26일 강화도에서 조인하였던 〈조일수호조규〉와 같은해 8월 24일 체결하였던 〈조일무역규칙(조일통상장정)〉과 〈조일수호조규부록〉 및 〈왕복문서〉 등이 그것이다. 아래에서는 이른바 최초의 근대적인 조약으로서 강화도조약이 가지는 의미와 영향 등을 파악하기 위해 조일수호조규의 내용을 제시하고, 이를 자세히 검토하기로 한다.

조일수호조규는 前文과 12개 조관으로 구성되어 있다. 전문은 다음과 같다.

> 大朝鮮國과 大日本國은 元來 友誼 두텁게 歲月을 經過하였다. 至今 兩國의 情意 未恰함을 보게 되므로 舊好를 重修하여 親睦을 굳게 하고자 한다. 이를 爲하여 日本國政府는 特命全權辨理大臣 陸軍中將 兼 參議開拓長官 黑田淸隆, 特命副全權辨理大臣議官 井上馨을 簡拔하여 朝鮮國 江華府에 派遣하고 朝鮮國政府는 判中樞府事 申櫶, 都總府總管 尹滋承을 簡拔하여 各其 奉承한 論旨에 遵據하여 議決한 條款을 左에 開列한다.[21]

전문의 첫머리에서 조약의 주체를 '대조선국'과 '대일본국' 그리고 조선국정부와 일본국정부로 기술하고 있다. 일본측이 제시하였던 초안에서 이 부분은 '대일본국여조선국'으로, '대일본국황제폐하'와 '조선국왕전하'로 기술되어 있었는데, 조선측의 이의 제의로 대등한 표현으로 정정되었다고 한다.[22] 한편 조약 전문의 표현 중 '素敦友誼'라는 기존의 관례에 대한 언급은 일본이 조선과 수교하기 전 청국과 체결하였던 청일수호조규에서도 유사한 표현이

요구에 응하지 않을 경우에는 상대방에 대해 장차 엄중한 조치가 있을 것이라 경고한 다음, 신속히 귀국할 것 등을 추가적으로 훈령하였다.

21) 이 글에서 인용한 〈조일수호조규〉의 원문은 고려대 아세아문제연구소편 《구한국외교자료집》을 이용하였다.

22) 田保橋潔, 앞의 책, 482쪽.

나타나고 있다.[23] 다만 신조약의 역사적 위상에 대해서는 조일수호조규의 경우 청일수호조규와 다르게 언급하고 있다. 즉 조일수호조규에서는 '과거의 우호적인 관계를 거듭 확인하고 발전시키기를 원한다'는 뜻의 '欲重修舊好'란 표현을 썼던 것이다. 즉 신조약은 '구호'를 '중수'하는 것으로 평가하였다. 이 표현에 대해서는 지금까지 주목한 바가 없었지만 조선측에 의해 요구되었을 것으로 생각된다. 그와 같이 판단하는 근거는 조약 체결 이후 조선정부가 이에 근거하여, 그때까지 강력하게 개방을 반대하던 세력들의 반발을 회피하는 주요 명분으로 제시하고 있기 때문이다. 즉 개항반대론자들의 반발을 피하기 위하여 조선정부는 신조약이 새로운 관계를 규정하는 것이 아니라 다만 과거의 교린관계의 연장에서 이를 개수한 것이라고 일관되게 언급하고 있었던 것이다.

다음으로 조일수호조규 제1관을 검토하기로 한다. 1관의 첫구절은 조약 체결에 임하는 조선과 일본 양국의 관계 설정에 대해 언급하고 있다.

> 第1款 朝鮮國은 自主國이며 日本國과 平等한 權利를 保有한다. 今後 兩國이 和親의 誠意를 表하고자 할진대 모름지기 彼我 同等한 禮儀로써 相待할지며 추호도 侵越 猜嫌함이 있어서는 아니될 것이다. 우선 종전에 交情阻害의 화근이던 諸法規를 革除하고 極力 寬裕弘通의 법규를 開擴하여서 쌍방의 영원한 안녕을 기한다.

"朝鮮國은 自主之邦이며 與日本國으로 保有平等之權이라"고 조선을 '자주국'으로, 그리고 일본과 평등한 권리를 가지고 조약에 임하는 것으로 규정하고 있다. 이와 같은 조선의 위상과 일본과의 관계에 대한 규정은 일반적으로 근대적인 조약체결의 당사자인 경우 당연히 전제되어 있는 규정이다. 그럼에도 불구하고 1관에서 이를 규정한 실질적인 이유는 일본이 조선에 대한 청국의 종주권을 부인하고자 하였기 때문이다. 일본이 운요호사건 처리 문제를 논의하는 과정에서도 조선과의 직접 교섭 이전에 해결해야 할 선결과제로 논의한 것은 조선문제에 대한 청국의 개입을 방지하는 방안이었다.

청국 중심의 국제질서에 대한 이와 같은 도전은 일찍이 베트남에 대해 개

23) 外務省 編,《日本外交年表竝主要文書》上(原書房, 1966), 45쪽.

방을 강요하였던 프랑스가 대등관계를 조약문에 설정함으로써 청국의 개입을 배제한 적이 있었다. 일본은 이를 조일관계에 적용했던 것이었다.

청국의 종주권을 부인한 제1관의 실질적인 의미와 목적은 위에서 지적한 바와 같이 기존의 청국 중심의 동아시아 국제질서를 일본측이 변경하려고 시도한 것으로 일본의 침략을 용이하게 하기 위한 전제조항이었다. 그러나 이 조항은 이후 조선 내외에서 조선에 대한 청국의 종주권을 부인하고 조선의 자주독립을 추구하였던 세력들에게는 다른 의미로 받아들여지기도 하였다. 즉 그들은 조선의 자주권을 대외적으로 처음으로 인정한 문건이 조일수호조규라고 평가하였다.

제2관은 종래의 외교관행 변경에 관한 조항이다. 종래 전근대 국가간의 외교관행은 특정의 목적을 가진 사행을 필요에 따라 파견하고, 파견 목적을 수행하면 본국으로 귀환하는 것이 일반적인 관례였다. 일본은 2관에 의해 기존 외교관행의 전면적 전환을 시도하였다.

> 第2款 日本國政府는 지금부터 15개월 후 언제든지 사신을 朝鮮國 京城에 파견하여 禮曹判書와 親接하여 交際事務를 商議하도록 할 수 있다. 該使臣은 留滯하든지 즉시 귀국하든지 그것은 다 時宜에 의할 것이다. 朝鮮國政府는 언제든지 사신을 日本國 東京에 파견하여 外務卿과 親接하여 交際事務를 商議하도록 할 수 있다. 該使臣이 留滯하든지 즉시 귀국하든지 그것은 또한 時宜에 의할 것이다.

2관의 내용은 표면적으로는 일본정부와 조선정부가 사신을 상대국의 수도에 파견하면, 외교사무의 최고책임자가 이를 맞이하여 외교적인 업무를 처리해야 한다는 것으로 상호 호혜와 대등한 관계를 규정하고 있는 것으로 이해될 수 있다. 그러나 이 조항은 사신의 상대국 수도 체류기간과 파견시기 등에 대해서 대단히 포괄적으로 규정함으로써 실질적으로는 수도에 외교사절의 상주와 나아가 상주외교공관 설치를 가능케하고 있다. 2관의 내용을 살펴보면 '該使臣駐留久暫共任時宜', '隨時派使臣' 등으로 표현하였다. 즉 사신의 체류일정을 '時宜'에 맡기며, 사신의 파견시기를 '隨時'로 규정함으로써 체류기간과 파견시기에 아무런 제한 규정을 두지 않았던 것이다. 일본은 이 조항에 의해 실질적으로 개항장이 아닌 수도에 외교사절이 상주하여 외교적인 업무를 수행할 수 있게 되었다.

제3관은 외교문서에 사용하는 언어와 문자에 관한 규정이었다. 3관은 "今後 양국 왕래의 公用文은 일본은 그 國文을 사용하되 차후 10년간은 譯漢文 한 통을 첨부하며 조선국은 眞文을 사용할 수 있다"로 되어 있다. 일본은 일본어를 사용하며, 조선은 한문을 사용하기로 결정한 것이었다. 자국의 이익과 상대국의 이익이 첨예하게 부딪치는 외교문서의 작성에 일본이 비록 한문번역문을 첨부하기로 했으나, 일본이 자국어로 외교문서를 작성할 수 있도록 결정한 것은 문제의 소지를 남기는 것이었다. 표의문자인 한문 해석에 있어 조·일 양국의 해석이 상치되지 않을 경우 일본은 자국어의 해석에 근거하여 일을 추진하는 근거를 마련한 것이다.

제4관과 5관은 통상무역의 실질적인 근거가 되는 개항장의 선정과 설치 및 운영의 대강에 관한 조항이었다. 4관은 "조선국 부산의 草梁項에는 일본 공관이 있고 다년간의 양국 인민의 通商地이다. 今後 종전의 慣例와 歲遣船等事를 개혁하고 今般 새로 의결되는 條款을 憑準으로 하여 무역사무를 처리할 것이다. 그리고 이 외에 조선국정부는 第5款에 기재하는 二口를 개항하고 일본인의 왕래, 통상함을 허가한다. 右場所에서 地面을 賃借하여 가옥을 造營하며 또는 所在의 조선인민의 가옥을 賃借함은 각기 隨意에 맡긴다"라고 규정하였다.

4관에서 일본은 "조선국 부산의 草梁項에는 日本公館이 있고 다년간의 양국 인민의 通商地이다"고 하여 종래 교린외교 체제 하 부산에 두었던 왜관을 '공관'으로 기술하고 있다. 종래 교린체제 하의 조일외교의 실질적인 공간이었던 왜관의 관리와 세견선의 규모 등은 조선측의 규제와 통제 하에 있었다. 반면 공관은 치외법권을 가진 외교사절의 거주지역으로 거주국의 주권이 미치지 않는 지역인 것이다. 왜관은 조선 관리가 거주지역 주변에 울타리를 치고, 관문을 설치하여 거주지역 내외의 통행을 엄격히 규제하고 거주 일인들에 대해 식량과 생필품 등을 조달해 주고, 소수의 허가받은 상인에 한해 지역내에서만 교역이 이루어졌던 영역이었다. 일본은 왜관 본래의 기능과 성격을 무시하고, 의도적으로 이를 자국 영토의 연장선상에 편입시키기 위하여 일찍부터 이를 기정사실화하려고 시도하고 있었다. 쓰시마번주의 중개를 폐지하고 1871년 외무성 관리로 처음 조선에 파견되어 왜관에 도착하였던 모리야마도 왜관을 접수하여 공관으로 사용하게 되었음을 일방적으로 전달한 바 있었다.

또한 제한된 공간에서 쓰시마도주의 허가를 받았던 쓰시마번 직속의 상인에 한해 주로 통상을 허용하는 것이 아니라 개항지 전 지역에서 오사카와 도쿄 등지의 대소 상인이 자유로이 무역에 참여하는 통상은 이전의 무역과 다른 것이었다. 나아가 개항지 내에서 임의로 토지를 빌릴 수 있고, 빌린 땅 위에 집을 짓거나 조선인 소유의 집을 빌려서 상업활동에 종사하는 것을 허용한 것은 종전의 관례와 전혀 다른 것이었다. 4관의 규정에 근거하여 일본은 향후 조선땅에서 그들만(외국인)의 전관 거류지 즉 조계를 설치할 수 있는 근거를 마련하였다.

제5관은 부산 이외에 추가로 2개 항구를 개항하기로 약속한 조항이다. 5관은 "경기 · 충청 · 전라 · 경상 · 함경 5도의 연해 중 통상에 편리한 항구 2개소를 택한 후 지명을 지정하고, 시기는 日本暦 明治 9년 2월 朝鮮暦 丙子 2월부터 기산하여 20개월 후로 한다"고 규정하고 있다. 개항 시기를 수호조규 체결로부터 20개월 이내로 못박았던 것이다. 그러나 이 조항에 근거한 원산과 인천이 실제로 개항되었던 것은 각기 1879년 7월과 1883년 8월이었다. 개항 시기가 조약체결 당시 규정했던 시기보다 상당 기간 지연되었던 것은 개항장 선정과정에서 일본이 이미 예상지로 꼽고 있었던 위의 2개 항구에 대해 조선측의 반발이 컸었기 때문이었다.

제6관은 일본 선박이 조선연안에서 조난을 당했을 때 구조하고 송환하는 절차에 관한 규정이다. 6관은 "今後 日本國 船隻이 조선국 연해에서 혹은 大風에 遭遇하며 혹은 薪糧에 窮渴하여 지정 항구에 도달할 수 없을 때에는 어떤 항만에서든지 船隻을 寄泊하여 풍파의 위험을 피하고 所要品을 구입하며 船具를 수선하며 柴炭 등을 購得할 수 있다. 물론 그 공급 비용은 모두 선주가 변상할지라도 이러한 사항에 관하여서는 지방관민은 그 곤란을 體察하며 진실로 憐恤을 가하여 구원에 부족함이 없고 보급에 吝嗇함이 없어야 한다. 그리고 또 양국의 船隻이 대양 중에서 파괴되어 승선원이 어떠한 지방에든지 표착하는 때에는 그 지방 인민은 즉시 救恤의 手續을 취하여 各人의 생명을 보전시키고 地方官에 屆出하여 該官이 각 본국에 호송하거나 또는 그 근방에 在留하는 본국관원에게 인도한다"고 규정함으로써 조난 선원의 보호가 일차적인 목적으로 제시되어 있다.

그러나 6관의 경우에도 조난시 인명구조와 보호라는 표면적인 목적이 변질될 가능성도 다분이 포함되어 있었다. 즉 조난에 포함되는 상황이 '대풍에 조우'·'薪糧 窮渴'·'선척 破壞' 등으로 다양하게 규정되어 있고, 조선내 '어떤 항구'에든지 기항할 수 있도록 규정하고 있다. 6관은 다음 제7관과도 관련하여 일본의 선박이 개항장 규정에 얽매이지 않고 유사시 조선의 어떤 항만에라도 상륙할 수 있도록 허용한 것이었다.

第7款은 "조선국의 연해·도서·암초는 종전에 審檢을 하지 않은 까닭에 지극히 위험하므로 일본국의 항해자가 자유로 연안을 측량함을 허가하여 그 位置·深淺을 명세히 하고 圖誌를 編製하여 양국 船客으로 하여금 위험을 피하고 평온하게 항해할 수 있도록 한다"라고 기술하고 있다. 조선 연근해의 항해의 안전을 도모하기 위하여 연해를 자유롭게 측량하고 측량자료를 가지고 지도작성에 이용할 수 있도록 허용한 것이었다. 7관 또한 제시하고 있는 이유와 달리 조·일간에 다양한 문제를 야기하였을 뿐 아니라 청·일간의 문제와도 관련을 가지는 것이었다.

먼저 이 시기 일본측이 제시한 연안측량과 해도작성의 과정을 살펴보기로 한다. 조규는 '위험하므로 일본국의 항해자가 자유로 해안을 측량함을 허가'하고 있다. 이 때의 일본국 항해자는 구체적으로 누구인가. 당시 일본의 경우 민간측량회사나 민간인이 파견될 가능성은 전혀 없는 것이었다. 일본이 조약체결 직후 5관의 2개 항구 개항지 선정과 관련하여 조선에 파견하였던 측량선은 일본군함이었다.

일본은 1878년 4월부터 8월까지 개항장 선정문제로 조선에 대한 무력시위를 겸하여 군함을 파견하여 동해와 서해안 측량을 강행하였었다. 이 조항에 의하여 일본군은 측량을 핑계로 조선연안의 어떤 지점에라도 일시 상륙할 수 있게 되었으며, 수집된 측량자료는 군부의 주관 하에 지도를 작성하는 데 사용되었다. 이 경우의 지도란 향후 조선 연근해에서 발생할 수 있는 전투에 기여하는 해도작성이었음을 말할 필요도 없다.

끝으로 8관 이하 9관과 10관은 위의 과정을 거쳐 선정된 개항장에서 실제로 이루어지는 일본상인의 상업활동에 관한 규정이었다.

> 第8款 今後 일본국 정부는 조선국의 지정 各港에 시의에 따라 일본상인을 관리하는 官員을 설치할 것이다. 만약 양국이 교섭할 안건이 있을 때에는 該官은 소재 지방장관에 會商하여 처리한다.
>
> 第9款 양국은 이미 通好를 하였다. 彼我 인민은 각자 임의로 무역한다. 양국 관리는 조금도 이에 간여하지 않을 것이며 제한을 설정하거나 禁沮하지 못한다. 만약 양국의 상민이 欺罔衒賣나 賃借不償을 하게 될 때는 양국 관원은 엄중히 該國常民을 취조하여 債缺을 追辨시킬 것이다. 단 양국 정부는 이를 代償할 이유가 없다.
>
> 第10款 일본국 인민이 조선국 지정의 各港에 在留중 만약 罪科를 범하고 조선국 인민에게 관계되는 사건은 모두 일본국 관원이 審議할 것이다. 만약 조선국 인민이 罪科를 범하고 일본국 인민에게 관계되는 사건은 모두 조선국 관원이 査辨할 것이다. 단 쌍방이 다 각기 國律에 의거하여 재판하되 조금도 回護袒庇함이 없이 극력 公平, 允當한 재판을 할 것이다.

8관과 9관, 10관은 상호 내용상 밀접한 관련을 가지면서 조선측에 제시된 것이었다. 먼저 8관을 살펴보면 일본은 향후 개항장에서 '時宜에 따라 일본상인을 관리하는 관리를 설치'할 수 있게 되었다. 일본측이 필요하다고 판단할 경우 개항장에 언제든지 '영사관'을 설치하여 일본인의 생명과 재산 보호에 관계되는 사무를 볼 수 있게 되었다. 한편 개항장에서 양국인의 상업활동에 대해서 9관은 '양국은 통호'하였으므로, '피아의 인민은 임의로 무역'에 종사하며, 양국 관리는 이를 규제할 수 없게 되어 있다. 다만 상업 활동 중 정당하지 못한 거래로 인하여 문제가 발생할 때에는 자국민에 대해서는 자국의 관리가 이를 조사하나 결과에 대해서는 국가가 배상의 의무 등은 지지 않는 것으로 되어 있다.

나아가 10관에서는 개항지에서 범죄를 저질렀을 경우 범인에 대한 조사 처벌은 자국의 관리가 이를 담당하여 공평하고 타당한 재판을 진행한다고 규정하였다. 당시 조·일 양국의 상황은 조선인 상인이 일본으로 건너가서 무역에 종사할 상황이 아니었던 것은 명백하다. 그렇다면 8관 이하 10관의 조항은 조선에 건너와서 상업에 종사하는 일본인에 대한 규정이었다. 조선은 이들 조항에 의하여 개항지에서 활동하는 일본상인의 활동에 대하여 규제하거나 통제할 법적 근거를 상실하였으며, 나아가 범죄행위를 저질렀을 경우에도 이들을 체포하거나 조사 또는 처벌하는 데 전혀 관여할 수 없게 되었다. 일본측은 개항장에서 그들의 필요에 따라 영사관을 설치하여 자국인의 자유로운 상업활동을 정부가 보호할 수 있게 되었고, 자국인의 생명과 재산보호에 중대한 장애가 발생할 우려가 있을 경우 현지에 주재하는 관리의 판단에 따라 필요한 조치를 신속히 요청할 수 있게 된 것이다. 개항 직후 조선무역에 종사하였던 일본상인들의 성격을 감안할 때 이들 조항에 의한 조선인의 피해는 다양하고 심대한 것이었다. 결과적으로 조선에 건너 왔던 일본인들은 조선영토 내에서 자유로이 무역과 선교 등 각자의 생업에 종사할 수 있으나, 조선의 법질서 바깥에 존재하였던 것이다.

11관은 위와 같이 큰 틀에서 규정한 양국인의 상업활동을 편리하게 하기 위한 구체적인 조항의 마련하기 위한 회담을 6개월 이내에 관리를 파견하여 시작한다는 것이었다.[24]

끝으로 12款은 조약의 효력 발생과 유효기간에 관련된 것이었다. 12관은 "右에 議定된 11款의 조약은 本日부터 양국이 信守遵行한다. 양국 정부는 이를 다시 變革할 수 없으며 영원히 信遵하여 양국의 화친을 두텁게 할 것이다. 이를 위하여 본 約書 2통을 작성하여 양국이 위임한 大臣이 각각 조인하고 互相交付함으로써 증거를 명확히 한다"고 규정하였다. 이 조항 또한 일반적인 조약의 관례에 비추어 조약의 효력발생과 존속 연한이 예외적인 것이었다. 즉 조약체결 즉시 비준 절차에 대한 규정없이 즉각적으로 효력을 발생하며, 또한 양국정부는 이를 변혁할 수 없으며, 그 결과 영원히 이를 준수하게 되어 있다.

---

24) 第11款 양국은 이미 通好를 하였으므로 따로 通商章程을 설정하여 양국 常民에게 편리를 줄 것이다. 이와 아울러 지금 의결한 각 조항 중 다시 세목을 補添하여 遵照하기에 편리한 조건으로 할 것이다. 이는 지금부터 6개월을 넘지 않아서 양국이 따로 위원을 임명하여 조선국 京城 또는 江華府에서 회견하고 商議決定을 하게 한다.

3) 개항 이후 조선정부의 대내외정책

(1) 수신사파견과 개화정책의 모색

조선정부는 운요호사건을 빌미로 한 일본의 강압적인 요구와 청국의 권고, 일본과의 무력분쟁을 피하자는 조선정부의 판단으로 조일수호조규를 체결하였다. 강화도조약 체결 직후 조선정부의 당면 과제는 대내적으로 개항반대세력의 저항을 흡수하고, 개항에 뒤따르는 대외적인 상황의 변화에 적응하는 것이었다. 조약 체결 이후 정부가 당면하였던 정치적 과제는 조약체결에 대한 재야로부터의 공격을 막아내는 것이었다. 이에 대해 고종은 다음과 같은 논리로 조약체결의 정당성을 적극적으로 옹호하였다.

> 이최응이 아뢰기를, '왜인이 와서 이미 수호라 하였으니, 우리 나라도 수호로 대접해야 할 뿐이고, 먼저 범하지 않고 말썽의 꼬투리를 열지 않는다는 조정의 의논도 우리로서의 도리를 다한 것일 뿐인데, 어찌 도리에 어그러진 상소가 번갈아 나와 문득 화의를 주장하고 양인과 통한다는 말로 거짓을 날조하여 조정 관원을 일망타진하려는 계책을 하리라고 생각하였겠습니까. 그러나 화의를 주장한다는 것은 본디 그럴 듯 하지 않으니 바로 도리에 어그러진 상소가 터무니없이 속이는 것이고, 양인과 통한다는 것은 더욱이 영향이 없으니 곧 도리에 어그러진 상소가 거짓말을 일으키는 것입니다. 신은 변변치 못한 자질로 이 직임을 무릅쓰고 차지하여 평소에도 이미 믿음을 받지 못하였거니와 일을 당하여서도 鎭服하였으므로 저들이 상소하여 현혹하고 무함하는 것이 모두 이 지경에 이르렀으니, 신이 태연히 자리를 차지하여 있으려 하더라도 백관을 감독할 수 있겠습니까. 이제 왜선이 물러갔고 정부의 회좌를 막 철폐하였는데 어전의 인견을 받게 되었으므로, 외람됨을 피하지 않고 감히 아룁니다. 바라건대, 聖明은 신들의 위구한 심정을 굽어살피어 빨리 물리쳐 주소서' 하니, 상이 이르기를, '이번 일은 구호를 닦는 것에 지나지 않을 뿐이고, 경들의 조처가 마땅하였으므로 무사히 타결되었거니와, 이제 협잡하는 상소 때문에 남의 구설이라 하여 뒤미쳐 인책할 꼬투리로 삼는다면, 어찌 아주 뜻밖이 아니겠으며 또한 도리어 나라의 체면을 손상하는 것이 아니겠는가. 다시는 이 때문에 서로 말하지 않기를 매우 바란다'고 하였다(《承政院日記》, 고종 13년 2월 5일).

일본의 무력 시위 하에 체결되었던 조약에 대하여 개항반대론자들의 공세가 시원임대신들에 대한 정치적인 공세로 나아가자 고종은 조약체결의 명분으로 "이번 일은 구호를 닦는 것에 지나지 않을 뿐이고, 경들의 조처가 마땅하였으므로 무사히 타결"되었다고 옹호하고 있다.

결론적으로 고종을 비롯한 집권층의 개항론을 최익현의 이른바 '왜양일체론'과 비교해보면 왜와 양을 분리하고, 일본과의 조약체결을 전통적인 관계의 연장이었다고 주장하고 있는 것이다. 집권층의 조약에 대한 인식은 결과적으로 조일수호조규의 실질적인 내용과 성격과는 달리 자본주의 세계에 대한 개항을 의미하는 것은 아니라 교린체제의 연장으로 인식하고 있었다.

한편 조일수호조규 조인 이후 일본의 조선정책은 비록 운요호사건을 빌미로 조선을 개항시키는 데에는 성공하였지만 강화도조약에서 규정하였던 후속조처, 예를 들면 通商章程 체결, 외교사절의 서울 常駐, 開港場 확대(부산 이외 2개항의 개항) 문제 등의 해결없는 조약체결은 그야말로 유명무실한 것이었다. 그러나 이와 같은 문제들은 일본정부가 明治政府 성립 직후부터 줄곧 추진해 왔던 조선정책의 역사적 경험으로 미루어 보아 쉽사리 해결되기를 기대할 수 있는 것도 아니었다.

일본정부가 조·일간에 가로놓인 산적한 문제들을 원만하게 해결하기 위해 무엇보다 절실한 것은 조선의 집권세력으로 하여금 일본과의 교류 확대를 긍정적으로 인식하게 하는 것이었다. 이를 위해 일본정부가 조약체결과 동시에 취한 정책은 조선정부의 집권관료 및 유력인사들의 일본방문과 시찰, 유학을 적극적으로 유도하였다. 이것은 조선의 집권세력들로 하여금 메이지 유신 이후 일본의 근대화정책의 성과물들을 보여주고, 이에 대한 긍정적인 인식의 확산을 통해 일본의 조선 진출에 대한 동의를 얻기 위한 것이었다. 강화도조약의 조인식 직후 개최된 연회석상에서 일본측 전권대신 쿠로다 기요타가는 조선측 대관 申櫶에게 인사말을 마친 다음과 같이 조선측 인사의 일본 시찰을 권고하였다.

> 대저 交隣之道는 風俗을 詳察한 연후에야 가히 의혹을 타파할 수 있을지니, 비록 細目協定을 보기 전이라 하더라도 貴國에서 먼저 한 사람을 보내어 물정을

詳察한다면 아국이 今次의 조약을 위하여 얼마나 心力을 허비하였는지 가히 짐작할 수 있을 것이며 의심도 풀릴 것이요, 따라서 細目講定시에 도움이 될 것 같다. 從此 이후로는 귀국 使臣의 내왕도 매우 편할 것이니, 火輪船을 이용한다면 부산에서 도쿄까지 6, 7일이면 도달할 수 있다. 귀국에서 속히 使臣을 派送해 준다면 我國人民도 십분 믿음이 더해지고 귀국으로도 매우 좋을 듯하다.[25]

일본측 전권대신 일행이 귀환한 후 잔무처리를 위해 강화도에 체류하였던 미야모토 코이치(宮本小一)·노무라 야수시(野村靖) 일행도 신헌과 윤자승에게 향후 6개월 이내에 사신을 파견해 주도록 요청하였다.[26]

이러한 일본정부의 초청에 그동안 서계문제에서 보는 바와 같이 대일외교에 소극적이었던 조선정부는 대단히 이례적이라고 판단될 정도로 적극적인 자세를 취했다. 고종은 신헌이 조약을 체결하고 조정에 돌아와 보고하는 자리에서 그간의 경과에 대해 다음과 같이 언급하였다.

상이 이르기를, '저들의 배가 다 물러갔으니 참으로 다행이다' 하니, 신헌이 아뢰기를, '당초에 安危에 관계되는 것이 있었는데 이제 물러갔으니, 참으로 국가의 큰 복입니다' 하였다. 상이 이르기를, '問答狀啓를 보니, 과연 말을 잘하였다' 하니, 신헌이 아뢰기를 '다행히 임금의 영위에 의지하고 묘당의 계책에 힘입어 명을 욕되게 하는 것을 면하였습니다' 하니, 상이 이르기를, '이번 노고를 내가 안다' 하니 신헌이 아뢰기를, '온화한 말씀을 이토록 하시니 황송하고 또 감동하여 마지 않습니다' 하였다. 상이 이르기를, '장계한 것 밖에도 만나서 수작한 것 중에서 아뢸 만한 것이 또 있는가. 상세히 아뢰도록 하라' 하였다(《承政院日記》, 고종 13년 2월 6일).

신헌은 복명하는 자리에서 조약체결 중 논란이 되었던 부분은 조약비준과 관련하여 일본이 임금의 이름을 기명하자고 주장하였으나, 이를 거부하여 반영했던 점과 일본측 교섭관련자들에 대한 평가 등을 주로 보고하였다. 한편 메이지유신 이후 일본의 정황에 대해 고종이 질의를 덧붙였다. 고종은 신헌의 복명 가운데 일본측 무기의 우수함에 대해 구체적인 질문을 덧붙이고 있다.

---

25) 李瑄根, 앞의 책, 401~402쪽.
26) 《日省錄》 고종 13년 2월 6일.
田保橋潔, 앞의 책, 상, 558쪽.

> 상이 이르기를, '또 들은 것이 있는가' 하니 신헌이 아뢰기를, '흑전청륭의 말은 여섯달 안에 곧 사신을 보내어 한편으로 회답사례하고 한편으로 그 풍속을 알아보고 한련으로 유람하는 것이 좋을 듯한데 부산에서 적간관의 화륜선을 타고 적간관에서 동경까지는 7, 8일에 곧 다다를 수 있으므로 별로 노고가 없다합니다' 하였다. 상이 이르기를 '그러면 이는 통신사인가' 하니, 신헌이 아뢰기를, '품질의 상례에 구해하지 말고 다만 일을 아는 사람을 보내라 합니다. 이제부터 피아의 사신은 모두 예폐를 없애고 저곳에 가면 방세를 주고서 거처하고 밥을 사서 먹으니, 이것은 통신사와 같지 않습니다' 하고, 이어서 아뢰기를 … '저들이 말하기를 지금 천하의 각국이 군사를 쓰는 때를 당하여 귀국의 산천이 매우 험한 것으로는 싸우고 지키기에 넉넉하나 군비가 매우 허술하다, 하며 부국강병의 방법을 누누이 말하였습니다'하니, 상이 이르기를, '그 말은 교린하는 성심에서 나온 듯 하다. 우리 나라는 군사의 수효가 매우 모자란다' 하였다(《承政院日記》, 고종 13년 2월 6일).

고종은 신헌의 교섭과정에 대한 보고에서 일본측 사절단의 인사들에 대한 평가와 일본의 상황에 대해 적극적으로 관심을 표명하고 있다. 특히 일본의 상황에 대한 관심 가운데 무기와 군대양성에 대하여 집중적인 관심을 표명하였다. 또한 일본측 사신 파견에 대한 요청이 있었다고 보고하자 이를 적극적으로 수용하였다.

> 의정부가 아뢰기를, '접때 일본 使船이 온 것은 오로지 修好 때문이니 우리가 善隣하는 뜻에서도 이번에는 사신을 專委하여 修信해야겠습니다. 사신의 호칭은 수신사라 하고 응교 김기수를 특별히 가자하여 차출하되 해조를 시켜 구전으로 단부하고 따라가는 인원은 일을 아는 자로 적당히 가려서 보내되, 이는 수호한 뒤에 처음 있는 일이니, 이번에는 특별히 당상관을 시켜 書契를 가지고 들어가게 하고, 이 뒤로는 서계를 전례대로 東萊府에 내려 보내어 에도(江戶)로 옮겨 보내는 것이 어떠하겠습니까'하니 '윤허한다'고 전교하였다(《承政院日記》, 고종 13년 2월 22일).

일본의 전권대신들이 구호중수를 위해 왔으므로 이번에는 우리가 신의를 새롭게 한다는 뜻에서 수신사를 임명하여, 수신과 함께 일본의 상황을 파악하기 위해 수신사 파견을 결정하였던 것이다. 쿠로다는 조선측의 사신 파견을 6개월 이내에 해줄 것을 요청하였으나, 조선정부는 일본의 예상을 뒤엎고 즉각적으로 이에 응했다. 이와 같은 대응 태도는 조선정부가 대외정세의 변동에 대해 그만큼 적극적이고 능동적이었다는 것을 보여준다. 조선정부가 조약체결 직후 곧 바로 수신사를 파견하기로 했던 것은 메이지유신 후 일본 국내의 '物情詳探'이 목적이었다. 고종의 지시를 받은 수신사 일행이 도쿄에 체재하는 동안 보인 일련의 행동들은 일본 국내 물정 가운데 조선정부의 관심이 군사시설과 군사력에 있었음을 보여준다.[27] 일본의 군사력에 대한 정확한 정보와 조선을 둘러싼 국제정세의 추이에 대한 조선정부의 관심과 위기의식은 이미 강화도조약 체결 직후 전권대관 신헌의 다음과 같은 보고에서도 확인되고 있었다.

> 지금 천하의 대세를 보건대, 각국에서 무력을 사용하였고 앞뒤로 수모를 받은 것도 벌써 여러 차례나 됩니다. 병력이 이와 같다는 것이 만일 각국에 전파되면 신이 모르긴 하겠지만 그들의 멸시가 어떠하겠습니까. 신은 정말 몹시 걱정이 됩니다(《承政院日記》, 고종 13년 2월 6일).

고종을 비롯한 조선정부 집권층의 이러한 위기감은 현실에 근거한 것이었다. 5년을 주기로 서양 열강의 거듭된 침략전쟁을 겪었고, 일본의 무력시위에 굴복하여 결국 개항을 허락할 수밖에 없었던 조선정부가 군사력 강화 문제에 집착하는 것은 당연한 일이었다. 가장 절실한 문제가 자위력을 갖추는 것이었을 것이다. 이와 같은 군사력 증강정책은 1880년을 전후하여 추진되었던 조선정부의 일련의 개화정책과 맞물리면서 구체화되었다.[28] 이와 같이 개항 이후 조선정부는 대외적으로는 일본과 근대적인 외교관계로 전환하면서

27) 이와 같은 사실은 6월 1일 金綺秀의 복명관련 기사에서도 잘 드러나고 있다. 고종과 김기수의 대화 내용 중 상당부분은 일본의 군수산업, 군비증강 정책의 실상에 관한 것이었고, 그 외 러시아와 미국을 비롯하여 조선을 둘러싼 서양열강의 형세에 관한 것을 묻고 있었다(金綺秀, 《修信使日記》 권1, 고종 13년 6월 및 국사편찬위원회, 《修信使記錄》, 29~130쪽 참조).

28) 조선정부의 軍備强化政策은 크게 두 가지 방향으로 나타났다. 하나는 근대적인 무기체제를 외국으로부터 도입하는 것이었고, 다른 하나는 군대조직을 근대적인 체제로 개편하는 것이었다. 단기간 내에 근대적인 무기를 생산할 수 있는 기반을 갖추지 못했던 조선정부는 해외로부터 군장비를 도입하고, 근대적인 군사지식을 갖춘 외국인에 의한 군대양성을 정책의 대강으로 삼았다.

도, 대내적으로는 대외정책의 변경을 부인함으로써 개항과 동시에 시도되어야 했던 체제의 정비가 지연되는 계기가 되기도 하였다. 국내체제의 정비는 1880년 말을 전후하여 비로소 가시화되기 시작하였다. 조선정부는 1880년 12월 청국의 총리아문을 모방한 통리기무아문을 설치한 이래, 1881년 전반기에 영선사와 조사시찰단을 각각 청국과 일본에 파견하였고, 별기군을 창설하는 등 근대화정책을 적극적으로 추진하였다.

대내적인 체제 정비와 아울러 1880년 이후 조선정부는 대외정책 면에서도 적극적인 개방정책을 추구하였다. 조선정부의 대외적극정책은 청국 양무파 정권의 권유 및 미국의 조선진출 노력과 맞물려 결실(조미수호조규, 1882년)을 맺게 되었다. 조미수호조규 체결 이후 조선은 영국·독일·러시아·프랑스 등과 차례로 조약을 체결함으로써 자본주의 시장체제에 완전히 개방되었다. 결과적으로 이와 같은 대외정책 방향은 러시아의 남하를 견제하던 영국과 청국의 대한반도 정책과도 궤를 같이 하는 것이었다. 미국과 조약을 체결하려는 데 대해 국내에서는 개항 이후 잠복해 있었던 개항반대세력의 상소가 줄을 이었으나 조선정부의 개방정책은 이미 확고하게 자리잡고 있었다.

(2) 조일수호조규 부록 및 통상장정

김기수는 수신사일행이 귀국할 때 일본정부로부터 예조판서 앞으로 보내는 공한을 받아 갖고 왔다. 그 내용은 修好條規 第11款에 의거하여 通商章程의 협상을 위해 外務省의 미야모토 등을 理事官으로 하여 서울에 파견한다는 것이었다. 실제로 일행이 귀국한 후 며칠 안된 6월 10일 미야모토 이사관은 서울에 나타났다. 이에 조선정부에서는 刑曹判書 趙寅熙를 講修官으로 임명하여 일본측과 접촉케 하였다. 12일에는 국왕이 미야모토를 접견하고, 賜饌도 베풀었다.

6월 16일(8월 5일)부터 미야모토가 숙소로 정하고 있는 京畿中營(淸水館)에서 양측간의 회담이 개시되었다. 일본측은 이번에도 미리 준비해 온 修好條規附錄案과 通商章程案을 제출하였다. 그러므로 자연히 그 안을 놓고 逐條審議하게 되었다. 일본측에서 제출한 수호조규부록은 모두 13관으로 되어 있었는데, 그 중 논의의 초점이 되었던 것은 제1, 제2, 제5관이었다. 제1관은 "일본국 공사의 조선국 수도상주", 제2관은 "일본 외교관 및 그 동반자의 조선내지 여행의 자유", 제5관은 "개항장의 유보지역 설치"였다. 조선측에서는 이에 대해 완강히 반대하였다. 그러므로 회담은 난항을 거듭하였다. 제1관은 앞서 강화도에서 체결한 수호조규 제2관에 제시된 "該當 使臣의 駐留期間의 長短은(원문은 該臣駐留久暫이라고 되어 있다) 그때의 사정에 맡긴다"는 내용과 관련을 갖고 있었다. 조선측은 이 조관을 잠시 동안의 체류를 말한 것이고, 공사관을 설치하여 '영주'함을 인정한 것은 아니라고 해석하였다. 제1관을 반대하게 되자 제2관, 즉 공사의 내지여행과 가족동반과 같은 문제도 도저히 용납될 여지가 없었다. 제5관의 개항장의 유보지역에 대해서는 일본측이 자기들 里程으로 10리, 즉 조선의 100리를 요구한 데에 대해 조선측은 이를 반대하여 부산항에 국한하되 조선里程의 10리를 주장하였다.

회담은 6월 16일부터 20일 동안에 13회나 열렸다. 그리하여 간신히 타결을 보게 되어 7월 6일(8월 24일) 조인을 하게 되었다. 제1관, 즉 일본국공사의 조선국 수도 상주관 설치 문제는 완전히 삭제되고, 제2관은 약간 수정되어 일본관리(관)에 한해서 조선내지의 여행을 인정하였으며, 제5관의 유보지역은 조선이정 10리로 축소하였다. 그러나 그 밖의 조관은 일본측이 제시한 원안을 거의 수정하지 않고 채택하였다.

이때 조인된 수호조규부록은 수호조규를 보충하는 성질의 것이어서 일본으로 하여금 정치적·경제적으로 조선에 침투할 수 있는 기반을 더욱 튼튼히 마련해 주게 되었다. 특히, 제7관의 "일본국 인민은 본국에서 현행되는 貨幣들로 조선국 인민이 보유하고 있는 물자와 교환할 수 있으며, 조선국 인민은 그 교환된 일본의 화폐들로써 일본국 토산의 貨物들을 買得할 수 있으며, 이로써 조선국이 지정한 항구들에서 인민들은 상호 통용할 수 있다"는 내용은 일본화폐의 조선내 유통을 의미한 것이었다.

강수관 조인희와 이사관 미야모토 사이에는 이상의 수호조규부록 외에 통상장정이 또한 체결되었다. 6월 16일 제1차 회담이 열렸을 때 미야모토는 조인희에게 수호조규부록에 대한 설명을 끝낸 직후, 통상장정안 10칙을 제시하였다. 그리고 이에 대한 축조 설명을 하면서 이 안은 종전의 관례를 성문화한 데 지나지 않는다고 강조하였다. 이를 청취한 조인희는 정부에 請訓하겠다고 답할 뿐, 아무런 이의를 제기하지 않았다. 18일 제2차 회담이 열렸을 때 조인희는 그 안에 원칙적으로 동의한다는 각서를 발표함으로써 극히 간단하게 처리하였던 것이다.

'무역규칙'으로 이름이 붙은 통상장정은 일본측이 내놓은 원안에 1개조가 더 추가되어 11칙으로 되어 있다. 그런데 이것 또한 일본의 경제적 침투를 합법적으로 승인한 조약이었다. 11칙 중에서 특히 제6칙과 제7칙은 조선의 경제에 크나 큰 타격을 주었던 조목이었다. 제6칙은 "사후 조선국 항구들에 주류하는 일본인은 粮米 및 잡곡을 수출할 수 있다"고 되어 있고, 제7칙은 "일본국 정부에 소속된 선박들은 港稅를 납부치 않음"으로 되어 있다.

제6칙으로 조선의 미곡이 대량 일본으로 유출하게 되었고, 제7칙으로 일본 선박이 항세, 즉 관세를 납부하지 않게 되었다. 특히, 수호조규부록과 통상장정이 조인된 7월 6일에 강수관 조인희는 일본국 이사관 미야모토의 조회에 대한 회답 공한 속에서 "화물출입에도 특별히 수년간은 면세를 허용한다"고 함으로써, 일본은 선박의 항세뿐만 아니라, 상품의 수출입세까지 면제를 받게 되었던 것이다.

이처럼 일본측이 통상조약 관례에 대한 조선측의 무지를 이용하여 관세조항을 제외하고, 협상을 임했던 사실은 미야모토가 단독으로 추진한 것은 아니었다. 미야모토가 본국을 떠나기 앞서 太政大臣으로부터 받은 훈령 중에 조선측이 관세징수를 주장하게 되면 수출입세를 從價 5分으로 정하고, 수세에 관한 1조항을 통상장정 속에 첨가토록 되어 있었다. 그러나 그것은 어디까지나 조선측에서 강경히 관세 징수를 주장할 때에 제시하려는 안이었고, 일본정부는 처음부터 무관세를 관철시키려는 계획을 갖고 있었다.

강화도에서 수호조약이 체결된 뒤 일본정부의 태정대신 산죠 사네토미는 외무성에게 지시하여 무역규칙의 초안을 조속히 작성토록 하였다. 그런데 수호조약 체결을 직접 담당했던 쿠로타와 이노우에 가오루는 이 사실을 알고 자기들의 견문과 지식을 토대로 하여, '日鮮修好條規의 이행운영에 관한 上申의 件'이란 의견서 속에서 수호조규 체결 때와 마찬가지로 협상장소를 강화도로 정하고 군함을 파견하여 무력시위를 하는 것이 효과적이며, 또 앞으로의 조일무역에 있어서는 관세를 징수하지 않는 것이 무역촉진을 위한 상책이 될 것이라고 주장하였다. 이 의견은 받아들여져 외무성에서는 무관세 강요의 원칙을 굳히게 되었다. 그리하여 10개조로 된 무역규칙안이 작성되게 되었고, 그것을 미야모토에게 부과하였다. 미야모토가 서울에 이르러 조선측과 회담할 때에 조선측이 전혀 이의를 제기하지 않음으로써 관세조항이 빠진 무역규칙이 성립된 것이었다.

이상에서 본 바와 같이, 조선측의 무지와 일본측의 기만 외교에 농락되어 유례를 찾아볼 수 없는 무관세무역규칙이 조·일간에 체결되었다. 무관세조항은 1883년 7월에 수정될 때까지 7년간이나 실시되었는데 수호조규 속에 들어 있는 치외법권과 수호조규부록 속에 들어 있는 일본화폐유통권과 아울러 개항 직후 일본 세력의 조선 침투를 방조하는 데 크게 기여하였다.[29]

【부록 1】 朝日修好條規

大日本國, 與大朝鮮國素敦友誼, 歷有年所, 今因視兩國情意未洽, 欲重修舊好, 以固親睦, 是以日本國政府簡特命全權辨理大臣陸軍中將兼參議開拓長官黑田淸隆·特命副全權辨理大臣議官井上馨, 詣朝鮮國江華府, 朝鮮國政府簡判中樞府事申櫶·副摠管尹滋承, 各遵所奉諭旨, 議立條款, 開列于左.

第1款 朝鮮國自主之邦, 保有與日本國平等之權, 嗣後兩國欲表和親之實, 須以彼此同等之禮相待, 不可毫有侵越猜嫌, 宜先將從前爲交情阻塞之患諸例規, 一切革除, 務開擴寬裕弘通之法, 以期永遠相安.

第2款 日本國政府, 自今十五個月後, 隨時派使臣, 到朝鮮國京城, 得親接禮曹判書, 商議交際事務, 該使臣駐留久暫, 共任時宜, 朝鮮國政府亦隨時派使臣, 到日本國東京, 得親接外務卿, 商議交際事務, 該使臣駐留久暫, 亦任時宜.

第3款 嗣後兩國往來公文, 日本用其國文, 自今十年間, 別具譯漢文日本, 朝鮮用眞文.

第4款 朝鮮國釜山草梁項, 立有日本公館, 久已爲兩國人民通商之區, 今應革除從前慣例及歲遣船等事, 憑準新立條款, 措辨貿易事務, 且朝鮮國政府, 須別開第五款所載之二口, 准聽日本國人民往來通商, 就該地賃借地基, 造營家屋, 或僑寓所在人民屋宅, 各隨其便.

---

29) 이광린, 앞의 책, 85~88쪽.

第5款 京畿(圻)·忠淸·全羅·慶尙·咸鏡五道中沿海, 擇便通商之港口二處, 指定地名, 開口之期, 日本曆自明治九年[1876]二月, 朝鮮曆自丙子年二月起算, 共爲二十個月.

第6款 嗣後日本國船隻, 在朝鮮國沿海, 或遭大風, 或薪粮窮(究)竭, 不能達指定港口, 卽得入隨處沿岸支港避嶮, 補缺修繕船具, 買求柴炭等, 其在地方供給費用, 必由船主賠償, 凡是等事, 地方官民須特別加意憐恤, 救援無不至, 補給勿敢吝惜, 倘兩國船隻, 在洋破壞, 舟人漂至, 隨處(所)地方人民, 卽時救恤保全, 禀地方官, 該官護還其本國, 或交付其就近駐留本國官員.

第7款 朝鮮國沿海島嶼巖礁, 從前無經審檢(撿), 極爲危嶮, 准聽日本國航海者, 隨時測量海岸, 審其位置深淺, 編製圖志, 俾兩國船客以得避危就安.

第8款 嗣後日本政府, 於朝鮮國指定各口, 隨時設置管理日本國商民之官, 遇有兩國交涉案件, 會商所在地方長官辨理.

第9款 兩國旣經通好, 彼此人民各自任意貿易, 兩國官吏毫無干預, 又不得限制禁阻, 倘有兩國常民欺罔衒賣, 貸借不償等事, 兩國官吏嚴拏該逋商民, 令追辨債欠(缺), 但兩國政府不能代償.

第10款 日本國人民, 在朝鮮國指定各口, 如其犯罪交涉朝鮮國人民, 皆歸日本官審斷, 如朝鮮國人民犯罪, 交涉日本國人民, 均歸朝鮮官査辨, 各據其國律訊斷, 毫無回護袒庇, 務昭公平允當.

第11款 兩國旣經通好, 須另設立通商章程, 以便兩國常民, 且併現下議立各條款中, 更應補添細目, 以便遵照條件, 自今不出六個月, 兩國另派委員, 會朝鮮國京城或江華府, 商議定立.

第12款 右十一款議定條約, 以此日爲兩國信守遵行之始, 兩國政府不得復變革之, 永遠信遵, 以敦和好矣, 爲此作約書二本, 兩國委任大臣各鈐印, 互相交付, 以昭憑信.

【부록 2】 朝日修好條規附錄(譯文)[30]

日本國政府는 前에 特命全權辨理大臣 陸軍中將 兼 參議開拓長官 黑田淸隆, 特命副全權辨理大臣議官 井上馨으로 하여금 朝鮮國 江華府에 派遣하고 朝鮮國政府는 大官判中樞府事 申 櫶, 副官都摠府摠管 尹滋承에게 委任하여 日本曆 明治 9年 2月 26日 朝鮮曆 丙子年 2月 初2日 雙方이 서로 調印하고 修好條規 第11款의 趣旨에 따라 日本國政府는 理事官 外務大丞 宮本小一에게 委任하여 朝鮮國 京城에 派遣하고 朝鮮國 政府는 講修官議政府堂上 趙寅熙에게 委任하여 相互 會同하여 議定한 條款을 左에 開列한다.

---

30) 번역문은 董德模, 《朝鮮朝의 國際關係》(博英社, 1990) 부록을 참고하였다.

第1款 此後 各港口에 駐留하는 日本國人民, 管理官은 朝鮮國沿海地方에서 日本國諸船이 遭難하여 緊急을 要할 때는 地方官에게 告하고 該地에 갈 수 있는 道路를 經過할 수 있다.

第2款 此後 使臣 及 管理官이 發하는 文移書信을 郵送하게 되면 費用은 事後辨償하고 또는 朝鮮國人民을 雇用하여 專差할 수도 있으니 各從其便할 것이다.

第3款 議定한 朝鮮國 通商各港에 있어서 日本國 人民이 地基를 租賃하여 住居함은 各其 地主와 相議하여 그 價格을 定한다. 朝鮮國政府에 屬하는 地는 朝鮮國人民으로부터 官에 納租함과 同一한 租額을 納付하고 居住한다. 釜山草梁項公使館에는 從前에 同國政府로부터 守門·設門을 設定하였으나 今後 이를 撤廢하고 新定의 程限에 依하여 標識을 境界上에 設立하되 他의 二港도 역시 此例에 準한다.

第4款 今後 釜山港에 있어서는 日本國人民이 通行할 수 있는 道路의 里程은 防波堤로부터 起算하여 東西南北 各 直徑 10里(朝鮮里法에 依한다)로 定한다. 東萊府中에 있어서는 里程外라 할지라도 特別히 往來할 수 있다. 이 里程內에 있어서 日本國 人民은 自由로 通行하고 其他의 産物 및 日本國産物을 賣買할 수 있다.

第5款 議定한 朝鮮國 各港에 있어서 日本國人民은 朝鮮國人民을 賃雇할 수 있으며 朝鮮國人民은 그 政府의 許可를 받으면 日本國에 往來함도 無妨하다.

第6款 議定한 朝鮮國 各港에 있어서 日本國人民이 萬若 死亡할 때는 適宜의 地處를 選拔하여 埋葬할 수 있다. 但 他의 二港의 埋葬地는 釜山埋葬地의 遠近의 例에 依한다.

第7款 日本國人民은 日本國의 諸貨幣로서 朝鮮國人民의 所有物과 交換할 수 있고 朝鮮國人民은 그 交換한 日本國의 諸貨幣로 日本國所産의 諸貨物을 買得할 수 있으니 以是로 朝鮮國의 指定한 諸港에 있어서는 人民相互間에 通用할 수 있다. 日本國人民은 朝鮮國의 銅貨幣를 使用運輸할 수 있다. 兩國人民으로 敢히 錢貨를 私鑄하는 者가 있다면 各 그 國家의 諸法律에 비추어 處斷한다.

第8款 朝鮮國民은 日本國民으로부터 買得한 貨物 或은 贈與를 받은 諸物品을 自由로 使用하여도 無妨하다.

第9款 修好條規 第7款에 記載된 趣旨에 따라 日本國의 測量船이 小船을 내어 朝鮮國沿海를 測量하다가 風雨에 逢着하거나 或은 干潮로서 本船에 歸還할 수 없을 時는 該處里程으로부터 그 近傍의 人家에 安着시키고 萬若 需用의 物品이 있으면 官廳으로부터 辨給하고 後日 그 費用을 淸算한다.

第10款 朝鮮國은 아직 海外諸國과 通信을 하지 않고 있다. 그러나 日本國은 修好經年하여 締盟한 諸國과 友誼를 保有하고 있는 關係上 今後 諸國의 船舶이 風波로 困境에 빠져 沿邊地方에 漂着하게 된다면 朝鮮國人民은 모름지기 이를 愛恤 않을 理가 없는지라 諸漂民이 그 本國에 還送되기를 願望할 때에는 朝鮮國政府로부터 各港口駐留의 日本管理官에게 遞致하여 本國으로 送還한다. 該官員은 이를 應諾하여야 한다.

第11款 右10款의 里程及 이에 添附한 通商規則은 모두 修好條規와 同一한 權利를

가진다. 兩國政府는 遵行하여 違反함이 없을 것이다. 그러나 此各款中에 萬若 兩國人民이 交際貿易을 實踐함에 있어 障害가 있다고 認定되어 不可不 釐革하게 될 境遇에는 兩國政府는 그 議案을 速히 作成하여 一個年前에 通知하여 協議決定하여야한다.

大日本國紀元2536年明治9年8月24日　理事官外務大丞　宮本小一
大朝鮮國開國485年丙子7月初日　講修官議政府堂上　趙寅熙

〔原　文〕

日本國政府曩遣特命全權辨理大臣陸軍中將兼參議開拓長官黑田淸隆特命副全權辨理大臣議官井上馨詣朝鮮國朝鮮國政府派大官判中樞府事申櫶副大官都摠府副摠管尹滋承會同于江華府日本曆明治九年二月十六日朝鮮曆丙子年二月初二日協議妥辨互相調印今照其修好條規第11款旨日本國政府委任理事官外務大丞宮本小一詣朝鮮國京城朝鮮國政府委任講修官議政府堂上趙寅熙會同擬議其所定立條款開列于左

第1款　各港口駐留日本國人民管理官於朝鮮國沿海地日本國諸船致敗緊急得告地方經過該地沿路

第2款　使臣及管理官所發之文移書信郵致費銀事後辨償或雇人民專差各從其便

第3款　在議定朝鮮國通商各口日本人民之租賃地基居住者須與地主商議以定其額屬地納租與朝鮮國人民同如夫釜山草梁項日本舘從前設有守門設門從今廢撤一依新定程限立標界上他二港口亦照此例

第4款　嗣後於釜山港口日本國人民可得間行道路里程自埠頭起算東西南北各直徑十里(朝鮮里法)爲定至於東萊府中一處特爲往來於此里程內日本國人民隨意間行可得賣買土宜及日本國物産

第5款　在議定朝鮮國各口日本國人民可得賃雇朝鮮國人民若朝鮮國人民得其政府之允准來於日本國亦無礙

第6款　在議定朝鮮國各口日本國人民忽病故可得撰適宜之地以埋葬一依草梁遠近爲之

第7款　日本國人民可得用本國現行諸貨幣與朝鮮國人民所有物交換朝鮮國人民用其所交換之日本國諸貨幣以得買日本國所産之諸貨物以是在朝鮮國指定諸口則可得人民互相通用朝鮮國銅貨弊日本國人民得使用運輸之事兩國人民敢有私鑄錢貨者各用國律

第8款　朝鮮國人民所買得於日本國人民貨物或其贈遺之各物隨意使用無妨

第9款　從修好條規第7款所載有日本國測量船放小船測量朝鮮國沿海或際風雨或潮退不能歸本船該處里正安接近地人家如有需用物品自官辨給追後計償.

第10款 朝鮮國未曾與海外諸國通信而日本則異于此修好經年所締盟有友誼嗣後諸國船舶爲風波所窘迫漂到沿邊地方則朝鮮國人民須於理無不愛恤之該漂民望送還于其本國朝鮮國政府遞致各港口日本國管理官送還于本國.

第11款 右十款章程及通商規則共有與修好條規同一權利兩國政府可遵行之無敢有違然而此各款中若兩國人民於交際貿易實踐有認頓爲障碍不可不釐革則兩國政府速作議案前一年報知之以協議改立.

大日本國紀元2536年明治9年8月24日　理事官外務大丞　宮本小一
大朝鮮國開國485年丙子7月初日　講修官議政府堂上　趙寅熙

【부록 3】 朝鮮國議定諸港日本人民貿易規則(譯文)

第1則 日本國商船이(日本國政府 所管의 軍艦 및 通信專用 港船을 除外함) 朝鮮國에서 許可한 諸港에 入港할 때에는 船主 또는 船長은 日本國人民貿易管理官으로부터 交付된 證書를 3日內에 朝鮮國官廳에 提出하여야 한다. 證書라 함은 船主 所持의 日本國船籍, 航海公證 等을 入港日로부터 出港日까지 管理官에게 提出하여 두고 管理官으로부터 此證書의 保管證票를 받는다. 이것을 日本國 現時 施行의 商船成規라 한다.

船主가 本港에 碩泊하여 此證票를 朝鮮國官廳에 提出하고 日本國의 商船임을 證明한다. 이때 船主는 또한 其記錄簿를 提出하여야 한다. 卽 記錄簿라 함은 船名 및 本船의 出發한 地名, 積荷의 噸數 石數(모두 船舶의 容積을 算定하는 이름) 船長의 姓名, 乘務員數, 船客의 姓名을 詳記하여 船主가 鈐印하여야 한다. 이때 船主는 또 本船 積荷의 報單 및 船內所用雜物의 簿記를 提出하여야 한다. 卽 報單이라는 것은 荷物의 名, 或은 其物質의 實名, 荷主의 姓名, 貨物의 斤量, 丈尺, 記號 番號를 詳記하여(記號, 番號없는 荷物은 이 例에 따르지 않는다) 通知한다. 이 報單 및 其他 書類는 그 어느 것이나 日本文을 사용하고 漢譯文은 要치 않는다.

第2則 日本商船 進港의 積荷를 揚陸코자 할 때에는 船主 或은 荷主로부터, 새로 積荷의 物名, 元價, 斤量, 個數를 詳記하여 朝鮮國官廳에 屆出하여야 하며 官廳은 屆出書를 받으면 急速히 下船免狀을 交付하여야 한다.

第3則 船主 或은 荷主는 第2則의 免狀을 받은 後 그 荷物을 揚陸한다. 朝鮮國條約官吏가 萬若 그 貨物을 檢査코자 할 경우에는 荷主는 감히 이를 拒否하지 못한다. 역시 注意하여 檢査하고 이로서 毁損하여서는 안된다.

第4則 出港荷物은 荷主가 第2則의 入港積荷屆出書의 樣式에 準하여 船名 및 荷物의 品名 및 또는 個數를 詳記하고 朝鮮國官廳에 屆出하여야 하며 官廳은 速히 이를

許可하여 出港荷物免狀을 交付하여야 한다. 荷主는 免狀을 받으면 本船에 積荷할 수 있다. 朝鮮官廳이 萬若 그 荷物을 檢査코저 할 때에는 荷主는 감히 이를 拒否하지 못한다.

第5則 日本國商船이 出港을 要할 때는 前日 正午前에 朝鮮國官廳에 通知하여야 한다. 官廳은 報告를 받으면 이미 받아 두었던 證書를 還付하고 出港免狀을 交付한다. 日本國郵便船은 成規의 時限에 不拘하고 朝鮮國官廳에 通知함으로써 隨時 出入할 수 있다.

第6則 今後 朝鮮國 諸港口에서 粮米 及 雜穀도 輸出入할 수 있다.

第7則 港稅

連檣檣의 商船 蒸汽商船은 稅金 5圓

單檣檣의 商船은 稅金 2圓(荷物 5百石 以上 積荷)

單檣檣의 商船은 稅金 1圓拾錢(荷物 5百石以下 積荷) 全部 附屬脚艇을 除外함

日本政府에 所屬하는 諸船舶은 港稅를 納付하지 않는다.

※(脚艇免稅의 事項은 日本文에는 末項에 있으나 朝鮮文에는 이를 第1項에 揭載한다.)

第8則 朝鮮國政府 或은 人民은 諸物品을 不開港場의 港岸에 輸送하고저 할 때에는 日本國商船을 雇用할 수 있다. 雇主가 萬若 人民이라면 朝鮮政府의 免狀에 準하여 雇役하여야 한다.

第9則 日本國船隻이 萬若 通商許可를 받을 朝鮮國의 港口에 來港하여 私的으로 賣買함을 該地方官이 發見하였을 때에는 最近處管理官에게 引渡하여야 한다. 管理官은 그 所得의 錢物一切를 沒收하여 朝鮮國官廳에 交付하여야 한다.

第10則 鴉煙片 販賣를 嚴禁한다.

第11則 兩國이 現在 定하는 規則은 今後 兩國商民의 貿易形況에 따라 各委員은 事情을 考慮하여 商議 改正增加할 수 있다. 이를 爲하여 兩國委員은 各各 調印하고 卽日부터 遵守하게 한다.

大朝鮮國 開國 458年丙子7月6日	講修官議政府堂上	趙 寅 熙
大日本國 紀元 2536年明治9年8月24日	理事官 外務大丞	宮 本 小 一

〔原　　文〕

第1則 日本國商船(除日本國政府所管之軍艦及轉用通信之諸船)入朝鮮國, 准聽貿易諸港口之時, 船主或船長, 須呈日本國人民管理官所發給之證書於朝鮮國官廳, 不出三日.

所謂證書者, 船主所帶日本國船籍・航海公證之類, 自其進口之日至出口之日, 交付之管理官, 管理官卽付以接受各書證票, 是爲日本國現行商船成規, 船主本港碇泊中, 轉呈斯證書於朝鮮國官廳, 驗明爲日本國商船.

時船主又呈其記錄簿. 所謂記錄者, 船主詳記本船之名, 發本船之地名, 本船所積載之噸數・石數(共算定船舶容積之名)船長姓名, 船內水手之數目, 搭載旅客之姓名, 而船主鈐印者也.

此時船主又呈本船裝運貨物之報單, 及船內應用雜物之簿記. 所謂報單者, 詳細開明貨物之名, 或其物質之實名, 貨主之姓名・記號・番號(不用記號番號之貨物 不在此例)報知之也, 此報單及呈明諸書之類, 悉用日本國文, 無副譯漢文.

第2則 日本國商船起載進口船貨之時, 船主或貨主, 須更呈明其貨物之名及元價・斤量・數目於朝鮮國官廳, 官廳得呈明, 須速發給卸貨准單.

第3則 船貨主得第二則准聽之後, 須起載其貨物, 朝鮮國官吏要驗明之, 貨主無敢拒之, 官吏亦須小心驗明, 無或敢爲之致毁損.

第4則 出口之貨物, 貨主照第二則進口貨報單之式, 呈明落貨之船名及貨物之名數於朝鮮國官廳, 官廳須速准聽之, 發給出口貨准單, 貨主得准單, 卽落載于本船, 官廳如要驗查其貨物, 貨主無敢拒之.

第5則 日本國商船要出口, 須於前日午牌前, 報知朝鮮國官廳, 官廳得報, 須還付前日所收領之證書, 以發給出口准單.

日本國郵便船, 得不由成規之時, 限出口, 亦必報知官廳.

第6則 嗣後於朝鮮國港口, 米及雜穀得輸出入, 若朝鮮國歲荐凶歉, 日本國人民, 隨朝鮮國政府所望, 粮米及雜穀得輸出入, 數年後返償, 亦無妨.

第7則 港稅.

連桅檣商船, 及蒸氣商船, 稅金五圓(除附屬脚艇), 單桅檣商船, 稅金貳圓(載得五百石以上貨物), 單桅檣商船, 稅金壹圓五十錢(載得五百石以下貨物), 屬日本國政府諸船舶, 不納港稅.

第8則 朝鮮國政府或其人民, 除指定貿易口之外, 欲運輸各物件於他口岸, 得雇日本國商船, 雇主如係人民, 照朝鮮國政府准單, 而後雇役.

第9則 日本國船隻, 如到不准通商朝鮮國口岸, 私爲買賣, 該處地方官査出, 交付就近管理官, 管理官將所有錢物, 一併沒入, 交遞朝鮮國官廳.

第10則 嚴禁鴉片烟販賣.

第11則 兩國現定規則, 嗣後從兩國商民貿易形況如何, 各委員得隨時酌量事情, 會商改正, 爲之兩國委員各鈐印, 卽日遵行.

大日本國紀元二千五百三十六年明治九年八月　日　理事官 外務大丞　宮本小一
大朝鮮國開國四百八十五年丙子　月　日　講修官 議政府堂上 趙寅熙

〈崔德壽〉

2. 개항 초기의 조청관계

1) 청국 북양대신 이홍장의 서양 각국과의 수교권고

興宣大院君 李昰應(1820~1898)을 하야시키는데(고종 10년 : 1873년 11월) 중요한 구실을 한 것은 閔升鎬(1830~1874), 閔奎鎬(1836~1878), 趙寧夏(1845~1884) 등이 중심이 된 척족세력이었다. 그러나 아직 정치적 식견이나 경험이 부족한 이들을 배후에서 도운 사람은 대원군의 정적인 전 좌의정 李裕元(1814~1888)이었다. 그가 국왕 고종의 친정과 동시에 영의정으로 발탁된 것도 그런 논공이었다고 할 수 있다.[1]

국왕이나 국왕의 친정에 협력하고 있는 척족은 書契의 수리를 거부함으로써 야기된 고종 9년(1872) 이후의 조·일 양국 사이의 긴장, 즉 국교 중단사태를 바람직하게 생각하지 않았다. 그리하여 대원군이 취해 온 대일 강경정책을 수정하려고 하였다. 일본과 서계 수리문제를 타협함으로써 전통적인 交隣關係를 회복, 유지하려고 하였던 것이다. 국외정세에 밝은 朴珪壽(1807~1877)를 우의정에 임명한 것도(12월) 그러한 배려였던 것으로 생각된다.[2]

그러나 일본 국서의 수리, 즉 대일국교 조정문제는 선뜻 매듭지어지지 않았다. 거기에는 전통적인 배일감정도 작용하였겠지만, 대원군의 위세가 廟堂을 지배하여 급격한 대일정책의 수정을 용납하지 않고 있었기 때문이었다. 그리하여 국왕이나 척족은 청국의 지지를 얻어 묘당의 배일론을 깨트릴 것을 고려하게 되었고, 그러한 사명이 세자 책봉을 주청하기 위하여 청국으로 떠난(고종 12년 7월) 이유원에게 맡겨졌던 것으로 보인다. 이유원은 이 무렵 영의정에서 물러나 領中樞府事로 있었다.[3]

奏請使 이유원은 북경에 도착하여(10월) 세자 책봉문제를 매듭짓는 한편 비밀리에 總理衙門 관원들과 대일국교 조정문제를 협의하였다. 또 귀국하는

1) 宋炳基, 《近代韓中關係史研究》(檀國大 出版部, 1985), 12~13쪽.
2) 宋炳基, 위의 책, 13~15쪽.
3) 위와 같음.

길에 直隷 永平府에 들러 知府 游知開(?~1898)와 면담하고, 그를 통하여 청국 외교를 이끌고 있는 北洋大臣 李鴻章(1823~1901)에게 서함을 보내었다. 12월 13일자로 이홍장에게 전달된 이 서함에는 인사말 이상의 어떤 공적인 내용도 포함되어 있지 않았다. 그러나 이 서함도 대일국교 조정문제와 관련이 있는 것으로 보여진다.4)

이유원의 서함을 받은 이홍장은 바로 다음 날인 14일자로 回函을 보내고 있다. 그는 이 회함에서 조일 양국간의 교섭이 어떠한지를 묻고, 청국이 '閉關自治'를 포기하고 문호를 개방하지 않을 수 없었던 사정을 밝히고 있다. 비록 조선의 대일국교 조정문제에 대하여 구체적으로 언급하고 있지는 않지만, "외교해야 한다는 뜻을 간략하게 언급함"으로써 일본과의 국교가 필요하다는 뜻을 밝힌 것이었다.5)

주청사 이유원이 청국으로 떠난 직후 운요호(雲揚號)사건이 일어났고(고종 12년 8월), 그가 귀국 복명한 것은 일본이 전권을 江華府로 파견한다는 통고를 해오기 직전인 고종 12년 12월 중순이었다. 그리고 얼마 지나지 않아 일본과의 국교가 필요하다는 이홍장의 회함도 도착되었을 것이다. 이 이유원의 복명이나 이홍장의 회함은 국왕이나 척족으로 하여금 그들이 추진하고 있는 대일국교 조정방침이 청국의 지지를 받고 있으며 운요호사건에 따른 일본과의 분규에도 유화적으로 대처해야 한다는 견해를 갖게 하였던 것으로 보인다.6)

또 조일 양국대표가 강화부에서 회담하기 직전에 청국 禮部에서 보낸 咨文도 도착하였다(1876. 1). 운요호사건이 일어나자 일본은 森有禮(1847~1889)를 주청공사에 임명, 북경으로 파견하였다. 그는 총리아문과 접촉을 갖고 조청간의 이른바 종속관계에 대하여 문의하는 한편, 일본은 조선에 사절을 파견하여 운요호사건을 협의하고 수호조약도 체결할 뜻이 있음을 밝힌 바 있다. 이에 청국 예부에서는 총리아문과 삼유례 사이에 왕복한 문서와 이에 대한 총리아문의 견해를 밝힌 上奏文 등 일건문서를 조선으로 보내왔던 것이다.7)

---

4) 위와 같음.
5) 위와 같음.
6) 宋炳基, 위의 책, 15~16쪽.

이유원의 복명이나 이홍장의 회함을 통하여 조일국교문제에 관한 청국정부의 분위기를 짐작하고 있었던 국왕이나 척족은 이 자문을 통하여 일본이 요구하는 바가 수호조약 체결에 있으며, 청국은 이 조약의 성립을 희망하고 있다는 것을 어느 만큼 확인하게 되었던 것으로 보인다. 이유원의 복명, 이홍장의 회함과 함께 예부의 자문도 조선이 일본과의 수교문제를 처리하는데 있어 영향을 주었던 것이다.[8]

이미 앞에서 언급한 바와 같이, 조청양국의 원로대신 이유원과 이홍장이 처음으로 서함을 주고 받은 것은 고종 12년(1875) 12월 중순이었다. 이후 두 사람 사이에는, 조선이 대미수교방침을 청국측에 통보하는 고종 18년(1881) 초까지, 거의 매년 서함이 왕래되었다. 그리고 이홍장은 이 서함을 통하여 이유원, 즉 조선측에 "러시아인을 備禦하고 일본에 대응하는 방책에 대하여늘 언급하였다"[9]고 한다. 그 중에서도 우선 주목되는 것이 고종 14년 10월 15일자 이유원의 서함에 대한 회함으로 보내 온 고종 15년 9월 4일자 서함이 아닌가 한다.[10]

막료 薛福成(1838~1894)을 시켜 작성한 이 서함에서, 이홍장은 ① 일본은 스스로를 반성하고 분수를 깨닫기 시작하였으며, 러시아를 경계하여 조선과 긴밀한 관계를 맺으려 한다는 것, ② 영·미 등 서양 여러 나라는 멀리 떨어져 있어 그 뜻이 통상에 있을 뿐 남의 토지를 탐내지 않는다는 것, ③ 그러나 러시아가 도모하는 바는 헤아리기 어려우므로 이에 대한 은밀한 대비가

---

7) 宋炳基, 위의 책, 16쪽 주22.
───, 〈고종초기의 외교〉(《한국민족독립운동사》 1, 국사편찬위원회, 1987), 47~48쪽.
《同文彙考》4 (國史編纂委員會, 1978), 3746~3749쪽(乙亥 禮部知會抄錄 總理衙門與日本使臣往來節略及原奏咨回咨 謝禮部秉程飛咨秉陳與日本使臣辦理條約咨).
8) 위와 같음.
9) 原田環, 〈朝中兩截體制成立前史－李裕元と李鴻章の書簡を通して－〉(《近代朝鮮の社會と思想》, 東京, 未來社, 1981), 70~71쪽.
宋炳基, 앞의 책, 16쪽
《淸季中日韓關係史料》2 (臺灣 : 中央硏究院 近代史硏究所, 1972), 373쪽.
10) 權錫奉, 〈李鴻章의 對朝鮮列國立約勸導策에 대하여〉(《歷史學報》 21, 1963), 105쪽.
宋炳基, 위의 책, 16~17쪽.

있어야 한다는 것 등을 지적하고 있다. 조선은 러시아의 남하에 대비하여야 하며, 이를 위하여 일본과 긴밀한 관계를 맺어야 하고 영·미와의 입약·통상도 필요하다는 것을 시사하고 있는 것이다.[11)]

청국의 당로자들은 江華島條約이 성립(1876)함으로써 운요호사건으로 빚어진 조일 양국 사이의 분규가 평화적으로 타결됨에 따라 일본의 조선 침략보다 러시아의 그것에 더 많은 관심을 갖게 되었다. 그리고 그 결과 러시아는 운요호사건 이후 黑龍江 지역에 파병하여 남진할 형세를 보이고 있으며, 터어키와의 전쟁(露土戰爭, 1877~1878)을 끝내는 대로 그 방향을 조선으로 옮길 것을 우려하였다. 이홍장의 이 서함은 바로 그러한 우려를 반영하는 것이었다.[12)]

이처럼 이홍장을 비롯한 청국의 당로자들이 조선을 둘러싼 동북아정세, 특히 일본과 러시아의 동정에 주의를 기울여 온 것은 조선의 안전이 東三省(滿洲)의 안전, 나아가 중국 본토의 안전과 직결되어 있다는 인식 때문이었다. 물론 이러한 인식은 새삼스러운 것이 아니다. 가령 임진왜란 때 明의 원군 파견 배경도 그런 측면에서 이해되어야 할 것이다. 그런데 1870년대로 들어와 조선에 대한 일본의 위협이 증대되고 여기에 러시아의 남하에 따른 불안이 곁들여져 그것이 한층 더 고조되었던 것이다.[13)]

이 무렵 청국의 대러시아 관계는 伊犁((Ili, Kulja)문제로 악화되어 갔다. 러시아는 新疆省 일대를 휩쓴 회교도의 반란을 틈타 이 지역 북부의 요충인 이리를 강점하였었다(1871). 청국이 반란을 진압하는 대로 반환하겠다는 것이었지만, 반란이 진압되었음에도(1877) 약속은 이행되지 않았다. 청국은 사절을 러시아로 파견하여(1878) 다시 반환을 약속받았지만(Livadia조약, 1879), 그 내용은 청국에 일방적으로 불리한 것이었다. 그리하여 두 나라 사이에는 긴장이 고조되기 시작하였다.[14)]

청국이 이리 문제에 열중하고 있을 무렵인 고종 16년(1879) 2월에 일본은

11) 宋炳基, 위의 책, 23~25쪽.
12) 宋炳基, 위의 책, 21~22쪽.
13) 위와 같음.
14) 宋炳基, 위의 책, 59~60쪽.

그 틈을 타 돌연 琉球를 병합하였다. 이 사건은 이제까지 청국이 가지고 있었던 어느 정도의 확신을 동요시켜 일본이 머지않아 조선마저 병탄하리라는 우려를 불러일으켰다. 일본의 조선 병탄은 물론 청국의 안보와 직결되는 중대한 문제였다. 이 사건은 자연 청국 당로자의 관심을 러시아로부터 일본으로 되돌리게 하였다.15)

그럼에도 불구하고 청국은 조선문제에 깊이 개입할 수가 없었다. 조선과 청국은 朝貢體制(tribute system)하에서 宗藩關係를 맺어온 것은 사실이지만, 청국은 전통적으로 조선의 '政敎 禁令'에 관여하지 않았을 뿐 아니라, 현실적으로 조선문제에 개입하고 나아가 그 안전을 책임질 역량을 갖추고 있지 못하였기 때문이었다.16)

이런 상황하에서 청국이 선택한 대책은 조선의 외정에 비공식적으로 간여하는 방식, 즉 이홍장으로 하여금 그와 서함을 왕래하여 온 이유원을 통하여 조선측에 서방 여러 나라와 입약 통상하도록 종용하는 것이었다. 조선을 이른바 條約體制(treaty system)에 편입시켜 한반도에서 열강간의 세력균형을 이룩함으로써 일본이나 혹은 러시아의 침략에 대응하고자 하였던 것이다. 총리아문의 주청에 따른 것이었다.17)

이 서양 여러 나라와의 입약 통상론을 처음으로 제시한 사람은 辦理臺灣等處海防大臣 沈葆楨(1820~1879)의 프랑스인 고문 지켈(Giquel, Prosper Marie, 日意格, 1835~1886)이었다. 그는 고종 11년(1874) 일본의 대만 출병에 즈음하여, 일본의 조선 침략을 경고하고 그 대책으로 조선으로 하여금 서양 여러 나라와 입약 통상하도록 할 것을 주장하였던 것이다.18)

이어 이홍장도, 이미 앞에서 언급한 바와 같이, 고종 15년에 이유원에게 보내는 서함에서(9월 4일자) 서양 여러 나라와의 입약 통상론을 시사하였다.

---

15) 宋炳基, 위의 책, 25쪽.

16) 宋炳基, 위의 책, 19~20쪽.

17) Key-Hiuk Kim, *The Last phase of the East Asian World Order : Korea, Japan, and the Chinese Empire,* 1860~1882(Berkeley : University of Califonia Press, 1980), pp.200 · 239~340.
宋炳基, 위의 책, 23 · 25~27쪽.

18) 宋炳基, 위의 책, 23쪽.

그런데 이제 그는 총리아문의 주청에 따른 清廷의 결정에 따라 조선에 대하여 입약 통상론을 본격적으로 거론하게 된 것이다. 그리고 이러한 총리아문의 주청도 前福建巡撫 丁日昌(?~1882)의 '海防事宜摺'(1879)과 주청영국공사 웨이드(Wade, Thomas F., 威安瑪, 1818~1895)의 견해가 참작된 것이었다.[19]

이홍장이 청정의 결정에 따라 이유원에게 서함을 보내 온 것은 이해(1879) 7월 9일자로, 역시 막료 설복성을 시켜 작성한 것이었다. 그리고 그것이 이유원에게 전달된 시기는 이해 8월 그믐께라는 견해도 있지만, 7월 그믐께가 아니었을까 생각된다. 이 서함은 비밀리에 서양 여러 나라와의 입약 통상을 권고하였다 하여 '密函'이라고 부르는데, 당시 조선에서는 '李書'라고도 하였다.[20]

이홍장이 '이서', 즉 '밀함'에서 권고한 요지는, 유구 병합으로 미루어 일본의 조선 침략이 임박하였으므로 조선은 서양 여러 나라와 입약 통상하여 일본을 견제하여야 하며, 그것은 동시에 러시아에 대한 備禦의 수단이 되리라는 것, 조선 스스로 武備를 密修하여 이에 대처해야 한다는 것 등이었다. 그리고 서양 여러 나라와 조약을 체결할 경우 그 자신이 적의 충고하겠다는 것도 덧붙이고 있다.[21]

이홍장의 밀함에 대한 이유원의 회답(함)은 부정적인 것이었다. 이유원은 우선 이해 8월 하순에 출발한 譯官 李容肅편에 永平府守 游智開에게 서함을 보내어 이홍장의 입약 통상권고를 간접적으로 거부하였고, 다시 11월에 출발한 冬至使 韓敬源편에 이홍장에게 서함을 보내어 입약 통상권고를 공식적으로 거부하였다.[22]

이유원이 입약 통상을 거부하는 이유로 든 것은 조선은 외교를 할 겨를이 없을 뿐 아니라, '泰西學問'이나 '內地傳敎', '阿片販賣' 등을 용납할 수 없다는 것이었다. 그리고 조선의 물산은 보잘것 없어 설사 서양 여러 나라와 통상을

19) 宋炳基, 위의 책, 25~27쪽.
20) 權錫奉, 앞의 글, 113쪽.
宋炳基, 위의 책, 16~17 · 27~28 · 32~36쪽.
21) 宋炳基, 위의 책, 28~32쪽.
22) 權錫奉, 앞의 글, 114쪽.
宋炳基, 위의 책, 36쪽.

한다 하더라도 서로에게 도움이 되지 못한다는 것도 지적하고 있다.[23)]

이유원의 회함은 私信의 형식을 취하고 있으나, 그것은 국왕과 논의된 것이었다. 따라서 정부의 견해를 대변하는 것이었다. 그러나 고종이 외교문제에 적극적이었다고 전하는 것을 감안한다면, 서양 여러 나라와의 입약 통상을 거부한 것은 단순히 이유원의 회함에서 지적한 바와 같은 몇 가지 이유 때문만은 아니었던 것으로 보여진다.[24)]

생각건대 조선에서는 유구의 병합으로 청국이 우려하는 만큼 일본의 침략이 임박하였다고 보고 있지 않았다고 하는 것이 오히려 더 적절한 이유가 될 듯하다. 그리고 그것은 러시아의 경우에도 동일하였다고 할 수 있다. 이렇게 볼 때 이홍장의 권고는 조선의 당로자들이 보는 일본이나 러시아의 정세를 감안하지 못한 것이었고, 따라서 그만큼 설득력을 갖지 못한 것이었다고 할 수 있다.[25)]

한편 서양 여러 나라와 갑작스레 입약 통상한다는 것은 중대한 외교적 모험을 감행하는 것으로 받아들여져, 여유를 두고 검토해 볼 필요도 있었을 것이다. 또 서양 여러 나라와의 입약 통상은 이른바 '淸議'가 용납하지 않았다. 당시의 여론하에서는 서양과의 수교 통상 같은 것은 감히 입도 벌리지 못하는 형편이었던 것이다.[26)]

이홍장의 밀함을 통한 청정의 서양 여러 나라와의 입약 통상권고는 이유원의 회함을 통한 조선측의 거부로 일단 좌절되었다. 본래 청국은 서양과의 수교를 계기로 조선의 외정에 개입할 움직임을 보이고 있었다. 그것은 전통적인 조청관계의 변화, 혹은 수정을 뜻하는 것이어서 우리의 주목을 끌게 한다. 그러나 조선측이 서양 여러 나라와의 수교를 거부함으로써 청국의 그러한 의도는 일단 후퇴하지 않을 수 없었다.[27)]

청국의 서양 여러 나라와의 입약 통상권고가 조선측의 거부로 좌절되기는

23) 宋炳基, 위의 책, 37~39쪽.
24) 權錫奉, 앞의 글, 115쪽.
宋炳基, 위의 책, 39~40쪽.
25) 위와 같음.
26) 위와 같음.
27) 宋炳基, 위의 책, 31~32·41쪽.

하였지만 無爲로 끝난 것은 아니었다. 그것은 오히려 적지않은 성과를 거두고 있었다. 무엇보다도 조선으로 하여금 국제정세에 보다 많은 관심을 갖게 하는 계기를 마련해 주었다. 고종 17년(1880) 제2차 修信使 金弘集(1842~1896)의 일본 파견이 그러한 것이었다.[28]

수신사의 파견과 함께 주목되는 것은 밀함을 받은지 얼마 안되는 8월 하순에 역관 이용숙을 청국에 파견하여 武備講究(무기제조 학습과 군사훈련)를 교섭하고 있는 것이라 하겠다. 아마도 그것은 서양 여러 나라와 입약 통상함으로써 일어날지도 모를 모험과 여론의 압력을 피하는 동시에 이홍장이 밀함에서 권고한 바의 일단을 받아들이는 것이어서, 조선측이 선택할 수 있는 최선의 방법이었다고 할 수 있다. 그리고 그것은 고종이 강화도조약 이래 관심을 가져온 신무기 貿取의 실현을 위한 첫 시도가 되기도 하는 것이었다.[29]

2) 제2차 수신사의 파견과 주일청국사절의 연미론

이홍장의 밀함은 조선으로 하여금 국제정세, 특히 일본의 동정에 깊은 관심을 기울이게 하였다. 조선측은 비록 이홍장이 밀함에서 지적한 것처럼 일본의 침략이 임박하였다고 보고 있지는 않았다고 하더라도, 그런 정보가 적어도 청국의 '伯相' [이홍장]으로부터 있는 이상 현지에 가서 그것을 직접 확인할 필요가 있었다. 그리하여 국왕은 제2차 수신사의 일본 파견을 결정하고 고종 17년(1880) 3월 하순에 예조참의 김홍집을 수신사로 임명하게 되었던 것이다.[30]

미국이 해군제독 슈펠트(Shufeldt, R.W., 1822~1895)를 파견하여 조선측에 수교를 요청한 것도 이 무렵이었다. 잘 알려진 바와 같이 슈펠트는 타이콘데로가(Ticonderoga)호 世界周航 계획의 하나로서 일본의 소개를 받아 평화적인 방법으로 조선과 개항교섭을 하라는 해군성 및 국무성의 훈령에 따라 1878

28) 宋炳基, 위의 책, 41~42쪽.
29) 權錫奉, 〈領選使行에 對한 一考察-軍械學造事를 中心으로-〉(《歷史學報》 17·18, 1962), 279~280쪽.
宋炳基, 위의 책, 42~44쪽.
30) 宋炳基, 위의 책, 51~53쪽.

년 말 미국을 출발, 아프리카·페르샤만·인도양을 거쳐 고종 17년(1880) 3월 일본 나가사키(長崎)에 입항하였다. 그는 주일미국공사 빙햄(Bingham, John A.)의 주선으로 일본 외무경 이노우에 카오루(井上馨)가 일본영사 곤도 마스케(近藤眞鋤)에게 하는 소개장을 받아 가지고 3월 하순 부산에 입항하였다. 그리하여 곤도를 통해서 東萊府使 沈東臣에게 수교를 희망하는 그의 書契를 조정에 전달해 줄 것을 요청하였다. 그러나 그는 심동신의 완강한 거부로 뜻을 이루지 못한 채 나가사키로 회항할 수밖에 없었다.[31] 국왕이 김홍집을 제2차 수신사로 임명한 직후의 일이었다.

슈펠트는 다시 빙햄과 같이 이노우에를 찾아가 직접 교섭에 나서줄 것을 요청하였다. 이렇게 해서 슈펠트의 서계는 미국과의 수호통상을 권유하는 이노우에의 서계와 함께 조선측에 전달되었다(6월). 그러나 조선정부는 '美國國書'를 접수할 뜻이 없음을 밝히고 부산주재 일본영사 곤도를 통하여 예의 서계를 반환하였다.[32]

수신사 김홍집 일행이 서울을 떠난 것은 이해 5월말, 7월 초순에 동경에 도착하여 약 1개월간 체류하면서 일본의 조야인사는 물론 주일청국공사 何如璋(1838~1891), 參贊官 黃遵憲(1848~1905) 등과 접촉하였다. 그 결과 일본은 러시아의 남하라고 하는 급박한 정세 앞에서 오히려 조선과 긴밀한 관계를 맺기를 바라고 있으며, 조선이 러시아의 남하, 혹은 침략에 대비하기 위하여 서양, 특히 미국에 대한 문호개방이 불가피하다는 인식을 갖게 되었다. 그리고 거기에는 청국공사 하여장의 권고가 크게 작용하였다. 그 만큼 그의 권고는 구체성을 띠고 있었다. 미국과의 입약 통상권고, 즉 聯美論이 그것이었다.[33]

하여장이 조선측에 연미론을 제기하게 된 배경으로는, 우선 1880년으로 들어오면서 청국은 러시아와 伊犁문제로 긴장이 더욱 고조된 위에, 러시아가 두만강 입구 등지에 계속 병력을 증강하고 있어서 조선이 미구에 그 침략을 받으리라 우려하고 있었다는 것을 지적해야 할 것이다. 이와 함께 하여장은

31) 李普珩, 〈Shufeldt提督과 1880年의 朝美交涉〉(《歷史學報》 15, 1961), 67~70쪽.
32) 李普珩, 위의 글, 70~75쪽.
33) 宋炳基, 앞의 책, 55~59쪽.

북양대신 이홍장이 조선측에 밀함을 보내어 입약 통상을 권고한 사실을 익히 알고 있었을 뿐만 아니라, 南洋大臣 劉坤一(1830~1902)로부터도 조선에 그러한 권고를 하라는 서신을 자주 받고 있었으며, 김홍집의 도일에 즈음하여 總理衙門으로부터 문호개방을 종용하라는 지시를 받고 있었다는 것도 들어야 할 것이다.[34]

그러나 하여장이 김홍집에게 문호개방, 즉 聯美를 권고한 데는 또 다른 절실한 이유가 있었다. 그것은 조선이 입약 통상 권고를 거부하였음에도 불구하고 일본의 중재에 의한 조미조약의 성립을 우려한 이홍장이 나가사키 주재청국영사 余瓗을 통하여 그곳에 체류하고 있는 슈펠트에게 조선과의 수교를 알선하겠다는 양해를 하고 있기 때문이었다. 김홍집이 동경에 도착하기 직전의 일이었다.[35]

이홍장의 이 수교 알선에 관한 양해는 하여장·황준헌이 김홍집과 접촉중이던 때 열린 이홍장·슈펠트의 天津會談(7월 21일)에서 확실하게 다짐되었다. 이 회담에서 이홍장은 슈펠트가 수교교섭을 개시할 수 있도록, 조선정부에 대하여 그의 영향력을 행사할 것임을 확약하였다. 이 회담에서는 러시아의 남하와 관련하여 청국 해군을 강화하는 문제와 동아시아의 정세도 토의되었다. 회담을 마친 슈펠트는 곧 일본을 거쳐 귀국 길에 올랐다(8월 7일).[36]

하여장이나 그의 지시를 받은 황준헌 등은 전후 여섯 차례에 걸쳐 김홍집과 만나 筆談을 나누었다. 이 회담에서 하여장 등은 조일 양국간의 현안문제에 대하여 자문하기도 하고 일본이나 러시아의 동정에 대하여 설명하기도 하였다. 그 중에서도 하여장 등이 역점을 두어 강조한 것은 러시아의 남하와 이에 따른 대책으로 제시한 미국과의 수교, 즉 연미론이었다. 미국은 민주국가요 國勢가 넉넉한 데다가, 여러 나라와 通好함에 있어 신의를 존중하고 동양에 대하여 너그럽다고 역설하였다. 더욱이 그런 미국이 조선과의 조약체결을 희망하고 있으므로, 조선은 미국과 수교하여 러시아의 남하 혹은 침략을

34) 宋炳基, 위의 책, 59~63쪽.
35) 李普珩, 앞의 글, 81~84쪽.
宋炳基, 위의 책, 63~66쪽.
36) 위와 같음.

견제해야 한다는 것이었다.[37)]

필담이었기 때문에 의사전달이 미흡했다고 생각한 하여장은 황준헌을 시켜 앞으로 조선이 취할 대외·대내정책을 요약한 〈朝鮮策略〉을 작성하여 김홍집에게 수교하였다. 약 6천자에 달하는 〈조선책략〉의 요지는 조선의 급무는 '防俄'에 있고, 防俄策은 '親中國', '結日本', '聯美國'하며 自强을 도모해야 한다는 것이다. 그렇지만 그 핵심은 미국과의 수교를 강조한 것으로, 하여장의 연미론을 보다 구체적으로 풀이한 것이었다.[38)]

그런데 〈조선책략〉에는 조선이 북경에 陪臣을 상주시킬 것, 부산 등지에서의 일본 상인의 농단을 막기 위하여 청국 상인의 통상을 허락할 것, 龍旗(청국국기)를 조선의 旗幟로 삼을 것 등의 대목이 들어 있어 우리의 주목을 끌게 한다. 그것은 미국과의 수교에 즈음하여 청국의 '속방'으로서의 조선의 지위를 강화하는 한편, 조선으로의 경제적 진출을 노렸던 것이라고 풀이할 수 있다.[39)] 청국은 이미 이홍장을 통하여 문호개방을 권고할 당시부터 조선의 내정에 간여할 움직임을 보이고 있었다.

하여장이 제기한 연미론은 결국 이홍장이 고종 15년(1878) 9월 4일자로 이유원에게 보낸 서함에서 제시한, 러시아의 남하에 대비한 서양 여러 나라와의 입약 통상론과 취지를 같이 하는 것이었다. 다만 다른 점은 입약 통상할 상대가 서양 여러 나라에서 미국으로 좁혀졌을 뿐이다. 그런 만큼 연미론은 이홍장의 대조선정책과 배치되는 것이 아니었다.

국왕은 수신사 김홍집의 복명(8월 28일)과 그가 가지고 온 〈조선책략〉 등을 통하여 조선이 경계할 나라는 일본이 아니라 러시아이며, 러시아의 남하 혹은 침략에 대비하기 위하여는 시급히 미국과 수교하지 않으면 안된다는 판단을 내리게 되었다. 그리하여 김홍집이 복명한지 불과 4일만인 9월 3일에 李東仁·卓挺埴 등을 밀사로 발탁하여 일본으로 파견하였다. 하여장에게 미국과의 수교 주선을 요청하기 위해서였다. 국왕이 이런 결정을 내림에 있어서는 김홍집은 물론, 閔泳翊(1860~1914)·劉大致(1831~?) 등과도 논의하였던

37) 宋炳基, 위의 책, 66~69쪽.
38) 宋炳基, 위의 책, 69~73쪽.
39) 宋炳基, 위의 책, 66쪽.

것으로 보인다.[40] 러시아의 남하, 혹은 침략이라고 하는 국가적 위기에 직면하여 국왕은 이제까지 조선이 굳게 지켜오던 척사 내지 쇄국정책을 수정하기 시작하였던 것이다.

국왕은 밀사 이동인 등이 서울을 떠난 직후 곧 時·原任大臣에게 명하여, 〈조선책략〉을 검토케 하는 한편, 領議政과 政府堂上을 重熙堂으로 인견하여 러시아의 남하에 따른 대책을 〈책략〉을 중심으로 논의하였다. 대미수교 방침을 정부의 공론으로 수렴하기 위한 것이었다. 중희당회의의 결과는 대미수교를 적극 지지하는 것이었다. 그러나 시·원임대신들의 회의 결과는 선연치가 않았다. 일단 찬성은 하되 점진적으로 추진해야 한다는 것이었다. 아직 元山에 머무르고 있던 밀사 이동인 등은 서울로부터의 이러한 회의 결과와 국왕이 김홍집으로 하여금 대미수교 주선을 요청하는 서함을 하여장에게 보내도록 했다는 연락을 받고 일본으로 떠났다(10월 12일).[41]

이동인 등이 일본에 도착한 것은 10월 중순, 그는 곧 청국 공사관을 방문하여 황준헌·하여장 등과 접촉을 갖고(10월 17, 18일) 조선의 朝議가 변하여 미국과의 수교를 희망하고 있으며, 머지 않아 수교 알선을 요청하는 김홍집의 공함이 있을 것임을 알렸다. 이에 격려된 하여장은 곧(10월 19일) 이 사실을 총리아문과 북양대신 이홍장에게 타전하여 앞으로의 조처에 대한 지시를 요청하는 한편, 조선이 미국 등과 조약을 체결할 경우 청국이 취할 대책을 적은 〈主持朝鮮外交議〉도 작성 보고하였다.[42]

하여장이 황준헌을 시켜 작성한 〈주지조선외교의〉는 〈조선책략〉과 한 짝을 이루는 문건이라고 할 수 있다. 약 1,300자에 달하는 〈외교의〉의 요지는, 먼저 조선이 러시아의 침략을 견제하기 위해서는 미국 등과 수교하는 것이 불가피하지만, 그럴 경우 조선은 독립국가로 인정받게 되고 따라서 중국은 '속국'을 잃게 될 우려가 있다고 전제하고 있다. 그러므로 청국의 관원이 조선의 조약 체결을 주관하고 조약문 머리에 "중국정부의 명을 받들어 結約한다"고 성명케 함으로써 조선이 중국의 '속국'임을 분명히 할 필요가 있다는

40) 宋炳基, 위의 책, 75~77쪽.
41) 宋炳基, 위의 책, 77~83쪽.
42) 宋炳基, 위의 책, 83~86쪽.

것이다. 그리고 宗藩관계도 강화하여 조선으로 하여금 청국의 龍旗를 사용하게 하고, 조청 양국 상인의 왕래 무역을 허가하며, 조선 학생을 중국으로 보내어 語學·造船·機械·洋銃을 익히게 해야 한다는 것도 거론하고 있다.[43]

하여장은 이동인이 알려준 김홍집의 공함을 기다렸다. 그는 총리아문의 訓電에 따라 김홍집의 공함이 도착하는 대로 그 내용, 즉 조선이 미국과의 수교를 희망하고 있다는 사실을 주일미국공사 빙햄에게 전달할 예정이었다. 김홍집의 공함은 11월 29일에 가서야 하여장에게 전달되었다. 그러나 김홍집의 공함에는 하여장의 기대와는 달리, 미국과의 조약체결에 관한 구체적인 언급이 없었다. 그러므로 하여장은 김홍집의 공함내용을 빙햄에게 전달하고 나아가 조·미 양국간 수교의 주선을 단념하지 않을 수 없었다.[44]

국왕이나 그 지지세력들이 대미수교 방침을 결정하고 밀사 이동인을 파견하여 하여장에게 이를 통보하였음에도 불구하고, 김홍집의 공함에서 구체적인 언급을 피하고 있는 것은 서울 정계의 복잡한 사정을 반영하는 것이었다. 이홍장과 서함을 왕래하여 온 원임대신 이유원이 여론에 영합하여 수교 반대에 나섰고, 쇄국을 고집하던 대원군 이하응과 그 지지세력이 건재하고 있었다. 또 여론의 압력도 예상되는 것이었다. 이동인이 원산에서 일본으로 떠나기 직전인 10월 1일부터 벌써 衛正斥邪論이 대두하고 있었던 것이다.[45]

김홍집이 하여장에게 보낸 공함 말미에 "말은 짧고 뜻은 깊어 모두 다 들어낼 수 없다(言短意長 不能實暴)"는 구절은 이런 서울의 사정을 함축한 것이라고 할 수 있다. 그리고 이에 대한 해명은 아직 일본에 체류하고 있던 탁정식으로부터 있었다. 그는 김홍집의 공함이 도착한 직후 하여장과 만나, 국왕과 영의정, 그리고 2, 3 대신은 대미수교를 결심하고 있으나 이유원을 꺼려 시행하지 못하고 있다 하고 중국이 영향력을 행사할 것을 요청하였다. 그리

---

43) 〈主持朝鮮外交議〉에 관하여는 다음의 글이 참고된다.
郭廷以, 〈中國與第1次美韓條約〉(《中國外交史論集》, 1957), 1~28쪽.
權錫奉, 〈朝鮮策略과 淸側意圖〉(《全海宗博士華甲紀念史學論集》, 一潮閣, 1981), 421~449쪽.
宋炳基, 위의 책, 91~121쪽 참조.

44) 宋炳基, 위의 책, 83~86쪽.

45) 위와 같음.

고 이를 마지막으로 조선의 미국과의 수교에 관한 주일청국사절과의 교섭은 당분간 끊어지고 그 대신 북양대신 이홍장과의 교섭은 청국과 무비강구문제를 매듭짓는 과정에서 급진전되어 갔다.46)

조선측에서 이홍장의 밀함에서 권고한 바의 일단을 받아들여 청국측에 무비강구문제를 교섭하기 시작한 것은 고종 16년(1879) 8월부터였다. 그뒤 교섭은 순조롭게 진행되어 다음해 7월 청국에 파견된 역관 卞元圭는 9월 천진에서 이홍장과 그의 막료 鄭藻如 등과 회담을 갖고 무비강구문제를 매듭지었다.47)

그런데 변원규와 이홍장의 회담에서는 무비강구문제보다 서양 여러 나라와의 입약 통상 등 조선의 外政문제가 주로 논의되었다. 뿐만 아니라 변원규는 이홍장의 밀함에 관해서도 익히 알고 있었다. 이런 사실은 변원규의 청국파견이 무비강구문제에 대한 교섭도 교섭이지만 이홍장을 직접 만나 서양 여러 나라와의 입약 통상을 권고하게 된 사정을 좀더 확실하게 파악하려는 데 비중이 놓여졌던 것으로 생각된다.48)

변원규와의 회담에서 이홍장은 러시아의 남하에 대비하기 위하여는 서양 여러 나라와의 입약 통상이 부득이하다는 점을 강조하고, 그 조속한 실현을 촉구하였다. 이홍장은 또 이유원에게 보내는 서신을 변원규에게 건네었다. 9월 28일자로 된 이 서신은 이유원의 무비강구 주선 요청에 대한 회함의 형식을 빌어 서양 여러 나라와의 입약 통상을 거듭 권고하는 것이었다.49)

변원규가 귀국한 것은 이해 10월말이었다. 이미 밀사 이동인 등을 일본에 파견, 청국공사 하여장에게 미국과 수교할 뜻을 밝힌 바 있는 국왕은 이제 다시 변원규를 통하여 이홍장의 서양 여러 나라와의 조약 체결 권고를 받게 된 것이다. 이는 국왕의 대미수교 방침을 더욱 굳히게 하였던 것으로 보인다.50)

국왕의 대미수교방침은 미구에 이홍장에게 통보되었다. 이 사명을 띠고 '國王委員' 李容肅이 이해(고종 17, 1880) 11월 초순에 청국으로 파견되었다.

---

46) 위와 같음.
47) 宋炳基, 위의 책, 123쪽.
48) 위와 같음.
49) 宋炳基, 위의 책, 124쪽.
50) 宋炳基, 위의 책, 125~126쪽.

그는 다음해 1월 20일 천진에서 이홍장과 회담을 갖고 그가 작성한 문의사항 즉, 〈請示節略〉을 제시, 다른 나라와 수교할 때의 선후·조만의 대책을 묻고, 청국이 다른 나라와 체결한 수호통상장정 등의 사본을 요청하였다. 또 1월 28일 2차 회담에서 그는 서양 여러 나라가 "좋은 뜻으로 와서 조약 체결을 청한다면 굳게 거절하지 않을 것"이라고 다짐하였다. 국왕은 이용숙을 통하여 이홍장에게 완곡한 방법으로 미국은 물론 서양 여러 나라와 조약을 체결할 뜻이 있음을 통고하였던 것이다.[51]

한편 이해(고종 18, 1881) 2월 초에 탁정식이 다시 일본으로 파견되었다. 대미수교에 관한 김홍집의 서함을 전달하기 위해서였다. 4월초 하여장에게 전달된 이 서함의 요지는 미국과 수교는 하되 여론 때문에 "卽地에 裁斷할 수 없다", 즉 시간적 여유를 갖고 추진하겠다는 것이었다. 이용숙을 청국에 파견하여 대미수교방침을 이홍장에게 통보한 조선측은 이제 탁정식을 일본에 파견하여 연미론을 처음으로 권고하여 온 하여장에게 대미수교 방침을 역시 완곡한 방법으로 재통고하였던 것이다.[52]

李容肅을 중국에 파견한 직후부터 조선은 國書受理, 公使駐京, 仁川開港 등 일본과의 현안문제들을 거의 일괄 타결하는 한편, 官衙(統理機務衙門)를 신설하고 여기에 필요한 인재의 수용령을 내리는 등 일련의 개화정책을 펴 나갔다. 이는 이르는 바 이 '初期의 開化政策'이 미국과의 수교에 대비해 가면서 추진된 것임을 시사하는 것이다. 그리고 실제에 있어서 통리기무아문은 미국 등 외국과의 외교 통상에 대비하고 自强策을 추진하기 위하여 설치한 기구였다.[53]

國王은 일부 소장관원들과 함께 이처럼 연미에 대비하여 나갔는가 하면, 연미를 지지하고 나선 조야 인사도 적지 않던 것 같다. 그 중에는 개화당 멤버들도 포함되어 있었던 것으로 보이며, 수신사 金弘集을 수행했던 姜瑋(1820~1884)도 연미를 지지한 재야인사중의 하나였다. 그리고 점차 연미를 지지하는 관원도 불어났다. 그리하여 朝臣 중 미국과의 수교를 원하는 수가 7할

51) 宋炳基, 위의 책, 126~133쪽.
52) 宋炳基, 위의 책, 133~134쪽.
53) 宋炳基, 위의 책, 134~152쪽.

정도 헤아리게 되었다.54)

그러나 당시의 여론은 '朝鮮策略'이나 연미론은 물론 개화정책도 지지하지 않았다. 뿐만 아니라 강경하게 반대하고 나섰다. 그 선편을 잡은 것은 일부 官員들이었다. 그리고 그것은 다시 儒生들에게 영향을 주어 그 거센 반발, 이른바 '辛巳斥邪運動'을 불러일으켰다. 그리고 그것은 다시 大院君 계열의 재집권을 위한 쿠데타모의, 즉 安驥泳事件(고종 18, 1881)으로 이어져 나갔다.55)

〈宋炳基〉

3. 조미조약의 체결

1) 조·청·미 3국의 조미조약 체결 교섭과 속방조관

조선국왕이 譯官 李容肅(1818~?)을 天津으로 보내어 청국 北洋大臣 李鴻章(1823~1901)에게 대미수교 방침을 통고한 것은 고종 18년(1881) 1월 하순이었다. 이 1월 하순을 전후하여 청국 정부는 조미조약체결과 관련된 몇 가지 주목할만한 조처를 취하였다. ① 北洋衙門 津海關道 鄭藻如가 1월 초순 北京에 와 있는 朝鮮冬至使 任應準(1816~1883)에게 密函을 보내어, 유학생들의 인솔을 빙자, 大員을 천진으로 파견하여 조약체결에 관하여 협의할 것을 요청하고 있는 것, ② 1월 하순부터 조약 체결 등 조선에 관계되는 洋務事宜를 북양대신과 주일공사로 하여금 담당하도록 한 것, ③ 이홍장이 2월초(양 3월초)에 주천진미국부영사 피셔(Fisher, C.L.)를 통하여 그 동안 조미수교 교섭을 벌여 온 미국 해군제독 슈펠트(Shufeldt, R.W., 1822~1895)를 초청하고 있는 것 등이 그러한 것이다. 이 가운데 ①과 ②는 주일청국공사관을 방문한(고종

54) 文一平, 《韓米五十年史》(朝光社, 1945), 25~27쪽.
李光麟, 《開化黨硏究》(一潮閣, 1974), 25·34~35쪽.
宋炳基, 위의 책, 159~160·163~164쪽.

55) 宋炳基, 위의 책, 164~187쪽.

17년 말) 조선국왕의 밀사 卓挺埴으로부터 미국과 수교할 수 있도록 중국이 영향력을 행사하여 달라는 요청을 받은 주일공사 何如璋(1838~1891)이 總理衙門에 건의한 바에 따르거나, 관계되는 것이었다.[1)]

정조여의 서함이 서울에 전달된 시기는 1월 하순, 늦더라도 2월초였던 것 같다. 서함에 접한 국왕은 곧 사절의 파견을 지시하였고, 統理機務衙門의 건의에 따라 使號를 領選使로 결정하고, 吏曹叅議 趙龍鎬(?~1881)를 이에 임명하였다(2월 26일). 이어 영선사 파견을 통보하기 위하여 3월 하순 역관 李應浚을 청국으로 파견하였다. 영선사의 파견 결정은 정조여의 서함과 관련된 것이며, 그 중요한 사명이 유학생의 영솔이 아니라 조미조약체결에 관하여 청국측과 협의하는데 있다는 것을 말하여 주는 것이다.[2)]

또 이홍장과 회담을 가진 피셔는 그 내용을 2월 4일(양 3월 3일)자로 슈펠트에게 연락하였다. 이 피셔의 연락과 슈펠트의 중국 來到와 어떤 관련이 있는지 확실하지 않으나, 슈펠트는 5월(1881)말 (양 6월 하순) 천진으로 이홍장을 방문하여 회담을 갖고 미국의 조약 체결의사를 조선에 전달하여 줄 것을 요청하였다. 그리고 그는 이홍장으로부터 미국은 바라는 바를 이룰 수 있으리라는 설명을 듣게 되었다.[3)]

이응준이 천진에 도착한 것은 6월초였다. 이홍장은 정조여로 하여금 다시 밀함을 작성하여 바로 이응준 편에 조선정부로 보내었다. 이 정조여의 제2차 밀함의 내용은 官員을 천진으로 파견하여 슈펠트와 협상할 것을 권고하고, 그 결과를 기다려 중국이 奏請 파견하는 대원과 함께 돌아가 조약을 체결하라는 것이었다. 천진에서 이홍장의 중재하에 협상하고, 조선에서 중국관원이 참여한 가운데 조인하라는 것으로, 그의 이런 구상은 주일공사 하여장의 대조선정책 건의(1880년 10월 하순), 즉 〈主持朝鮮外交義〉와 관련이 있는 것으로

---

1) 宋炳基,《近代韓中關係史硏究》(檀國大 出版部, 1985), 84·194~197쪽.

2) 宋炳基, 위의 책, 197~199쪽.

3) Chales O.Paulin, "The Opening of Korea by Commordore Shufeldt"(*Political Science Quarterly* 25 : 3, 1910), pp.483~485.
李普珩, 〈韓美修好通商條約締結〉(《한미수교100년사》, 국제역사학회 한국위원회, 1982), 49~50쪽.
宋炳基, 위의 책, 199~201쪽.

보여진다. 〈외교의〉의 요지는 조선이 미국 등과 조약을 체결할 경우 독립국가로 간주될 위험이 있으므로 중국에서 관원을 파견하여 조선의 조약체결을 주관하고 조약문 머리에 "중국정부의 명을 받들어 結約한다"고 성명함으로써 조선이 청국의 '屬國'이라는 사실을 밝혀야 한다는 것이었다.[4]

슈펠트가 다시 이홍장과 회담을 가진 것은 이응준이 북양아문을 다녀 간 뒤인 6월 하순(양 7월 중순)이었다. 이홍장은 조선정부에 서함을 보낸 사실을 알려주고, 천진에 머무르면서 조선으로부터의 연락을 기다리도록 권고하였다. 슈펠트는 그로부터 4개월이 지난 10월 하순(양 12월 중순)에 가서 이홍장의 막료 羅豊祿을 통하여 조선 관원이, 미국과 조약을 체결하려 한다는 정보를 가지고 천진에 도착하였다는 소식을 듣게 되었다. 이 조선 관원은 魚允中(1848~1896)이었던 것으로 생각된다.[5]

조선정부는 영선사의 파견을 결정하고 이 사실을 청국에 통보까지 하였지만 그 출발은 계속 지연되었다. 그 까닭은 유학생 모집의 차질 등 준비 불충분이나 영선사를 金允植(1835~1922)으로 改差한 때문이기도 하였지만, 주로 이 무렵에 격렬하게 전개된 斥邪運動에 말미암은 것이었다. 그리하여 국왕은 이응준을 다시 청국에 파견하여 영선사의 출발 지연을 알리는(9월 1일) 한편, 朝士視察團(紳士遊覽團)員으로 일본에 가 있던 어윤중에게 천진(북양아문) 방문을 지시하게 되었던 것으로 보여진다.[6]

어윤중은 지시에 따라 천진으로 가 이홍장과 두 차례에 걸쳐 회담을 갖고(10월), 천진으로의 유학생 파견, 조청간 海禁의 해제와 통상, 조선 사절의 북경 상주, 미국과의 조약체결 등에 관하여 협의하였다. 특히 조약체결에 관한 협의는 구체적이어서 '另款'(제1관)에 조선이 중국의 '屬邦'이라고 밝히는데 합의하였고, 정조여의 밀함대로 조선측이 관원을 파견, 천진에서 협상한다는

---

4) 宋炳基, 위의 책, 201~203쪽.
5) Paulin, *ibid*, pp.485~486.
李普珩, 앞의 글, 53쪽.
宋炳基, 위의 책, 203~204쪽.
6) 權錫奉, 〈領選使行에 對한 一考察—軍械學造事를 중심으로—〉(《歷史學報》 17·18, 1962), 293~295쪽.
宋炳基, 위의 책, 204~207쪽.

데도 동의하였던 것 같다.[7]

영선사 김윤식 일행은 예정보다 거의 한 달을 더 늦춘 9월 26일에 서울을 출발하였다. 그것은 8월 말에 발각된 大院君 계열의 쿠데타모의[安驥泳事件]와 관련이 있는 것으로 보인다. 그리하여 김윤식 등이 북경에 도착한 것은 11월 17일이었고, 禮部에서 정해 준 行期에 따라 22일 이홍장이 留駐하고 있는 保定으로 떠났다. 그와 조약체결에 관하여 협의하기 위해서였다.[8]

김윤식은, 游智開의 주선으로, 11월 28일 保定府(直隷總督署)에서 이홍장과 제1차 회담을 가졌다. 역관 卞元圭도 참석한 이 회담에서 이홍장은 어윤중을 만나보았는지, 즉 속방조관에 대한 조선의 반응이 어떠한 것이며, 김윤식의 사명이 무엇인지에 대하여 관심을 표시하였다. 김윤식은 어윤중과 만나지 못하였으므로, 다만 자신의 사명이 조약체결 협의에 있다는 것만 밝혔다. 그리고 국왕이 정조여의 제2차 밀함에 찬동하고 있으나 國論이 한결같지 않아 조정하기가 어렵다하고, 조약 체결에 대한 淸帝의 宣諭를 요청하였다.[9]

회담을 마친 뒤 김윤식은 辭陛할 때 국왕이 지시한 내용을 담은 밀함을 작성하여 이홍장에게 보내었다. 그 요지는 청제인 德宗이 다음 해(고종 19, 1882) 봄 朝鮮年貢使[동지사]가 돌아가는 편에 詔書를 내려 曉諭하고, 그 뒤를 이어 중국에서 관원을 파견하여 美使와 같이 議約할 수 있도록 하여 달라는 것이었다. 그러니까 조약체결에 대한 국왕의 방침은 고종 19년 봄에 청제의 위엄을 빌리고 중국 관원이 참여한 가운데 조선에서 미사와 협상, 조인한다는 것이었다.[10]

그러나 그것은 천진에서 자신의 중재하에 협상하고 조선에서 중국 관원이 참여하는 가운데 조인한다는 이홍장의 구상과 어긋나는 것이었다. 그러므로 11월 30일 보정부에서 속개된 제2차 회담에서는 協商地 문제가 주로 거론되었다. 이홍장은 천진에서 협상하는 쪽으로 김윤식을 종용, 설득하였으며, 마침내 조서를 내려 달라는 요청을 거절하였다. 천진에서의 협상이 부득이하다

---

7) 宋炳基, 위의 책, 207~208쪽.
8) 宋炳基, 위의 책, 208~210쪽.
9) 宋炳基, 위의 책, 210~211쪽.
10) 宋炳基, 위의 책, 211~212쪽.

는 판단을 내린 김윤식은 곧 귀국하는 변원규 편에 이를 국왕에게 품의하게 하였다.11)

김윤식은 12월 1일에도 이홍장과 회동하였다. 제3차 회담인 셈이지만, 이홍장이 김윤식 등 영선사절에게 오찬을 베푸는 자리였으므로, 조약체결에 관한 문제는 거론되지 않았다. 회담을 마치자 김윤식 등은 유학생들을 보살피기 위하여 천진으로 떠났고, 변원규는 12월 11일 천진을 떠나 귀국길에 올랐다. 그런데 바로 변원규가 천진을 떠나던 날 김윤식은 10월 24일자로 된 국왕의 封書를 받았다. 그리고 뒤에 이홍장과 검토하게 되는 3종의 條約草稿도 이때 같이 받았던 것 같다.12)

봉서의 내용은 정조여의 밀함대로 천진에서 협상하고, 중국관원이 美使와 함께 서울 近港으로 와서 조인하도록 할 것이며, 동봉하는 조약초고를 이홍장과 협의하라고 했던 것으로 보인다. 그리고 국왕이 갑작스럽게 이런 봉서를 보내 온 것은, 미사가 천진에 체류하고 있다는, 아마도 영선사 파견의 지체를 알리기 위하여 북양아문을 재방문했던(9월 1일) 이응준의 보고와 관련이 있는 것으로 생각된다. 綸音까지 내려 斥邪를 다짐한 국왕으로서는 미사가 갑자기 도래할 경우 국왕이 그를 불러 들였다는 비난을 받게되는 것을 심각하게 우려하였다. 그리하여 천진에서의 협상, 다시 말하면 이홍장의 중재하의 협상을 지시하게 되었던 것이다.13)

김윤식은 다시 保定으로 가 12월 19일 이홍장과 제4차 회담을 갖고, 국왕의 봉서에 대하여 설명하였다. 그리하여 일단 협상지 문제는 천진으로 정한다는 데 합의하였다. 그런데 이 회담에서 김윤식은 자신이 직접 슈펠트와 협상할 수 있도록 주선하여 줄 것을 요청하였다. 그러나 이홍장은 영선사에게 전권이 부여되지 않았음을 들어 이를 거절하고, 조선의 국내 여건, 즉 척사운동으로 실현 가능성이 없는 전권 파견을 고집하였다. 그 자신이 슈펠트와 직접 협상하려는 의도에서 나온 것이었다. 결국 김윤식은 국왕에게 서함을 보내어 전권 파견을 요청한다는데 동의하였다. 그 대신 이홍장으로부터 슈펠

11) 宋炳基, 위의 책, 212~213쪽.
12) 宋炳基, 위의 책, 213~214쪽.
13) 宋炳基, 위의 책, 214~215쪽.

트가 보정에 오는대로 한 번쯤 면담할 수 있도록 주선해 주겠다는 약속을 받았다. 김윤식은 슈펠트를 만나, 그의 갑작스런 조선행을 막고자 하였던 것이다.[14)]

김윤식은 회담을 마치자 곧(12월 20일) 전권 파견을 요청하는 서함을 국왕에게 보내었다. 그리고 보정에 머무르면서 슈펠트의 도착을 기다렸다. 12월 26일에 이르러 김윤식은 이홍장의 요청에 따라 그와 제5차 회담을 가졌다. 이홍장은 봄에 천진에서 회담을 갖자는 슈펠트의 서함이 있었음을 밝히고, 천진으로 돌아갈 것을 권고하였다. 김윤식으로서도 슈펠트가 오지 않는 이상 보정에 머물러 있을 필요는 없었다. 그러나 슈펠트와 조만간 협상을 시작한다는 것은 이미 예정된 사실이었으므로, 국왕이 보내 온 3종의 조약초고, 즉 탁정식이 일본에서 가지고 온 黃遵憲草稿 등을 참작한 李東仁草稿, 이용숙이 천진에서 가지고 온 이홍장초고(〈朝鮮與各國通商約章〉)를 이홍장에게 제시하고 검토를 요청하였다.[15)]

이홍장은 황준헌초고 제4관 영사관할권의 잠정적 인정, 제10관 歐美公例에 준한 關稅規則의 제정을 시세에 따른 착실한 것이라고 평하였다. 그리고 이동인초고를 검토하면서 조약내에 "조선은 오래전부터 중국의 속방이지만 외교·내치는 자주하여 왔다"는 條文, 즉 屬邦條款을 넣어야 할 것이라는 의견을 제시하였다. 이동인초고에는 '속방'에 관한 조문이 들어 있지 않았던 것이다. 그런데 국왕이 조약체결에 관하여 그(이홍장)의 중재를 요청하는 봉서까지 보내오게 되자, 이홍장은 하여장이 〈주지조선외교의〉에서 건의한바 속방조관의 명문화를 주장하고 나선 것이다.[16)]

김윤식은 속방조관에 찬의를 표하였고, 이홍장이 거론한 여타의 조관에도 동의하였다. 그가 문제점으로 제시한 것이 있다면 敎堂 설립에 관한 것이었다. 그것은 물론 국내의 척사분위기 때문이었다. 그리하여 이 회담에서 슈펠트에게 제시할 중요 조약문 내용에 합의를 보게 되었다. 그것은 "中堂(이홍장)이 가르친바 1조의 大意(속방조관)를 頭腦로, 황준헌이 商量한바 兩款(황준

14) 宋炳基, 위의 책, 215~218쪽.
15) 宋炳基, 위의 책, 218~219쪽.
16) 宋炳基, 위의 책, 219~221쪽.

헌초고 제4·10관)을 肯綮(요점)으로 삼되, 교당을 세우지 않는다는 1관(이동인 초고 제10관)을 目下의 要務로 삼는다"는 것이었다.17)

이홍장이 천진으로 돌아와 슈펠트와 협상을 시작한 것은 고종 19년 2월초순(양 3월 하순)부터였다. 그리고 그것은 3월초(양 4월 중순)까지 계속되었다. 그 동안 이홍장은 북양아문에서 슈펠트와 5차례에 걸쳐 회담하였다. 그리고 회담은, 이홍장이 김윤식에게 그처럼 고집하였던 것과는 달리, 피차간에 조약을 협의할 전권이 있다는 어떤 證憑文書도 제시함이 없이 진행되었다. 혹 있었다고 한다면 제2차 회담(2월 18일, 양 4월 5일) 때 이홍장이 김윤식과 제6차 회담(2월 17일)을 하면서 받아낸 국왕의 봉서(11월 25일자)를 제시하는 정도가 아니었을까 짐작될 뿐이다.18)

이홍장이 회담에 임하면서 크게 관심을 두었던 것은 김윤식과 합의한 속방조관을 관철시키는 것이었다. 그것을 관철시키지 못하고, 따라서 다른 나라들이 그대로 본받게 되면 조선이 중국의 '屬土'라는 사실은 결국 잊혀지고 말 것이라고 그는 우려하였다. 그가 회담을 앞두고 막료 周馥(1837~1921)을 슈펠트에게 보내어 조약문에 반드시 "조선은 중국의 속방이지만 정치는 자주하여 왔다"고 밝힐 것을 요청한 것도 그 때문이었던 것이다. 그러나 회담을 갖기 직전에 슈펠트가 보내 온 조약초고에는 속방조관이 들어 있지 않았다. 뿐만 아니라 그것은 조선의 자주 독립을 규정한 강화도조약을 저본으로 삼고 있었다.19)

그리하여 2월 7일(양 3월 25일)에 열린 슈펠트와의 제1차 회담에서 이홍장은 조선은 고래로 중국의 '속방'이지만 내정·외교를 자주하여 왔다고 설명하고, 조미조약은 조선측이 후회하고 있는 강화도조약에 의거할 수 없다는

---

17) 金允植, 《陰晴史》(國史編纂委員會, 1958), 58쪽.
宋炳基 위의 책, 221~222쪽.

18) Paulin, *op.cit.*, pp.487~490.
奧平武彦, 앞의 책, 93~95쪽.
李普珩, 앞의 글, 59쪽.
宋炳基, 위의 책, 222~224쪽.

19) 奧平武彦, 앞의 책, 87쪽.
李普珩, 위의 글, 51쪽.
宋炳基, 위의 책, 224~225쪽.

점을 강조하였다. 그는 또 이 회담에서 여러 차례에 걸쳐 천진에서의 협상을 종용하였고 슈펠트가 조선으로 갈 때 중국 관원과 병선을 같이 파견할 수 있을 것이라는 시사도 하였다.[20)]

회담을 마치자 이홍장은 조약 초고를 작성하여 슈펠트에게 보내었다. 그 내용은 대체로 김윤식과 합의한 바를 반영시킨 것이었다. 물론 제1관에는 예의 속방조관이 들어 있었다. 그리고 이를 뒷받침하기 위하여 제10관에 국왕이 조약을 비준할 때 조약문을 청국 禮部에 移咨할 것도 규정하였다. 또 제1관 후반에 유사시 미국의 원조와 중재(居中調停)를 규정하고 있는 것도 특이한 것이었다.[21)]

슈펠트는 제1관을 제외한다면 이홍장초고와 큰 차이가 없는 조약안을 준비하여 북양아문으로 보내고, 이어 2월 18일(양 4월 5일)에 이홍장과 제2차 회담을 가졌다. 이 회담에서 이홍장은 제1관, 즉 속방조관을 고집하였다. 그는 이에 동의하지 않으면 중국은 협상에 관여할 필요도, 관원을 동행시킬 수도 없다고 주장하였다. 그러나 슈펠트의 뜻도 '決絶'하여 결코 이에 동의하지 않았다.[22)]

이홍장은 2월 22·23일(양 4월 9·10일)경에 슈펠트와 제3차 회담을 갖고 타협안을 제시하였다. 즉 조약을 체결한 뒤 조선측에서 예의 속방조관 내용을 미국무성에 조회하는데 동의한다면 제1관 중 속방조관을 철회하겠다는 것이었다. 이 제의에 슈펠트도 일단 동의하였으므로 협상의 장애는 극복되는 듯이 보였다. 그런데 마침 총리아문을 방문했던 미국대리공사 홀콤(Holcombe, Chester)이 속방조관에 동의함으로써 다시 논란이 일게 되었다.[23)]

---

20) 宋炳基, 위의 책, 225~226쪽.
21) 宋炳基, 위의 책, 226~228쪽.
22) Paulin, *op.cit.*, pp.491~492.
奧平武彦, 앞의 책, 108~109쪽.
李普珩, 앞의 글, 61~62쪽.
宋炳基, 위의 책, 228쪽.
23) Paulin, *ibid.*, pp.492~493.
奧平武彦, 위의 책, 112~113쪽.
李普珩, 앞의 글, 61~62쪽.
宋炳基, 위의 책, 228~230쪽.

이홍장은 천진에 온(2월 24일) 홀콤과 회담을 갖고 속방조관의 삽입을 종용하였다. 그러나 홀콤은 조약체결에 관하여 전권을 띠고 있는 슈펠트가 반대하고 있음을 들어 총리아문과 합의한 바를 철회하였다. 이홍장은 본국 정부에 請訓할 것을 요청하였고, 이에 따라 슈펠트는 국무성에 타전하였지만, 回信은 여러 날이 지나도 오지 않았다.[24)]

회신이 없는 것은 필경 미국 정부가 속방조관에 반대하는 것이라고 판단한 이홍장은 2월 27일(양 4월 14일)과 3월 1일(양 4월 18일) 홀콤이 참석한 가운데 슈펠트와 제4·5차 회담을 갖고, 여타 조관에 대한 토의를 계속하여 전문 15관으로 된 조약문에 날인·서명하였다. 가조인한 것이지만 조선측이 미세한 부분을 제외하고는 수정할 수 없었다는 것을 감안한다면 조약은 이미 체결된 것이나 마찬가지였다.[25)]

15관 중 제1관은 공란으로 남겨 두었다. 혹 있을지도 모를 미국의 回電을 기다려 속방조관을 싣거나 삭제하기 위해서였다. 자연 원호·중재조관은 제2관으로 옮겨졌다. 또 이홍장초고 제10관 조약문의 禮部 移咨 규정도 삭제되었다. 속방조관이나 이와 직접적으로 관련된 조항을 배제하려는 슈펠트의 뜻이 반영된 것이라고 할 수 있다.[26)]

결국 이홍장은 조약문에 조선이 중국의 '屬邦'이라는 것을 간접적으로 표현하는데 만족할 수밖에 없었다. 조약문 말미에 漢·英文 각 3통의 조약문(1통은 이홍장초고 제10관의 취지를 살여 청국에 보내는 것으로 생각된다)작성을 규정하고, 그 밑에 중국 연호인 光緒를 명기하고 있는 것이 그러한 것이다. 그 대신 이홍장은 미진한 바를 屬邦照會를 통하여 보완하려고 하였다. 그리고 그것은 슈펠트에 의하여 양해되었다. 그가 조선으로 떠나기 직전의 일이었다.[27)]

---

24) Paulin, *ibid.*, p.493.
李普珩, 위의 글, 62쪽
宋炳基, 위의 책, 230쪽.
25) 위와 같음.
26) 宋炳基, 위의 책, 231쪽.
27) Paulin, *op.cit.*, pp.493～494.
宋炳基, 위의 책, 231～232·257·263쪽.

속방조관을 예외로 한다면, 가조약문에는 이홍장의 견해가 존중되어 크게 반영되고 있는 것을 볼 수 있다. 그것은 물론 슈펠트의 양해가 있었기 때문에 가능했던 것이다. 그는 속방관계를 제외한 여타의 조문에 대하여는 국무성 훈령에 저촉되지 않는 한 애써 반대하려 하지 않았다. 고종 18년 5월 하순 천진에 도착하여 1년 가까이 체류하고 있던 그로서는 본국 정부에 대한 입장이나 중국에 와 있는 외국인에 대한 체면상 조약을 꼭 성취시켜야 하는 처지에 놓여 있었던 것이다.28)

우선 가조약문에는 이홍장초고의 내용이 상당수 반영되어 있다. 중요한 것을 든다면 ① 치외법권[領事裁判權]의 잠정적 인정(이홍장 초고 4관 : 가조약본 5관), ② 미국인에 관계된 조선인 범죄의 조선 관원·법률에 의한 처단과 미국측의 조선범죄인 은닉·비호 금단(7·8관 : 5·11관), ③ 조약상 미진한 내용은 5년 뒤 다시 의정하되 통상에 관한 상세한 章程은 만국통례에 의한다(9관 : 13관), ④ 영사는 관원이어야 하고 상업에 종사할 수 없으며, 辦事가 공정하지 않을 때 미국공사와 협의하여 그 비준을 철회할 수 있다(2관 : 3관), ⑤ 수입세율은 생필품 100의 10, 사치품 100의 30으로 한다(5관 : 6관), ⑥ 租地는 조선 영토의 일부이며 鴉片[洋藥]을 엄금한다는 것(6관 : 7·8관) 등이었다.29)

또 가조약본에는 이홍장초고에 없는 새로운 내용도 포함되어 있다. 가령 ⑦ 관세자주권의 인정(6관), ⑧ 흉년에 한해 미곡 수출의 금지(9관), ⑨ 미국에 대한 최혜국대우를 인정하되 타국에 대한 우대가 專條[協約]에 의한 것이라면 미국과도 협약을 맺은 뒤 우대할 수 있다는 것(15관) 등이 그러한 것이다. ⑦은 이홍장의 견해를 반영시킨 것이었다고 생각되며, ⑧은 김윤식의 의견을 받아들여 이홍장이 요청한 것이었다. 또 ⑨의 전반은 슈펠트의 요청을 받아들인 것이지만, 후반은 최혜국대우를 가급적 억제하려는 이홍장의 견해를 반영시킨 것이었다.30)

---

28) 奧平武彦, 앞의 책, 94~96·116~119쪽.
宋炳基, 위의 책, 232쪽.

29) 宋炳基, 위의 책, 232쪽.

30) 宋炳基, 위의 책, 232~233쪽.

이와 같이 볼 때, 이홍장은 가조약을 체결함에 있어 되도록 불평등성을 배제하고(②·⑤·⑨), 또 장차 배제할 수 있는 소지를 마련하는 한편(①·③) 조약에 규정하지 않음으로써 얻게 되는 불이익을 최소한으로 줄이고자 노력한 것(④·⑤·⑥)을 알 수 있다. 그것은 물론 중국이, 일본도 그러하였지만, 서양 여러 나라에 대하여 문호를 개방하는 과정에서 겪은 쓰라린 체험을 통하여 얻은 산물이었다고 할 수 있으며, 장차 이 조약을 토대로 중국이 서양 여러 나라와 체결한 불평등·불이익한 조약을 개정하려는 의지도 담겨져 있는 것이었다.[31)]

이홍장은 또 비록 상징적인 의미를 갖는 것이긴 하지만, 제2관에 원호·중재조관을 반영시킴으로써 조선에 분쟁이 발생하였을 때 비교적 공평한 나라로 알려진 미국의 원조와 중재를 기대하였으며, 제12관(이홍장초고 제7관)에서 조선이 개화정책의 일환으로 파견하는 유학생에 대한 미국의 지원을 배려하기도 하였다. 이런 것들은 앞에서 언급한 불평등성·불이익성의 배제와 함께 이 가조약본이 갖고 있는 긍정적 측면이라고 할 수 있다.[32)]

김윤식이 이홍장과 합의한 교당 설립을 허락하지 않는다는 조항은 가조약본에 반영되지 않았다. 교당은 미국이 소중히 여기는 것이기 때문에, 이홍장은 조약체결 협상을 깨뜨릴까 우려하여 처음부터 거론하지 않았다. 그리고 뒷날 미국측이 교당 설립을 요청할 경우 조약상에 규정이 없음을 들어 거부할 수 있는 이점도 있다는 것이 청국측의 설명이었다.[33)]

이홍장은 회담을 마치면서, 슈펠트에게 그가 조선으로 갈 때 중국 관원을 동행시킬 것을 약속하였다. 그가 그런 약속을 하게 된 것은 朝·美 양측의 요청이 있었기 때문이었지만, 그 의도하는 바는 조약체결을 중국이 계속 '主持'하려는 데 있었다. 그리고 그 관원으로 '精明幹練'하고, '交涉公法'에 밝은

31) 奧平武彦, 앞의 책, 117~119쪽.
李普珩, 앞의 글, 68~69쪽.
宋炳基, 위의 책, 233쪽.
32) 奧平武彦, 위의 책, 117~118쪽.
宋炳基, 위의 책, 233쪽.
33) 金允植, 《陰晴史》, 112쪽.
宋炳基, 위의 책, 254쪽.

馬建忠(1845~1899)이 발탁되었다. 하여장이 〈주지조선외교의〉에서 건의한 바를 받아들여 취한 조처였다.[34]

2) 조미조약의 성립과 속방조회

보정부에서 제5차 회담(2월 26일)을 가진 이후 이홍장은 오랫동안 김윤식과 접촉하지 않았다. 이미 슈펠트와의 협상을 위임받았고, 그에게 제시할 중요 조문까지 검토한 뒤였으므로 김윤식과 만나야 할 필요를 느끼지 않았기 때문이었을 것이다. 이홍장이 김윤식과 다시 만난 것은 1882년 2월 17일(양 4월 4일)에 가서였다. 제6차 회담으로 슈펠트와 제2차 회담(2월 18일, 양 4월 5일)을 갖기 직전이었다. 북양아문에서 가진 이 회담에는 국왕의 봉서를 가지고 온(1월 8일) 역관 이응준도 배석하였다.[35]

고종 18년 11월 25일자로 된 국왕의 봉서는 국내 사정상 결코 천진에 관원[使節]을 파견할 수 없으며, 동봉하는 一件 冊子, 즉 修信使 趙秉鎬의 일본과의 관세규칙 협상 기록, 러시아측 서함을 다룬 함경북도병마절도사와 함경도관찰사 사이의 夾紙 등을 이홍장에게 전달하라는 것 같다. 그러니까 이런 봉서를 보낸 국왕의 의도는 조약 체결 협상을 이홍장에게 맡기되 충실한 내용이 되도록 하여 일본과의 관세규칙 협상이나 러시아의 조약체결 요청에 대비하려는 데 있었던 것 같다.[36]

국왕이 봉서에서 지시한 내용과 一件 책자는 곧 周馥을 통하여 이홍장에게 전달되었고, 또 새삼스러운 것도 아니었으므로 제6차 회담에서 그것이 특별하게 거론되지 않았다. 그런데 이 회담에 임하는 이홍장의 태도는 시종 불평조였다. 그는 국왕의 手札을 건네주지 않은 것을 힐책하였으며, 조선에 洋語·洋文 해독자가 있는지 따지듯 물었다. 김윤식은 전전긍긍하여 국왕의 수찰을 건네줄 것을 약속하였고, 중국 관원의 파견을 간청하였다. 그리고 美使의 조선행을 알리기 위하여 이응준을 먼저 귀국시킨다는 데도 합의하였다.[37]

---

34) 宋炳基, 위의 책, 233~234쪽.
35) 宋炳基, 위의 책, 243~244쪽.
36) 宋炳基, 위의 책, 244~245쪽.

이홍장이 국왕의 수찰을 요청한 것은 곧 있을 슈펠트와의 제2차 회담 때 그것을 제시함으로써 자신이 조선측 대변자이며, 천진에서의 협상이 국왕의 뜻이라는 것을 강조하기 위해서였을 것이라는 짐작을 하게 한다. 또 양어·양문 해독자를 물은 것은 슈펠트와의 제1차 회담(2월 7일, 양 3월 25일) 때 중국 관원 파견문제가 거론되었던 것 만큼, 그것을 김윤식으로 하여금 스스로 요청하도록 하는데 있었던 것 같다. 그가 시종 불평조였던 것도 아마 이런 것들 때문이었을 것이다.[38]

제6차 회담 이후 이홍장은 슈펠트와 네 차례나 회담을 갖고 협상을 벌였지만, 한 번도 김윤식과 만나지 않았다. 혹 김윤식과 연락할 일이 있으면 회담에 배석하고 있는 막료 주복을 통하여 하였다. 김윤식도 협상의 진전 상황을 주복을 통하여 막연하게나마 엿들을 수 있었을 뿐이었다. 결국 김윤식은 조약체결 협상에서 오직 제3자의 지위에 있었던 것이다.[39]

김윤식은 이홍장·슈펠트회담이 진전되어감에 따라, 그가 보낸 (고종 19년 12월 20일) 전권파견 요청 서함에 대한 본국의 회신을 고대하게 되었다. 그는 국내 실정이나 국왕의 봉서로 미루어 전권대신의 파견을 기대하지 않았지만, 그보다 하위의 관원 파견은 있으리라 믿었다. 그러나 시한인 다음 해 2월 초순이 지나도록 본국으로부터 아무런 연락도 없었다. 그가 魚允中·李祖淵(1843~1884)을 考選官에 임명·파견한다는 연락을 받은 것은 2월 28일에 가서였다.[40]

김윤식의 전권 파견 요청 서함이 서울에 도착된 시기는 1월 10일경으로 추정된다. 그런데 어윤중 등이 問議官으로 改差되어 사폐한 것은 2월 17일, 그 출발부터 시한을 넘기고 있었다. 그들이 천진에 도착한 것은 3월 28일, 이미 가조인이 끝나고, 마건충·슈펠트 등이 조선에 入境한 뒤였다. 또 어윤중 등은 조약체결 협상에 관한 어떤 文憑(信任狀)도 휴대하지 않았다. 總理統理機務衙門事 李最應(1815~1882)이 이홍장에게 보낸(2월 3일자) 고선관 파견

37) 宋炳基, 위의 책, 245~246쪽.
38) 宋炳基, 위의 책, 246쪽.
39) 宋炳基, 위의 책, 247~248쪽.
40) 宋炳基, 위의 책, 248~249쪽.

등을 알리는 서함에도 그런 내용은 들어 있지 않았다. 이런 사실들은 조선측이 문의관에 의한 협상을 포기한 것, 다시 말하면 이홍장에 의한 협상의 재확인을 의미하는 것이었다. 그것은 물론 국내의 척사여론 때문이었다.[41]

어윤중의 도착을 기다리던 김윤식은 주복의 요청에 따라 역관 이응준과 함께 3월 4일(양 4월 21일) 북양아문으로 이홍장을 방문하여 제7차 회담을 가졌다. 조약체결에 관한 한 이홍장과의 마지막 회담이었다. 이홍장은 김윤식에게 가조약 내용을 통보하는 한편, 속방조회·중국관원 파견문제를 매듭짓기 위하여 이 회담을 갖게 되었던 것이다.[42]

김윤식은 가조약 내용에 기꺼이 동의하였고, 그 내용을 함부로 수정할 수 없다는 이홍장의 요청에 대하여도 정부에서 가벼이 刪增하지 않을 것이라고 다짐하였다. 그가 이의를 제기한 것이 있다면, 제9관의 미곡 禁輸 규정이었는데, 이에 대하여는 미사가 입경한 뒤 다시 협의할 수 있다는 이홍장의 양해가 있었다. 김윤식은 또 속방조회에도 동의하였으며, 중국 관원 파견 문제는 오히려 먼저 요청하여 이홍장의 약속을 받았다.[43]

회담이 끝나자 이응준은 미사의 조선행을 알리기 위하여 곧(3월 6일) 귀국길에 올랐다. 이홍장은 이응준편에 가조약본과 回函(3월 5일자)을 이최응에게 보내었다. 그는 이 서함에서, 황제에게 주청하여 마건충을 파견하는 것은 김윤식의 중국 관원 파견 요청이 있었기 때문이라는 것을 밝혔다. 그리고 속방조회는 반드시 이행되어야 하며, 조문의 수정은 가조약본의 테두리를 벗어날 수 없다고 못 박았다. 김윤식과 합의한 바를 거듭 강조한 것이었다.[44]

馬建忠·丁汝昌(?~1895) 등은 슈펠트와의 약속대로 3월 20일 아침 일찍 烟臺를 출발하였다. 일행중에는 상무조사차 招商局에서 파견하는 5명의 요원도 끼어 있었다. 앞으로 있을 조청간 海禁의 해제와 통상에 대비하려는 것이었다.[45] 조선진출을 위한 청국측의 발빠른 움직임을 엿보게 하는 대목이다.

마건충은 이홍장이 국왕에게 보내는 咨文을 휴대하였다. 그 내용은 이최응

41) 宋炳基, 위의 책, 249~251·255~256쪽.
42) 宋炳基, 위의 책, 251~252쪽.
43) 宋炳基, 위의 책, 252~254쪽.
44) 宋炳基, 위의 책, 254~255쪽.
45) 宋炳基, 위의 책, 256~258쪽.

에게 보낸 회함과 비슷한 것이지만, 마건충 등의 주청 파견은 미사나 김윤식의 요청뿐 아니라 미사의 東來는 오직 중당(이홍장)에게 맡기겠다는 총리통리기무아문사 이최응의 서함이 있었기 때문이라는(사실은 동래를 막아 달라는 내용을 잘못 읽은 것이지만) 점을 강조하고, 조약을 체결한 뒤 조약문과 속방조회문을 예부와 북양아문으로 移咨할 것을 요청하는 것이었다.[46]

마건충 등이 탄 중국 함정 威遠·揚威·鎭海는 3월 21일 오후 한강 입구 虎島(月尾島) 부근에 닻을 내렸다. 그리고 그 직전에 辨理公使 하나부사 요시모토(花房義質)가 탄 일본함정 磐城도 도착하여 닻을 내렸다. 하나부사가 귀임한 것은 조선측과 관세규칙에 관하여 협의하는 한편, 슈펠트를 만나 조미조약에서 높은 관세를 인정하지 않도록 교섭하기 위해서였다. 그런데 그는 슈펠트의 도착이 늦어지자 마건충을 만난(3월 24일) 뒤 서울로 떠났다.[47]

마건충은 영접 나온 伴接官 趙準永(1834~1886), 역관 이응준 등을 통하여 조약체결과 속방조회에 대한 조선측 반응을 탐문하려고 노력하였다. 그러나 그들은 구체적 답변을 회피하였다. 마건충은 마침내 그의 거처로 정해진 仁川行館에서 철수하였다(3월 24일). 그는 그렇게 함으로써 조선 관원들에게 중국 관원을 가벼이 보아서는 안 된다는 것을 알리고, 나아가 조약체결 과정에서 그가 뜻하는 대로 조선측을 조정할 수 있을 것이라고 생각하였던 것이다. 그를 예방한(3월 27일) 接見大官 申櫶(1810~1888), 副官 金弘集(1842~1896) 등에게 청제에 대한 3跪 9叩의 예를 올리게 한 것도 그런 이유에서였다.[48]

그러나 이응준 등이 답변을 회피한 것은, 마건충의 지적처럼 그들이 매우 교활해서가 아니라 조정의 공론이 통일되지 않았기 때문인 것으로 보인다. 조약체결 교섭은 비밀리에 다루어져 왔다. 그것이 정부 관원들에게 알려지기 시작한 것은 조준영을 반접관에 임명하면서(3월 15일)부터였던 것 같다. 그리하여 협의과정에서 소외된 정부 대신들, 특히 聯美論을 지지하여 온 이최응의 반발을 불러 일으켰던 것이다.[49]

46) 宋炳基, 위와 같음.
47) 宋炳基, 위의 책, 258쪽.
48) 宋炳基, 위의 책, 258~261·263~264쪽.
49) 宋炳基, 위의 책, 261~262쪽.

이최응은 이홍장에게 보낸 서함에서 단지 미사의 동래를 막아달라고만 하였을 뿐, 통상을 요청한 사실이 없음을 들어 조약체결에 강력히 반대하였다. 그는 국왕이 신헌을 접견대관에 내정하였음에도 불구하고 이에 동의하지 않았다. 국왕이 신헌의 직함을 밝히지 않은 채 인천으로 보내어 협상을 담당케 하고, 김홍집을 그 부관, 徐相雨(1831~?)를 從事官에 差下하는(3월 24일) 기이한 발령을 낸 것도 이 때문이었던 것이다.[50)]

이런 정부내의 사정은 서울을 다녀 온(3월 25일) 이응준에 의하여 비밀리에 마건충에게 전달되었다. 이응준은 그렇기 때문에 立約할 때 신헌 등이 전권을 띠도록 해야 할 것이라고 마건충에게 당부하였다. 또 조약체결 협의는 국왕이 親信하고 있는 김홍집과 하는 것이 좋을 것이라는 충고도 하였다. 이응준의 이 충고는 조약체결을 김홍집이 주관하고 있으며, 그가 실질적인 전권이라는 것을 시사하는 것이다.[51)]

이응준이 마건충을 방문하던 날(3월 25일) 슈펠트를 태운 스와타라(Swatara, 汕島)호가 호도에 도착하였다. 마건충은 다음 날(3월 26일) 슈펠트와 회담을 갖고 제1관을 거론하여 속방조회로 대체한다는 것을 재확인하였다. 마건충은 속방조회로서도 조회일자를 조인전으로 한다면, 미국이 조약을 체결하기 전에 조선이 중국의 '屬國'이라는 것을 인정하는 것이 되어 '제1관'과 같은 효과를 낼 수 있다고 판단하였던 것이다.[52)]

슈펠트와 속방조회 문제를 재확인한 마건충은 이응준의 권고에 따라 조선 관원들, 특히 그를 예방한(3월 27일) 김홍집과 필담을 나누면서 조약의 조속한 체결과 全權諭旨의 발급을 독촉하는 한편, 속방조회를 설득하는 데 노력하였다. 그리하여 전혀 사실과 다른 발언도 서슴지 않았다. 가령 조선이 중국의 속방이기 때문에 슈펠트는 중국과 조미관계조약을 체결하기를 희망하였다든지, 조선과 '平行相待'하는 데 난색을 표시하고 속방조회를 요청하고 있다는 것이었다.[53)]

---

50) 宋炳基, 위의 책, 262쪽.
51) 宋炳基, 위의 책, 262~263쪽.
52) 宋炳基, 위의 책, 263쪽.
53) 宋炳基, 위의 책, 263~265쪽.

마건충에 의하면 속방조회는, "자주라는 명분을 빌리어 실제로는 속방의 뜻을 밝히는(申明) 것이었다"라고 하였다. 그러나 그것이 갖는 의미가 무엇인지를 모르는 김홍집은 이에 선뜻 동의하였을 뿐 아니라, 미국과 '평행상대'할 수 있는 방도를 일러준 데 대하여 오히려 감사하였다.54)

마건충은 인천행관을 다시 방문하였다(4월 1일). 신헌·김홍집 등의 내방에 대한 답방을 겸하여, 행관 철수 등 그가 취한 강경한 태도로 인하여 생겼을지도 모를 조선 관원들의 반감을 누그러뜨리는 한편 전권유지·속방조회문·조약체결을 독촉하고, 조약초고를 미리 검토하기 위해서였다. 김홍집은 초고에 찬성하였다. 다만 미곡 수출에 난색을 표하고, 그 타협안으로 인천항에 한하여 수출을 금지하도록 수정할 것을 요청하였다.55)

조약의 조속한 체결을 바라고 있던 슈펠트는 조선측의 미곡 금수 요구를 받아들였다. 그러나 마건충은 미곡 문제를 빙자, 김홍집에게 서함을 보내어(4월 2일) 전권유지와 속방조회문을 독촉하였다. 즉 미사가 두 문건을 받으면 미곡 문제를 승낙할 것이라는 것이었다. 김홍집은 곧 마건충을 방문하여(4월 3일) 두 문건을 건네주었다. 속방조회문은 마건충이 초해준 문안을 그대로 베낀 것이었다. 전권 유지도 그가 초해준 그대로였을 것이다.56)

마건충은 김홍집과 약속한 대로 신임장(전권유지)을 교열하기 위하여 4월 4일(양 5월 20일) 오후, 슈펠트와 같이 인천 행관으로 갔다. 슈펠트로서는 신헌·김홍집의 내방(3월 27일)에 대한 답방을 겸한 것이었다. 잠시 동안 김홍집·마건충은 필담을 갖고 조인을 4월 6일에 하기로 결정한 뒤, 양측 대표들은 곧 신임장을 교열하였다.57)

예정대로 4월 6일(양 5월 22일) 濟物浦 연안인 仁川府 花島鎭 萬石洞(現 仁川廣域市 東區 花水洞)에 설치된 帳房에서 양측 대표들은 漢·英文 각 3통의 조약문에 조인하였다. 조인을 마치자 신헌·김홍집은 '約外照會', 즉 속방조회를 슈펠트에게 수교하였다. 그 요지는, 조선은 본디부터 중국의 속방이지

54) 宋炳基, 위의 책, 265쪽.
55) 宋炳基, 위의 책, 265~267쪽.
56) 宋炳基, 위의 책, 267~268쪽.
57) 宋炳基, 위의 책, 268~269쪽.

만 내치 외교는 자주하여 왔으며, 중국의 속방으로서 조선이 갖는 의무는 미국과 아무런 관계도 없다는 것이었다. 일자는 3월 28일, 즉 조약체결전으로 되어 있고, 朝鮮開國年紀와 中國年號를 병기한 것이었다.[58)]

조인을 마친 뒤 마건충은 김홍집·슈펠트 등을 위원함으로 초청하여 오찬을 대접하였다. 조약체결 축하연이었다. 마건충은 틈을 타 김홍집과 필담을 갖고 조약 체결에 대한 국왕의 자문과 관계 문건, 즉 조약문과 속방조회문 등을 청국으로 보낼 것을 요청하였다. 이홍장이 국왕에게 보낸 자문에서 요청한 바를 이행시키기 위한 것이었다. 물론 김홍집은 그렇게 할 것을 다짐하였다.[59)]

한편, 하나부사 요시다다가 반성호로 돌아 온 것은 4월 6일 저녁 때, 마건충이 베푼 조약체결 축하연이 끝난 뒤였다. 하나부사는 다음 날 아침에 마건충을 방문하였고, 이어 슈펠트를 방문하였지만, 이미 조약에 간여할 기회를 잃고 있었다. 그리고 마침 이 날 슈펠트는 마건충 등을 오찬에 초청하였기 때문에 그는 이들과 같이 조약체결의 축배를 들었을 뿐이었다.[60)]

국왕 배알(4월 10일)까지 마친 마건충은 4월 12일 본국으로 回航할 예정이었다. 그러나 그는 조약 체결차 호도에 온(4월 11일) 영국 전권 윌스(Willes, George O.), 뒤이어 온(4월 20일) 프랑스 전권 딜롱(Dillon)과 다시 협상을 시작해야만 하였다. 귀국이 늦어지자 그는 4월 15일 양위함을 烟臺로 보내어 북양대신에게 조미조약 체결 경위를 보고하게 되었다. 4월 5일 진해함을 보내어 보고한 데 이은 두번째 보고였다. 조선 정부도 양위함 편에 이응준을 청국에 파견, 조약체결에 관한 국왕의 자문과 관계 문건, 즉 조약문과 속방조회문 등을 북양아문과 예부로 移咨하였다.[61)]

---

58) 馬建忠, 《適可齋記行》(臺灣 : 文海出版社) 4, 〈東行初錄〉 光緖 8년 4월 6일.
Paulin, *op.cit.*, pp.495~496.
奧平武彦, 앞의 책, 136~138쪽.
金源模, 《韓美修交百年史》(韓國放送事業團, 1982), 119쪽.
宋炳基, 위의 책, 269~270쪽.

59) 宋炳基, 위의 책, 270~271쪽.

60) 宋炳基, 위의 책, 271쪽.

61) 宋炳基, 위의 책, 271~273쪽.

국왕의 자문 및 마건충의 보고를 받은 서리 북양대신 張樹聲(1824~1884)은 곧 〈朝鮮與美國議立和約事竣摺〉을 작성하여(4월 24일) 광서제에게 상주하였다. 그리고 이 날 같은 내용의 서한을 총리아문으로 보냈다. 조미조약의 성공적인 체결을 알리는 장수성의 상주문에는 "조선을 지켜 잃지 않았다(朝鮮守而不失)"는 우리의 주목을 끄는 구절이 들어 있다. 마건충은 그에게 부여된 사명을 충실히 이행하였던 것이다.62)

마건충은 조영조약의 체결(4월 21일, 양 6월 6일)을 주선하면서도 속방 조회에 유의하여 그것을 관철시켰다. 그는 또 호도를 떠나기 전날(4월 22일) 김홍집에게 조선이 앞으로 체결하는 수호통상조약에도 중국이 계속 간여할 뜻을 밝혔다. 그리고 그가 밝힌 대로 청국은 조선의 조약체결에 계속 간여하였다. 그리하여 속방조회는 이행되었으며, 그 조회문은 조약문과 함께 북양아문과 예부로 이자되었다.63)

한편, 중국측의 견해와는 달리, 슈펠트는 속방조회가 특별한 정치적 의미나 구속력을 갖는 것이라고 생각하지 않았다. 이 점은 미국 정부도 마찬가지였다. 미국측은 속방조회에 포함되어 있는 서로 모순되는 두 내용, 즉 조선은 중국의 속방이라는 것과 내치·외교를 자주하여 왔다는 것 중 후자를 더 중시하고 존중하였던 것이다.64)

이러한 미국측의 견해는, 고종 20년(1883), 4월(양 5월)에 초대 공사로 부임한 푸트(Foote, Lucius H.)편에 보내 온, 조선 국왕의 속방조회에 대한 아더(Arthur, Chester A.) 대통령의 다음과 같은 회답국서에 잘 나타나 있다.65)

---

62) 《淸季中日韓關係史料》 2 (臺灣 : 中央硏究院 近代硏究所, 1972), 606~609·666~668쪽.
張樹聲, 《張靖達公(樹聲)奏議》 6(臺灣 : 文海出版社), 〈朝鮮與美國議立和約事竣摺〉.
宋炳基, 위의 책, 273~274쪽.
63) 宋炳基, 위의 책, 271~273쪽.
64) 奧平武彦, 앞의 책, 138~141쪽.
宋炳基, 위의 책, 280쪽.
65) 《舊韓國外交文書 美案 1》(高麗大亞細亞問題硏究所, 1967), 18~19쪽.

조선과 중국과의 관계는 미국 商民의 활동에 지장을 주지 않는 한 관여하지 않을 것이다. 미국은 귀 군주가 내치 외교와 통상을 자주하고 있음을 잘 알고 있다. 국회는 조선과의 수호에 동의하였으며, 본인도 이를 비준하였다. 조선이 자주국이 아니라면 미국은 조약을 체결하지 않았을 것이다.

조선측에서 조미조약 체결을 주도한 인물은 국왕 고종이었다. 그리고 척족을 대표하는 閔泳翊(1860~1914)과 김홍집·어윤중·김윤식 등 우리가 온건개화파라고 부르기도 하는 소장 관원들이 중요한 구실을 하였다. 한편, 역관 이응준·변원규·이용숙, 개화승 이동인(중도 탈락)·탁정식 등이 청국측과의 연락을 담당하였다. 국왕이나 이 소장 관원들은 장차 있을지도 모를 러시아의 침략이라고 하는 국가적 위기에 직면하여 개화·자강정책도 추진하였지만, 미국 등과 조약을 체결하여 한반도에서의 세력균형을 이룩함으로써 이에 대처하려고 하였던 것이다.[66]

그러나 국왕이나 이 소장 관원들이 생각한 세력균형이란 전통적인 조청관계의 유지를 전제로 하는 것이었다. 그들은 청국의 비호를 받는 가운데 미국 등과 조약을 체결하여 위기를 극복해 나가려고 하였던 것이다. 그렇기 때문에 그들은 청국측에서 속방문제를 거론하여도 이상스럽게 생각하지 않았고, 그 의도하는 바가 무엇인지를 살펴보려고 하지도 않았다.[67] 그리하여 고종 19년(1882) 8월에 체결된 〈中國朝鮮商民水陸貿易章程〉 前文에 '屬邦'을 명문화하는 데도 동의하였던 것이다.

〈宋炳基〉

66) 宋炳基, 앞의 책, 281쪽.

67) 가령 문의관 어윤중·이조연 등이 김윤식과 같이 4월(1882) 3일 津海關署에서 津海關道 주복과 筆談하는 가운데 어윤중이 "大敎大然 然中(魚允中)等雖愚 豈可不知此理 當以往日所言告之 頃往遊日本也 日人以獨立指本邦 中大言折之曰 爲自主則可 獨立則非也 有大淸焉 自來奉正朔修侯度 何可曰獨立 彼乃不復言 至膽於日報矣"라고 밝히고 있다(《淸季中日韓關係史料》 2, 593쪽 ; 金允植, 《陰晴史》, 133쪽).

4. 유럽 각국과의 조약체결

1) 한·영 수호통상조약의 체결

朝鮮과 英國의 접촉은 영국군함 프로비덴스(Providence)호가 1797년 元山近海를 지나면서 원산만을 그 함장의 이름을 따서 브로우튼 만(Broughton Bay)이라고 명명할 만큼 일찍 시작되었다. 1861년 영국은 조선과의 관계수립을 모색하여 일본을 통해 釜山의 倭館貿易에 개입했으며, 부산에서 군대주둔권을 요구하기도 하였다. 1866년에는 청국정부에 조선과의 통상관계를 알선해줄 것을 요청하는 한편 독일인 오페르트(Oppert)를 渡韓시켜 조선정부와 협상을 주선토록 하기도 하였다.[1)]

1875년 일본군함 雲揚號가 강화도를 포격하면서 한일관계가 긴박해지자 주일 영국공사 파크스(H. Parkes)는 본국정부에 대해 전략적 요지인 巨文島(Port Hamilton)를 즉시 점령할 것과 조선과 통상관계를 수립할 것을 권고하였다.[2)] 당시 일본은 조선이 경제적으로 매우 가난하여 무역에 대한 전망을 비관적으로 평가하였다. 그럼에도 불구하고 파크스는 일본의 평가보다 조선을 훨씬 좋게 생각하였다.[3)]

그러나 영국의 對韓修交는 러시아와의 관계에 의해서 크게 영향을 받아 영국정부는 自重論을 펴며 한동안 정관하는 태도를 보였다. 그 이유는 영국의 대한수교가 자칫 러시아의 조선 침략을 촉진시킬 수 있으며, 따라서 유럽의 한 강대국이 조선과 조약을 체결하려고 할 때 그 나라와 협력하여 조약을 체결하는 것이 바람직하다고 판단하였기 때문이다. 또한 영국은 당시 러시아와 터키간의 전쟁(1877)도 피하려고 노력하고 있었기 때문에 러시아를

---

1) 송정환, 《러시아의 조선침략사》(汎友文庫 98, 1990), 32쪽.
한·영간의 초기 접촉에 관해서는 李瑄根, 《韓國史 最近世編》(을유문화사, 1981), 746~752쪽.

2) 廣瀨靖子, 〈日清戰争前のイギリス極東政策の考察〉(日本國際政治學會, 1974).

3) F. C. Jones, *Foreign Diplomacy in Korea*, 1866~1894(Unpublished, Ph. D. Dissertation, Harvard University, 1935), p.159.

자극하지 않는 것이 좋다고 생각하였다.[4)]

1880년 伊犁문제로 인한 러·청간의 전쟁위협은 다시 조선을 주목의 대상이 되게 하였다. 1881년 駐淸 英國公使 웨이드(Sir Thomas Wade)는 본국으로부터 조선과 조약을 체결하도록 청국이 협조를 해 줄 것인지를 청국정부에 알아보도록 훈령을 받자 "러시아가 봄에 조선에서 어떤 항구를 점령할 것이라고 생각된다" 는 전문을 보냈다.[5)] 웨이드는 "어떤 한 강대국, 특히 영국이 조선에 간섭한다는 것은 이로부터 위협을 느끼는 러시아의 공격을 촉진시키게 될 것"이라고 생각했다.[6)] 뿐만 아니라 러·청간에 전쟁이 일어나면 러시아는 만주와 조선에 개입할 것으로 인식되었다.[7)]

이러한 상황 가운데서 제2차 그래드스톤(Gladstone) 내각의 외상인 그랜빌(Granville)은 러시아의 조선병합 가능성에 대비하기 위하여 조선과 조약을 체결하는 것을 고려하였다. 그러나 영국은 이번에도 러시아를 자극하지 않기 위해 신중한 태도를 취하면서 미국의 슈펠트(Shufeldt)제독의 사명을 지켜보는 입장을 택하였다.[8)]

영국은 조선과 국교관계를 수립하기 전에 이미 조선과 간접무역을 하고 있었으며 영국의 면제품은 上海에서 나가사키(長崎)로 와서 부산으로 수출되고 있었다. 1877~1878년 사이 부산에서 일본이 이룩한 거래액을 보면 1877년의 무역총액은 299,039圓(1圓은 1$에 해당)이었고, 일본의 수출액은 85,295圓이었다. 그 수출품의 대부분은 영국제 상품이었다.[9)]

또 1878년 전반기수입을 보면 일본상품에 대한 조선측의 수요는 下降을 나타냈으나 다른 외국 상품의 수요는 증가를 보였으며, 101,985圓의 총수입 가운데 69,663圓이 외국상품, 특히 영국의 면제품이었다.[10)] 영국의 對韓 직거래로서는 1883년 영국의 怡和洋行(Merrs. Jardine, Matheson & Co.)이 제물포에

---

4) 위의 책 166쪽.
5) 우철구, 〈19C 후반 영국의 對韓政策〉(《國史館論叢》 44, 1993), 58쪽.
6) E. V. G. Kiernan, *British Diplomacy in China*, p.79.
7) A. Chéradame, *Le monde et la guerre russo-aponaise*(Paris, 1996), p.74.
8) F. C. Jones, *op.cit.*, p.232.
9) F. C. Jones, *ibid.*, p.165.
10) 위와 같음.

서 무역을 하였고 牛皮貿易 및 鑛務·船運事業에도 종사하였다.[11]

한·미 수호통상조약이 체결되었다는 소식이 天津에 전해지자(1882. 5. 26) 당시 천진에 와있던 영국공사 웨이드는 즉시 李鴻章을 방문하여 조선과의 교섭을 알선해 줄 것을 부탁하였다. 이홍장은 영국이 한미조약의 내용과 본질적으로 동일한 것을 원한다면 협조할 것을 약속하고 조선에 체재중이던 馬建忠에게 소개장을 써 주었다.

웨이드공사는 아시아함대 사령관 윌스(George Ormumaney Willes)제독을 조선으로 파견하였다. 그는 神戶領事 아스톤(Aston)과 통역 모드(Maude)를 대동하고 군함 비질란트(The Virgilant)호로 일본 나가사키에서 출발하여 5월 27일 제물포에 도착하였다. 그리고 5월 30일(음 4월 14일)에는 조선측 全權大官 趙寧夏, 副官 金弘集이 마건충과 함께 윌스를 찾아가 한영조약 속에 속방문제를 삽입할 것을 주장하였으나 윌스는 본국정부의 훈령이 있어야 한다고 거절하였다. 따라서 양측은 한미조약의 경우처럼 照會로 대치하기로 합의를 보았다. 윌스는 번역관이 上海에서 도착하는 것을 기다려 조문을 정리한 후 조인하고자 하였다. 그러나 6월 5일 갑자기 天津 주재 프랑스 영사 딜롱(Dillon)이 군함을 타고 역시 청국정부의 소개장을 갖고 한국에 나타났다. 따라서 윌스는 프랑스에 뒤질까봐 서둘러 6월 6일 한·영 수호통상조약을 조인하였다.[12]

그러나 영국정부는 이 조약을 비준하지 않았다. 뿐만 아니라 같은 해 6월 조선과 수호통상조약을 조인한 독일정부에게도 조약비준을 거부하게 하였다. 영국정부가 비준을 하지 않은 이유는 다음과 같다. 첫째, 조선이 개혁되는 대로 치외법권을 폐지한다는 약속을 영국이 해준 것으로, 이는 단지 영국과 조선간의 문제가 아니라 일본·청국에도 영향을 줄 수 있는 것으로 생각했기 때문이다.[13] 둘째, 관세와 톤(噸)稅의 율이 매우 높다는 점이다. 영국은 최고 30%의 관세를 승인하였다. 셋째, 1842년 南京條約에서도 규정하지 않은 아편수입금지를 인정한 점과, 넷째, 마건충의 권고에 따라 조선측이 영국여왕의 칭호와 함께 인도황제라는 문구를 조약에 삽입하는 것을 거절함으로써

11) 韓沽劤,《韓國開港期 商業硏究》(一潮閣, 1970), 96쪽.
12) 李光麟,《韓國史講座》V 近代篇(一潮閣, 1981), 113쪽.
13) Kiernan, *op.cit.*, pp.101~102.

영국여왕을 조선왕과 同列에, 그리고 청국황제보다 하위에 서게 함으로써 영국여왕을 모독했다는 점을 구실로 삼았다.[14)]

한영조약이 아편수입금지와 高率의 관세를 규정한 내용이 알려지자 런던(London)의 상공회의소는 외무성 앞으로 항의문을 보내고 이러한 조약내용은 영국의 자유무역의 이익을 해친다고 반대하였다.[15)] 따라서 영국은 조약비준을 유보하고 나가사키 주재영사 아스톤을 한국에 파견하여 비준교환을 연기시킨 후 조약의 修正을 도모하였다.

한편, 壬午軍亂의 처리문제로 조선정부가 파견한 朴泳孝·金玉均·閔泳翊 등 修信使 일행의 일본방문은 영국측에게 조약의 수정을 위한 협상가능성을 타진할 수 있는 기회를 제공하였다. 파크스와 아스톤 서기관은 1882년 10월 16일 민영익과의 회담을 위시하여 10월 23일과 11월 25일에는 박영효·김옥균 등과 일련의 회담을 가졌다. 이 때 파크스는 영국정부가 윌스조약의 모든 조건을 다 받아들이기가 어렵다는 사실을 시사하였다.[16)] 이에 대해 박영효가 "만일 한국이 조약개정을 바란다면 이는 韓英 양국정부에 의해 직접 논의되어야 할 것"이라고 말하자, 영국은 조약수정이 가능할 것으로 판단하였다.[17)] 당시 박영효 등 개화파 인사들은 임오군란 이후 청국의 조선간섭을 배제하기 위하여 구미세력을 끌여 들여 조선의 자주·독립을 모색해 보고자 하였으나 이러한 의도는 오히려 파크스에 의해 역이용 당하였다.[18)]

일단 영국측은 1883년 1월 9일 박영효 등이 귀국한 뒤 5월에 아스톤을 조선에 파견하여 한·영, 한·독 수호통상조약의 비준교환시기를 1883년 12월 3일 이내로 연기하기로 정정 조인하였다.[19)]

그 후 駐淸公使로 전임된 파크스는 1883년 10월 27일(음 9월 27일) 全權大臣으로서 서울에 도착하여 조선측 전권대신 민영목과 더불어 협상을 하였다.

14) F. C. Jones, *op.cit.*, p.313.
15) F. C. Jones, *ibid.*, p.348.
이광린, 앞의 책, 115쪽.
16) 최문형, 〈韓英修交와 그 歷史的意義〉(《韓英修交100年史》, 韓國史硏究協議會, 1984), 56쪽.
17) 최문형, 위의 글, 57쪽.
18) 이광린, 앞의 책, 116쪽.
19) 이선근, 앞의 책, 754쪽.

이 때 조선측은 청국의 알선을 배제하고 영국측과 직접 협상하였다. 결국 개정된 한・영 수호통상조약은 1883년 11월 26일(음 10월 27일) 조인되었고,[20] 비준은 1884년 4월 28일 督辦交涉通商事務 金炳始와 영국측 전권 파크스 사이에 교환되었다.

한영조약은 全文 13조의 한・영 수호통상조약과 부속통상장정 및 稅則章程 善後續約 3款들로 구성되었다. 한영조약을 한미조약과 비교하면 체제상으로는 한미조약을 모방하였으나 실질적인 권익면에서는 한일조약에 따라 영국의 이익을 최대한 보장하였다. 거중조정에 관한 부분에서 한미조약 제1조는 "원만한 타결을 가져오도록 주선을 다함으로써 그 우의를 표한다"고 한데 비해 한영조약에서는 "타협을 초래하기 위하여 조정에 노력한다"고 고쳤다. 치외법권의 경우 한미조약이 "日後에 조선의 법률과 재판절차를 수정 및 개정하여 미국의 것과 일치하게 되면 철폐한다"고 규정한 대신 한영조약은 "영국신민이 조선에서 어떤 죄를 범하면 영국 재판당국은 영국법률에 준거하여 이를 재판하여 처벌한다"고 하였다(제3조). 또 영국군함은 개항장 여부를 불문하고 조선 국내 어디든지 정박할 수 있고, 또한 선원의 상륙을 허용할 것을 규정하였다(제8조).

관세율은 윌스조약이 물품에 따라 10%에서 30%의 관세를 규정한 것을 5%에서 20%까지로 인하하고, 영국 수출무역의 大宗이던 綿製品은 7.5%로 정하였다. 조약의 유효기간은 한미조약의 경우 5년으로 규정한데 비해, 한영조약은 10년으로 하였다. 외교대표의 경우 駐淸公使인 파크스가 1884년 3월 7일(음 고종 21년 2월 10일) 朝鮮駐箚公使의 직까지 겸임하였으며 미국의 경우처럼 전권공사(Minister Plenipotentiary)를 서울에 파견하지 않고 아스톤을 총영사의 직위로 하여 서울에 상주시켰다.

아편전쟁 이후 영국과 청국간에 南京條約(1842)이 체결된 이래 구미열강들이 동양의 여러 국가들을 상대로 체결한 修好通商條約은 불평등조약이었다. 불평등조약의 핵심내용은 바로 치외법권, 관세자주권 결여 및 최혜국조항(Most Favoured Nation's Claues)이었다. 영국을 비롯한 19세기의 제국주의 열

20) 《舊韓末條約彙纂》 中, 311쪽.

강들은 이 불평등조약을 법적 근거로 하여 상품을 교역하고 원료를 공급받도록 하였다. 따라서 영국은 윌스가 체결한 한영조약이 동양에 있어서 영국의 통상교역에 불이익을 가져오고 다른 나라와의 통상에 나쁜 선례를 남길 수 있다는 고려에서 이를 비준하지 않은 것은 불평등조약에 근거한 전형적인 자본주의 침략의 성격을 보여주는 것이다.

2) 한·독 수호통상조약의 체결

문헌상 독일이 조선에 처음으로 소개된 것은 1614년 간행된 《芝峯類說》에서이다.[21] 그 후 1866년 3월 오페르트(Ernst Jacob Oppert)가 로나(Rona)호로 來韓하여 통상을 시도했으나 거절당하고, 같은 해 8월 6일 다시 엠페러(Emperor)호를 타고 와서 통상을 요구했으나 역시 실패했다. 1868년에 오페르트는 차이나(China)호를 타고 프랑스 신부 페론(Féron)과 미국인 젠킨스(Jenkins)를 대동하고 3번째로 入國하여 아산만의 南延君墓를 도굴하려 하였다. 1870년 5월 3일 駐日代理公使 브란트(Brandt)는 군함 헤르타(Hertha)호에 탑승하고 부산에 와서 통상교섭을 시도하였으나 거절당하자 空砲로 위협사격을 가하고 일본으로 돌아갔다.[22] 그 이듬해 4월 독일상선이 항해 도중 백령도에 표류하여 중국으로 돌려보낸 사건이 있었으나 별다른 교섭은 없었다.[23]

잘 아는 바와 같이 독일은 1871년 비로소 민족통일을 완성한 후 1880년대까지 대외적으로는 유럽 중심의 大陸保障政策에 치중하였고 대내적으로는 경제발전에 전력을 기울임으로써 해외로 진출할 경제적·군사적 여유가 없었다. 따라서 독일은 한반도 진출에 그다지 적극적인 관심을 나타내지 않았다.

그러나 1882년 5월 한국과 미국간에 修好通商交涉이 진행되자 독일도 한국과의 수호통상교섭을 시도하였다. 독일은 한미수교가 이루어지기 1개월 전에 주일 브란트공사를 全權大臣으로 임명하고 독일황제 빌헬름 I 세(Wilhelm

21) 李泰永, 〈韓獨修好通商條約의 成立〉(《韓獨修交100年史》, 1984), 31쪽.
22) 국사편찬위원회, 《高宗時代史》 一, 고종 7년 5월 4일, 492쪽.
23) 《通文館志》 권 11, 紀年續編, 今上 8年 辛未.
李泰永, 앞의 글, 33쪽.

Ⅰ)는 1882년 4월 조약체결을 바라는 친서를 보냈다.

한국과의 조약체결을 위해 브란트공사는 미국, 영국의 경우와 마찬가지로 이홍장의 알선을 받고자 하였다. 그 준비로서 브란트는 上海로 가 슈펠트(Schufeldt)제독을 만난 후 북경으로 돌아와 독일정부가 보낸 전권 위임장과 훈령을 가지고 이홍장을 만나기 위해 天津으로 갔다. 그때 이홍장은 母喪中이어서 그는 대신 兩廣總督 張樹聲을 만났다. 그는 淸國官理가 조약체결에 입회하고 또 한·미, 한·영조약과 동일한 조약으로 한다는 조건하에 조약체결을 알선해 주겠다는 약속을 받았다.[24] 청국이 독일을 조선과 조약을 맺도록 한 것도 미·영의 경우와 마찬가지의 외교책략임은 잘 알려진 사실이다.

브란트는 청국의 소개장을 가지고 독일 아시아함대 사령관 폰 블랑(von Blanc)제독과 함께 1882년 6월 18일(음 5월 3일) 芝罘를 떠나 한국으로 향하였다. 그들은 군함 스토쉬(Stosch)호와 砲艦 울프(Wolf)호를 타고 6월 20일(음 5월 5일) 濟物浦의 月尾島에 도착하였다.[25] 또 청국의 馬建忠과 丁汝昌이 한·독간의 조약체결을 돕기 위해 청국군함 '威遠'호를 타고 6월 23일 한국으로 왔다.[26]

한편 조선정부는 趙寧夏를 全權大臣, 金弘集을 副官으로 삼아 이들로 하여금 교섭을 담당하도록 하였다. 그리고 從事官에 李祖淵, 伴接官에 趙準永을 차출하였다.[27] 조영하를 비롯한 조선측 대표들은 6월 27일 마건충의 안내로 月尾島에 정박중인 독일군함으로 브란트 전권을 예방하고 서로 전권위임장을 교환한 후 교섭을 시작하였다. 그 후 3일 동안의 교섭 끝에 1882년 6월 30일 14개조로 된 한·독 수호조약이 체결되었다.

그러나 이 조약은 한영간에 체결된 윌스조약처럼 비준교환되지 못하였다. 브란트는 이 조약의 비준교환이 늦어질 것을 예측하고 별도의 照會로 비준교환에 앞서 독일상인이 한국에 오게되면 다른 나라 상인과 동등하게 무역행위를 허용해 줄 것을 요청하였으며 한국측도 이를 승인하였다.[28]

---

24) 李瑄根, 앞의 책, 759쪽.
25) 李泰永, 앞의 글.
26) 李普珩, 〈歐美諸國에 대한 通商修好條約締結〉(《한국사》 16, 국사편찬위원회, 1975), 231쪽.
27) 李瑄根, 앞의 책, 759쪽.

브란트가 체결한 한독조약이 비준되지 못한 까닭은 윌스가 체결한 한영조약에 불만을 품은 영국이 독일에 대해 보다 유리한 조건의 조약으로 개정하기 위하여 영국과 공동보조를 취할 것을 요구했기 때문이다. 따라서 독일측은 駐日독일공사 된호프(Dönhof)의 명의로 1883년 12월 31일까지 비준연기를 요청하였다. 그리고 1883년 3월 31일자로 독일황제는 자페(Zappe, 擦見)를 한·독 수호조약체결의 全權大臣으로 임명한다는 통보를 보냈다.[29]

전권대신 자페는 독일군함 라이프찌히(Leipzig)호를 타고 인천에 도착하여 영국전권 파크스와 합의를 한 후 그와 함께 상경하여 새로운 조약초안을 작성하였다.[30] 이들은 10월 30일부터 11월 2일까지 초안을 정리하여 11월 3일(음 10월 4일) 조선정부에 제출하였다. 조선정부는 總理交涉通商事務衙門督辦閔泳穆을 전권대신에 임명하여 자페와 협상케 하였다.

이 협상에 청국측은 표면에 나타나지 않고 당사국인 한독간에 교섭이 진행되었다. 그러나 滯韓中이던 吳長慶과 마건충은 뒤에서 도와주었다. 이홍장은 통상이나 稅則事項은 한국이 자주적으로 처리할 수 있으나 그 외의 일은 청국과의 照會정신에 위배됨이 없어야 할 것이라는 서신을 보낸 바 있다.[31]

민영목과 자페 兩全權은 한달 동안의 협상을 전개하여 1883년 11월 26일(음 10월 27일) 수정된 한독조약을 체결하였다. 이 조약은 한·독 수호조약 13개조와 부속통상장정 및 선후속약으로 되어있다.[32] 비준교환은 1884년 11월 18일(음 10월 19일) 한국측 전권 김홍집과 독일측 전권 젬브시(Zembsch ; 曾額德)사이에 이루어졌다.[33] 그리고 젬브시는 초대 주한 독일총영사로 임명되었다.

독일은 한국과의 수교과정에서 총영사를 파견하여 조약을 조인·비준케 하였고, 서울에 상주시킨 대표 역시 영국의 경우와 마찬가지로 총영사의 직급이었다. 이 점에서 본다면 독일 역시 청국의 對韓宗主權을 시인하는 입장을 취했다.[34]

---

28) 위와 같음.
29) 《舊韓國外交文書》 德案 문서번호 9, 6~7쪽.
30) 《高宗時代史》 二, 고종 20년 9월 27일, 505~506쪽.
31) 李普珩, 앞의 글, 223쪽.
32) 《高宗時代史》 二, 고종 20년 10월 27일, 514쪽.
33) 《高宗時代史》 二, 고종 21년 4월 3일, 595쪽.

3) 한·러 수호통상조약의 체결

韓露 양국이 국경을 접하게 된 것은 1860년 露淸간에 체결된 北京條約에 의해서다. 1854년 이미 영흥만을 측량하고 조선에 대해 관심을 보이던 러시아는 국경을 접하게 된 이후 더욱 빈번하게 두만강을 넘어서 또는 海路를 통해 조선과의 통상수교를 요구하였다. 그러나 당시 대원군 집정하에서 쇄국정책으로 일관한 조선정부는 이를 완강하게 거절하였다.

이 당시 러시아의 한반도 진출기도는 不凍港獲得을 목적으로 한 것으로 인식되고 있다. 러시아는 본국과 아시아領과의 연결이 육로교통의 험준한 장애 때문에 주로 해로에 의존할 수밖에 없었고 따라서 부동항은 필수적이었다. 대서양과 지중해를 통한 진출이 좌절된 후 러시아는 일단 대마도를 고려했으나 영국의 방해로 실패하였다. 따라서 러시아가 한반도에 관심을 갖게된 것은 자연스러운 결과였다. 그러나 러시아측은 한반도 접근에 신중했다. 왜냐하면 영국과 청국이 강한 의혹의 눈길로 주시하고 있었기 때문이다. 게다가 러시아는 이 목적을 달성할 만큼 군사력이 충분하지 못하였다. 1888년까지 연해주 주둔병력은 常駐 코사크를 제외하고는 15만 명에 불과하였다.[35] 또한 조선측의 러시아에 대한 공포증도 매우 컸다. 대원군 집정기간에 야기된 병인양요도 러시아의 수호·통상요구로 인해 야기되었다. 1876년 조선이 개국된 이후에도 조선정부는 러시아에 대한 공포감과 기피증을 가지고 있었다. 그 가장 큰 이유중의 하나는 영국의 사주를 받은 청국과 일본이 조선으로 하여금 러시아를 두려워하도록 만듦으로서 러시아에 대한 경계심을 갖도록 했기 때문이다. 1880년 수신사 김홍집이 日本使行 때 주일청국공사관 黃遵憲은 러시아의 탐욕과 침략성을 강조하고 그에 대응하기 위하여 '親中國', '結日本', '聯美國'하여 '防俄'할 것을 권고하는 〈私擬朝鮮策略〉을 그에게 주었다. 일본도 또한 기회있을 때마다 조선에 대해 防俄的 태도를 촉구하였다.[36]

---

34) 李普珩, 앞의 글, 233쪽.

35) 崔文衡, 〈韓露修交의 背景과 經緯〉(《韓露修交 100年史》, 韓國史硏究協議會, 1984), 59쪽.

그러나 조선이 러시아에 대한 공포감으로부터 벗어나 양국이 근접할 수 있는 몇 가지 계기가 마련되었다. 그 하나는 고종과 개화파인사들이 청국의 간섭을 배제하고 자주독립을 유지하기 위한 노력의 일환이다. 즉 조선이 미국과 수호통상조약을 체결한 후 가장 절실하게 느꼈던 점은 청국의 간섭으로부터 벗어나 자주·독립을 이룩하려는 열망이었다. 그러한 열망은 임오군란 이후 청국이 보다 적극적으로 간섭하여 오자 구미세력을 끌어들여 세력균형을 이룸으로써 가능하다고 생각하여 미국·영국·독일뿐만 아니라 공포와 증오의 대상이던 러시아·프랑스와도 수교를 해야 한다고 인식한 점이다.[37] 게다가 고종이 가지고 있던 미국과 영국에 대한 기대도 실망으로 바뀌면서 친러방향으로 기울어지지 않을 수 없었다.

둘째는 1883년 해관창설과 外部顧問의 임무를 띠고 조선정부에 초빙되어 온 묄렌도르프(P. G. von Möllendorff, 穆麟德)의 친러정책이다. 묄렌도르프는 이홍장이 추천·파견한 親淸인물로서 조선에서 일본세력의 성장을 견제하고 동시에 러시아 세력의 침투를 저지시키는 것이 목적이었다. 그러나 그는 부임한 후 친러정책으로 전환하였다. 그가 外部(總理衙門)의 고문으로 취임하여 느낀 것은 조선에 미치는 청·일의 정치적 세력이 너무 강대하여 그것이 조선의 자주·독립을 저해한다고 판단했고 따라서 조선은 러시아에 의지해야 한다고 생각했다.[38] 그가 러시아세력을 조선에 끌어들인 데에는 그의 조국 독일로부터 권고를 받았다는 주장을 설득력 있는 것으로 보는 견해도 있다.[39] 여하튼 그는 적극적으로 한·러 수호통상조약을 추진하였다. 나아가 국왕에게 러시아 군사교관을 초빙토록 획책하였으며 그 대가로 元山灣을 러시아에 제공하는 밀약을 도모하기도 하였다.[40]

셋째, 閔泳翊을 중심으로 한 세력도 러시아에 대한 새로운 인식을 하게 되

36) 禹澈九, 〈露·日 戰爭前 韓國의 北方關係(1898~1903)〉(한국정치외교사학회 편, 《한국정치외교사학회논총》 6, 1989), 132쪽.

37) 이광린, 《開化黨硏究》(一潮閣, 1973), 45~49쪽.
최문형, 앞의 글(1984), 66쪽.

38) 高柄翊, 〈穆麟德의 手記〉(《震檀學報》 24), 166~167쪽.

39) 崔文衡, 앞의 글(1984), 68쪽.

40) 禹澈九, 앞의 글(1989), 133쪽.

었다. 즉 遣美使節로서 세계일주를 하고 돌아온 민영익은 "러시아의 강대함이 경탄을 마지못할 정도이며 조만 간에 러시아의 세력이 한반도에도 미칠 것이니 조선은 러시아의 도움을 받는 것이 상책"이라고 건의하였다.[41)]

한·미 수호통상조약이 체결되었다는 소식에 청국주재 러시아공사는 즉시 이홍장에게 주선을 요청했으나 이홍장은 이를 거부하였다. 따라서 조선과의 조약체결의 임무를 맡은 천진 주재 러시아 영사 웨베르(K. I. Carl Waeber)는 이홍장이 추천, 파견하는 묄렌도르프에 착안하고 그가 부임하기 전 벌써 그를 찾아가는 기민성을 발휘하였고,[42)] 마침내 그를 설득하여 조약을 체결하게 되었다. 당시 조선정부는 이홍장이 파견한 묄렌도르프의 행동을 중시하였다.[43)]

조선정부는 外務督辦 金炳始를 전권에 임명하여 러시아전권 웨베르와 회담한 결과 1884년 7월 7일 13조로 된 한·러 수호통상조약과 3조의 부속통상장정·세칙·세칙장정 및 善後續約에 조인을 완료하였다. 그리고 1885년 10월 6일(음 고종 22년 8월 28일) 웨베르는 러시아 대리공사겸 총영사의 자격으로 서울에 와서 10월 14일 外務督辦 金允植과 한러조약의 비준을 교환하였다. 조약의 체제와 내용은 한영조약과 비슷하며 영국의 경우처럼 러시아의 군함도 조선의 모든 항구에 자유롭게 입항하도록 규정하였고 조선영해의 측량, 海圖의 작성 등을 허여하였다. 치외법권 및 관세의 규정도 한영조약과 같았다.[44)]

그 후 1888년 9월 20일(음 7월 13일)에는 韓露陸路通商章程이 체결되었고 그 결과 함경도의 慶興이 새로운 開市場으로 지정되었다. 이 때 한국측 전권은 趙秉式, 러시아측 전권은 웨베르였다.[45)]

---

41) 林毅陸, 《金玉均傳》(上) 昭和 19年, 282쪽.
42) F. O. 17/900 No. 14. the most confidential, Grosvenor to Granvielle(Peking, November 25, 1882.)
43) 李瑄根, 앞의 책, 767쪽.
44) 《舊韓末條約彙纂》 下, 4~42쪽.
45) 《高宗時代史》 三, 고종 25년 7월 13일, 30쪽.

4) 한 · 불 수호통상조약의 체결

한불관계는 프랑스 선교사의 선교활동으로 인하여 서양의 다른 어느 나라보다 일찍 시작되었다. 즉 프랑스 선교사들은 1836년부터 조선에 진출하였다.[46] 그러나 선교사들에 의한 천주교 傳敎活動으로 말미암아 조선에서는 선교사 및 조선인 교도들에 대한 박해가 있었고 1866년에는 9명의 프랑스 선교사를 처형함으로서 韓·佛 양국간에 무력충돌을 야기한 로즈(Roze)제독의 강화도 원정이 단행되기도 하였다.

1866년 로즈사령관의 강화도 원정 이후 프랑스는 당분간 조선에 대하여 특별한 관심을 표명하지 않았다. 그 이유는 당시 프랑스가 멕시코 원정에서 실패하였고, 나폴레옹 3세 자신도 나이가 들고 병을 앓았을 뿐만 아니라 漸增하는 北獨逸聯合勢力에 대처하여야만 하는 입장에 처하였다.[47] 따라서 제너럴셔먼(General Sherman)호 사건을 계기로 미국이 프랑스에 대해 조선에 대한 共同遠征을 제의했을 때에도 프랑스는 이를 거절하였다. 뿐만 아니라 조선원정문제로 駐淸 프랑스 대리공사였던 벨로네(Bellonet)가 물러나고 랄르망(Lallemand) 공사가 1867년 5월에 駐淸 프랑스 공사로 부임하여 또 다시 본국정부에 대해 조선원정을 강조하였으나 이것도 묵살되었다.[48]

1880년대에 들어오면서 이홍장은 한국으로 하여금 미국·영국 등 서양열강과 조약을 체결할 것을 권고하였다. 그러나 이홍장은 프랑스가 한국과 수호·통상조약을 체결하는 데에는 비협조적이었을 뿐만 아니라 오히려 방해하는 태도를 취하였다. 즉 1882년 5월에 조선이 미국과 수호통상조약을 체결하자 天津駐在 프랑스 공사 딜롱(Dillon)은 1882년 6월 5일 조선과의 조약체결을 위해 인천에 도착하였다. 그는 윌스 제독과 마찬가지로 이홍장의 편지를 휴대하고 왔다. 이홍장은 딜롱이 소개장을 요구하자 마지못해 써주기는

---

46) 崔奭佑, 〈韓佛條約체결 이전의 양국관계〉(《韓佛修交 100年史》, 韓國史硏究協議會, 1986), 1쪽.

47) F. C. Jones, Foreign Diplomacy in Korea 1866~1894(Ph. D. Dissertation, Harvard University, 1935), p.30.

48) 禹澈九, 〈淸·日戰爭을 前後한 프랑스와 한국〉(《韓佛修交 100年史》), 134쪽.

하였다. 그러나 결국 韓英條約의 체결을 위해 서울에 와 있던 馬建忠의 방해로 뜻을 이루지 못했다. 마건충은 딜롱에게 조선에서의 천주교 傳敎禁止를 주장함으로써 양국간의 조약체결이 성공하지 못하게 하였다. 전교금지는 통킹문제로 야기된 청·불간의 관계악화로 말미암아 청국측이 한·불간의 조약체결을 방해하는 구실로 이용되었다.[49] 마건충의 방해로 고종은 딜롱이 한불조약의 체결을 위해 한국에 온 사실조차 모르고 있었다고 한다.[50]

그 후 1886년 6월에 꼬고르당(George Cogordan)이 전권의 자격으로 조선과 수호통상조약을 체결하기 위해 한국에 왔다. 이때는 시기적으로 고종이 가급적 청국의 영향력에서 벗어나 주권국가로서 발돋움하기 위하여 온갖 노력을 기울이던 시기로서 조선측은 꼬고르당 전권을 맞이하여 김윤식을 전권에 임명하여 적극적으로 조약체결을 교섭케 하였다.

조약협상과정에서 원세개와 밀접한 관계에 있던 김윤식은 金晩植으로 교체되었다. 김윤식은 親淸人物이며 당시 조선의 '감국대신' 노릇을 하던 袁世凱와 밀접한 관계를 맺고 있었으므로 그의 교체는 중요한 의미를 지닌다고 보아야 할 것이다. 즉 그것은 조선이 프랑스와 조약을 체결함으로서 청국 또는 원세개의 영향력을 배제코자 하는 노력으로 보아야 할 것이다. 조선정부는 4월 16일(음)자로 김만식을 전권대신으로 임명하고 데니(O. N. Denny, 德尼)를 그와 함께 조약체결을 商辦케 하였다.[51]

이에 앞서 프랑스 전권 꼬고르당이 한·불 수호통상조약의 체결에 즈음하여 淸總理交涉通商事宜 원세개를 통하여 天主敎傳敎를 허락하고 敎民을 보호할 것을 요청하여 오자 김윤식은 예부터 禁敎하고 있음을 이유로 이를 허락하지 않았다. 그러나 戚族 閔氏 등은 원세개의 직책이 商務官이므로 商務만을 전념할 뿐 다른 일에 간여할 수 없음을 항의한 적이 있고 이 후 김윤식은 고종에 의해 배척되었다.[52]

한불조약은 청국의 방해에도 불구하고 한국측이 적극적으로 추진하여 성

49) Chine, 1882, Correespondance politique No. 90, le 13 juin, 1882.
禹澈九, 위의 글, 135쪽.
50) 유홍렬, 《조선천주교회사》(조선천주교회 순교자현양회, 1949), 839쪽.
51) 《高宗時代史》 二, 4월 16일, 18, 834쪽.
52) 《高宗時代史》 二, 4월 6일, 831~832쪽.

공을 보게된바 1886년 6월 4일 13개조항으로 된 조약이 김만식과 꼬고르당 사이에 조인되었다. 그리고 이듬해 5월 30일 外務督辨 김윤식과 프랑스全權 꼴랭 드 쁠랑시(Collin de Plancy, 葛林德) 사이에 비준이 교환되었다. 한불조약은 대체로 한·영조약을 모방한 불평등조약으로서 이 역시 치외법권, 영사재판권, 관세자주권의 결여, 최혜국조관 등을 빠짐없이 규정하였다. 그리고 프랑스측은 조약 9조 2항의 '敎誨'라는 말을 천주교 포교를 할 수 있는 것으로 해석하여 전교의 권리를 주장하였고 한국정부도 결국 이를 인정하게 되었다.[53]

5) 기타 유럽국가들과의 조약체결

한국은 이태리와 1884년 6월 26일 13개 조항으로 된 韓伊修好通商條約과 부속통상장정, 세칙 및 세칙장정을 조인하였다. 조선측 전권은 金炳始 외무독판이었으며 이태리 전권은 페르지난드 데 루카(Ferd. de Luca)였고 비준은 1886년 7월 24일 교환되었다.[54] 그리고 1885년 7월 10일 외무독판 김윤식과 이태리 전권으로 水師總兵 엔리코 아치우니(Enrico Acciuni) 사이에 한·이수호통상조약 속약이 체결되었다.[55]

한국과 오스트리아간에는 1892년 6월 23일 13개 조항으로 구성된 韓·墺修好通商條約, 附續通商章程, 稅則, 稅則章程 및 附續約款이 일본 동경에서 조인되었다. 한국측 전권은 駐日公使署理 權在衡, 오스트리아 전권은 비에게레벤(Roger de Biegeleben)이었으며 비준교환은 1893년 10월 6일(음 9월 8일)에 이루어졌다.[56] 照會도 전례와 같이 手交되었다.

한국과 벨지움간에는 1901년 3월 23일 12개 조항으로 구성된 韓·白 修好通商條約, 附續通商章程, 稅則 및 稅則章程이 한국 전권인 外務大臣 朴齊純과 벨지움 전권 레옹 벵까르(Léon Vincart, 方葛)와의 사이에 서울에서 조인되

---

53) 《舊韓末條約彙纂》 下, 87쪽.
54) 《舊韓末條約彙纂》 中, 432쪽.
55) 《舊韓末條約彙纂》 中, 489쪽.
56) 《舊韓末條約彙纂》 下, 152~153쪽.

었고, 10월 17일 비준이 교환되었다.[57]

한국과 덴마크 사이에는 1902년 7월 15일 外務大臣 臨時署理 兪箕煥과 덴마크 대표로 러시아 특명전권공사 파브로프(A. Pavlov) 사이에 서울에서 조인되고 이듬해 8월 11일 비준·교환되었다. 한·벨지움 수호통상조약과 한·덴마크 수호통상조약은 청일전쟁 이후 청국이 한국을 독립국으로 인정한 뒤에 체결되었기 때문에 조회는 수교되지 않았다.[58]

〈禹澈九〉

5. 개항의 역사적 의의

바야흐로 21세기를 맞이한 오늘의 상황은 단순히 연대기상으로 세기말의 전환기에 그치지 않고, 실제로 인류사회의 모습이 크게 바뀌어지는 전환기라 할 것이다. 정치적인 측면에서는 1980년대 후반 동유럽 사회주의권의 해체로 냉전체제가 종식되었고, 경제적인 측면에서는 '세계화'로 표방되는 신자유주의적 세계경제가 전지구화하고 계층별 국가별 격차가 커지는 등 세계사는 새로운 변화의 시기를 맞고 있다. 이른바 '세계화시대'의 도래로 개인과 집단, 나아가 국가와 민족의 역사전개 과정이 단순히 개인과 개인, 집단과 민족 내부 성원간의 관계로 한정되지 않고 전지구적으로 확대되었다.

그렇다면 현재 진행되고 있는 이와 같은 사회현상은 역사적으로 언제부터 출현하였을까. 역사학에서 시대구분을 할 때 현재와 밀접한 관련을 가지는 시기를 '근대'라고 명명하는데, 근대사회의 일반적 특징으로 자본주의적 생산양식 및 시장경제의 확립, 발전된 과학기술과 합리적 사고방식 및 원칙, 새로운 사회세력인 시민 혹은 계급의 형성 등을 들고 있다.[1] 즉, 인류는

57) 《舊韓末條約彙纂》 下, 206쪽.
58) 李普珩, 앞의 글, 239쪽.

1) 김동춘, 〈사상의 전개를 통해 본 한국의 '근대'모습〉(《한국의 근대와 근대성 비판》, 역사비평사, 1996), 274쪽.

산업혁명 이후 분업과 협업, 그리고 과학기술의 발달을 바탕으로 자본주의적 생산양식을 보편적으로 수용하였고, 교통과 통신수단의 발달과 보급에 힘입어 지구 전체를 하나의 시장, 하나의 생활권으로 엮어낼 수 있었던 것이다.

이처럼 전근대사회의 국가간 교류가 대체적으로 지역적으로는 문명권을 단위로 하였고, 교류의 내용 또한 제한적이었던 것과는 달리 산업혁명 이후 형성된 근대사회의 국제관계는 전지구를 단일시장으로 하는 자본주의 시장체제 위에 서로 유기적인 관련을 맺고 있다는 점이 가장 중요한 특징이라 할 수 있다. 따라서 근대사회에서 민족과 국가간의 접촉과 결합은 단위국 내부의 요인이나 지역으로 제한되었던 문명권 내의 요인만으로 충분히 설명될 수 없게 되었다.

그런데 서구의 선진자본주의 국가들이 봉건사회 내부에서 싹튼 반봉건적인 여러 요소들을 토대로 자본주의를 자생적으로 발달시킨 반면 비서구 국가들은 그러한 과정을 겪으면서 자립적인 변혁을 수행하기 이전 단계에서 선진자본주의 열강의 시장권에 강제로 편입되었다. 즉, 비서구 국가들이 근대사회로 이행하는 과정은 외래 선진자본주의 국가들의 제국주의적 침략에 의해 자본주의 세계체제의 형성과정과 밀접하게 맞물리면서 전개되었던 것이다.

현재 우리 학계의 연구는 한국사의 전개과정에서 근대사회 출현의 출발점으로 강화도조약을 전후한 시기 한국사회의 변화에 비중을 두고 논의를 진행하고 있다.[2] 한국사회에서도 조선후기 이래 자본주의적 생산양식의 맹아들이 자체적으로 성장하고 있었지만, 강화도조약을 계기로 자본주의 세계체제로 편입되면서 그 발전이 왜곡되기 시작하였다.

이 글에서는 강화도조약과 개항의 의의에 대해 자본주의 세계체제에의 편입과 조선사회의 대응과 변화라는 두 가지 측면에서 접근하고자 한다. 최근 중국근대사와 일본근대사의 연구성과들은 이른바 '서양의 충격'에 대한 수동

2) 김경태, 〈한국근대사의 기점과 시기구분문제〉(《국사관논총 50》, 국사편찬위원회, 1993) ; 《근대한국의 민족운동과 그 사상》, 이대출판부, 1994, 13~30쪽 재수록.

적인 대응의 역사로 이해해 왔던 종래 아시아 근현대사에 대한 관점을 비판하고, "아시아사의 내적 구조와 역사적 전개의 논리, 아시아 전근대사와 근대사의 연속성을 검토"함으로써 아시아의 입장에서 아시아 근현대사를 이해해야 한다는 점을 강조하고 있다.[3] 이러한 관점은 충분히 논의할 가치가 있다고 생각되지만, 이를 한국근대사에 적용하여 분석을 시도하기에는 한국근대사의 개별 사실에 대한 세계사적 차원에서의 분석이 충분하지 않고, 중국사와 일본사와의 차별성에 대한 충분한 검토가 있어야 한다는 점에 유의하지 않으면 안된다.

1) 강화도조약과 자본주의 세계체제

'西勢東漸'은 역사적으로 서구의 동양진출을 지칭하는 용어이다. 서세의 동점현상은 16세기 이래 선교사를 비롯한 종교의 전파를 시작으로, 상인의 진출에 의한 시장권의 확보 등으로 이어졌다. 그러나 산업혁명 이후 서세의 동아시아 진출과 그 성격은 전근대사회의 그것과 판이한 것이었다. 19세기 후반 서구열강의 동아시아 진출과정에서 우리가 주목하는 것은 주체와 계기, 그리고 외압의 질적인 차이점이라 할 것이다.

18세기 중반부터 산업혁명을 거쳐 면업 중심의 산업 근대화를 급속하게 추진하였던 영국은 19세기에 접어들어 중상주의 국가에 의한 독점무역의 폐지와 자유무역 등을 주장하면서 본격적인 해외시장 개척에 나섰다. 그 결과 세계무역시장에서 영국이 차지하는 비중은 급격히 높아져 1800년 경에는 세계무역의 33%를 차지함으로써 이른바 '해가 지지 않는 대영제국'을 건설하였다. 그러나 1830년대 이후 프랑스·독일을 비롯하여 미국과 러시아 등 후발자본주의 국가들의 산업화가 급속히 진척되면서 해외에서의 시장쟁탈전이 치열하게 전개되기 시작하였다. 특히 제2차 산업혁명을 거치면서 서구의 산업은 석탄과 철에 기초한 산업에서 철강·석유·화학·전기에 기초한 산업으로 재편

---

3) 溝口雄三·濱下武志 外編,《アジアから考える》全7卷(東京大出版部, 1993~1994).
濱下武志, 〈アジアの<近代>〉(《世界歷史》20, 岩波書店, 1999), 3~65쪽.

되었고, 새로운 산업의 기초는 비서구지역으로부터 원료와 에너지원을 끊임없이 공급받지 않으면 안되었다. 이 때문에 비서구지역에 대한 서구 자본주의 국가들의 경쟁은 불가피한 것이었고, 1873년 이후 세계경제가 대공황에 직면하면서 더욱 심화되었다. 서구 자본주의 열강의 무역정책 기조도 자유무역에서 보호주의 혹은 신중상주의 정책으로 변화하면서 경쟁과 갈등은 더욱 치열해졌다.

이같은 경제부문의 변화는 그 질과 양이 증폭되면서 이른바 신제국주의 현상이 등장하였다. 신제국주의는 19세기 전반기의 자유무역에 근거한 제국주의와는 현저하게 다른 성격을 지닌 것이었는데, 대부분의 국가들이 보호무역정책으로 전환하였으며, 영토확장이 전 세계적 규모로 나타났다. 이와 같은 과정에서 정부의 역할이 강화되었으며, 자본주의 국가들내의 지배엘리트, 군부, 그리고 제국주의적 단체들 사이에 국가자원의 조직화 등을 강조하는 세계관이 확산되었다. 이러한 산업구조의 재편과 변동의 시기에 영국의 대응은 그렇게 효과적이지 못하였고, 독일·미국 등 후발자본주의 국가들이 두각을 나타냈으며, 19세기 후반기에 들어 일본이 이들 국가의 대열에 합류하게 되었다.[4] 19세기 중후반 동아시아지역에 대한 서구의 진출은 이와 같은 서구자본주의 국가들간의 경쟁을 배경으로 진행된 것이었다.

19세기 중후반 서구세력의 동아시아지역에 대한 개방 압력은 그 시기와 계기, 그리고 주체에 따라 상이하게 가해졌고, 이러한 차이는 결국 조선·청국·일본 3국이 각기 다른 근대화의 길을 걷게 되는 중요한 요인으로 작용하였다. 우선 영국정부는 1757년 이래 朝貢貿易의 원칙과 방식에 입각한 제한무역의 형태로 실시되어 왔던 이른바 중국과의 廣東무역체제를 청산하기 위해 1832년 동인도회사의 대중국무역 독점권을 폐지하고 중국시장의 개방을 본격적으로 추진하였다. 영국은 압도적인 군사적 우세를 바탕으로 아편전쟁(1839~42)에서 승리하였고, 그 결과 南京條約이 체결되었다. 이 조약내용에는 홍콩의 할양, 광동·上海 등 5항구 개항, 公行의 독점무역 폐지 등이 들어 있었고, 이어 협정관세제, 영사재판권, 최혜국조관, 개항장의 군함정박권

4) 김기정, 〈19세기 후반기제국주의와 동아시아〉(《1894년 농민전쟁연구 3》, 역사비평사, 1993), 11~15쪽.

등이 추가되었다. 한마디로 이 조약은 중국의 관세자주권과 사법권을 박탈하고, 중국에 대한 특권을 균점할 뿐 아니라 군함을 임의로 파견할 수 있는 권리 등을 규정한 전형적인 불평등조약이었다. 이러한 불평등조약은 미국·프랑스·스웨덴·러시아 등과도 잇따라 체결되었다.

그러나 남경조약 체결 이후에도 기대했던 것만큼 중국에 대한 수출이 증대하지 않았기 때문에 영국은 시장을 지속적으로 개방·확대시키기 위해 또 다시 砲艦外交를 강행하였다. 1856년에 애로우(Arrow)호사건을 빌미로 영·불 연합군은 廣州와 天津을 점령하고 천진조약을 맺었으며, 1860년에는 이 조약의 비준을 중국이 거절하자 급기야 北京을 침략하여 북경조약을 체결하였다. 두 조약을 통해 서구 열강은 개항장을 증가시켰고, 아편무역을 공인토록 하였으며, 九龍반도를 할양 받는 등 그 이전에 미처 확보할 수 없었던 각종 특권을 획득하게 되었다. 그 결과 중국의 주요 지역이 서구 열강에 개방됨으로써 자본주의 세계체제에 급속하게 편입되었다.

한편 일본에 대한 개방 압력은 1848년 스페인으로부터 캘리포니아를 할양받아 태평양 연안 국가로 등장하였던 미국에 의해 시도되었다. 특히 미국의 일본진출은 캘리포니아에서 금광이 개발되고, 아메리카 서해안으로부터 중국을 연결하는 태평양 정기항로 개척의 필요성이 강조되면서 구체화되었다. 미국은 1853년 페리(M. C. Perry) 파견하여 무력시위를 벌이면서 개항을 요구하는 국서를 제시한 후, 다음해 1월 9척의 군함을 동원하여 조약체결을 요구하였고 3월 조약체결에 성공하였다. 이 조약에는 시모다(下田)·하코다테(箱館) 2항구의 개항, 음식료·땔감 등의 공급, 조난선원의 구제 등이 규정되었고, 나아가 일방적인 최혜국조관이 포함되어 있었다. 이와 거의 동일한 내용의 조약이 영국·러시아·네덜란드 등과도 체결되었다.

1858년에는 양국간에 본격적인 통상관계를 수립하기 위한 미일통상조약이 조인되었다. 이 조약을 맺게 된 직접적인 배경에는 영·불 연합군의 천진 점령을 내세워 일본에게도 무력을 행사하겠다는 미국의 위협이 깔려 있었다. 이 조약은 요코하마(橫浜)·나가사키(長崎) 등 4개 항구의 추가 개항, 에도(江戶)·오사카(大阪)의 개시, 협정관세제, 영사재판권, 거류지 설치 등이 규정된 불평등조약이었으며, 관세율만 달랐을 뿐 같은 해 체결된 천진조약과 거의 동일한 내용을 담고 있었다. 이로써 일본도 중국에 이어 자본주의 세계체제에 편입되기에 이르렀다. 이제 동아시아뿐만 아니라 전세계에서 조선만이 유일하게 서구 열강에 의해 개방되지 않은 나라로 남게 되었다.

영국의 상선 로드 앰허스트호가 조선에 대하여 통상을 요구하였던 1832년이라는 시점은 앞에서 기술한 바와 같이 영국정부가 동인도회사의 대중국무역 독점권을 폐지하고 중국시장의 개방을 본격적으로 추진하였던 시기였다. 이와 같은 사실은 영국산업자본주의 세력이 동아시아지역에서 전개하였던 시장개방 압력의 대상에 조선도 예외일 수는 없었다는 점을 보여준다. 즉, 조선에 대한 자본주의 열강의 개방 요구는 중국 및 일본시장에 대한 개방 요구와 동일한 시기에 시도된 것이었다.

그러나 청국과 일본이 영국과 미국의 무력행사에 굴복하여 각기 1842년과 1854년 불평등조약을 체결, 자본주의 세계체제에 편입되었지만 조선은 이들 국가와 다른 경로를 밟았다. 인접국가인 청국·일본과는 달리 조선에 대한 서양의 개방 압력은 시기적으로 20여년이 지난 1866년(병인양요)과 1871년(신미양요)을 전후한 시기에 집중적으로 가해졌다. 군사력을 앞세운 개방 요구는 후발자본주의 국가들이었던 미국과 프랑스의 무력도발로 나타났다.

그러나 조선은 1860년대 이후 두 차례의 양요를 치르면서 서구 열강의 우월한 군사력을 직접 체험했음에도 불구하고, 오히려 척화비를 세우는 등 쇄국정책을 더욱 강화하였다. 당시 서구 열강은 거대 시장인 중국의 개방에 전력을 기울이고 있었던 데다가 국내문제로 말미암아 조선의 개항을 적극적으로 추진하지 않았다. 이 틈을 타서 메이지유신(明治維新)으로 국가권력의 집중화를 시도하던 일본이 서구 열강의 직간접적인 지지를 받아 조선의 개항에 앞장섰다. 쇄국을 견지했던 대원군정권이 붕괴하고 고종이 친정체제를 출범시킨 후 일본에 대한 유화정책을 펼치자 일본은 이른바 '征韓'으로 내부의 모순을 외부로 돌리는 동시에 국권 확장을 위한 발판을 마련하려 하였다. 그리하여 1875년 운요호(雲揚號)사건을 일으킨 뒤 다음해 서구 열강의 포함외교를 모델로 불평등조약을 강요하기에 이르렀다.

조일수호조규에 뒤이어 조인된 각종 문서에는 부산·원산·인천 등 3항구의 개항, 영사재판권, 연안측량권, 일본화폐 유통, 미곡의 자유로운 수출, 최혜국조관, 그리고 무관세무역 등이 포함되어 있었다. 19세기에 접어들어 선진자본주의 국가들이 원료공급지, 상품판매시장, 그리고 자본투하시장을 안정적으로 확보하기 위해 치열한 경쟁과 갈등을 연출하면서 전지구적으로 확대되었던 자본주의 세계체제는 조선의 개항에 의해 비로소 전지구적인 연결망 구축을 완성하기에 이르렀다. 그러나 조선은 강화도조약으로 자본주의 세계체제에 편입되었으나 실제 자본주의 세계시장에 직접적으로 개방되었던 것은 강화도조약 이후 6년이 지난 뒤 시도되었던 1882년 조미수호통상조약과 1883년 조영수호조약을 통해서였다.

이상에서 살펴본 바와 같이 청국·일본과 달리 조선이 자본주의 시장체제에 편입되었던 19세기 후반은 1780년대에 이미 자국의 산업혁명을 일단락지었던 영국과 1830, 40년대에 산업혁명을 수행했던 후발자본주의 국가들이 동아시아지역에서 그들의 세력권 확보를 위해 치열하게 각축을 벌이던 시기였다. 조선에 대해 개항과 통상을 요구하였던 세력은 선진자본주의 국가로 이 지역에서 세계최강의 해군력을 보유하고 있었던 영국이 아니라, 1830년대 내지 1840년대 국내 산업혁명을 경험하였던 후발자본주의 국가 프랑스와 미국이었으며, 실제로 조선을 자본주의 시장체제에 강제적으로 편입시키는 데 선도적인 역할을 하였던 세력은 동일문명권내의 인접국 일본이었다.

그 결과 1876년 당시 조선이 직면했던 외압의 규모와 성격은 1840, 50년대 초반 열강들간의 견제나 간섭이 없는 가운데 영국과 미국에 의해 개항된 청국·일본이 외부로부터 받았던 그것과는 다른 것이었다. 특히 개항의 직접적 계기가 자본주의 열강과 불평등조약 체계 아래 있었던 같은 문명권의 일본에 의해 주어졌다는 사실이 이후 조선이 새로운 국제질서에 능동적으로 대응하는 데 커다란 장애를 초래하였다.

개항 이후 조선의 국제관계를 이해하기 위해서는 무엇보다도 동아시아지역에서 중국 중심의 전통적인 華夷질서가 무력을 앞세운 서양열강의 침략으로 해체되어 서구 중심의 萬國公法的 국제질서에 편입되어 가는 과정, 그리고 이러한 새로운 질서가 형성되는 가운데 조선과 청국, 조선과 일본의 관계와 역할이 어떻게 변화하였는가 하는 점에 대해 다양하게 분석을 시도하여야 할 것이다.

2) 불평등조약체제의 수립과 그 영향

개항 직전의 조선사회는 농업·광업·수공업 등 산업 전부문에 걸쳐 자본주의적 요소들이 나타나 성장하고 있었지만, 그것은 어디까지나 萌芽的 형태에 머물렀을 뿐 지배적인 생산양식으로 발전하지는 못하였다. 이러한 상황에서 외세의 강압에 의해 이루어진 개항은 외국 자본제 상품의 대량유입과 미곡을 비롯한 국내 1차 산품의 대량유출을 가져와 국내산업 전반에 심각한 위기를 초래하였다. 따라서 개항 이후는 외국상품의 침투에 대응하여 국내산업을 보호하기 위한 체계적인 육성책이 절실히 요구되었던 시기라 할 수 있다. 그렇지만 열강과 맺은 불평등조약체제 하에서 조선정부는 효율적인 국내산업 보호육성책을 마련할 수 없었다.

더욱이 조선은 자본주의적 성장이 미숙하였던 일본에 의하여 개항을 맞이하였고, 직접적으로 외압을 가하는 주체가 청·일 양국이었다는 점 때문에 더욱 어려운 상황에 직면하였다. 이들 양국은 서구열강에 의하여 제국주의적 침략을 받으며 근대로 급속한 이행을 추구하고 있었는데, 그 과정에서 발생하는 자국내의 사회적 모순을 조선사회로 전가시킴으로써 자국 자본주의 발전의 밑거름으로 삼고자 하였다. 따라서 조선에 대한 경제적 외압에는 순수한 경제적 침략보다는 주로 정치적·군사적 방식을 통한 폭력적 성격이 내포되어 있었다. 그 결과 조선은 서구 제국주의를 배경으로 한 청·일 양국의 원시적 축적형 외압에 직면하여 이른바 '이중의 외압'을 받게 되었다.[5)]

강화도조약은 조선이 외국과 맺은 최초의 근대적 조약이었지만, 같은 해 8월 조인된 조일수호조규부록·조일통상장정과 함께 전형적인 불평등조약이었다. 세 항구의 개방·영사재판권에 의한 치외법권·일본화폐 유통권을 비롯하여 근대적 관세권에 대한 이해 부족으로 무관세 무역까지 용인함으로써

---

5) 梶村秀樹, 〈동아시아 지역에 있어서 帝國主義體制로의 移行〉(《開發途上經濟の研究》, 世界社, 1981) ; 《韓國近代經濟史研究》(사계절, 1983, 번역 수록).

일본의 무제한적 침탈을 보장해 주었다. 이후 조선은 일본의 세력 확대를 견제하려는 청국 李鴻章의 권유로 미국을 비롯한 여러 나라와 잇따라 조약을 체결하였다. 이들 조약은 내용상 약간의 차이는 있었으나, 그 성격은 한결같이 불평등조약으로 최혜국조관을 매개로 하나의 연결된 체제를 이루면서 조선을 세계자본주의 체제에 편입시키는 한편 조선에 대한 제국주의적 침탈을 촉진하였다.

1882년 체결된 조미수호조약은 무역에서 관세자주권과 수입10%, 수출5%의 관세율을 규정하고 조선의 곡물수출 금지권을 인정함으로써 일본과의 조약에 비해 조선에게 다소 유리한 측면도 있었지만, 강화도조약에는 없던 최혜국조관이 규정되는 등 여전히 불평등한 내용을 담고 있었다. 최혜국조관은 타국과의 조약에서 체결된 조약상의 특혜를 균점할 수 있는 권리로 이후 조선이 다른 나라와 체결한 모든 조약에 이 조문이 첨가됨으로써 결과적으로 조선과 조약을 체결한 모든 국가가 조선에서의 특권을 공유하게 하였다.

한편 임오군란으로 조선에 군대를 주둔시킨 청국은 정치적·군사적 압력을 가하며 朝淸商民水陸貿易章程(이하 조청장정)을 일방적으로 체결하였다. 서문에 조선이 청국의 속국이라 규정한 이 장정을 통하여 청은 최초로 한성·양화진에 점포를 개설할 수 있는 권리와 여행권(護照)을 소지한 경우 개항장 밖으로 통상할 수 있는 권리, 그리고 조선 연안에서 자유롭게 무역할 수 있는 권리까지 얻게 되었다. 아울러 조선에서 독점적인 권리를 누리기 위해 이 장정의 내용을 타국이 균점할 수 없다고 선언했지만, 청의 일방적인 선언과 관계없이 조일통상조약 개정과 조영조약의 비준에 악영향을 미쳐 불평등조약체계의 확립에 결정적 역할을 하였다.6)

1883년에는 일본과 종래의 통상장정을 개정한 조일통상장정을 체결하였다. 이 장정에서 조미조약에서 인정되었던 관세자주권이 부정되고, 수출 5%, 수입 8%를 기본으로 하는 협정관세로 전환되었다. 또한 조청수륙무역장정에서 인정되고, 조미조약에서는 수출품에 한하여 인정되었던 개항장 밖 과세는 일체 부정되었다. 또한 통상장정에 변칙적으로 최혜국조관을 삽입하여 조미조

6) 李炳天, 〈開港期 外國商人의 侵入과 韓國商人의 對應〉(서울大 박사학위논문, 1985), 28~30쪽.

약과 조청장정에서 각각 승인된 연안해운·연안무역권을 획득하였다.

영국과는 이미 1882년에 조영수호통상조약을 체결하였으나, 조청장정의 체결을 지켜본 영국은 조약 비준을 일방적으로 거부하면서 조청장정에서 청이 획득한 것 이상의 특권을 요구하여 마침내 1883년 개정된 조영수호통상조약을 체결하였다. 이 조약을 통해 조선에서의 불평등조약체계는 그 형태를 완전히 갖추게 되었다. 수출 5%, 수입 7.5%의 관세율을 기본으로 하는 협정관세 및 일체의 개항장 밖 과세의 부정, 연안무역권과 연안해운권, 최혜국 조항 등이 승인되었다. 이밖에도 영국은 거류지 밖 4km까지 외국인의 토지·가옥의 임차·구매권과 공장 등의 설립 자유와 조청장정에서 청의 독점으로 규정되었던 한성·양화진의 개방 및 개항장 밖 통상권을 획득했다. 특히 조청장정에서 조선산 상품 구매를 위해 독점적으로 규정되었던 개항장 밖 통상권은 구매·판매에 모두 적용되어 개항장 밖 40km까지 여행권없이 자유롭게 통행할 수 있게 되었다. 이러한 조문들은 그뒤 최혜국조관에 의해 열강에게 균점됨으로써 조선시장은 한성에서 벽촌에 이르기까지 외국상인에게 개방되고 말았다.

이와 같은 조선의 조약체계는 청과 일본이 서구열강과 맺은 조약에 비하더라도 한층 더 불평등한 것이었다. 청국은 서구 열강에게 자유무역을 기초로 한 통상항의 개방과 거류지의 설치, 영사재판권, 협정관세, 최혜국 조항, 개항장 밖 통상권, 연안무역권·연안해운권, 해관관리권을 모두 인정해 주었고, 일본은 상대적으로 유리한 관세율, 개항장 밖 통상권의 불인정, 연안무역권·연안해운권의 제한, 해관관리권을 확보하여 청에 비해 상대적으로 유리한 입장이었다.

이에 반해 조선은 청이 각국과 맺은 불평등한 조항을 포함하여 개항장·개시장에서의 외국인의 토지·가옥소유 허가, 공장의 건설과 수도의 개시장화로 청보다 더 불리한 입장이었다. 뿐만 아니라 청·일을 비롯한 열강이 정치·군사적 압력을 동원해 조약문을 자국에 유리하게 자의적으로 해석함으로써 경제적 침투를 더욱 강화해갔다.[7]

7) 河元鎬, 《한국근대경제사연구》(신서원, 1997), 18~19쪽.

조선정부의 적절한 국내산업 보호육성책이 없는 가운데 불평등조약체제를 기반으로 전개된 무역이 조선사회에 미친 파장은 클 수밖에 없었다. 우선 조선산 쌀·콩 등 곡물이 주로 수출되고 자본제 면제품이 수입되는 수출입 무역구조가 점차 형성되어갔다. 미곡의 대량유출은 조선사회 내부에 식량부족으로 인한 미가등귀를 가져와 심각한 사회문제를 초래하였다. 1882년 임오군란의 발생은 직접적 원인인 관료들의 부패 이외에도 흉작과 미곡의 대일수출로 인한 식량부족에도 한 원인이 있었다.8)

둘째로, 조선의 재래적 상품유통망이 해체되고 점차 개항장을 중심으로 하는 새로운 유통구조가 형성되어 갔다. 조선의 재래적 상품유통망은 지리상의 특성으로 인하여 크게 경상도 동해안과 강원도 영동지방·함경도를 연결하는 동해안 유통권과 전라도·경상도에서 한양·개성과 황해도·평안도를 연결하는 서해안 유통권으로 양분되어 있었다. 그러나 부산에 이어 원산(1880), 인천(1883) 등 각지에 개항장이 설치되면서 재래의 상품유통망은 해체되고 개항장을 중심으로 하는 새로운 유통망이 형성되었다.

셋째로, 외국무역의 확대에 따른 유통량의 증가에 따라 점차 상품생산구조도 변화되어 갔다. 조선의 주된 수출품은 쌀과 콩 등의 곡물류였고 이들 물품은 대일수출과 관련하여 상대적으로 높은 가격을 보장받을 수 있었다. 그 결과 조선의 농업생산기반은 쌀과 콩의 단작화로 협소화되는 과정을 밟게 되었다. 또한 자본제 면제품의 대량수입은 조선의 자급적 의료생산체계를 붕괴시켜 나갔다. 조선의 면포생산의 기본형태는 부녀자에 의한 농가부업적 가내수공업이었다. 그러나 광범위하게 존재하는 비면작·비면업 지대를 배경으로 경상도·전라도의 면업 선진지역에서는 부농이 임노동자들을 선대제적으로 지배하여 면포를 대량생산하는 경영형태가 지배적이었고, 일부에서는 공장제 수공업적 경영형태도 출현하였던 것으로 보인다. 외국산 자본제 면제품의 대량유입은 자본주의적 성장을 하고 있었던 농촌수공업의 발전 전망을 흐리게 하는 것이었다. 그 결과 경상도의 면포생산지역에서는 면작의 대두작으로의 전환이 광범위하게 나타났고, 전라도 지역은 紡絲와 織布과정은 생략

8) 彭澤周, 《明治初期日韓淸關係の硏究》(塙書房, 1969), 291~292쪽.

된 채 농업생산물인 면화를 일본에 수출하여 일본방적공장의 원료를 공급하는 위치로 전락하게 되었다. 요컨대 무역의 확대는 조선의 생산구조 자체의 변동을 가져와 조선을 일본자본주의 발전을 위한 식량원료 공급지, 자본제 상품의 소비시장으로 자리잡게 하였던 것이다.

이와 같은 일본의 경제침탈에 대응하여 상권을 수호하려는 객주·여각 등 국내상인들에 의해 상회사가 설립되었고, 관료·상인자본이 중심이 되어 근대적 공장이 설립되기도 했지만, 정부의 체계적인 보호육성책과 금융기관이 부재한 가운데 불평등조약상의 제특권을 기반으로 하여 자국의 각종 금융지원까지 얻어 침탈해 들어오는 외국자본의 공세를 막아내기에는 역부족이었다.

3) 초기 개화정책의 추진배경과 그 성격

개항 초기 정부는 대원군의 쇄국정책으로 악화된 대일 관계를 개선하려 했지만 여전히 청국을 중심으로 한 중화체제의 테두리 안에서 일본과의 구교를 회복하는 차원에 머물러 있었다. 따라서 서구 국가들에 대한 개항은 고려되지 않았고, 서구의 선진 문물과 제도를 수용하려는 태도 역시 갖춰져 있지 않았다.

강화도조약 체결 직후 조선과 일본 사이에 최대의 정치·외교적인 현안은 강화도조약에 포함된 조항들을 매듭짓는 문제였다. 일본정부로서는 운요호사건이라는 최후 수단을 사용하여 청국의 종주권을 부인하면서 쇄국을 고집하던 조선을 개항시키는 데에는 성공하였지만, 조약에 포함된 조항들 예를 들면 통상장정의 체결, 공사의 서울주둔문제와 부산 이외 2개 항구의 개방 등이 실현되어야 조약체결의 목적을 달성하는 것이었다. 그러나 이와 같은 문제들은 메이지유신 이후 조·일 외교의 전개과정을 통해 볼 때 쉽사리 해결되기를 기대할 수 있는 것이 아니었다.

강화도조약 체결 직후 일본의 대조선정책 가운데 눈에 띄는 것은 적극적으로 관료들을 일본에 초청하는 것이었다. 이에 대하여 조선정부 또한 개항 이전과 달리 매우 적극적으로 일본의 정책을 수용하거나, 조선정부 독자적으로 외교사절을 파견하였다. 강화도조약 체결 후 전권대신 신헌의 보고에 대해 고종은 다음과 같이 당면한 개혁정책의 방향에 대해 언급하고 있다.

> 신헌이 아뢰기를 '저들이 말하기를 지금 천하의 각국이 군사를 쓰는 때를 당하여 귀국의 산천이 매우 험한것으로는 싸우고 지키기에 넉넉하나 군비가 매우 허술하다 하며, 부국강병의 방법을 누누이 말하였습니다' 하니, 상이 이르기를 '그 말은 교린하는 성심에서 나온 듯하다. 우리 나라는 군사의 수효가 매우 모자란다'하였다(《高宗實錄》 권 13, 고종 13년 2월 6일).

고종은 조약체결 후 일본의 사절 파견 요청을 즉각적으로 수용하여 金綺秀를 修信使에 임명하여 도일하게 하였다. 수신사 파견을 결정한 조선정부의 목적은 개항을 강요하였던 일본에 대한 전반적인 정세파악의 필요성에 기인한 것이었지만, 그 중에서도 특히 일본의 군사력 부분에 관한 것이 최대의 관심이었다. 이러한 조선정부의 관심은 매우 현실적인 것이었다고 할 것이다. 왜냐하면 개항을 허용할 수 밖에 없었던 일차적 원인이 일본의 무력시위에 있었기 때문이다.

조선정부의 수신사파견이 결정되자 일본은 수신사의 선편을 주선하는 외에 정부 부처사이에 협의를 거쳐 메이지유신 이후 일본의 근대적인 개혁의 성과물들을 잘 드러낼 수 있는 대표적인 장소를 선정하여 수신사의 일정을 마련하였다. 수신사의 일정은 일본정부시설에 대한 의례적인 방문 이외에 박물관 등 근대적인 제반시설 등이 포함되어 있었으나, 주요 대상은 군수산업 관련 시설과 육·해군의 군사훈련 상황을 보여주는 시설들이었다. 주지하다시피 수신사 김기수는 조선측의 사정을 들어 일본측의 방문일정 대부분을 기피하였지만, 군사훈련만은 직접 참관하였다. 귀국 후 김기수가 고종에게 복명하는 과정에서도 양자의 대화 내용 중 상당부분이 일본의 군수산업과 군비증상 성책의 실상에 관한 것이었다.[9]

이와 같이 조선정부의 개항 이후 조선정부의 개화정책의 입안에 필요한 정보 유입의 통로로 가장 중요한 것은 일본에 파견되었던 외교사절들의 보

---

9) 최덕수, 〈개화기 일본의 조선인 유학정책의 성격〉(《國史館論叢》 72, 1996).

고였다. 개항 이후 조선정부의 대내외정책의 변화를 가져왔던 중요한 전기는 1880년에 파견되었던 수신사 김홍집의 보고에서 마련되었다.

김기수의 파견이 신조약 체결을 기념하기 위한 儀禮的인 것이었던 것과는 달리 1880년 수신사 金弘集의 파견은 당시 한일간의 외교적 현안이었던 인천개항 및 무관세조항개정과 상주 공사관 설치 문제 등을 해결하기 위한 것이었다. 따라서 수신사 김홍집과 그 수행원 일행은 김기수 사절단과 달리 일본 체재 중 적극적인 활동을 전개하였다. 김홍집은 東京에 있는 동안 주일 청국공사 何如璋, 참찬관 黃遵憲 등과의 회담을 통해 세계의 대세와 조선외교의 진로 등에 대해 논의하였다. 이 때 황준헌은 〈朝鮮策略〉을 통하여 조선외교의 방향으로 '親中國·結日本·聯美國'의 세력균형 정책을 제시함으로써 결과적으로 조선의 대일, 대미개방정책을 부추겼다. 아울러 그는 조선이 자강을 도모하기 위해서는 서양의 여러 나라들과 수호·통상하여 선진문물을 받아들여야 된다고 역설하였다.

김홍집이 귀국하여 국왕 고종에게 바친 황준헌의 〈조선책략〉은 커다란 반향을 불러일으켰다. 고종은 재야 유생들의 반대를 무릅쓰고 서양 국가들-특히 미국-과의 수교를 결심하는 한편 개화·자강정책을 효율적으로 추진하기 위한 관제개혁에 착수하였다. 그리하여 1880년 12월에는 서양 국가들과의 외교·통상에 대비하여 대외정책을 담당함과 동시에 국가의 재정·군사업무를 맡아볼 중추기구로서 統理機務衙門을 설치하기에 이르렀다. 이 기구는 청국의 總理各國事務衙門을 본딴 것이지만, 정부가 대외 개방을 통해 서구의 문화와 문물을 적극적으로 받아들이겠다는 의도를 공식적으로 천명한 것과 다름없었다.

통리기무아문의 설치로 대변되는 이 시기 조선정부의 대내외개혁 정책의 기본목적과 성격은 산하 12개 司의 기능에 잘 나타나 있다. 즉, 이들 아문으로는 사대·교린·군무·변정·통상·군물·기계·선함·이용·전선·기연·어학사 등이 있었는데 이 중 사대사와 교린사는 각각 중국과 일본에 대한 외교를 담당하였고, 어학사와 전선사는 외교업무를 지원하였다. 또한 통상사와 이용사는 통상과 재정사무를, 그리고 변정·군무·군물·기계·선함·기연사 등은 국방정책과 이를 뒷받침하는 무비자강을 위한 무기구입과 관리

군사양성 등을 담당하는 기구였던 것이다.[10)]

실제로 통리기무아문은 종래의 5영을 무위영과 장어영 2영으로 개편·강화하였으며, 신식군대인 별기군을 창설하고 일본인 교관을 초빙하여 근대식 군사훈련을 실시하였다. 또한 주전·채광·홍삼 등을 관리함으로써 재정확보책을 강구하였다. 그러나 무엇보다도 주목할 사실은 1881년 통리기무아문에서 일본과 청국에 조사시찰단과 영선사를 각각 파견했다는 점이다.[11)]

事大司를 통한 대중국외교의 결실이 영선사 파견이었는데 주지하다시피 영선사는 무기제조학습을 위한 것이었고, 수신사 김홍집의 도일은 전후하여 조선정부가 일본으로부터 군함 구입 등을 추진했다는 사실 등을 미루어볼 때, 이 시기 조선정부의 초기 개화정책의 가장 핵심적인 사항은 외교상황의 변화에 적응하기 위한 제도개편과 군사력증강이었다고 할 수 있다. 특히 군사력 증강정책이 그 핵심이었다.

이처럼 통리기무아문을 중심으로 개화정책이 적극적으로 추진되고, 조미조약을 통해 서양 국가들과의 외교·통상정책을 본격적으로 펼쳐나가기 시작할 때 임오군란이 일어났다. 이를 계기로 청국은 조미조약의 체결을 통해 조선에 대한 열강간의 세력균형을 도모하려던 정책을 스스로 포기하였다. 청국은 무력으로 군란을 진압한 데 이어 조청상민수륙무역장정을 체결함으로써 양국간의 종속관계를 재확인하는 동시에 조선의 내외정에 직접 간섭하였다.

이러한 상황 아래 高宗은 개화정책의 추진의지를 공식적으로 천명하고 이를 실현하기 위한 정치기구의 개편작업에 착수하였다. 그리하여 임오군란 당시 폐지되었던 통리기무아문의 체제를 이어받아 임시로 淸國의 軍機處를 모방한 機務處를 설치하였다가 統理交涉通商事務衙門과 統理軍國事務衙門으로 개편함으로써 정부조직은 기존의 의정부·6조체제와 신설된 양 아문으로 이

10) 전해종, 〈통리기무아문 설치의 경위에 대하여〉(《역사학보》 17·18, 1962).
이광린, 〈통리기무아문의 조직과 기능〉(《학술원논문집》 26, 1987).

11) 정옥자, 〈신사유람단고〉(《歷史學報》 27, 1965).
허동현, 〈1881년 조선조사 일본시찰단에 관한 일연구〉(《韓國史硏究》 52, 1986).

원화되었다. 이와 같이 청국식 제도의 형식을 본뜬 정치기구의 개편은 친정체제를 구축하려는 고종과 개화·자강정책을 적극적으로 도모하고자 했던 개화파, 그리고 조선의 내정에 간섭하려던 청국의 의도가 맞아들어 이뤄진 것이었다.[12)]

특히 통리군국사무아문은 통리기무아문과 마찬가지로 국정전반의 주요사안을 통괄함과 아울러 개화·자강정책을 효율적으로 추진하기 위한 기구였다. 무엇보다 이 아문 산하에 '부국강병' 내지 '裕國利民'에 관계되는 기기국·전환국·蠶桑公司·農桑局 등이 설치된 점은 주목할 만하다. 그러나 통리군국사무아문은 적극적으로 근대적 제도와 문물을 설립·수용하는 데까지 이르지 못한 채 당면한 재정·군사문제를 처리하는 데 머무르고 말았다. 더욱이 이 아문은 점차 민씨척족세력이 자신의 권력기반을 공고히 조성하는 중추적 정치기구로 변모되었다.

이로 말미암아 김옥균·박영효 등은 집권층인 민씨척족세력의 무능과 부패를 청산하고 새로운 정권을 수립하기 위해 갑신정변을 단행하였다. 정변 당시 그들이 통리군국사무아문을 폐지하고 오히려 전통적인 의정부의 권한을 재강화시켜 급진적인 정치개혁을 추진하려 했던 것은 이 아문이 민씨척족에 의해 전횡되었기 때문이었다. 갑신정변은 비록 3일 천하로 막을 내렸지만, 청국과의 종속관계를 청산하려 했다는 점, 국왕의 전제와 민씨척족의 국정간섭을 막고 내각제도에 의한 국정운영을 모색하였다는 점, 문벌 폐지와 인민평등권을 제정하여 평등사회를 지향했다는 점, 그리고 지조법 개정과 국가재정기반의 확립을 통해 자본주의 경제체제를 도입하려 했다는 점 등으로 인해 인민평등권을 지향한 최초 정치개혁운동으로 평가된다.

이상에서 살펴본 바와 같이 개항을 계기로 조선은 쇄국정책에서 점차 벗어나 개국 혹은 개화정책을 펼쳐나갔다. 조선정부는 초기에 서구 열강이 아니라 청국과 일본, 특히 일본을 통해 간접적으로 개화정책을 추진하였다. 이러한 정책들은 서구의 선진제도와 문물의 우월성을 인식하고 수용하려 했다

---

12) 전미란, 〈통리교섭통상사무아문에 관한 연구〉(《梨大史苑》 24·25, 1990).
韓哲昊, 〈통리군국사무아문(1882~1884)의 조직과 운영〉(《이기백선생고희기념 한국사학논총》하, 일조각, 1994).

는 점에서 의의가 있지만, 이를 효율적으로 받아들일 수 있는 정치·사회체제의 개혁에까지 이르지 못하였다. 또한 개화정책을 담당했던 정부의 관리 역시 국제정세와 제도 전반에 대해 철저한 이해와 이를 추진할 만한 능력이 부족했기 때문에 초기 개화정책은 정권을 유지하는 차원에 머물고 말았다. 더욱이 조선에 대한 청·일 양국의 외압은 개화정책의 추진을 제한 혹은 좌절시키는 중요한 요인으로 작용하였던 것이다.

〈崔德壽〉

집 필 자

개 요 ……………………………………………………………… 송병기

Ⅰ. 구미세력의 침투

1. 19세기 중반기의 동아시아 정세 ……………………………… 김기혁
2. 구미 열강의 통상요구 ……………………………………… 우철구

Ⅱ. 개화사상의 형성과 동학의 창도

1. 개화사상의 형성 ……………………………………………… 신용하
2. 동학의 창도와 동학사상 ……………………………………… 신용하

Ⅲ. 대원군의 내정개혁과 대외정책

1. 홍선대원군의 집권 …………………………………………… 성대경
2. 대원군의 내정 개혁 ………………………………………… 성대경
3. 대원군의 대외정책 …………………………………………… 김원모
4. 대원군 정치의 성격과 의의 ………………………………… 성대경

Ⅳ. 개항과 대외관계의 변화

한국사 37

서세동점과 문호개방

편찬간행 **국사편찬위원회**

초판1쇄 2003년 11월 30일
2쇄 2013년 6월 4일

번각발행 **탐구당**

등록일 1950년 11월 1일
등록번호 서울 제 03-00993 호

주소 서울특별시 용산구 한강대로 62 나길 6
전화 (02) 3785-2211(대표)
팩스 (02) 3785-2272
홈페이지 www.tamgudang.co.kr
전자우편 tamgudang@paran.com

ISBN 978-89-8236-603-1
978-89-8236-566-9(세트)

값 14,000 원